Annika Wolff

Sozio-technischer Wandel durch Europäisierung?

Die Abfallvermeidungspolitik der Städte München und Köln im Vergleich

Onlineversion
Nomos eLibrary

Die Deutsche Nationalbibliothek verzeichnet diese Publikation in
der Deutschen Nationalbibliografie; detaillierte bibliografische
Daten sind im Internet über http://dnb.d-nb.de abrufbar.

Zugl.: Diss., Darmstadt, TU, 2021

ISBN 978-3-8487-8932-0 (Print)
ISBN 978-3-7489-3212-3 (ePDF)

1. Auflage 2022
© Nomos Verlagsgesellschaft, Baden-Baden 2022. Gesamtverantwortung für Druck
und Herstellung bei der Nomos Verlagsgesellschaft mbH & Co. KG. Alle Rechte, auch
die des Nachdrucks von Auszügen, der fotomechanischen Wiedergabe und der Übersetzung, vorbehalten. Gedruckt auf alterungsbeständigem Papier.

Inhaltsverzeichnis

Tabellenverzeichnis 9

Abbildungsverzeichnis 11

Abkürzungsverzeichnis 13

1. Einleitung 15
1.1 Problemstellung 15
1.2 Theoretischer Bezug 19
1.3 Forschungsfragen und Untersuchungsdesign 22
1.4 Aufbau der Arbeit 27

2. Theoretische Einbettung 29
2.1 Sozio-technischer Wandel von Infrastrukturregimen 29
    2.1.1 Von der LTS-Debatte zur Analyse sozio-technischer Infrastrukturregime 30
    2.1.2 Wandel von sozio-technischen Infrastrukturregimen 36
    2.1.3 Die Rolle von räumlichen Ebenen in sozio-technischen Wandlungsprozessen 44
    2.1.4 Die politische und machtbezogene Dimension sozio-technischer Transformationen 50
    2.1.5 Zwischenfazit und kritische Würdigung 55
2.2 Europa- und Europäisierungsforschung 57
    2.2.1 Das europäische Mehrebenensystem und die Bedeutung der kommunalen Ebene 58
        2.2.1.1 Funktionslogik der Europäischen Union 59
        2.2.1.2 Kommunen im europäischen Mehrebenensystem 63
    2.2.2 Begriff und Konzept der Europäisierung 71
    2.2.3 Europäisierungsimpulse und -mechanismen 76
    2.2.4 Europäisierung der kommunalen Ebene 85
    2.2.5 Zwischenfazit und kritische Würdigung 90

Inhaltsverzeichnis

2.3	Die Europäisierung kommunaler Infrastrukturregime als graduelle Transformation: Zusammenführung, Forschungsheuristik und Thesen	93
	2.3.1 Zusammenführung	93
	2.3.2 Forschungsheuristik und Thesen	101
3.	Abfallvermeidung als Leitprinzip der Abfallpolitik in Deutschland und Europa	106
3.1	Die Entwicklung der Abfallwirtschaftspolitik in Deutschland: Von der Müllkippe zur Ressourcenpolitik?	108
	3.1.1 Überblick über die Entwicklung der Abfallwirtschaft in Deutschland bis Mitte der 2000er Jahre	108
	3.1.2 Einordnung und Bewertung	115
3.2	Notwendigkeit, Potenziale und Möglichkeiten von Abfallvermeidungspolitik und -maßnahmen	119
3.3	Abfallvermeidung und die Relevanz der kommunalen Ebene	127
3.4	Hemmnisse	132
	3.4.1 Wissens- und Informationsdefizite	133
	3.4.2 Ressourcen- und Motivationsmangel	136
	3.4.3 Etabliertes technisches Design und regulatorische Herausforderungen	138
3.5	Europäische Abfallvermeidungsimpulse	142
	3.5.1 Genese der europäischen Abfallpolitik bis 2008	142
	3.5.2 Neue europäische Policy-Impulse	147
	3.5.2.1 Impuls I: Die novellierte Abfallrahmenrichtlinie (2008/98/EG)	147
	3.5.2.2 Impuls II: Die Europäische Woche der Abfallvermeidung	155
3.6	Zwischenfazit	157
4.	Analyse der Auswirkungen der europäischen Impulse im Fallstudienvergleich	161
4.1	Methodisches Vorgehen und Auswahl der Fallstudien	161
4.2	Filterprozess der Policy-Impulse durch die bundesdeutsche Ebene	165
	4.2.1 Das deutsche Kreislaufwirtschaftsgesetz von 2012	165
	4.2.2 Das deutsche Abfallvermeidungsprogramm von 2013	170

4.2.3 Die Europäische Woche der Abfallvermeidung in
       Deutschland   179
4.2.4 Zwischenfazit   184
4.3 Fallstudie München   186
    4.3.1 Akteure und Strukturen der Münchner Abfallwirtschaft   188
    4.3.2 Entwicklung der Münchner Abfallvermeidungspolitik
          und resultierender Anpassungsdruck   194
    4.3.3 Die Verarbeitung europäischer Policy-Impulse in
          München   203
          4.3.3.1 Bezugspunkt Europa   203
          4.3.3.2 Impuls I: Die novellierte Abfallrahmenrichtlinie
                  (2008/98/EG)   208
          4.3.3.3 Impuls II: Die Europäische Woche der
                  Abfallvermeidung   225
4.4 Fallstudie Köln   228
    4.4.1 Akteure und Strukturen der Kölner Abfallwirtschaft   230
    4.4.2 Entwicklung der Kölner Abfallvermeidungspolitik und
          resultierender Anpassungsdruck   237
    4.4.3 Die Verarbeitung europäischer Policy-Impulse in Köln   245
          4.4.3.1 Bezugspunkt Europa   245
          4.4.3.2 Impuls I: Die novellierte Abfallrahmenrichtlinie
                  (2008/98/EG)   248
          4.4.3.3 Impuls II: Die Europäische Woche der
                  Abfallvermeidung   265
4.5 Vergleichende Analyse der Fallstudien   268
    4.5.1 Wandel der städtischen Politikinhalte und regulativen
          Institutionen   269
          4.5.1.1 München   269
          4.5.1.2 Köln   274
    4.5.2 Wandel der städtischen Akteursstruktur und
          Machtverhältnisse   282
    4.5.3 Kognitiver und normativer Wandel der städtischen
          Regime   290
    4.5.4 Wandel der technischen Strukturen und Artefakte   297
    4.5.5 Kommunaler Regimewandel durch Europäisierung?
          Graduelle Transformation der kommunalen
          Abfallwirtschaft in München und Köln   301
          4.5.5.1 München   302
          4.5.5.2 Köln   305

Inhaltsverzeichnis

4.5.5.3	Zwischenfazit	308
5.	Schlussfolgerungen	311
5.1	Zusammenfassung der zentralen Erkenntnisse	311
5.2	Reflexion der theoretischen Debatten und Thesen	315
5.3	Handlungsempfehlungen	323
5.4	Weiterer Forschungsbedarf	332
5.5	Ausblick	338
6.	Literatur- und Quellenverzeichnis	343
6.1	Literatur & schriftliche Quellen	343
6.2	Mündliche Quellen	379

Tabellenverzeichnis

Tabelle 1	Der Querschnittscharakter der Abfallvermeidungspolitik	S. 122
Tabelle 2	Beispiele für die Rolle der Kommunen bei der Förderung der Abfallvermeidung	S. 132
Tabelle 3	Beispiele für Abfallvermeidungsmaßnahmen nach Artikel 29 der ARRL	S. 152
Tabelle 4	Indikatoren für Abfallvermeidungsmaßnahmen	S. 178
Tabelle 5	Vergleich der Geschäftsberichte des AWM im Hinblick auf Abfallvermeidung und Vorbereitung zur Wiederverwendung (2006–2012)	S. 211-212
Tabelle 6	Entwicklung der Verwertungsquote in Köln	S. 236
Tabelle 7	Einflussfaktoren auf die Abfallmenge in Köln 2020	S. 251
Tabelle 8	Ergebnisse der Fallstudienbetrachtung im Vergleich	S. 310

Abbildungsverzeichnis

Abbildung 1	Institutioneller Anpassungsdruck und Wahrscheinlichkeit nationalen Wandels	S. 77
Abbildung 2	Formen und Varianten gradueller Transformation	S. 96
Abbildung 3	Forschungsheuristik – Europäisierung kommunaler Infrastrukturregime	S. 103
Abbildung 4	Die dreistufige Abfallhierarchie gemäß dem KrW-/AbfG 1996	S. 115
Abbildung 5	Die neue fünfstufige Abfallhierarchie in der ARRL'2008	S. 149
Abbildung 6	Aufgaben eines Abfallvermeidungsprogramms	S. 153
Abbildung 7	Verbrannte Mengen im Müllheizkraftwerk Nord (in t) von 2000 bis 2015	S. 191
Abbildung 8	Das Münchner Entsorgungssystem	S. 192
Abbildung 9	Struktur der Europaarbeit der Stadt München	S. 204
Abbildung 10	Entwicklung der Recyclingquote in Köln	S. 236
Abbildung 11	Europaarbeit der Stadt Köln	S. 246

Abkürzungsverzeichnis

AbfG'72	Abfallbeseitigungsgesetz 1972
AbfG'86	Abfallgesetz 1986
ACR+	Association of Cities and Regions for sustainable Resource management
ADEME	Agence de l'Environnement et de la Maîtrise de l'Energie
ADR	(Europäischer) Ausschuss der Regionen
ARRL'2008	Abfallrahmenrichtlinie der EU 2008
AVG	Abfallentsorgungs- und Verwertungsgesellschaft Köln mbH
AWB	Abfallwirtschaftsbetriebe Köln
AWM	Abfallwirtschaftsbetrieb München
BayAbfAlG	Bayerisches Abfallwirtschafts- und Altlastengesetz
BayAbfG	Bayerisches Abfallgesetz
BBodSchG	Bundes-Bodenschutzgesetz
bfub	Bundesverband für Umweltberatung e.V.
BMU	Bundesministerium für Umwelt, Naturschutz und Reaktorsicherheit
BMUB	Bundesministerium für Umwelt, Naturschutz, Bau und Reaktorsicherheit
BMWi	Bundesministerium für Wirtschaft und Energie
BUND	Bund für Umwelt- und Naturschutz Deutschland
CDU	Christlich Demokratische Union Deutschlands
CSU	Christlich-Soziale Union in Bayern
DNR	Deutscher Naturschutzring
DSD	Duales System Deutschland
DUH	Deutsche Umwelthilfe
EBS	Ersatzbrennstoff
EEA	Einheitliche Europäische Akte
EEB	European Environmental Bureau (Europäisches Umweltbüro)
EG	Europäische Gemeinschaft
ElektroG	Elektro- und Elektronikgerätegesetz
EU	Europäische Union
EuGH	Europäischer Gerichtshof

Abkürzungsverzeichnis

EWAV	Europäische Woche der Abfallvermeidung
FDP	Freie Demokratische Partei
KrWG'2012	Kreislaufwirtschaftsgesetz 2012
KrW-/AbfG'96	Kreislaufwirtschafts- und Abfallgesetz 1996
KIMM	Kölner Interessengemeinschaft Müllvermeidung statt Müllverbrennung
LfU	Landesamt für Umwelt (Bayern)
LTS	Large Technical Systems (Großtechnische Systeme)
MLG	Multi-Level-Governance
MLP	Multi-Level Perspective
MVA	Müllverbrennungsanlage
MWE	Municipal Waste Europe
NABU	Naturschutzbund Deutschland e.V.
NAP	Nationales Abfallvermeidungsprogramm
NGO	Nichtregierungsorganisation (aus dem Englischen: Non-Governmental Organization)
NRW	Nordrhein-Westfalen
OECD	Organisation für wirtschaftliche Zusammenarbeit und Entwicklung (aus dem Englischen: Organisation for Economic Co-operation and Development)
o.J.	ohne Jahr
ÖDP	Ökologisch-Demokratische Partei
örE	öffentlich-rechtliche Entsorgungsträger
RGRE	Rat der Gemeinden und Regionen Europas
RREUSE	The Re-use and Recycling EU Social Enterprises network
SPD	Sozialdemokratische Partei Deutschlands
SRU	Sachverständigenrat für Umweltfragen
SWK	Stadtwerke Köln
SWM	Stadtwerke München
TASi	Technische Anleitung Siedlungsabfall
VerpackV	Verpackungsverordnung
VKU	Verband kommunaler Unternehmen
WEEE	Waste of Electrical and Electronic Equipment (Elektro- und Elektronikgeräte-Abfall)

1. Einleitung

1.1 Problemstellung

„Ganz offensichtlich haben wir es in den vergangenen 30 Jahren nicht geschafft, den Mahnungen und Appellen zum Trotz, vernünftig mit den natürlichen Ressourcen umzugehen. Es bleibt zu hoffen, dass Bund und Länder den Anspruch der EG-Abfallrahmenrichtlinie, ernsthaft Abfälle zu vermeiden, als Chance nutzen, um wirksame Instrumente zur Vermeidung von Abfällen und Umweltbelastungen zu schaffen" (Kopytziok 2013: 457).

Abfallpolitik ist ein wichtiges Handlungsfeld deutscher Umweltpolitik. Von einer gut funktionierenden Kreislaufwirtschaft profitieren Böden, Gewässer, Luft, Klima und letztlich auch der Mensch. Gleichzeitig ist ein schonender und effizienter Umgang mit Ressourcen eine der zentralen Herausforderungen heutiger Gesellschaften (vgl. Umweltbundesamt 2019a). Aus Sicht der Ressourcenschonung ist insbesondere das Vermeiden von Abfällen von hoher Relevanz. Unter Abfallvermeidung können hierbei „alle Maßnahmen und Handlungsmöglichkeiten verstanden [werden], die das Entstehen von Abfällen bei der Produktion, bei der Distribution, bei der Nutzung und bei der Entledigung von Gütern verhindern" (Bidlingmaier/Kranert 2010: 74). Da Abfälle aus ehemaligen Rohstoffen und Produkten entstehen, leistet die Abfallvermeidung einen zentralen Beitrag zu der politisch auf allen Ebenen angestrebten Entkopplung der Ressourcennutzung vom Wirtschaftswachstum (vgl. BMU 2013: 6).

Trotz dieser weit verbreiteten Einsicht wird die in Deutschland etablierte moderne Wohlstands- und Konsumgesellschaft teilweise auch als Wegwerfgesellschaft bezeichnet: „Nahezu alle Dinge, die uns umgeben und mit denen wir uns befassen, ob Einrichtungsgegenstände, Fahrzeuge, Konsumgüter oder Lebensmittel, werden am Ende ihrer Nutzungsphase zu Abfall" – und das oftmals eher früher als später (Ministerium für Umwelt, Klima und Energiewirtschaft Baden-Württemberg 2019). Dies bestätigt auch ein Blick auf die Abfallbilanz bei den haushaltstypischen Siedlungsabfällen in Deutschland: Von 37,6 Millionen Tonnen im Jahr 2000 stieg das Aufkommen bis zum Jahr 2016 auf 46,6 Millionen Tonnen stark an. Dies entspricht einem Pro-Kopf-Aufkommen von 485 kg im Jahr 2000 und von 565 kg im Jahr 2016 (vgl. Umweltbundesamt 2018a).

1. Einleitung

Auch im europäischen Vergleich ist das deutsche Abfallaufkommen als sehr hoch zu bewerten: Nur in Dänemark, Malta und Zypern fallen europaweit noch mehr Siedlungsabfälle pro Kopf als in Deutschland an (vgl. Europäisches Parlament 2018). Der entstehende Abfall und die damit verbundenen Auswirkungen auf die Umwelt sind kollektives Resultat des Handelns verschiedenster Akteure über den Produktlebenszyklus hinweg (Gewinnung, Aufbereitung und Verarbeitung von Rohstoffen; Gestaltung, Handel und Konsum von Produkten; Wiederverwendung, Wiederaufbereitung, Entsorgung). Gleichzeitig ist aber festzuhalten, dass Deutschland mit einem Anteil von 66 % an recycelten und kompostierten Siedlungsabfällen im europäischen Vergleich führend ist (vgl. ebd.). Bei den haushaltstypischen Siedlungsabfällen waren es 2016 sogar 69 % mit stofflicher Verwertung (vgl. Umweltbundesamt 2018a). In Deutschland trifft also ein hohes Abfallaufkommen auf eine vergleichsweise effiziente Verarbeitungs- und Behandlungsstruktur – ein Umstand, der dazu führt, dass die Abfallproblematik in der öffentlichen Meinung oftmals als technisch gelöstes Problem angesehen wird. Auch wenn die Vermeidung von Abfällen schon seit Jahrzehnten als strategisches Konzept formal oberste Priorität in allen abfallwirtschaftlichen Regelungen genießt, muss konstatiert werden, dass die praktische Umsetzung diesen Vorstellungen weit hinterherhinkt: „Die mit Priorität verlangte Vermeidung von Abfällen geschieht nicht. In der Regel fand lediglich eine Verschiebung der Abfallmengen von der Deponierung zur Verwertung statt" (SRU 2008: 415f.).

> „Seit nunmehr 14 Jahren ist so als oberste Priorität die Vermeidung und damit die Mengenreduktion fixiert. Wir müssen konstatieren, dass eine erfolgreiche Umsetzung dieser Hierarchie bis heute nicht gelungen ist! Aber ist nicht die Menge durch Verwertung drastisch reduziert worden? Das ist wahr. Es haben deutliche Umschichtungen innerhalb der Ebenen Verwertung und Beseitigung stattgefunden. […] Aber eine Mengenreduktion der Abfälle ist dies nicht, und das zeigt die Statistik prägnant. Und eine Vermeidung hat es somit auch nicht gegeben, denn Verwertung ist keine Vermeidung, Verwertung ist nach der Vermeidung in der Hierarchie das ‚kleinere Übel'" (Bidlingmaier 2007: 465).

Das hohe Abfallaufkommen (und der damit einhergehende Ressourcenverbrauch) stellt ein typisches, schwer zu regulierendes Querschnittsproblem dar, welches sich einfachen technischen Lösungen entzieht. Hinzu kommt, dass sich die institutionellen, ökonomischen und technischen Strukturen einer auf Entsorgung und Verwertung ausgerichteten deutschen Abfallwirtschaft nur schwierig mit Vermeidungsaktivitäten in Einklang bringen lassen: „Lange stand die sichere und umweltfreundliche Entsorgung im Fokus [...]. Stoffliche und thermische Verwertung dienten [...] vor allem der Reduktion der Restabfallmengen angesichts befürchteter Entsorgungsnotstände" (Wilts et al. 2014: III). Nicht nur in der Abfallwirtschaft, sondern bereits in vorgelagerten Produktphasen gibt es zahlreiche Faktoren, die das Ziel einer Reduktion der Abfallmengen negativ beeinflussen: „Einer effektiven Steuerung in Richtung auf eine nachhaltigere Abfallwirtschaft durch Abfallvermeidung stehen erhebliche wirtschaftliche, politische und in individuellen Verhaltensmustern begründete Hindernisse entgegen" (Schomerus et al. 2011: 513). So stellt bereits das Umweltgutachten des Sachverständigenrates für Umweltfragen (SRU) aus dem Jahr 2008 fest, dass die eigentlich mit Priorität verlangte Vermeidung von Abfällen in Deutschland nicht geschieht und eine nennenswerte Verringerung der Stoffströme in der deutschen Volkswirtschaft in der Vergangenheit trotz gesetzlicher Vorgaben wie dem Kreislaufwirtschaftsgesetz (KrWG) und der Verpackungsverordnung (VerpackV) nicht erreicht werden konnte (vgl. SRU 2008: 415f.). Der bestehende Konflikt zwischen Entsorgungssicherheit und kurzfristigen ökonomischen Zielen auf der einen und nachhaltigem Ressourcenmanagement auf der anderen Seite konnte bislang nicht aufgelöst werden und hat zu einer unbefriedigenden Situation im Hinblick auf die Abfallvermeidung geführt (vgl. Wilts 2016a).

Seit geraumer Zeit wird das Thema Abfallvermeidung aber auch von europäischer Seite aus stärker vorangetrieben. Nimmt man den Umstand ernst, dass Abfallvermeidung und Vorbereitung zur Wiederverwendung (= Prüfung, Reinigung oder Reparatur mit dem Ziel, Abfälle so vorzubereiten, dass sie wieder für denselben Zweck verwendet werden können, für den sie ursprünglich bestimmt waren) seit der novellierten europäischen Abfallrahmenrichtlinie aus dem Jahr 2008 (ARRL'2008) gemeinsam an der Spitze der Abfallhierarchie stehen, dann strebt die Europäische Union (EU) einen Wandel der konventionellen Abfallwirtschaft hin zu einer echten Kreislaufwirtschaft an. Zusätzlich zur neuen Zielhierarchie verpflichtet die Rahmenrichtlinie die Mitgliedsstaaten auch dazu, nationale Abfallvermeidungsprogramme auszuarbeiten. Ziel dieser Programme ist ein koordinierter nationaler Handlungsansatz für Abfallvermeidung, der Ziele und mögliche Policies in diesem Bereich skizzieren und letztendlich die Ressourcennutzung vom Wirtschaftswachstum entkoppeln soll. In ihnen sollen nationale Akteure wie Abfallwirtschaft, Kommunen und Industrie gleichermaßen angesprochen werden, um relevante Maßnahmen in den spezifischen Bereichen anzustoßen (vgl. Schomerus et al. 2011). Neben der ARRL versucht die EU

1. Einleitung

beispielsweise auch mit der Europäischen Woche der Abfallvermeidung (EWAV), welche eine europaweite Kommunikationskampagne zur Förderung der Themen Abfallvermeidung und Wiederverwendung darstellt, die Vermeidungsaktivitäten nationaler Akteure zu beeinflussen. Auch in Deutschland könnten daher EU-induzierte Abfallvermeidungspolitiken im Sinne eines vorsorgenden Umweltschutzes dazu beitragen, dass alle beteiligten Akteure zukünftig stärker gemäß der Logik *„Die besten Abfälle sind die, die gar nicht erst entstehen"* handeln. Aufgrund des zuvor beschriebenen Status quo der Abfallbewirtschaftung in Deutschland ist jedoch fraglich, ob die europäischen Politikimpulse einen tatsächlichen Wandel hin zu mehr Abfallvermeidung auslösen können.

Von besonderer Relevanz ist hierbei ein Blick auf die kommunale Ebene: Denn aufgrund ihrer starken Stellung im Rahmen der verfassungsrechtlich garantierten Selbstverwaltung und der damit verbundenen öffentlichen Daseinsvorsorge sind die Kommunen in Deutschland die zentralen Abfallwirtschaftsakteure. Die ARRL'2008 wurde zwar auf Bundesebene über das KrWG'2012 in deutsches Recht implementiert, aber letztlich ist die Betrachtung der kommunalen Ebene in Bezug auf Abfallvermeidung gerade deshalb wichtig, weil die kommunalen Akteure für die tatsächliche Umsetzung europäischer und nationaler Abfallpolitik verantwortlich sind und hier einen großen Interpretationsspielraum bezüglich der konkreten Ausgestaltung der Politikarrangements haben.

> „Öffentliche Handlungsprogramme müssen, um Wirkungen entfalten zu können, in den lokalen Kontext eingewoben [werden] […]. Die lokale Ebene bleibt nicht selten unwägbar für bundes- und landespolitische Politiken, da policies lokal spezifisch wahrgenommen, gedeutet, materialisiert und dabei inhaltlich verändert werden (können)" (Lamping 1998: 17f.).

Hinzu kommt, dass die Abfallpolitik „in jeder Kommune je nach situativen Problemstellungen und lokalen ‚Eigengesetzlichkeiten' unterschiedlich" aufgestellt ist und „stark durch die Wahrnehmungen und Vorstellungen der Akteure definiert und in fortwährenden, kontextangepassten Einzelentscheidungen konturiert und konstituiert" wird (ebd.: 18). Zwar haben auch in der Abfallwirtschaft die Liberalisierungs- und Privatisierungstendenzen von öffentlichen Aufgaben die Rahmenbedingungen verändert, doch nach wie vor wird das Abfallproblem als lokales Politikfeld verstanden, in dem öffentliche Träger und private Unternehmen sich die Aufgaben der kommunalen Abfallwirtschaft teilen. Die lokale Ebene fungiert hierbei quasi als Übersetzer von staatlichen und europäischen Vorgaben. In Bezug auf Abfallvermeidungspolitiken sind zwar auch weitere Akteure (wie die Produzenten oder der Handel) als sehr relevant zu betrachten, aber die kommunale Ebene und die kommunale Abfallwirtschaft spielen eine nicht zu unterschätzende und wichtige Rolle: Zum einen haben die Kommunen nach wie vor direkten Zugriff auf viele Abfallströme und können daher gut einschätzen, warum welcher Abfall anfällt und wo Vermeidungsmaßnahmen prioritär ansetzen könnten.[1] Zum anderen haben sie einen relativ großen Gestaltungsspielraum hinsichtlich der Ausgestaltung von Service-Angeboten und Dienstleistungen, wie z. B. die Steuerung von Abfallproduzenten über ökonomische Anreize, die Kooperation mit Reparaturbetrieben oder das Angebot von Tausch- und Gebrauchtwarenbörsen. Kommunale Akteure können zudem auch über Abfallberatung und Sensibilisierungsaktionen direkt auf das Konsumverhalten und die Präferenzbildung der Bevölkerung einwirken.

1.2 Theoretischer Bezug

Auch aus theoretischer Perspektive bietet die soeben formulierte Problemstellung interessante und relevante Anknüpfungspunkte an aktuelle wissenschaftliche Debatten. So werden Veränderungsprozesse innerhalb von Infrastruktursektoren wie der Abfallwirtschaft bereits seit einiger Zeit von Vertretern der sozialwissenschaftlichen Technikforschung aus interdisziplinärer Perspektive analysiert. Ausgehend von der Forschung zu großtechnischen Systemen erklären diese Ansätze die vorherrschende Veränderungsträgheit innerhalb der Ver- und Entsorgungsinfrastruktur mit der Existenz kohärenter Konstellationen innerhalb dieser Infrastruktursysteme, so genannter sozio-technischer Regime (vgl. Smith et al. 2005 und Berkhout et al. 2004). Sozio-technische Regime setzen sich aus technischen Artefakten (wie z. B. Müllverbrennungsanlagen und Recyclinganlagen), den dominierenden Akteuren (wie z. B. den kommunalen Abfallwirtschaftsunternehmen, weiteren Infrastrukturdienstleistern und Akteuren aus Politik und Verwaltung), den

---

[1] „Es ist keiner näher dran an den Leuten, die Abfall verursachen. Niemand weiß besser als die Kommunen, warum Abfall entsteht, welcher Abfall entsteht, und das macht sie zu so einem interessanten Akteur in dem Feld. [...] Sie sind die zentrale Schnittstelle zwischen denen, die Abfall entstehen lassen, und denen, die Abfallvermeidung betreiben wollen. Keine Kommune hat natürlich die Möglichkeit, irgendwelche Produktdesign-Geschichten zu ändern. Keine Kommune kann den Leuten vorgeben, wie viel Abfall entstehen kann. Aber [...] diese totale Trennung von Abfall und allem, was davor ist. Da wären die Kommunen diejenigen, die an der richtigen Stelle sitzen, um sowas zu überwinden" (Interview A6).

1. Einleitung

politischen Regelungsstrukturen (wie z. B. dem Kreislaufwirtschaftsgesetz oder kommunalen Abfallwirtschaftskonzepten) sowie den Nutzungs- und Gebrauchspraktiken zusammen. Die hohe Stabilität der Regime erklärt sich damit, dass die Komponenten sich stark gegenseitig bedingen und soziale wie technische Faktoren sich über die Zeit hinweg ko-evolutiv entwickelt haben (vgl. Fuenfschilling/Truffer 2014). Die im ko-evolutiven Prozess entstehenden Wissensmuster und Handlungspraktiken sind genau auf die technischen Strukturen abgestimmt – große Änderungen scheinen deshalb zunächst unwahrscheinlich. Ob europäische Politikimpulse zur Förderung der Abfallvermeidung überhaupt zu Veränderungen in der Abfallwirtschaft führen, ist also auch aus theoretischer Perspektive zunächst unklar. Denn aufgrund der zuvor beschriebenen Situation ist zweifelhaft, ob europäische Impulse zu nachhaltigen Veränderungen führen können – wegen der gefestigten Strukturen und der augenscheinlich gut funktionierenden Abfallwirtschaft sind eher Implementationsprobleme und Pfadabhängigkeiten beim Transfer der Abfallvermeidungspolitiken von der europäischen auf nachgeordnete Ebenen zu erwarten, die fundamentale Transformationsprozesse behindern (vgl. hierzu auch Beyer 2005). An dieser Stelle ist allerdings hinzuzufügen, dass die Debatte um sozio-technische Regime sich bislang hauptsächlich auf technologische Artefakte als Ausgangspunkt für Wandel in Infrastruktursektoren konzentriert hat und politische Programme als wandelauslösende Faktoren lange nicht betrachtet wurden. Eine solch verengte Sichtweise auf sozio-technischen Wandel erscheint allerdings nicht gerechtfertigt, da große sozio-technische Wandlungsprozesse (wie z. B. die deutsche Energiewende) zeigen, dass ökologische Wandlungsprozesse sehr eng mit politischen Programmen und politischen Aushandlungsprozessen verknüpft sein können. Die Richtung und Intensität des resultierenden Veränderungsprozesses kann hierbei häufig über politische Variablen erklärt werden – wobei das Vorhandensein von technischen und administrativen Lösungen selbstverständlich auch eine große Rolle spielt (vgl. zur Kritik an der Vernachlässigung politischer Faktoren Markard et al. 2015, Meadowcroft 2009 und 2011, Maclaine Pont et al. 2016, Grin 2012 sowie Monstadt 2009). Für eine Analyse, die als Ausgangspunkt für sozio-technischen Wandel europäische Politikimpulse annimmt, müssen für eine tiefgehende Analyse des Wandlungsprozesses also noch weitere theoretische Annahmen mit in den konzeptionellen Rahmen einfließen.

Hierfür eignet sich die Europäisierungsforschung, die sich seit einiger Zeit als neues Feld der Politikwissenschaft konstituiert hat. Ziel dieses Ansatzes ist es, die Auswirkungen europäischer Institutionen und Prozesse auf die Vorgänge innerhalb der Mitgliedsstaaten zu analysieren (und nicht umgekehrt, wie es in der Politikwissenschaft lange üblich war) (vgl. Auel 2006). Unter Europäisierung wird hierbei die Anpassung von Organisationen an eine veränderte Umwelt verstanden, bei der die relevanten Akteure (unterschiedlicher politischer Ebenen) „die spezifischen Ansprüche eines verdichteten europäischen Interaktionsraums in ihre Gestaltung von Politik mit einbeziehen" müssen (Knodt 2000: 238). Hierunter können alle Rückwirkungen gefasst werden, die durch die Diffusion oder Inkorporation von im Rahmen der Politik auf EU-Ebene etablierten Rechtsnormen, Verfahrenspraktiken, Leitideen etc. in die politische Handlungslogik der Mitgliedsstaaten und nachgelagerten politischen Ebenen entstehen. Gerade auch die kommunale Ebene ist hier im Zuge des ständig wachsenden europäischen Regulierungsbestrebens immer stärker in ihrer Handlungsfähigkeit eingeschränkt und muss weitreichende Anpassungsleistungen an europäische Vorgaben erbringen: Es werden nicht nur immer mehr Kompetenzen auf die europäische Ebene verlagert, vielmehr erhöht sich auch die Detail- und Eingriffstiefe der Regelungen gegenüber den untergeordneten Ebenen kontinuierlich (vgl. Niederhafner 2008: 11). Gleichzeitig ist aber gerade in der europäischen Umweltpolitik ein besonders hohes Implementationsdefizit festzustellen (vgl. Mastenbroek 2003 und Knill/Lenschow 2000): So hat sich in den letzten Jahren deutlich gezeigt, dass in einigen Policy-Bereichen europäische Rechtsakte zwar formell vorliegen, diese von den Mitgliedsstaaten aber nicht in vollem Maße umgesetzt werden bzw. eigentlich umgesetzte Richtlinien unter einem Vollzugsgesichtspunkt nicht eingehalten werden. Auch aus dem Blickwinkel des Europäisierungsansatzes erscheint es also zunächst fraglich, wie tiefgreifend die Anpassungshandlungen der kommunalen Akteure aufgrund europäischer Abfallvermeidungsimpulse sind.

In beiden theoretischen Debatten spielte die Untersuchung von Wandlungsprozessen auf kommunaler Ebene bislang eine untergeordnete Rolle. So wurde das Konzept der sozio-technischen Regime hauptsächlich in Bezug auf übergeordnete Ebenen entwickelt und ohne Fokus auf spezifische Raumkontexte angewandt (siehe zu dieser Kritik bspw. Hodson/Marvin 2010 und Hansen/Coenen 2015). Allerdings weisen aktuelle Veröffentlichungen an der Schnittstelle von Infrastrukturtheorie und Raumwissenschaften doch darauf hin, dass eine explizit städtische Betrachtungsweise zielführend sein kann, da Kommunen in vielen Bereichen die maßgeblich betroffenen Akteure sind: „Aggregate regimes in these cases may have national dimensions in terms of regulations or technical knowledge [...], but implementation and operation tend to occur in cities and localities" (Geels 2011: 17). Auch innerhalb der Europäisierungsforschung hat man erst vor kurzem erkannt, dass eine Betrachtung lokaler Wandlungsprozesse wichtig

1. Einleitung

ist (vgl. Hamedinger/Wolffhardt 2010a und Dossi 2017). So würde eine rein nationale Betrachtungsweise verkennen, dass der Anpassungsdruck innerhalb eines Nationalstaates nicht überall gleich hoch ist: Insbesondere in Feldern der Infrastrukturpolitik, in denen die Kommunen einen hohen Gestaltungsspielraum haben und sich daher stadtspezifische Besonder- und Eigenheiten herausgebildet haben, ist zu erwarten, dass Kommunen jeweils unterschiedliche Antworten auf europäische Impulse finden werden. Der europäisch erzeugte Anpassungsdruck kann in verschiedenen Städten unterschiedlich wahrgenommen und verarbeitet werden, was letztlich zu einer Variation an Europäisierungsergebnissen führt.

1.3 Forschungsfragen und Untersuchungsdesign

Ziel der vorliegenden Arbeit ist es, die angesprochenen Forschungslücken zu schließen und zu erklären, wie europäische Abfallvermeidungsimpulse auf deutsche Kommunen und die kommunale Abfallwirtschaft wirken und welche Anpassungsprozesse dadurch ausgelöst werden. Es wird erforscht, welche Wechselwirkungen zwischen der europäischen und der kommunalen Ebene vorliegen, sowie untersucht, warum, wie und unter welchen Bedingungen sich die kommunalen Akteure an europäische Abfallvermeidungspolitik anpassen. Auf diese Weise kann die räumliche Dimension von Europäisierungsprozessen in der Abfallwirtschaft herausgearbeitet, die Mehrebenendynamik der Abfallvermeidungspolitik aufgezeigt sowie diversifizierte Anpassungsreaktionen von kommunalen Abfallregimen verglichen und erklärt werden.

Die leitende Forschungsfrage dieser Untersuchung lautet folglich:

Welche Auswirkungen haben europäische Abfallvermeidungsimpulse auf kommunale Abfallwirtschaftsregime und welche Anpassungsprozesse werden dadurch ausgelöst?

Diese Frage lässt sich unter Bezugnahme des zuvor formulierten Erkenntnisinteresses durch folgende Unterfragen weiter operationalisieren:
- Welchen Einfluss haben europäische Abfallvermeidungsimpulse auf umweltpolitischen Wandel in der kommunalen Abfallwirtschaft?
- Wie gestaltet sich die Implementation abfallvermeidender Politiken im europäischen Mehrebenensystem?

- Wie ist die Tiefe des Wandels auf kommunaler Ebene einzuschätzen? Löst die europäische Abfallvermeidungspolitik einen eher pfadabhängigen oder einen transformativen Wandlungsprozess aus?

Die in der vorliegenden Arbeit untersuchten, angesprochenen europäischen Impulse sind im Wesentlichen die bereits genannte ARRL'2008 sowie die EWAV (vgl. Kapitel 3.5.2).

Um kommunale Anpassungsreaktionen an europäische Politik dezidiert untersuchen zu können, werden in dieser Arbeit räumlich konkret zwei städtische Fallstudien miteinander verglichen. Die Wahl fiel hierbei auf die beiden deutschen Großstädte München und Köln, die näher auf ihre Aktivitäten im Bereich Abfallvermeidung und Wiederverwendung untersucht werden sollen. Eine ausführliche Erläuterung der Fallstudienauswahl erfolgt in Kapitel 4.1 dieser Arbeit. Für die beiden Fallstudien ergeben sich abgeleitet aus den übergreifenden Fragen folgende Fragestellungen:
- Welche, durch europäische Impulse ausgelöste, Wandlungsprozesse können in den beiden Untersuchungskommunen festgestellt werden?
- Inwiefern kommt es auf kommunaler Ebene zu einer Neuformulierung von Politiken sowie zu einer Neuausrichtung tradierter Denk- und Handlungsmuster?
- Warum und wie passen sich die städtischen Abfallwirtschaftsregime an europäische Abfallvermeidungspolitik an? Wie lassen sich eventuelle Unterschiede zwischen den Städten erklären?

Die kontrastierende Gegenüberstellung beider Fallstudien dient hierbei nicht dem Ziel, ein vermeintliches Best-Practice-Beispiel bezüglich der Umsetzung europäischer Politik oder der Intensität städtischer Abfallvermeidungsstrategien zu identifizieren. Vielmehr soll den grundlegenden Fragen nachgegangen werden, wie die Anpassungsreaktionen in beiden Untersuchungsstädten verlaufen sind, welche Europäisierungsmuster sich stadtspezifisch ergeben haben und auf welche Weise die kommunalen sozio-technischen Regime sich aufgrund des europäischen Einflusses verändert haben.

Bezugnehmend auf die praktischen Implikationen der vorliegenden Arbeit sind darüber hinaus auch folgende Fragen zu beantworten:
- Welche Möglichkeiten und Handlungsspielräume haben Kommunen bei der Förderung von Abfallvermeidung und Wiederverwendung?
- Welche Hemmnisse führen dazu, dass die Ziele der Abfallvermeidungspolitik bislang kaum konkrete Politikwirkungen haben?
- Welche Schlussfolgerungen können zur künftigen Optimierung städtischer und rahmengebender Politik gezogen werden? Wie können

1. Einleitung

kommunale und übergeordnete Akteure künftig wirksame Impulse für die Vermeidung von Abfällen setzen?
Insgesamt generiert die Arbeit durch die systematische Untersuchung EU-induzierter Prozesse kommunalen Wandels in der Abfallpolitik Erkenntnisgewinne für verschiedene Zielgruppen: Zum einen kann durch den gewählten theoretischen Rahmen und die zugrunde gelegte Fragestellung sowohl die sozialwissenschaftliche Technik- als auch die Europäisierungsforschung weiter vorangetrieben werden. Zum anderen werden in der Arbeit disziplinäre Perspektiven an der Schnittstelle der Ingenieur-, Politik-, Verwaltungs-, Planungs-, Geo- und Umweltwissenschaften aufgegriffen und verknüpft. Neben der wissenschaftlichen Relevanz, die im Kapitel 2 der vorliegenden Arbeit ausführlich dargelegt wird, sind die angestrebten Ergebnisse des Dissertationsprojekts auch von praktischem Interesse. Sowohl Akteure der kommunalen Abfallwirtschaft und deren Interessenvertreter auf europäischer Ebene als auch die Verwaltungsbehörden auf unterschiedlichen politischen Ebenen erhalten anhand der gewonnenen Erkenntnisse Einblick in die Interaktionsdynamik des europäischen Mehrebenensystems, um diese bei der Gestaltung von Politikprozessen anzuwenden. Neben den zu erwartenden theoretischen Erkenntnissen ergeben sich durch das Identifizieren konkreter Stellschrauben, die zu einem Wandel des Engagements der kommunalen (Abfallwirtschafts)-Akteure in Bezug auf Abfallvermeidung führen, somit auch Konsequenzen für die zukünftige Gestaltung ressourcenschonender Politik und Planung.

In Erweiterung zu den zuvor formulierten Fragestellungen sei an dieser Stelle bereits auf das Kapitel 2.3.2 verwiesen, in welchem – basierend auf dem theoretischen Rahmen – das konzeptionelle Untersuchungsdesign und das hypothesengestützte Vorgehen der vorliegenden Arbeit weiter erläutert und konkretisiert sowie für die empirische Analyse operationalisiert wird.

Insgesamt erklärt das vorliegende Forschungsvorhaben, welchen Einfluss Europäisierungsprozesse auf die kommunale Abfallvermeidungspolitik und Abfallwirtschaftsregime haben. Zur Beantwortung der zuvor formulierten Forschungsfragen eignet sich ein fallzentriertes qualitatives Forschungsdesign, das darauf abzielt, ein genaues Verständnis und präzises Bild einiger weniger Fälle zu zeichnen. Im Vergleich zu quantitativen Studien liegt die Stärke eines solchen Ansatzes gerade „in der umfassenderen und dadurch besseren Abbildung der sozialen Wirklichkeit" und darin, dass auch vielschichtige Ursache-Wirkungs-Zusammenhänge sowie Entwicklungs- und Prozessabläufe nachvollzogen werden können (Borchardt/Göthlich 2007: 36). Wenngleich auf Basis von wenigen Fallstudien keine empirisch gültige

Verallgemeinerung der Schlüsse auf alle anderen denkbaren Fälle möglich ist, so können auf diese Art und Weise Hypothesen aufgestellt und am Fall überprüft werden (vgl. Siefken 2007: 118). Bei der Durchführung von Fallstudien hat sich der strukturierte und fokussierte Vergleich bewährt: ‚Strukturiert' meint hierbei, dass „Fallstudien immer von einer Reihe von Fragen angeleitet werden sollten, die sich aus der [...] Forschungsfrage und den theoretischen Vorüberlegungen ergeben" (Blatter et al. 2007: 140). Durch zuvor entwickelte Fragestellungen und Thesen kann so sichergestellt werden, dass Datenerhebung und -analyse stark am Erkenntnisinteresse ausgerichtet sind, die untersuchten Fälle aufgrund der Standardisierung miteinander verglichen werden können und es eine theoretische Anschlussfähigkeit zu bestehenden Theorien bzw. Forschungskonzepten gibt (vgl. ebd.: 141). ‚Fokussiert' schließt an den zuletzt genannten Aspekt an und macht deutlich, dass der theoretische Rahmen der Arbeit ein Analyseraster vorgeben muss, auf dessen Basis theoretische Kategorien ausgewählt werden, mit denen die Wandlungsprozesse in den Fallstudien untersucht werden können. Gerade weil die vorliegende Arbeit auch herausfinden möchte, welche lokal spezifischen Gegebenheiten den Implementationsprozess auf kommunaler Ebene beeinflussen, ist der Fallstudienvergleich einer Einzelfallstudie vorzuziehen. So können die gewonnenen Erkenntnisse auf Ähnlichkeiten wie Unterschiede untersucht werden und durch die Kontrastierung die Eigenheiten der untersuchten Fälle hervorgehoben und analysiert werden (vgl. Barbehön et al. 2015: 48). Insbesondere der Vergleich von nur zwei Fällen (auch paarweiser Vergleich genannt) „erlaubt am ehesten qualitative und ‚in depth'-Analysen und die Arbeit mit einem umfassenden Set von Variablen" (Abromeit/Stoiber 2006: 31) – beim qualitativen Fallstudienvergleich werden eine ausführliche Darlegung und ein tiefes Verständnis der Kausalzusammenhänge möglich. Gleichzeitig vermeidet der komparative paarweise Vergleich Übergeneralisierungen, die von Einzelfallstudien befürchtet werden. Im Vergleich zu *large-n*-Studien können aber trotzdem eine Vielzahl an unterschiedlichen Variablen betrachtet und ihre Auswirkungen diskutiert werden (siehe zur begründeten Auswahl der Fallstudien Kapitel 4.1). Diese Art des Vergleichs ist somit auch für die vorliegende Arbeit als zielführend anzusehen: Nachdem zunächst in Kapitel 2 die theoretische Einbettung der Arbeit formuliert und hieraus vorläufige Hypothesen abgeleitet werden, können diese im Rahmen der vergleichenden Fallstudienanalyse in Kapitel 4 eingehend diskutiert und schließlich im Fazit der Arbeit beantwortet und erweitert werden.

Neben der Wahl des generellen Untersuchungsdesigns stellt sich hierauf aufbauend außerdem die Frage nach geeigneten empirischen Datener-

1. Einleitung

hebungsinstrumenten. Hierbei ist neben der auf den Bearbeitungszeitrahmen bezogenen Machbarkeit auch die Sinnhaftigkeit in Bezug auf den Erkenntnisgewinn und die Forschungsfragen zu bedenken. Gleichzeitig ist zu berücksichtigen, dass die Analyse politischer Wandlungs- und Gestaltungsprozesse in sozio-technischen Regimen eine empirische Herausforderung darstellt, da es sich um eine komplexe, interessengetriebene und stark interpretationsbedürftige Materie handelt. Daher müssen im Rahmen der Fallstudienbetrachtung mehrere Erhebungstechniken kombiniert werden, um Daten aus unterschiedlichen Quellen zu generieren, die miteinander in Bezug gesetzt werden können (vgl. Schmidt 2006). Um diesem Anspruch zu genügen, wird im empirischen Teil dieser Arbeit ein breiter Korpus an Primärquellen verwendet, der sich aus leitfadengestützten Interviews mit Experten[2] (welche transkribiert und mittels Kodierungsverfahren qualitativ ausgewertet wurden), Stadtrats- und Gremienprotokollen, Unternehmensberichten sowie journalistischer Berichterstattung zusammensetzt. Eine genaue Beschreibung des methodischen Vorgehens und der gewählten Erhebungsinstrumente kann dem Kapitel 4.1 entnommen werden.

Der maßgebliche Untersuchungszeitraum der vorliegenden Arbeit endet empirisch gesehen etwa im Jahr 2018. Im Mittelpunkt der Analyse stehen somit jene Veränderungen kommunaler Abfallwirtschaftsregime, die aufgrund der ARRL'2008 (und nachfolgend des KrWG'2012) sowie der EWAV erfolgt sind bzw. hiermit in Zusammenhang stehen. Die ARRL wurde zwischenzeitlich im Jahr 2018 als Teil des EU-Abfallpakets erneut überarbeitet (Richtlinie (EU) 2018/851 des Europäischen Parlaments und des Rates vom 30. Mai 2018 zur Änderung der Richtlinie 2008/98/EG über Abfälle). Gleiches gilt für das KrWG'2012, das zuletzt im Oktober 2020 novelliert wurde. Eine kurze Bezugnahme auf die Inhalte der überarbeiteten ARRL'2018 erfolgt im Ausblick dieser Arbeit (Kapitel 5.4). Sich hieraus gegebenenfalls ergebende, weitere Europäisierungseffekte kommunaler Abfallvermeidungspolitik können in der vorliegenden Arbeit jedoch nicht berücksichtigt werden, da die Betrachtung und Analyse von sozio-technischen Europäisierungsprozessen eine längere Zeitspanne zwischen Impuls und Europäisierungsergebnis erfordert.

---

2 Aufgrund der einfacheren Lesbarkeit wird im Folgenden auf die gleichzeitige Verwendung weiblicher und männlicher Sprachformen verzichtet und die männliche Form verwandt. Alle Geschlechter sind hiermit immer gleichermaßen gemeint.

1.4 Aufbau der Arbeit

Wie zuvor bereits beschrieben, arbeitet Kapitel 2 der vorliegenden Arbeit die theoretisch-konzeptionellen Grundlagen heraus. Hierfür wird zunächst die Debatte um sozio-technische Infrastrukturregime aufgearbeitet. Basierend auf einer Analyse der zentralen Debatteninhalte wird insbesondere die räumliche und politische Dimension von sozio-technischen Wandlungsprozessen hervorgehoben. Als zweiter maßgeblicher Theoriestrang wird dann die Europäisierungsforschung vorgestellt. Im Mittelpunkt stehen hierbei die Auseinandersetzung mit verschiedenen Europäisierungsimpulsen und -mechanismen sowie die Anwendung des theoretischen Konzeptes auf die kommunale Ebene. In den Kapiteln 2.3 und 2.4 folgt dann die Zusammenführung beider theoretischer Konstrukte zu einem konzeptionellen Forschungsrahmen. Ausgehend von der Feststellung, dass sich sozio-technischer Wandel in Infrastrukturregimen in der Regel als Prozess schrittweiser Erneuerung und phasenweiser Diskontinuität ereignet, wird die Europäisierung von sozio-technischen Regimen als eine Phase gradueller Transformation beschrieben. Abschließend werden auf Basis der theoretischen Betrachtung Thesen formuliert, die im weiteren Verlauf der Arbeit überprüft und verfeinert werden.

Kapitel 3 beschäftigt sich mit einer Einführung in das Politikfeld und arbeitet den Forschungsstand zu (kommunaler) Abfallvermeidungspolitik auf. Aufbauend auf einer kurzen Beschreibung der Entwicklung der Abfallpolitik und -wirtschaft in Deutschland, wird die Relevanz der Abfallvermeidung innerhalb der Abfallwirtschaft diskutiert. Danach erfolgt eine tiefergehende Analyse von verschiedenen Hemmnissen, die dazu geführt haben bzw. dazu führen, dass Abfallvermeidung in der Praxis trotz vieler Potenziale und Möglichkeiten bislang nur in Ansätzen umgesetzt wird.

Der Schwerpunkt der empirischen Analyse liegt in Kapitel 4. Nach einer kurzen Erläuterung der gewählten Methodik sowie einer Erläuterung der städtischen Fallstudienauswahl wird zunächst die nationale Ebene fokussiert. Bevor also der Blick auf die beiden Fallstädte München und Köln gerichtet wird, wird zunächst untersucht, welche bundesdeutschen Filterprozesse die europäischen Abfallvermeidungsimpulse durchlaufen haben. Hierauf aufbauend erfolgt dann die Betrachtung der durch die europäischen Impulse ausgelösten Wandlungsprozesse in den beiden Städten. Hierbei werden für jede Fallstudie zunächst wichtige Rahmendaten sowie die Grundstrukturen des abfallwirtschaftlichen Regimes beschrieben. Da dann im Folgenden die Bedeutung von Abfallvermeidungspolitik und -maßnahmen in der jeweiligen Stadt betrachtet wird, kann ein stadtspe-

1. Einleitung

zifischer Anpassungsdruck festgestellt und untersucht werden, wie die europäischen Impulse jeweils verarbeitet wurden. Schließlich erfolgt in Kapitel 4.5 eine vergleichende Analyse der beiden Fallstudien unter Bezugnahme auf den theoretischen Rahmen. Insbesondere werden hier die Veränderungsprozesse in den folgenden Bereichen fokussiert: Politikinhalte und regulative Institutionen, Akteursstruktur und Machtverhältnisse, kognitive und normative Institutionen sowie technische Strukturen und Artefakte.

Abschließend werden im Fazit der Arbeit (Kapitel 5) die wesentlichen Ergebnisse im Hinblick auf die formulierten Hypothesen zusammengefasst, praktische Implikationen und Handlungsempfehlungen für kommunale und rahmensetzende Akteure dargestellt sowie der weitere Forschungsbedarf konkretisiert.

2. Theoretische Einbettung

Die zentrale Fragestellung der vorliegenden Arbeit nach dem Einfluss europäischer Abfallvermeidungspolitik auf Wandlungsprozesse in der kommunalen Abfallwirtschaft knüpft sowohl an infrastrukturtheoretische als auch an politikwissenschaftliche Debatten an. Daher wird die Entwicklung der Abfallvermeidungspolitik in den beiden Untersuchungsstädten mit Hilfe eines kombinierten Analyserasters erfolgen: In Kapitel 2.1 wird zunächst die Debatte um sozio-technischen Wandel in Infrastrukturregimen rezipiert, wobei hier gerade auch die räumliche und politische Dimension sozio-technischen Wandels herausgearbeitet wird. In Kapitel 2.2 wird zur Ergänzung der angesprochenen Analyseperspektive schließlich die politikwissenschaftliche Europäisierungsliteratur ausgewertet, die einen wichtigen Beitrag zur Wirkungsweise europäischer Politik auf kommunaler Ebene leistet. In beiden betrachteten theoretischen Hauptsträngen werden an geeigneter Stelle auch immer wieder zentrale Ergebnisse der interdisziplinären Stadtforschung sowie von neo-institutionalistischen Debatten integriert. Eine solche theoretische Einbettung der empirisch beobachteten Phänomene erscheint zentral, da die Theorien einen analytischen Bezugsrahmen bieten und „eine begrifflich-systematische Ordnung der Daten [ermöglichen] und [...] dazu [befähigen], aus den gewonnenen Ergebnissen Schlüsse zu ziehen" (Haftendorn 1977: 298). Ihnen kommt somit eine Selektionsfunktion (Auswahl der relevanten Fakten), eine Ordnungsfunktion (Strukturierung der Realität), eine Erklärungsfunktion (Ziehen von wissenschaftlichen Schlüssen und Vermittlung von Einsichten) sowie eine operative Funktion (Anwendung von Wissen in Forschung und Praxis) zu (vgl. ebd.). Die gesammelten Erkenntnisse und inhaltlichen Schlüsse dieser theoretischen Auseinandersetzung dienen schließlich als Grundlage für den konzeptionellen Forschungsrahmen und die forschungsleitenden Thesen, um kommunalen Infrastrukturregimewandel durch Europäisierung erfassen zu können.

2.1 Sozio-technischer Wandel von Infrastrukturregimen

Um sich der Frage nach Europäisierungsprozessen in der Abfallwirtschaft auf kommunaler Ebene nähern zu können, ist es zunächst erforderlich,

2. Theoretische Einbettung

generell die Frage nach Wandlungsprozessen in sozio-technischen Infrastruktursystemen zu betrachten. Im Folgenden wird daher konkretisiert, wie sich die Debatte zu sozio-technischen Regimen über die Zeit hinweg entwickelt hat sowie welche Bestandteile und Hauptmerkmale diese Regime im Infrastrukturbereich aufweisen (Kapitel 2.1.1). Hierauf aufbauend kann dann erläutert werden, wie sich Wandel in ihnen zwischen Pfadabhängigkeit auf der einen und grundlegender Transformation auf der anderen Seite abspielt (Kapitel 2.1.2). In Kapitel 2.1.3 und 2.1.4 werden dann schließlich die räumliche und die politische Dimension sozio-technischer Transformationen in den Mittelpunkt gerückt – zwei Themen, die in der Literatur lange Zeit vernachlässigt wurden, aber für das Verständnis von EU-induziertem Wandel auf kommunaler Ebene zentral sind.

2.1.1 Von der LTS-Debatte zur Analyse sozio-technischer Infrastrukturregime

Großtechnische Infrastruktursysteme (*large technological systems*; LTS) sind hochkomplexe Systeme, die technische Artefakte, soziale Organisationen und institutionelle[3] Regelungen integrieren. Dieser Forschungszweig beruht auf der Grundannahme eines sozio-technischen Ansatzes, der die Wechselwirkungen zwischen technischen und sozialen Komponenten in den Mittelpunkt rückt. Nach Hughes (1987) prägen Technologien einerseits soziales Handeln und Beziehungen (z. B. zwischen Betreibern, Nutzern, Regulierungsbehörden, etc.), andererseits sind die Techniksysteme sozial geprägt und insbesondere in ihrer konkreten Anwendung sozial organisiert. Dies führe dazu, dass soziale Faktoren eben nicht nur als Systemumwelt oder Rahmenbedingung zu verstehen sind, sondern als elementarer Systembestandteil:

> „Technological systems [...] are both socially constructed and society shaping. Among the components in technological systems are physical artifacts [...] such as transmission lines electric light and power

---

[3] Die vorliegende Arbeit verwendet einen breiten Institutionenbegriff, welcher Normen, Routinen, Gewohnheiten, Praktiken, Regeln, Gesetze, Standards usw. umfasst, die wiederum sektorale Systeme prägen (vgl. Dolata 2007: 10; neben den Institutionen sind die weiteren grundlegenden Komponenten dieser sektoralen Systeme Technik und Akteure). Der Institutionenbegriff beinhaltet sowohl die formellen als auch die informellen Spielregeln einer Gesellschaft (vgl. North 1991: 97).

systems. Technological systems also include organizations, such as manufacturing firms, utility companies, and investment banks, and they incorporate components usually labeled scientific, such as books, articles, and university teaching and research programs. Legislative artifacts, such as regulatory laws, can also be part [...]. Because they are socially constructed and adapted in order to function in systems, natural resources [...] also qualify as system artifacts" (Hughes 1987: 21).

Die Debatte um LTS ist auch als Erweiterung der stark technik-deterministisch verlaufenden Debatte in den Ingenieurwissenschaften zu sehen, da die Weiterentwicklung bestehender Infrastruktursysteme eben nicht nur als Prozess eines ingenieurwissenschaftlichen Fortschritts begriffen wird, sondern als sozio-technischer Prozess anerkannt wird. Insofern hat die Betrachtung explizit sozio-technischer Systeme seit den 1980er Jahren zu einer zunehmenden Abkehr technik-deterministischer Sichtweisen geführt (vgl. Lutz 1987). Die bis dato gültige Auffassung von Technik als ein außersozialer Tatbestand bzw. als ein auf die Gesellschaft wirkender Umweltfaktor hatte dazu geführt, dass Technik einen Sachzwang für Gesellschaften schafft, indem Handeln auf sozialer und kollektiver Ebene durch Technik determiniert wird. Diese, durch empirische Forschungsergebnisse weitestgehend widerlegte, technik-deterministische Sichtweise (vgl. Heinrich 2006) wurde schließlich durch die Perspektive abgelöst, in der technische Entwicklung als ein sozialer Prozess aufgefasst wird. Demnach sei die Ausformung der Technikentwicklung „maßgeblich von gesellschaftlichen Akteuren hervorgebracht und von vergleichsweise ergebnisoffenen sozialen Konstruktions-, Definitions- und Aushandlungsvorgängen geprägt" (Dolata 2005: 6). Mit dieser sozialkonstruktivistischen Wende in der Technikforschung wurde allerdings dann unterschätzt, dass Technik „nicht bloß das kontingente Ergebnis sozialer Prozesse" ist (ebd.). Denn gleichsam in die andere Richtung prägen neue Techniken und technologische Wandlungsprozesse auch soziale Zusammenhänge und können (re-)strukturierend auf gesellschaftliche und ökologische Faktoren wirken: „Sie prägen Organisationsmuster und interorganisationale Beziehungen, begründen neue Regulierungserfordernisse und üben einen mehr oder minder tief greifenden Einfluss auf vorhandene gesellschaftliche Institutionen und Systemstrukturen aus" (Dolata 2008: 262). Demnach kann die Entstehung und Entwicklung von großtechnischen Infrastruktursystemen weder durch eine technik-deterministische noch durch soziale Prozesse allein erklärt werden. Gleichzeitig ist der sozio-technische Ansatz auch als Erweiterung der geschichts- und sozialwissenschaftlichen Infrastrukturforschung zu begreifen. Diese hatte sich lange stark auf die alleinige Betrachtung einzelner, isolierter technischer Artefakte, wie Computer, Fließband oder Telefon, konzentriert. Die sich darum befindlichen technischen Infrastruktursysteme, welche die Artefakte durch Regulierung und soziale Organisation fördern, unterstützen oder hemmen, wurden hingegen ausgeblendet (vgl. zu dieser Kritik Monstadt 2007a: 9 und Summerton 1994).

Zentral sind hier die Veröffentlichungen des Geschichtswissenschaftlers Thomas P. Hughes, der mit seinem Schlüsselwerk „Networks of Power" im Jahr 1983 den sozio-technischen Ansatz begründete. Mit seinen Analysen zur Geschichte der Elektrifizierung der Städte Chicago, Berlin und London wurden erstmals „verallgemeinerungsfähige Konzepte zum Verständnis der Entwicklungsdynamiken [entwickelt sowie die] strukturellen Eigenschaften und [...] Beharrungstendenzen dieser großtechnischen Infrastruktursysteme" aufgezeigt (Monstadt 2007a: 10). Neben Hughes haben insbesondere auch die Arbeiten von Renate Mayntz (die 1988 gemeinsam mit Hughes den Sammelband „The Development of Large Technical Systems" herausgab) zur Weiterentwicklung der Debatte beigetragen. Im Gegensatz zum Geschichtswissenschaftler Hughes war sie vor allem an der Debatte zur politischen Steuerbarkeit gesellschaftlicher Subsysteme interessiert. Basierend auf der Feststellung, dass Steuerungsobjekte den Charakter vernetzter Systeme haben und daher kognitive und manipulative Steuerungsprobleme verursachen können (vgl. Mayntz 1997: 198), machte diese Grundlagenforschung deutlich, wie hochvernetzte soziale Teilsysteme bzw. Sektoren unter gewissen Umständen regulierende Maßnahmen von außen abwehren können und stark „dazu neigen, Selbsterhaltung, Wachstum und Ressourcenschonung über die Produktion von Leistungen für andere zu stellen und letzteres für ersteres zu instrumentalisieren" (ebd.: 200). Gerade die Dualität aus Struktur und Akteurshandeln mache es der staatlichen Steuerung schwierig und erhöhe die „Widerstandsfähigkeit hochgradig institutionalisierter und organisierter sozialer Teilsysteme" (ebd.). Tendenzen zur Verselbstständigung und starke Veto-Interessen der sektorspezifischen Akteure sind Folge hiervon. Nichtsdestotrotz sei eine politische Steuerung dieser Sektoren aber trotzdem möglich:

> „Zusammengefaßt läßt sich also argumentieren, daß die unbestreitbaren Steuerbarkeitsprobleme [...] sozialer Teilsysteme [...] mit der besonderen Dynamik komplex strukturierter Gesellschaften und [...] mit der Widerstandsfähigkeit durchorganisierter Regelungsfelder zusammenhängen – daß aber gerade die organisierte Handlungsfähigkeit gesellschaftlicher Akteure unter bestimmten Voraussetzungen eine politische Steuerung wie auch die Lösung der aus der sozialen Komple-

xität erwachsenden Realprobleme begünstigen kann. Dabei kommt es weniger auf die Art der Interventionsinstrumente als auf eine besondere Organisationsform der Politikentwicklung an, die sicherstellt, daß nicht nur Informationen über Bedürfnisse und Bedenken der Akteure im Regelungsfeld, sondern vor allem auch Hinweise auf zu berücksichtigende Nebenwirkungen, Interdependenzen, emergente Probleme usw. in die Entscheidungsfindung eingehen" (Mayntz 1997: 204).

Somit liefert die Debatte um LTS auch zentrale Erkenntnisse zur schwierigen politischen Steuerbarkeit von Infrastruktursektoren und betont die institutionellen Verstetigungsprozesse und Beharrungstendenzen, die eine Steuerbarkeit einschränken können. Dieser, Ende der 1980er Jahre entwickelte Ansatz, der neben Mayntz und Hughes durch eine interdisziplinär und international zusammengesetzte Wissenschafts-Community aus Soziologen, Politologen, Historikern, Planern, Ingenieuren und Ökonomen entwickelt wurde, verstand es also erstmals, die institutionellen Besonderheiten sozio-technischer Infrastruktursysteme und ihre Prägung durch sowohl Technik als auch soziales Handeln integriert zu betrachten. Und auch wenn dieser theoretische Zugang gerade auch aufgrund der vielen beteiligten Disziplinen keine große Homogenität aufweist und zu Beginn sicherlich auch einige Blindflecken wie beispielsweise räumliche Aspekte aufwies, so „liefert der Diskurs [...] zahlreiche Erkenntnisse für die Ausbreitung und den Wandel der Systeme" (Monstadt 2007a: 10). Die zentralen Fragestellungen der LTS-Forschung sind somit, wie die Entstehung bestimmter LTS zu erklären ist und durch welche Entwicklungsstufen diese Entwicklung geprägt war, welche Faktoren diese Entwicklung beeinflusst haben, wie technische Pfadabhängigkeiten und institutionelle Beharrungskräfte von LTS zu erklären sind, wie innovations- und anpassungsfähig LTS an neue gesellschaftliche Anforderungen sind und wie sich LTS politisch steuern lassen. Insgesamt werden unter großtechnischen Infrastruktursystemen also komplexe „und heterogene Techniksysteme verstanden, die bestimmte Infrastrukturleistungen bereitstellen und die sich durch netzwerkartige Strukturen, eine weiträumige Vernetzung und eine erhebliche Kapitalintensität auszeichnen" (Monstadt/Naumann 2004: 10). Der Debatte ist zuzurechnen, dass sie „strukturelle Gemeinsamkeiten von relativ heterogenen Techniksystemen identifiziert und ihre Funktionsweise erklärt und vergleichbar" macht und insbesondere „Anforderungen an die politische Steuerung von Versorgungssystemen" herausstellt (Monstadt 2007a: 19). Zentral ist weiterhin, dass sich die beteiligten Akteure und

2. Theoretische Einbettung

Institutionen um ein System von technischen Artefakten herum gruppiert haben (vgl. ebd.).[4]

Aufbauend auf den zuvor vorgestellten Erkenntnissen wird in der sozialwissenschaftlichen Technik- bzw. Innovationsforschung seit geraumer Zeit von sozio-technischen Regimen gesprochen.[5] Insbesondere die ausgeprägte Resistenz von Infrastrukturen gegenüber radikalen, strukturverändernden Innovationen wird mit der Existenz dieser kohärenter Konstellationen erklärt (vgl. Smith et al. 2005). Sozio-technische Regime im Infrastrukturbereich können als Machtzentren sozio-technischer Systeme verstanden werden und bestehen aus den dominanten Akteuren und Institutionen des Systems, wie z. B. dem technologischen Design (technische Artefakte und Netze zur Produktion, Verteilung und Nutzung von Infrastrukturleistungen), der sozialen Organisation der Produktion (die die Erzeugung und Verteilung der Infrastrukturleistungen sicherstellt), den politischen Governance- bzw. Regelungsstrukturen (in denen staatliche und nicht-staatliche Akteure deren Gewährleistung organisieren) sowie den Nutzungs- und Gebrauchspraktiken (siehe hierzu auch Mayntz 2009, die in Governance-, Produktions- und Technikstruktur unterscheidet). Diese Regime sind das paradigmatische Herzstück eines Sektors, welches aus der Ko-evolution aus Institutionen und Technologien über die Zeit hinweg entstanden ist (vgl. Fuenfschilling/Truffer 2014). Man kann sozio-technische Regime als Muster

---

4 Monstadt schreibt den großtechnischen Infrastruktursystemen sieben charakterisierende Hauptmerkmale zu: (1) Die Erfüllung spezifischer Infrastrukturfunktionen, (2) eine weiträumige Vernetzung, (3) die Institutionalisierung als sozio-technisches System, (4) eine hohe Kapitalintensität, (5) Pfadabhängigkeit, (6) Kritikalität und Störpotential sowie (7) Staatsnähe, bei einem zugleich hohen Selbstorganisationsgrad (vgl. Monstadt 2007a: 11–15). Die Systeme lassen sich dann weiterhin gemäß ihrer materiellen Flussrichtung in drei Gruppen unterteilen: Distributive Systeme (Leitungsnetze, die von einem bestimmten Knotenpunkt aus die Nutzer mit Infrastrukturdiensten beliefern, wie z. B. in der Strom- oder Wasserversorgung), akkumulative Systeme (Fließrichtung von den Nutzern hin zu zentralen Knotenpunkten, wie z. B. in der Abfall- oder Abwasserentsorgung) und kommunikative Systeme (multidirektionale Flüsse, wie z. B. bei der Telekommunikation). Eine weitere Strukturierungsmöglichkeit ist es, nach der räumlichen Struktur bzw. der Reichweite der Netze zu unterteilen, also beispielsweise transnational (Telekommunikation) und lokal/regional (Abwasser- oder Abfallentsorgung) (vgl. Monstadt 2007a: 10f.).

5 Gerade die von Mayntz verfolgte Vorstellung „von Infrastruktursystemen als funktional ausdifferenzierte gesellschaftliche Teilsysteme" und die integrierte Betrachtung von Akteurshandeln und struktureller Transformation liegt der Betrachtung von Ver- und Entsorgungssektoren als sozio-technische Regime zugrunde und trägt somit zur theoretischen Präzisierung des Konzeptes bei (Konrad et al. 2004: 9).

von Artefakten, Institutionen, Regeln und Normen begreifen, die in ihrer Gesamtheit ökonomische und soziale Aktivitäten ermöglichen (vgl. Berkhout et al. 2004). Rip und Kemp (1998) bezeichnen sie als

> „[…] the rule-set or grammar embedded in a complex of engineering practices, production process technologies, product characteristics, skills and procedures, ways of handling relevant artefacts and persons, ways of defining problems – all of them embedded in institutions and infrastructures. […] Regimes are outcomes of earlier changes and they structure subsequent change" (Rip/Kemp 1998: 338).

Die Regime konstituieren sich in den unterschiedlichen, für die Technologie relevanten, Teilbereichen der Gesellschaft (Industrie, Politik, Technik, Kultur, Wissenschaft, Märkte, Nutzer) durch etablierte und stabile Regeln und Normen.[6] Somit formiert sich innerhalb der sozio-technischen Regime eine „deep structure", die für die Stabilität sozio-technischer Systeme entscheidend ist. Diese Regelstruktur prägt wiederum das Handeln der beteiligten sozialen Gruppen, die die zahlreichen Elemente des Regimes reproduzieren (Geels 2011: 27). Die im Regime operierenden und es reproduzierenden Akteure sind private und öffentliche Unternehmen, Dienstleister, Ingenieure, Arbeitnehmer, Universitäten, Gewerkschaften, Banken, Versicherungen, öffentliche (Regulierungs-)Behörden, Politiker, Nutzer, Reparaturfirmen, zivilgesellschaftliche Gruppen sowie die Medien bzw. die interessierte Öffentlichkeit (vgl. Geels 2004: 900).

Da alle Elemente eines sozio-technischen Regimes eng miteinander verwoben sind, handelt es sich um einen Zustand relativer Stabilität. Im Regelfall können daher einzelne technische oder soziale Regimeelemente nur im Zusammenspiel miteinander verändert werden.[7] Dies führt zu

---

6 Das in der Literatur zu Infrastrukturregimen mit am häufigsten genannte Beispiel für ein sozio-technisches Regime ist die Elektrizitätsversorgung durch Großkraftwerke. Das Wirken der technischen Artefakte (wie Erzeugungsanlagen und Netze für Transport und Verteilung) in Verbindung mit den kognitiven, regulativen und normativen Institutionen (wie etablierte Nutzungspraktiken sowie technische Normierungen und Standards) und den sozialen Strukturen (wie z. B. Organisationsstrukturen von Versorgungsunternehmen) verdeutlicht, dass die Funktionserfüllung der Stromversorgung in ein Konstrukt aus heterogenen Elementen, bestehend aus technischen, ökonomischen, kulturellen und politischen Komponenten eingebettet ist (vgl. Geels 2002 und Konrad et al. 2004: 9).

7 In diesem Zusammenhang wird häufig von einem „seamless web" gesprochen, also einem nahtlosen Netz aus physischen Artefakten, Organisationen, Regeln, Wissen und Ressourcen, die eng aufeinander bezogen sind, um Funktionalität zu erreichen, und auch in Wandelprozessen stets eng miteinander verbunden blei-

„relatively stable configurations of institutions, techniques and artefacts, as well as rules, practices and networks that determine the *normal* development and use of technologies" (Smith et al. 2005: 1493). Sozio-technische Regime sind daher in der Lage, die Richtung von Innovationsprozessen vorzugeben, und begrenzen so den Grad technologischer und sozialer Variation. In der Regel werden daher inkrementelle Neuerungen innerhalb bereits bestehender Lösungen bevorzugt, während strukturverändernde, pfadabweichende Innovationen häufig schwer durchsetzbar sind (vgl. Monstadt/Wolff 2017: 208). Diese Persistenz gilt als besonders folgenreich für die ökologische Erneuerung technischer Infrastrukturen, da die Bewältigung moderner Umweltprobleme umfangreiche sozio-technische Innovationen der Infrastrukturversorgung voraussetzt (vgl. ebd.; siehe zum Konzept der Pfadabhängigkeit Kapitel 2.1.2). Die angesprochene institutionelle Stabilität kommt gerade dadurch zustande, dass regulative, normative und kognitive Institutionen die historischen Erfahrungen „der Idiosynkrasien des alltäglichen Handelns der Akteure" speichern (Kuhlmann 2010: 48; vgl. zum Verständnis des Institutionenbegriffs außerdem Scott 2014 und 2006). Mit regulativen Institutionen sind Regeln, Gesetze, Verträge und Verfügungsrechte gemeint. Der dahinterstehende Durchsetzungsmechanismus ist Zwang bzw. eine Sanktionserwartung bei Missachtung der regulativen Institution (vgl. Senge 2006: 39 und Katzenbach 2016: 108). Normative Institutionen sind hingegen Normen und Werte, die eine Art moralischen Druck aufbauen und bestimmte Handlungsmöglichkeiten legitim bzw. illegitim erscheinen lassen (ebd.). Unter kognitiven Institutionen versteht man geteilte Vorstellungen der sozialen Wirklichkeit sowie Glaubens- und Bedeutungssysteme. Diese erzeugen eine Selbstverständlichkeit, die für gemeinhin nicht hinterfragt wird und soziale Wirklichkeit konstituieren (Handlungen wird Sinn verliehen bzw. erscheinen möglich; ebd.).

2.1.2 Wandel von sozio-technischen Infrastrukturregimen

Wie zuvor besprochen, ist ein zentrales Merkmal sozio-technischer Systeme und Regime die Pfadabhängigkeit, die diesen inhärent ist. Das Konzept der Pfadabhängigkeit ist nicht nur im historischen Institutionalismus

---

ben (Geels 2002: 1257). Dieser Begriff wurde von Hughes (1987) eingeführt und hat sich seitdem zu einer „zentralen Metapher der Technikforschung" entwickelt (Wengenroth 2006: 286).

nach North (1991) ein wichtiger Erklärungsansatz, sondern hat sich zu einem der am häufigsten verwendeten Erklärungsansätze innerhalb der Ökonomie und Sozialwissenschaften etabliert (vgl. Beyer 2005: 5): Hierbei wird die

> „Stabilitätsneigung pfadabhängiger Prozesse [...] in der Regel als ausgesprochen hoch eingestuft. Im Zusammenhang mit Pfadabhängigkeit ist vielfach auch vom institutionellen *lock-in* die Rede, was die Assoziation nahe legt, dass weitreichende Pfadabweichungen oder Pfadwechsel als Ausnahmefälle betrachtet werden können" (ebd.).

Indem die institutionelle Historizität hervorgehoben wird, geht das Konzept grundlegend davon aus, dass vergangene Entscheidungen sowie etablierte Routinen und Ideen stark auf das gegenwärtige institutionelle Design einwirken. Durch Pfadabhängigkeiten haben Systeme eine hohe Stabilitätsneigung, welche bestimmte, vertraute Handlungsalternativen wahrscheinlicher macht als andere und somit Pfadabweichungen einschränkt (vgl. ebd.: 6). Regime werden als kohärente Funktionssysteme angesehen, deren Elemente sich so beeinflussen, dass sich die spezifischen Ausgestaltungen gegenseitig stabilisieren. Daher widersetzen sich sozio-technische Regime politischen Reformbestrebungen, die versuchen, ihre Macht, Kontrolle und Handlungsspielräume zu beschneiden, und im Ergebnis wird radikaler Wandel relativ unwahrscheinlich (vgl. Summerton 1994). Wie bereits erwähnt, bedient sich die Literatur zu sozio-technischen Regimen somit dem Konzept des historischen Institutionalismus (eine Form des Neo-Institutionalismus), der neben den pfadbegrenzenden Institutionen auch eine gewisse Pfadabhängigkeit im Handeln von Akteuren annimmt.[8] Da sich Akteure an bestehenden Institutionen orientieren, diese als Richtschnur für zukünftiges Handeln sehen und ihr Verhalten somit an der Logik der bestehenden institutionellen Konfiguration anlehnen, wird letztere gestärkt und innovative Lernprozesse bleiben stets limitiert (vgl. Beyer 2005: 8ff.). Ein einmal gewählter Entwicklungspfad engt hiernach den vorhandenen Spielraum verschiedener institutioneller Optionen deutlich ein. Aus dieser Sichtweise heraus entfalten sich Wandlungsprozesse somit

---

8 Der historische Institutionalismus gehört zu den neo-institutionalistischen Betrachtungsweisen, welche im Gegensatz zu rein akteursbezogenen oder rein strukturalistischen Ansätzen bei der Analyse von Wandelprozessen beide Erklärungsfaktoren miteinbeziehet (vgl. Schulze 1997). Neben dem historischen Institutionalismus unterscheidet man noch in den Soziologischen- und den Rational-Choice-Institutionalismus (siehe hierzu auch Kapitel 2.2.3 und Kapitel 2.3).

2. Theoretische Einbettung

nur inkrementell, wenn sich nicht gerade ein „window of opportunity", also ein Gelegenheitsfenster wie beispielsweise eine Krisensituation, auftut, die alte Institutionen in Frage stellt und neue Lösungen plötzlich angemessener erscheinen lässt (vgl. Kingdon 2003).[9]

Pfadabhängigkeiten in Infrastruktursektoren entstehen sowohl aus sozialen als auch aus technischen Faktoren sowie deren Zusammenspiel.[10] Zu nennen sind u. a. die hohen zu tätigenden Investitionen, die oft auf jahrzehntelange Sicht bestimmte technologische Pfade zementieren und von denen man sich nur mit erheblichen finanziellen Einbußen abwenden könnte („sunk costs"). Auch allgemein anerkannte, akzeptierte und verfestigte Institutionen (formell wie informell) tragen zu einer Verstetigung bei. Hinzu kommen selbstverstärkende Effekte des einmal bestehenden Systems wie Lerneffekte bzgl. der Nutzung von Techniken, positive Größeneffekte („economies of scale") und positive Netzwerkexternalitäten (steigendes Angebot und Diversifizierung) (vgl. Wilts 2016a: 51). Das etablierte System an aufeinander eingespielten Institutionen verstärkt sich selbst, da eine Abweichung von den etablierten Regeln für Akteure häufig höhere Transaktionskosten bedeuten würden (vgl. Werle 2007: 123). Letztendlich verfestigt auch interessenpolitisches Agieren ein bestimmtes technisches oder organisationales Design, denn die im bestehenden Regime dominierenden Akteure haben ein Interesse daran, dass sich an der aktuellen Machtverteilung nichts ändert, und versuchen daher, Wandel zu verhindern.[11]

---

9   Ein vielfach diskutiertes Beispiel eines „window of opportunity" im Infrastrukturbereich stellt die politische Situation in Deutschland nach der Nuklearkatastrophe von Fukushima dar, die (in dieser Form, mit diesem Zeithorizont und unter der damaligen Koalition) im zuvor nicht für möglich gehaltenen Atomausstieg resultierte (vgl. Brunnengräber et al. 2014: 393).

10 Die „relative Gestaltungsresistenz" kann sich auch über die Vernetzung mit anderen bestehenden Systemen ergeben (Mai 2011: 89).

11 Im Bereich der Abfallwirtschaft werden die Phänomene Pfadabhängigkeit und „lock-in" beispielsweise von Corvellec et al. (2013) diskutiert, die sich auf das Beispiel der Müllverbrennung in Göteborg stützen. Die Autoren zeigen, dass aufgrund von institutionellen, technischen, kulturellen und materiellen Rationalitäten und insbesondere deren Zusammenwirken die Müllverbrennung als bevorzugte, richtige und effektivste Art der Abfallbehandlung angesehen wird. Obwohl beispielsweise bekannt sei, dass auf der europäischen Ebene und laut der Abfallhierarchie neue bzw. andere Behandlungsmethoden vorzuziehen sind, führe gerade die die Leistungsfähigkeit und Ausgestaltung des aktuellen Systems dazu, dass innovativere und nachhaltigere Lösungen wenig Aufmerksamkeit bekommen: „[...] the existing management system is locked-in to incineration" (Corvellec et al. 2013: 35). Trotz des politischen Drucks europäischer und natio-

Gleichzeitig ist einschränkend aber zu konstatieren, dass die Verwendung des Begriffes „lock-in" im Endeffekt lediglich bedeuten kann, dass es eine anhaltende Wirkung eines Stabilisierungsmechanismus gibt und dies nicht zwingend einen zementierten, für immer andauernden Zustand beschreibt. Um das verriegelte Schloss aufzuschließen, müssten die Akteure nur den richtigen Schlüssel finden (vgl. Beyer 2006: 244).[12] Institutionelle Stabilität ist aus dieser Sicht also abhängig vom angesprochenen Stabilisierungsmechanismus, und Pfadwechsel bleiben grundsätzlich möglich (vgl. ebd.). Bestehende institutionelle Regeln bestimmen aber nach wie vor die Grenze, innerhalb welcher Anpassungen denkbar sind. Dies begünstigt inkrementelle im Gegensatz zu radikalen Veränderungen, was eher graduell verlaufende Transformationen bedingt (siehe hierzu die Diskussion um graduell verlaufende Transformationen in Kapitel 2.3, in welchem auf der Basis dieser und folgender Ausführungen verschiedene Formen des graduellen Wandels aufgeführt werden, welche die transformative Kapazität von inkrementellen Veränderungen beleuchten).

Auch wenn, wie beschrieben, die institutionellen Beharrungskräfte innerhalb sozio-technischer Systeme Wandel begrenzen, gibt es eine Reihe an analytischen Überlegungen, die zu erklären versuchen, warum es in sozio-technischen Regimen trotzdem zu Wandlungsprozessen kommt. Ein zentrales Analysekonzept ist hierfür die „Multi-Level Perspective" (MLP), welche die Transition von bestehenden zu grundlegend neu konfigurierten Regimen betrachtet. Diese Transitionsforschung rückt die Frage nach den Bedingungen von Systeminnovationen in den Mittelpunkt und unter-

---

naler Akteure hin zu einem langfristigen Wandel weg von Verbrennung hätten lokale Akteure diesen Politikrahmen als eher unstabil und letztlich beliebig wahrgenommen, während sie sich eher darüber Sorgen machten, ob zukünftig das kommunale Monopol für Haushaltsmüll aufrechterhalten bleibe. Auch die ökonomische bzw. technologische Ausgestaltung des etablierten Systems stärkte diese Beharrungskraft: „This view was supported by the good economic results of the [...] plant. It was also supported by a systematic increase in waste incineration expertise [...]. Economic rationality concurred with technical prowess to make incineration essential to waste management in Göteborg. And this essential character of incineration made alternative waste treatment methods [...] less interesting. Alternative treatment methods were simply not deemed to be an economically sound way to spend tax money [...]" (Corvellec et al. 2013: 36).

12 Ähnlich beschreibt dies auch Meadowcroft (2009: 337): „Moreover, let us not forget that 'lock-in' and 'new equilibrium' are flip sides of the same coin. A 'lock in' is simply an (old) 'equilibrium' that someone has defined as sub-optimal. And as long as technology and society continues to develop, today's 'equilibrium' will eventually become someone else's 'lock-in'".

sucht, wie langfristige und grundlegend angelegte Transitionen in soziotechnischen Systemen möglich sind (vgl. Geels et al. 2004 und Geels/Kemp 2007). Allgemein beschrieben findet eine Transition statt, „when a societal system moves from one dynamic state of equilibrium to another through a sequence of alternating phases of relatively fast and slow dynamics, which form a non-linear pattern" (Avelino/Rotmans 2009: 544).[13] In der Literatur wird seit einigen Jahren unter dem Schlagwort „sustainability transitions" damit eine Nachhaltigkeitsperspektive verknüpft, die (aus normativer Perspektive heraus) einen Übergang zu einem besseren, einem nachhaltigeren Regime beschreibt (vgl. Grin et al. 2010 und Markard et al. 2012). Gerade im Bereich der Ver- und Entsorgung mit den zahlreichen anhängenden Umweltproblemen gibt es aus verschiedenen Richtungen steigenden Druck für solche nachhaltigen Transitionen und es wurden in vielen Bereichen neue Technologien und neue Governance-Modi eingeführt, um auf diese ökologischen Problemlagen zu reagieren (vgl. Fuenfschilling/Truffer 2014: 772).

Das Konzept der niederländischen Transitions-Forschung (siehe insbesondere Geels 2004) betrachtet hiervon ausgehend nun drei funktionale Ebenen:

– Die Mesoebene ist das sozio-technische Regime, welches aus regulativen (z. B. Gesetze, Verordnungen, Richtlinien), kognitiven (Leitbilder, Problemdefinitionen, Ziel- und Innovationsperspektiven und zentrale Heuristiken) sowie normativen (Werte, Rollen, Verhaltensnormen) Regeln besteht, die von den vorherrschenden Regimeakteuren vorgegeben werden (vgl. Geels 2004 und Schneidewind/Scheck 2012: 48). Wie zuvor beschrieben, werden im Regime die dominanten Strukturen des Gesamtsystems abgebildet und stetig reproduziert.
– Die Mikroebene wird als Nische bezeichnet. Nischen sind in soziotechnischen Wandlungsprozessen zentral, da in ihnen Lernprozesse bezogen auf technische Spezifikationen, Nutzerpräferenzen, Politiken und symbolische Bedeutungszuschreibungen stattfinden. Sie sind der „Ort"[14], an dem es möglich ist, von den existierenden Regimeregeln abzuweichen (vgl. Geels 2004: 912). Es gibt zwar auch bestimmte Re-

---

13 Die hieraus resultierenden, alternierenden Phasen des Systems können durch die sogenannte S-Kurve verdeutlicht werden, die den zeitlichen Verlauf einer Transition in verschiedenen Phasen beschreibt.
14 Ort meint in diesem Zusammenhang eine rein funktionale und keine räumliche Ebene. Die Kritik an dem generell fehlenden räumlichen Bezug der klassischen Transitions-Forschung ist in Kapitel 2.1.3 formuliert.

geln und Heuristiken in der Nische, aber im Gegensatz zum Regime haben sie sich dort noch nicht endgültig herauskristallisiert. Es herrscht vielmehr eine gewisse Unsicherheit bzgl. des Generierens von technischen oder sozialen Problemlösungen. Auch ist das Akteursnetzwerk innerhalb der Nische deutlich loser ausgestaltet, da die Zusammenarbeit häufiger auf Projektbasis stattfindet und es weniger klare Rollenzuschreibungen, Abhängigkeiten und normative Regeln gibt (vgl. Geels 2004: 913). Aufgrund der wenig festgelegten Regeln gibt es in der Nische mehr Raum für Experimente und dafür, verschiedene neue Wege auszuprobieren. Zwar geht ein Großteil der Literatur insbesondere von technischen Nischen aus und definiert Nischen analytisch so, dass sie eine vom Regime divergierende Technik beinhalten müssen, doch dieser Auffassung soll an dieser Stelle nicht gefolgt werden: schließlich haben doch gerade die sozio-technischen Ansätze gezeigt, welch wichtigen Einflussfaktor gerade auch nicht-technische Aspekte für die Entwicklung sozio-technischer Sektoren bzw. Systeme darstellen (vgl. Konrad et al. 2004: 7). So haben insbesondere auch die empirische Analysen bewiesen, dass Transformationen bzw. Transitionen von sozio-technischen Regimen nicht immer zwingend von technologischen Lösungen ausgegangen sind, sondern dass auch organisatorische und institutionelle Nischen hierzu beigetragen haben: „In Grenzfällen können Transformationsprozesse auf Regimeebene identifiziert werden, die eine weitgehende Stabilität technischer Strukturen beinhalten, aber grundlegende Umwälzungen in der konzeptionellen und organisatorischen Dimension (z. B. Eigentumsverhältnisse, Preisstrukturen, Nutzungsmuster)" (Konrad et al. 2004: 16).
- Die Makroebene nennt sich sozio-technische Landschaft („landscape"). Im Gegensatz zum Regime und der Nische, die das Meso- bzw. Mikro-Level bilden, ist ein exogener Makro-Kontext nicht direkt durch die Regimeakteure beeinflussbar. Es geht hier bspw. um ökonomisches Wachstum, politische Konstellationen, kulturelle und normative Werte sowie Umweltprobleme und Ressourcenknappheit (vgl. Geels/Kemp 2007: 443). Aspekte der Landschaftsebene strukturieren in hohem Maße das Akteurshandeln und die materielle Konfiguration des Regimes: „Material environments, shared cultural beliefs, symbols and values are hard to deviate from. They form 'gradients' for action" (Geels 2004: 913). Die Struktur der Landschaft unterscheidet sich also deutlich von den beiden anderen Ebenen: Regime und Nische weisen eine ähnliche Grundstruktur auf, haben beide den Charakter organisationaler Felder, bestehen also aus einer Gemeinschaft an interagierenden Gruppen

und funktionieren somit durch soziologische Strukturation. Die Landschaftsebene hingegen beeinflusst Akteurshandeln auf andere Art und Weise, da sie Handeln nicht direkt beeinflusst, sondern ein tiefgängiges Orientierungsfeld bietet, das manche Handlungen leichter als andere werden lässt (vgl. Geels/Schot 2007: 403).

Der zentrale Punkt der MLP ist nun, dass Wandlungsprozesse innerhalb sozio-technischer Regime bzw. ganzer Systeme und Sektoren durch das Zusammenspiel zwischen diesen drei Ebenen in unterschiedlichen Phasen entstehen, die sich idealtypisch durch eine S-Kurve (Vorentwicklungsphase mit Innovationen → Take-off-Phase mit ersten Veränderungen → Durchbruchphase mit strukturellem Wandel → Stabilisierungsphase mit neuem Gleichgewicht) beschreiben lässt. Man geht davon aus, dass in der ersten Phase radikale Innovationen in den Nischen entstehen. Diese Phase zeichnet sich durch Improvisation und Experimente aus und die Netzwerke, die diese Innovationen entwickeln, sind eher klein und instabil. Es gibt noch keine stabilisierten Regeln, wie bspw. ein dominantes Design, und die Innovationen stellen noch keine Bedrohung für das existierende Regime in seiner aktuellen Konfiguration dar (vgl. Geels/Kemp 2007: 443f.). In der zweiten Phase kommt es zur Erprobung der Innovation von Nutzern in kleinen Nischen des Marktes, die zu einer weiteren Entwicklung und Spezifizierung des Produktes führen. Es bildet sich nach und nach ein dominantes Design heraus, die Regeln konsolidieren sich und die Innovation stabilisiert sich auf dem eingeschlagenen Entwicklungspfad („trajectory") (vgl. Geels/Kemp 2007: 444; vgl. zum Begriff der „trajectories" auch Hughes 1987: 77). In der dritten Phase kann es schließlich zu einem größeren Durchbruch der Technik kommen, was zu einem Wettbewerb mit den etablierten Techniken des Regimes und schließlich zu einer Regime-Neu-Konfiguration mit anschließender Stabilisierung führt (Phase 4). Diese Perspektive verdeutlicht auch, dass sozio-technische Innovationsprozesse häufig nicht auf einen einzelnen Treiber zurückzuführen sind, sondern dass Dynamiken sowohl auf der Landschafts- als auch auf der Nischen-Ebene den Wandel des Regimes und dessen Strukturierung beeinflussen. Landschafts-, Regime- und Nischendynamiken müssen für eine Transition des Regimes zur richtigen Zeit zusammenpassen und sich gegenseitig verstärken (vgl. Geels/Kemp 2007: 444).

In einer Weiterentwicklung dieser Gedanken und reagierend auf die Kritik[15]„ dass sich die MLP-Literatur zu stark auf Nischen und zu wenig auf Regimedynamiken fokussiere entwickelten Geels und Schot (2007) eine Typologie von Transitionspfaden mit deren Hilfe erkennbar werden soll, dass Nischendynamiken nie unabhängig von Landschafts- und Regimeentwicklungen sind. Insbesondere seien der Zeitpunkt und die Art der Interaktion entscheidend dafür, wie eine Transition ablaufe. So mache es z. B. auch einen Unterschied, ob die Nischeninnovation einen kompetitiven (nicht mit dem Regime vereinbar) oder symbiotischen (vereinbar; das Regime verbessernd) Charakter habe (vgl. Geels/Schot 2007: 406) und wie weit die Nischeninnovation zum Zeitpunkt des Landschaftsdrucks bereits entwickelt ist (vgl. Geels/Schot 2007: 405).[16] In eine ähnliche Richtung argumentieren auch Smith et al. (2005 und 2010), die eine mögliche Anpassungsfähigkeit des existierenden Regimes an Nischendynamiken und somit das Beharrungsvermögen sozio-technischer Konfigurationen in den Mittelpunkt stellen. Hierbei wird Folgendes deutlich: Wenn ein bestehendes Regime in der Lage ist, koordiniert auf herausfordernde Nischendynamiken zu reagieren, und dabei über hinreichende Ressourcen verfügt, kommt es in der Regel zu einer endogenen und inkrementellen Erneuerung:

> „[...] the pressure to change the regime is clearly articulated and there is a high coordination of response, based on resources originating within the regime. However, given that innovative activity is shaped from within the regime itself, it will tend to be steered by the interests, values, cognitive structures and problem-solving routines prevailing in the incumbent regime. Decisions over future technological choices will be guided by past experience. Thus, the transformation process

---

15 Beispielsweise argumentieren Berkhout et al. (2004: 62), dass MLP-Betrachtungen unilinear seien, „in that they tend unduly to emphasize processes of regime change which begin within niches and work up, at the expense of those which directly address the various dimensions of the socio-technical regime or those which operate 'downwards' from general features of the socio-technical landscape".
16 Ein Beispiel für eine solche in Teilen symbiotische Nische ist die Windenergie, denn die Skalierung hin zu größeren Anlageklassen macht sie auch für konventionelle Erzeuger interessant. Andere erneuerbare Energien, die sich nicht so gut integrieren lassen, werden hingegen von den etablierten Regimeakteuren eher abgelehnt und nicht in das etablierte Regime integriert. Etablierte Akteure im Regime können eine Nische also quasi inkorporieren, ohne dass die bestehenden Institutionen maßgeblich verändert werden müssten.

will tend to be incremental and path following" (Smith et al. 2005: 1500).

Bei sehr effizienter Koordination sind die Regimeakteure sogar selbst ohne ausreichende Ressourcen in der Lage, Transitionsprozesse entscheidend in ihrem Sinne zu beeinflussen (vgl. Wilts 2016a: 70). Diese Sichtweise erklärt auch das Ergebnis einiger Studien, die festgestellt haben, dass radikale Innovationen nicht immer zu radikalen Wandlungsprozessen führen. So zeigt beispielsweise der Fall der Energieversorgung in Los Angeles, dass Regimeakteure teilweise in der Lage sind, radikale Innovationen in das bestehende Regime zu integrieren, ohne dass neue Akteure dadurch substanziell an Einfluss gewinnen würden und ohne dass bestehende Institutionen verändert werden müssten (vgl. Monstadt/Wolff 2015). Das Beispiel zeigt, dass die herrschenden Regimeakteure in der Lage sein können, eine machtbasierte Adaptionsstrategie (vgl. Dolata 2013: 84ff.) zu realisieren, und Innovationen (in diesem Fall: Erneuerbare Energien) exakt so in das bestehende Design integrieren, dass sie selbst keinen Machtverlust erfahren. Insgesamt wird deutlich, dass Veränderungsprozesse in sozio-technischen Regimen inhärent mit politischen und ressourcenbezogenen Konflikten verbunden sind und der Einfluss von mächtigen Regimeakteuren eine Gefahr für Nischenakteure darstellen kann (vgl. Smith et al. 2010).

2.1.3 Die Rolle von räumlichen Ebenen in sozio-technischen Wandlungsprozessen

Auch wenn die zuvor beschriebenen Diskurse einen nützlichen Zugang für die Analyse der Ausprägungen von Infrastrukturregimen und der Wandlungsprozesse von diesen liefern, so vernachlässigen sie einerseits durch den Fokus auf Nationalstaaten und andererseits durch die rein funktionale Abtrennung der MLP-Ebenen doch deutlich die räumliche Perspektive (vgl. Hodson/Marvin 2010, Hansen/Coenen 2015 und Monstadt 2007a). Die Betrachtung der räumlichen Aspekte von sozio-technischen Wandlungsprozessen erscheint aber zentral, da Transitionen räumlich spezifisch konstituiert ablaufen können und die Auswertung dieser verschiedenen Konfigurationen dabei helfen kann, die grundlegenden Wandelmechanismen und Kausalitäten von Transitionen zu verstehen (vgl. Hansen/Coenen 2015: 95). Dies macht eine raumsensitive Analyse von Transitionsprozessen erforderlich, die auch die geographischen Verbindungen, Interaktionen und Beziehungen zwischen verschiedenen Räumen betrachtet (vgl. ebd.). Insbesondere ist eine solche Betrachtungsweise notwendig, um erklären zu können, warum sich sozio-technische Innovationen an manchen Orten durchsetzen können und an anderen nicht.[17]

Der Umstand, dass sich sozio-technische Wandlungsprozesse ganzer Infrastruktursysteme auch ganz konkret auf kommunaler Ebene abbilden, wurde in der LTS-Debatte und in der Literatur zu sozio-technischen Regimen lange vernachlässigt. Gerade Städten als infrastrukturellen Knotenpunkten kommt hier aber eigentlich eine hohe Bedeutung zu, weil „sich dort die infrastrukturell vermittelten Stoffflüsse räumlich konzentrieren und Städte die Hauptverursacher der Entnahme endlicher Ressourcen und der Emission globaler Treibhausgase sowie weiterer Abfälle sind" (Monstadt/Wolff 2017: 208). Gleichzeitig sind Städte aufgrund von Agglomerationsvorteilen auch privilegierte Orte und Impulsgeber sozio-technischer Innovationen (vgl. Smith et al. 2010 und Coutard et al. 2005). Selbst wenn sich die zuvor in groben Zügen vorgestellte MLP mit Beziehungen zwischen den verschiedenen Ebenen Landschaft, Regime und Nische beschäftigt und hier wichtige Anpassungs- und Innovationsprozesse schematisch und theoretisch gefasst werden können, so bleibt die räumliche Perspektive bzw. die Relevanz der räumlichen Ebenen innerhalb der Transitionsprozesse doch wenig beleuchtet:

> „Spatial scale frequently remains implicit or underdeveloped in the MLP and transitions approaches generally. The consequence of this is that we are often unclear about where transitions take place and, given the mutual shaping of system and social context, the spaces and places where transitions take place" (Hodson/Marvin 2010: 480).

Insbesondere auch bei den zuvor genannten klassischen LTS-Studien sind die Autoren hauptsächlich daran interessiert, wie sich großräumige Netze über die Zeit entwickelt haben und wie Akteure die Entwicklung neuer Technologien beeinflusst haben: „Rather than being the focus, the city functions as a mere locus in this research", da der Fokus bereits auf der grundlegenden Analyseeinheit des sozio-technischen Systems liegt (Hommels 2005: 325). Obwohl Hughes' Studien sogar ursprünglich auf Städte

---

[17] Dieser Auffassung sind auch Lawhon/Murphy (2011: 362), die sich wie folgt ausdrücken: „This narrow emphasis prevents [...] scholars from conceptualizing the spatial variety and complex interdependencies that result in geographically specific forms of institutional embeddedness within regions and places. In short, sociotechnical transition theory fails to properly 'ground' the institutions governing regimes and niches within specific territorial contexts in order to more adequately explain why progress toward sustainability proceeds in a spatially uneven manner."

bezogen waren, folgten die meisten seiner Nachfolger diesem Schritt nicht (vgl. ebd.). Dies betonen auch Guy, Graham und Marvin (1997), die feststellen, dass die Ko-Evolution von Städten und Infrastrukturen nicht mehr ausreichend betrachtet werde und dass dieser Umstand darauf zurückzuführen sei, dass die städtischen Infrastruktursysteme als gegeben angesehen werden und nur Aufmerksamkeit erzeugen, wenn sie ausfallen: „This leaves a paradox: whilst all aspects of the functioning of cities rely intensely and continuously on such networks at every stage, they are largely invisible and ignored in discourses on cities (Guy/Graham/Marvin 1997: 196; vgl. auch Hommels 2005: 325). Dabei könne doch eigentlich gerade die Geschichte der modernen Stadt als ein Zusammenspiel aus netzgebundenen Infrastruktursystemen und sozialer Stadtentwicklung verstanden werden (vgl. Schramm 2014: 56).

Nach Geels (2013) können Städte innerhalb von nationalen Transitionen verschiedene Rollen einnehmen. Zum einen können Städte und Stadtregierungen als primäre Akteure von nationalen Transitionen angesehen werden. Dies ist besonders wahrscheinlich, wenn das nationale System ein Aggregat vieler unterschiedlicher lokaler Systeme ist. Beispielsweise werden die Abfallentsorgung und die Wasserversorgung auf der lokalen oder regionalen Ebene verwaltet und das nationale System besteht im Endeffekt aus den vielen verschiedenen lokalen Ver- und Entsorgungssystemen. Die aggregierten Regime haben zwar natürlich auch eine nationale Dimension (z. B. Stand der Technik, Regulierung, etc.), aber die Implementation und der operative Einsatz erfolgen hauptsächlich auf der kommunalen Ebene (vgl. Geels 2013: 14). Zum anderen werden Städte empirisch auch immer wieder als Startpunkt von nationalen Transitionen ausgemacht. Die Transition beginnt in bestimmten Städten, entwickelt nach und nach Geschwindigkeit durch die Verbreitung bestimmter Infrastrukturen und resultiert dann in nationalen Systemen. Selbstverständlich sind Stadtregierungen hier aber nur ein Akteur unter vielen anderen, wie beispielsweise Firmen und Verbrauchern (vgl. ebd.).[18] Die Relevanz des subnationalen Raumes in Innovationsprozessen betonen auch Hassink und Ibert (2009), die sich mit regionalen Innovationssystemen auseinandersetzen. Gerade durch das Betrachten subnationaler Raumeinheiten sei der Zusammenhang zwischen Raum und Innovation erkennbar, da

---

18 Einschränkend fügt Geels allerdings hinzu, dass gerade für Transitionen in national operierenden Systemen, die oftmals mit dem nationalen Verbrauchermarkt verbunden sind, die Rolle von Städten nur eine sehr eingeschränkte sein kann (vgl. Geels 2013: 14).

„die Innovationserfolge von Teilräumen oft stark divergieren", obwohl der nationalstaatliche Kontext stabil bleibe (Hassink/Ibert 2009: 162). Die Betrachtung von räumlichen Ebenen wird als zentral betrachtet, da strukturelle Differenzen zwischen Teilräumen einen direkten Einfluss auf Transitionsprozesse haben und es somit zu deutlich unterschiedlichen Entwicklungsverläufen innerhalb gleicher Nationalstaaten kommen kann (vgl. ebd.).

Insbesondere mit Blick auf sozio-technische Infrastruktursysteme der Ver- und Entsorgung ist die kommunale Ebene relevant, auch weil hier deutliche Steuerungskapazität in verschiedenen Sektoren vorhanden ist. So zählt der flächendeckende, krisenfeste und kostengünstige Zugang zu Infrastrukturleistungen immer noch zu den zentralen Elementen der öffentlichen Daseinsvorsorge und des intrastädtischen Standortwettbewerbs (vgl. zu diesem modernen Infrastrukturideal auch Graham/Marvin 2001). Auch wenn übergreifende Trends der Kommerzialisierung, Liberalisierung, Privatisierung und ökologischen Modernisierung auf alle Städte zunächst einmal gleich wirken, werden im Umgang mit diesen Faktoren stadtspezifische Antworten entwickelt, sodass sich Transformationsprozesse im Endeffekt raumspezifisch abspielen. Die lokalen „system builders" (lokale Akteure, die das Infrastruktursystem entwickeln, unterstützen, fördern, regulieren und letztlich von ihm profitieren; vgl. Hughes 1987) haben innerhalb nationaler Regime einen Spielraum, die Bereitstellung und die Nachfrage von Infrastrukturleistungen zu gestalten. Städte und Regionen können einen sozialen Kontext aus Akteursnetzwerken, Institutionen und komplementären technischen Strukturen bieten, in welchem sozio-technische Konfigurationen entwickelt und implementiert werden können, die sich vom dominanten Regime unterscheiden und daher für langfristig angelegte Transitionen wichtig werden können (vgl. Späth/Rohracher 2012: 475). Insbesondere wenn es zu Beginn von Transitionsprozessen darum geht Leuchtturmprojekte und Best-Practice-Beispiele für eine nachhaltige Infrastrukturversorgung und -entsorgung in konkreten Räumen auf den Weg zu bringen, kann mit solchen städtischen Projekten die Machbarkeit neuer sozio-technischer Lösungen demonstriert werden und ihre Umsetzbar- bzw. Passfähigkeit in bereits gegebene sozio-technische und sozio-ökonomische Strukturen getestet werden (vgl. ebd.).

Zugleich ist es aber auch wichtig, die städtische Ebene in sozio-technischen Wandlungsprozessen nicht isoliert zu betrachten, sondern Multi-Le-

2. Theoretische Einbettung

vel-Governance(MLG)-Prozesse[19] mit einzubeziehen. Die Handlungsfähigkeit der Städte kann nicht nur auf die lokalen Akteurskonstellationen und Institutionen zurückgeführt werden, sondern erfordert auch eine Betrachtung und ein Verständnis der übergeordneten Ebenen, die den Handlungsraum der Kommunen definieren und determinieren:

> „To put it another way, there are multiple scales of governance action, with differing sets of power relations operating in the relationships between these scales of action and these power relations between different scales of action are variably constituted and organised in respect of different cities" (Hodson/Marvin 2010: 481).

Die Wichtigkeit der Betrachtung des Zusammenspiels zwischen lokalen und nicht-lokalen Diskursen in sozio-technischen Nachhaltigkeitsprozessen betonen auch Späth und Rohracher (2012), die zeigen, dass die MLG-Struktur die lokale Ebene nicht nur determiniert, sondern ihr auch zusätzliche Möglichkeiten eröffnet – wie z. B. die Verbreitung lokaler Nischen-Ansätze auf anderen politischen oder räumlichen Ebenen (vgl. ebd.: 476). Unter der Voraussetzung, dass sie genügend organisatorische, finanzielle und soziale Ressourcen aufbringen können, sind lokale Akteursnetzwerke in der Lage, sich von den eigentlich dominanten Regimestrukturen abzuheben und eigene innovative Lösungen zu verwirklichen. Wenn dann begünstigende Umstände das nationale Regime in eine Krise geraten lassen oder sich ein „window of opportunity" auftut, können lokale Best-Practice-Beispiele eine neue Richtung vorgeben und so die Autorität und die Dominanz der bisher maßgeblichen Akteure weiter schwächen (vgl. ebd.: 475).

Bei dieser Diskussion überrascht, dass trotz der hervorgehobenen Wichtigkeit der MLG-Struktur der Einfluss der europäischen Ebene von den Autoren stark vernachlässigt wird – und das, obwohl die Richtung und Intensität zentraler Veränderungsdynamiken innerhalb sozio-technischer Infrastruktursysteme in den letzten 40 Jahren eindeutig durch europäische Impulse beeinflusst wurden. Zentrales Beispiel hierfür sind die Liberalisierungs- und Privatisierungspolitiken in zahlreichen Infrastruktursektoren der

---

19 Während die MLP funktionale Ebenen beschreibt, handelt es sich bei den MLG-Ebenen tatsächlich um eine räumliche Betrachtungsweise. Der Begriff rückt den Umstand, dass das heutige Regieren in Europa in einer verflochtenen Mehrebenenstruktur stattfindet, in den Mittelpunkt: Die Kompetenzen in zahlreichen Politikfeldern sind auf nationale Regierungen, subnationale Akteure und supranationale Institutionen verteilt und diese politischen Entscheidungsebenen beeinflussen sich gegenseitig stark bzw. sind stark vernetzt (vgl. Knodt/Große Hüttmann 2005).

1980er und 1990er Jahre. Auch wenn die europäische Ebene in zahlreichen Publikationen immer wieder als relevant für technische Infrastruktursektoren und in sozio-technischen Wandlungsprozessen erachtet wurde (vgl. Steyaert/Ollivier 2007, Hagelskjær Lauridsen/Jørgensen 2010 und Scheele 2007), so wird der europäische Einfluss auf nationale sozio-technische Regime doch in der Regel nur als Randfaktor und eine Variable unter vielen angesprochen. So stellt beispielsweise auch der Beitrag von Monstadt (2007b) dar, dass die Verlagerung von Regulierungskompetenzen bei der Stromversorgung auf die europäische Ebene sukzessive zugenommen hat: Eine von der EU unabhängige Energiepolitik sei heutzutage nicht mehr möglich und durch die Europäisierung würden die Kompetenzen und Entscheidungsverfahren innerhalb von Nationalstaaten drastisch verändert (vgl. Monstadt 2007b: 195). Auch in anderen Infrastruktursektoren ist ersichtlich, dass die Europäische Kommission eine Schlüsselrolle und Motorfunktion bei sozio-technischen Wandlungsprozessen innehat (vgl. Monstadt 2007b: 193). Darüber hinaus kann auch das Working Paper von Weyer et al. 2015 als Versuch angesehen werden, MLG-Prozesse bei sozio-technischen Transitionen unter Berücksichtigung der europäischen Ebene zu fassen. Am Beispiel des Automobil-Regimes rund um den Verbrennungsmotor zeigen die Autoren, dass Regimeakteure in der Lage sind, sich auf unterschiedlichen räumlichen Ebenen zu bewegen, um ihre Interessen durchzusetzen. Gleichzeitig wird von anderen, sich außerhalb befindenden Akteuren (z. B. Politikern) auf unterschiedlichen räumlichen Ebenen versucht, das externe sozio-technische Regime in eine normativ gewünschte Richtung zu steuern. Dies funktioniere „by shaping the boundary conditions of other actors acting either at the same or at another level and thus create incentives making desired outcomes more feasible" (Weyer at al. 2015: 5). Hier ist insbesondere die europäische Ebene von Relevanz, denn diese habe sich bei nachhaltigen Transportpolitiken als mächtiger Akteur erwiesen und nationale Regime unter Handlungsdruck gesetzt. Zwar habe dies nicht zu einem Niedergang des bestehenden Regimes geführt, aber man könne, laut den Autoren, den Einfluss der EU in diesem Bereich deutlich sehen und erkennen, dass dieser entscheidend dazu beigetragen hat, das Regime langfristig zu schwächen (Weyer at al. 2015: 10). Eine weitergehende Analyse, wie Europa als erweiterter Interaktions- und Handlungsraum auf nachgeordnete Ebenen wirkt und welche Beschränkungen, aber auch Möglichkeiten für sozio-technische Infrastrukturregime sich hieraus ergeben, findet in beiden angesprochenen Publikationen allerdings nicht statt. Auch wird hier, wie in zahlreichen weiteren Publikationen, der Einfluss der europäischen Ebene auf kommunale Infrastukturregime nicht ausreichend diskutiert, da die

2. Theoretische Einbettung

nationale Betrachtung im Vordergrund steht. Aufgrund der zahlreichen Verknüpfungen der Handlungsebenen ist eine integrierte Betrachtung der Ebenen aber zentral, denn nur so kann sozio-technischer Wandel auch in seiner Gesamtheit begriffen werden. Denn die Sicht, dass der Ausgangspunkt sozio-technischer Transitionen hauptsächlich von technischen Innovationen auf der Nischen-Ebene ausgeht, ist, wie bereits zuvor diskutiert, als verkürzt anzusehen (siehe hierzu nun auch das folgende Kapitel 2.1.4).

2.1.4 Die politische und machtbezogene Dimension sozio-technischer Transformationen

Politische Prozesse (Politics) und Inhalte (Policy) sind ein wichtiger Teil sozio-technischer Transitionen, in welchen es zu einer Neukonfiguration sozio-technischer Regime und ganzer Sektoren kommt. Denn wie beispielsweise die Energiewende in Deutschland zeigt, sind solche Transitionen eng verknüpft mit einer Reihe an politischen Programmen und politischen Aushandlungsprozessen, die den Wandlungsprozess entscheidend beeinflussen können (vgl. Markard et al. 2015: 2). Gerade bei „sustainability transitions", die zielgerichtet, zweckorientiert und vorsätzlich initiiert und durchgeführt werden, spielt Politik eine zentrale Rolle, da die normativen und mit Werten aufgeladenen Nachhaltigkeitsziele und -politiken einer ständigen politischen (Re-)Formulierung unterworfen sind:

> „[…] realising a transformation with a particular normative orientation – sustainable development – amidst a heterogeneous set of long-term trends implies additional struggle. That struggle essentially involves powering and legitimising" (Grin 2012: 73f.)

Doch obwohl Policy und Politics zentrale Treiber bzw. wesentlicher Bestandteil von sozio-technischen Transformationsprozessen sind, wurden sie in der Literatur lange vernachlässigt. Dies liegt unter anderem daran, dass sich das Gros der Literatur auf Transformationsprozesse konzentriert, die auf rein technischen Innovationen fußen und daher trotz der grundsätzlich sozio-technischen Perspektive politische Aspekte eher vernachlässigen. Einige neuere Publikationen (vgl. Markard et al. 2015, Meadowcroft 2009 und 2011, Maclaine Pont et al. 2016, Grin 2012 und Monstadt 2009) weisen allerdings darauf hin, dass die Betrachtung der politischen Inhalte und Prozesse sehr wichtig ist, um die Richtung und Intensität des Wandlungsprozesses erklären zu können. Gerade weil Politik auch eine gewichtige Rolle bei der Definierung von Rahmenbedingungen spielt und sie hier den Druck verstärken oder vermindern,[20] die Institutionen des Regimes verfestigen oder destabilisieren und Innovationen fördern oder verhindern kann, sollte eine explizite Betrachtung der politischen Prozesse und Inhalte zentral bei der Analyse von sozio-technischen Transformationsprozessen sein (vgl. Meadowcroft 2011: 73):

> „Politics is the constant companion of socio-technical transitions, serving alternatively (and often simultaneously) as context, arena, obstacle, enabler, arbiter, and manager of repercussions. [...] So typically, in the world of transitions, there is no escaping politics" (Meadowcroft 2011: 71).

Die Einsicht, dass Politik für den Verlauf sozio-technischer Transitionen zentral ist und politische Prozesse „at the heart of governance for sustainable development" liegen, lässt außerdem den Schluss zu, dass langfristiger Wandel noch verworrener und konfliktbeladener abläuft als zunächst vermutet (Meadowcroft 2009: 335).[21]

Policies (also die Inhalte von Programmen, Gesetzen, politischen Zielen usw.) beeinflussen sozio-technische Systeme auf vielfältige Art und Weise. So tragen Technologie- und Innovationspolitiken bspw. zur Generierung und Diffusion von Wissen bei, was zentral ist, wenn es um die Entwicklung neuer Technologien und die Herstellung der Marktreife von Nischenprodukten geht (vgl. Markard et al. 2015: 4).[22] Politische Akteure können durch Programme und Pläne eine Reihe an wichtigen Rollen in Innovationspro-

---

20 Das Verständnis dieses Punktes ist zentral, denn auch wenn in den MLP-Veröffentlichungen oft davon gesprochen wird, dass die Landschaft (durch Regimeakteure) nicht beeinflussbar sei, so sind die Auswirkungen von Politik auf die Intensität des Landschaftsdrucks nicht zu vernachlässigen.

21 Grin (2012) spricht in diesem Zusammenhang auch von einer dialektischen Beziehung zwischen Macht- und Transitionsdynamiken: „On one hand, the dispositional power implied in the incumbent regime may privilege established practices and confront innovative practices, such as transition experiments, with inertia and resistance. But, the other way around, to the extent that some elements of the regime change (that may have been ignited by landscape trends or transition experiments), the implied change in dispositional power may stimulate these and further innovative practices" (Grin 2012: 75). Insbesondere wenn dies zu einem dynamischen Wechselspiel mit größer angelegten gesellschaftlichen Trends auf der Landscape-Ebene führe, würden diese Machtverschiebungen zu einem weiteren Regimewandel beitragen.

22 Ein in der Literatur gut untersuchtes Beispiel ist die Energiewende in Deutschland, die durch einen dynamischen Mix an Policy-Instrumenten erst möglich gemacht wurde (vgl. etwa Markard et al. 2015, Geels et al. 2017 und Strunz 2014). Gleiches gilt für die Politics-Dimension der Energiewende, in welcher sowohl

zessen einnehmen: Sie agieren als Nutzer, als Finanzierer, als Regulierer und als Hüter des öffentlichen Interesses. Durch die unterschiedlich stark regulierenden Instrumente kann direkt in die Entwicklung sozio-technischer Regime eingegriffen werden[23]: „Since policy plays such a multifarious role in innovation, it is not sufficient to merely 'adapt' to trends and developments, because policy and regulations are among the factors that determine the innovation dynamics and the chances of survival of innovations" (Maclaine Pont et al. 2016: 12). Sozio-technische Innovationen können hierbei als Herausforderung für Policy-Instrumente, für regulatorische Regime sowie für Policy-Ziele verstanden werden (vgl. Maclaine Pont et al. 2016: 8). Gleichzeitig kann ein Politikwandel auch der Auslöser eines Niedergangs bestehender sozio-technischer Systeme sein, wenn bspw. die Entscheidung getroffen wird, bestimmte Subventionen einzustellen. Wichtig ist weiterhin festzuhalten, dass Policies sozio-technischen Wandel nicht nur begünstigen, sondern auch beschränken können (vgl. Markard et al. 2015: 5). Die Dimension Politics (als politischer Aushandlungsprozess, in welchem die beteiligten Akteure ihre verschiedenen Interessen einspeisen und verhandeln) ist ebenso in sozio-technischen Transformationsprozessen relevant. Machtkämpfe und Lobbying im Bereich Erneuerbare Energien oder Kernkraft verdeutlichen, dass etablierte Akteure oftmals versuchen, neue Policies durch Politics zu verhindern. Insofern können Policies als Ergebnis dieses politischen Prozesses angesehen werden (vgl. Markard et al. 2015: 5). Insgesamt wird deutlich, dass insbesondere wenn die sozio-technischen Transformationsprozesse in Richtung einer nachhaltigen Gestaltung des jeweiligen sozio-technischen Systems verlaufen, es also um „sustainability transitions" geht, Policies und Politics besonders relevant sind, da es häufig um eine beabsichtige Steuerung durch öffentliche Politiken geht (vgl. ebd.).

Die Frage nach dem Einfluss dieser politischen Prozesse ist gleichzeitig auch immer eine Frage der Verteilung von Machtressourcen:[24] Welche

---

Lobbying-Strategien als auch der Einfluss von Politikern und politischen Aushandlungsprozessen generell untersucht wurden (vgl. bspw. Sühlsen/Hisschemöller 2014 und Strunz et al. 2016).

23 Eine andere Sichtweise verfolgt Moss (2014), der die vermutete Kausalbeziehung andersherum betrachtet: „The focus is on specific energy transitions: how they emerge, are promoted or constrained in urban contexts. Conversely, this paper looks at urban transitions and how they influence energy policy" (Moss 2014: 1433).

24 „Conflict and contestation are inherent in environmental decision-making because it fundamentally involves the redistribution of resources and access to them" (Lawhon/Murphy 2011: 363).

Akteure können sich in politischen Prozessen Gehör verschaffen und Einfluss nehmen? Wie schaffen es Regimeakteure, Innovationen in bestehende Systeme einzubinden und auch in sozio-technischen Wandlungsprozessen ihre Vormachtstellung zu behalten? Politics-Prozesse werden in hohem Maße durch Macht und die Durchsetzung dieser im Rahmen der institutionellen Regeln bestimmt. Auch wenn die Machtfrage in Transitionsstudien oft vernachlässigt und nicht explizit angesprochen wurde, gibt es in der MLP eine Reihe an impliziten Annahmen, die sich auf die machtbezogene Dimension beziehen und auf die im Folgenden kurz eingegangen werden soll (vgl. Avelino/Rotmans 2009: 544; vgl. zur Bedeutung der Machtverteilung außerdem auch Voß et al. 2007). Begreift man eine Transition als eine Transformation des Regimes und als speziellen Machtkampf zwischen etabliertem Regime, aufstrebender Nische und Landschaftsdruck, wird schnell deutlich, dass das dominante Regime die Konstellation mit der meisten Macht ist. Hieraus lässt sich folgern, „any question about regimes involves a question on power" (Avelino/Rotmans 2009: 545). Macht kann in diesem Zusammenhang als die Fähigkeit der Ressourcenmobilisierung zum Erreichen bestimmter Ziele definiert werden. Dies beinhaltet sowohl, Macht über etwas zu haben, als auch die Macht, zu handeln (vgl. Avelino/Rotmans 2009: 550). Kern einer solchen machtbasierten Betrachtung sollte aber nicht sein, was genau mobilisiert wird, sondern, auf welche Art und Weise die Mobilisierung stattfindet. Dies führt dazu, dass insbesondere die Akteursdynamiken innerhalb der Regime in den Fokus geraten und Regimestabilität auch gerade durch aktives Abwehren von Neuerungen durch die vorherrschenden Regimeakteure erklärt werden kann (vgl. Geels 2014: 23). Die Berücksichtigung der Machtdimension in ökologischen Wandlungsprozessen wird insbesondere auch durch Theorieansätze gefordert, die der Schule der „political ecology" zuzuordnen sind und die die Steuerung von Stoffströmen als zutiefst politisch wahrnehmen (vgl. Keil et al. 1998 und Heynen et al. 2006). Erst durch das Zusammenbetrachten von Infrastrukturentwicklung und den vorherrschenden politischen Verhältnissen sowie der Machtverteilung sei eine realistische und gewinnbringende Sichtweise auf Transitionen möglich. Hierbei könne dann untersucht werden,

> „who is (or is not) represented and included in transition decisions; where and at what scale decisions are made; whose knowledge counts and why; how power relations influence regime dynamics, landscape features, and the prospects for niche innovations; what checks are in place to qualitatively evaluate the representativeness and fairness of transition processes; what are the expected social consequences of

the adoption of particular technologies; and how these can be better predicted, shaped, and/or mitigated" (Lawhon/Murphy 2011: 371).

Basierend auf einer Auswertung verschiedener ökonomischer und sozialkonstruktivistischer Machtdebatten in den Politik- und Wirtschaftswissenschaften kommen Avelino und Rotmans (2009) zu dem Ergebnis, dass im Wesentlichen fünf verschiedene Typen von Macht (innovative, destruktive, konstitutive, transformative und systemische) in Transitionsprozessen unterschieden werden können. Die Autoren wählen hierbei einen breiten Ressourcenbegriff, der alle Personen, Wirtschaftsgüter, Materialien und Kapital umfasst, also menschliche, mentale, finanzielle, materielle und natürliche Ressourcen. Auf diese Art und Weise vereinen sie ökonomische und sozial-konstruktivistische bzw. diskursive Ansätze von Macht, um ein interdisziplinäres Verständnis der Machtbeziehungen zu ermöglichen (vgl. Avelino/Rotmans 2009: 551). Innovative Macht meint hierbei die Fähigkeit von Akteuren, neue Arten von Ressourcen zu kreieren bzw. zu entdecken. Destruktive Macht hingegen ist die Fähigkeit, existierende Ressourcen zu entwerten. Dies bezieht sich jeweils auf alle Arten von Ressourcen, also bspw. auf physische Artefakte und mentale Ressourcen (z. B. bestimmte Ideen). Schaut man sich hiervon ausgehend die Verteilung von Ressourcen an, so beschreibt konstitutive Macht die Fähigkeit, die Ressourcenverteilung festzulegen bzw. sie zu erschaffen. Dies hängt eng mit den Institutionen und der Struktur des bestehenden Systems zusammen, denn die etablierten Institutionen sind aus dieser Sichtweise sowohl als Ergebnis als auch als Bedingung der konstitutiven Macht zu verstehen. Transformative Macht ist als Fähigkeit, die Verteilung bestehender Ressourcen zu verändern, zu verstehen (entweder durch Redistribution oder Austausch). Wichtig ist hierbei auch zu verstehen, dass, obwohl ein Großteil der Literatur unter Macht eine Kraft mit einem langfristigen und strukturellen Effekt versteht, transformative Macht auch in kleinerem Rahmen festgestellt werden kann:

> „Theoretically speaking, however, an actor that succeeds in changing the distribution of resources only today is exercising power today, regardless of whether or not this change remains tomorrow. An actor that succeeds in creating a new institution or structure in a small local context is exercising power in that context, whether or not that institution or structure is broadly implemented at a societal level. This transformative exercise of power may not be 'enough' to transform the 'entire' society 'for good'; for that, one needs constitutive power to establish the transformation" (Avelino/Rotmans 2009: 553).

Der angesprochene Unterschied zwischen konstitutiver und transformativer Macht sei vergleichbar mit der Unterscheidung zwischen institutioneller Beharrung und Wandel: „Change can only be proven by means of inertia and vice versa; the object of change has to be consolidated in a new state of stability before one can state that the change 'has taken place', while inertia is only fully 'proven' when change has been attempted without success" (Avelino/Rotmans 2009: 566). Systemische Macht bezeichnet dann abschließend die kombinierte Fähigkeit von Akteuren, Ressourcen für das weitere Fortbestehen eines sozialen Systems (variiert je nach Analyseeinheit, z. B. Staat, Region, Kommune, Sektor, Industrie, Unternehmen, usw.) zu mobilisieren. Diese systemische Macht ist nicht notwendigerweise konsensual, denn die kollektive Ressourcenmobilisierung ist unabhängig von dem Erreichen kollektiver Ziele – es geht lediglich um den Erhalt des Systems in seiner jetzigen Form (vgl. Avelino/Rotmans 2009: 553).

Im Ergebnis sollte eine Transition als langfristiger und nicht-linearer Prozess angesehen werden, in welchem es aufgrund verschiedener Formen der Machtausübung zu einem Austausch von alten mit neuen Ressourcen sowie einer Ressourcenum- bzw. -neuverteilung kommt. Somit werden alle angesprochenen Machtformen während einer Transition ausgeübt (vgl. Avelino/Rotmans 2009: 562).

2.1.5 Zwischenfazit und kritische Würdigung

Die Auseinandersetzung mit der Debatte um sozio-technische Infrastrukturregime hat gezeigt, dass Transitionsprozesse als Folge einer Ko-Evolution aus strukturellen Veränderungen in Technik, Wirtschaft, Kultur, Umwelt und Institutionen zu begreifen sind. Diese Veränderungen beeinflussen sich gegenseitig und auf Basis deren spezifischen Zusammenspiels lassen sich unterschiedliche Transitionspfade und -dynamiken ableiten. Die vorgestellten theoretischen Überlegungen sind in der Lage, eine Fülle an Parametern zu einem analytischen Gesamtkonstrukt zu vereinen, das den Ablauf sozio-technischer Wandlungsprozesse erklärt und sich in zahlreichen Publikationen als hilfreicher Ansatz zur Analyse von Nachhaltigkeitstransitionen erwiesen hat.

Gleichzeitig wurde aber auch deutlich, dass gegenüber der Transitionstheorie und insbesondere der MLP aus verschiedenen Gründen heraus Kritik geäußert wurde: Denn die Forschung konzentrierte sich lange Zeit entweder auf ganz bestimmte sozio-technische Innovationen (insbesondere z. B. Photovoltaik) oder (implizit) auf nationale Innovationssysteme –

2. Theoretische Einbettung

wobei die jeweils technische Dimension trotz des sozio-technischen Ansatzes häufig im Vordergrund der Analyse stand. Zudem gab es einen starken empirischen Fokus darauf, wie besonders potente und durchsetzungsfähige Nischen Regime ablösen, während kleinere, inkrementelle Veränderungen vernachlässigt wurden. Ein weiterer empirischer Schwerpunkt innerhalb der Transitionsforschung sind Analysen der Energiepolitik (eine Literaturanalyse von Markard et al. (2012) kommt zu dem Ergebnis, dass das Beispiel der Energiewende der deutlich am stärksten repräsentierte Forschungsgegenstand ist). Eine Betrachtung weiterer Infrastruktursektoren ist daher notwendig, um künftig auch verallgemeinerbare Schlüsse für Transitionsprozesse in allen Ver- und Entsorgungssektoren ziehen zu können. Hinzu kommen die erläuterten geographischen Blindstellen des Ansatzes („missing spatialities, scales, and places") (Lawhon/Murphy 2011: 362). Wurde das Konzept der sozio-technischen Regime ursprünglich ohne konkreten räumlichen Fokus (einzelne sozio-technische Innovationen in den Blick nehmend) bzw. implizit auf den nationalen Kontext entwickelt und angewandt, so weisen aktuelle Veröffentlichungen an der Schnittstelle von Infrastrukturtheorie und Raumwissenschaften doch darauf hin, dass eine explizit städtische Betrachtungsweise zielführend sein kann, da Kommunen in vielen Bereichen die maßgeblich betroffenen Akteure sind: „Aggregate regimes in these cases may have national dimensions in terms of regulations or technical knowledge [...], but implementation and operation tend to occur in cities and localities" (Geels 2011: 17). Letzter großer inhaltlicher Kritikpunkt betrifft die Vernachlässigung von politischen Inhalten und Prozessen sowie der Machtdimension von Transitionsverläufen. Auf die angesprochenen Schwachstellen wurde in den Kapiteln 2.1.2, 2.1.3 und 2.1.4 eingegangen und hierauf aufbauend wurden jeweils Erweiterungen durch aktuelle Forschungsergebnisse an den bestehenden Konzepten vorgenommen, um im Folgenden einen kohärenten Analyserahmen entwickeln zu können.

Im Ergebnis zeichnen sich „sustainability transitions" also dadurch aus, dass sie zunächst einmal zielorientiert in dem Sinne sind, dass ein ökologisches Problem gelöst werden soll und damit ein kollektives Gut im Mittelpunkt steht. Daher ist die Rolle öffentlicher Akteure (im Vergleich zu privaten) als sehr groß einzuschätzen, weil negative Externalitäten internalisiert, ökonomische Rahmenbedingungen gesetzt und Nischen gefördert werden sollen. Außerdem ist ein begleitender Policy-Mix an unterstützenden Maßnahmen zentral, um mögliche Nachteile neuer Innovationen auszugleichen („most 'sustainable' solutions [...] often score lower on price/performance dimensions") (Geels 2011: 25). Aufgrund des hoch politisierten Prozesses ist das Vorhandensein von Macht- und Ressourcenkonflikten bei nachhaltigen Transitionsprozessen sehr wahrscheinlich. Im Mittelpunkt stehen häufig die etablierten Regimeakteure (z. B. große und einflussreiche Infrastrukturunternehmen), die wahrscheinlich zunächst andere Interessen verfolgen:

> „Although large incumbent firms will probably not be the initial leaders of sustainability transitions, their involvement might accelerate the breakthrough of environmental innovations if they support these innovations with their complementary assets and resources. This would, however, require a strategic reorientation of incumbents who presently still defend existing systems and regimes" (ebd.).

Zudem stellt sich an dieser Stelle die Frage nach einer besseren Konzeptionalisierung des europäischen Einflusses an sich, der mit den Transitions-Studien bislang nur unzureichend abgedeckt werden kann. Denn wie in Kapitel 2.1.3 erläutert, wird in sozio-technischen Studien der Einfluss der europäischen Ebene auf nachfolgende sozio-technische Wandelprozesse stark vernachlässigt – und das, obwohl die Richtung und die Intensität zentraler Veränderungsdynamiken innerhalb sozio-technischer Infrastruktursysteme in den letzten 40 Jahren eindeutig durch europäische Impulse beeinflusst wurden. Zwar wurde in den Kapiteln 2.1.1 bis 2.1.4 insgesamt deutlich, auf welche Art und Weise die Wandlungsprozesse in sozio-technischen Regimen ablaufen und dass hierbei auch der Einfluss unterschiedlicher räumlicher Ebenen eine Rolle spielt, doch dies reicht für eine Konzeptionalisierung europäisch induzierten Wandels nicht aus. Für das hier verfolgte Ziel der Analyse des Einflusses europäischer Politik bedeutet das, dass eine Erweiterung bezüglich des Ursprungs für Wandel vorgenommen werden muss. Nachdem nun klar ist, dass politische Programme und Prozesse eine wichtige Rolle bei der Transition von sozio-technischen Regimen spielen können, muss im Folgenden spezifiziert werden, wie diese von der europäischen auf nachgeordnete politische Ebenen wirken und welchen Einfluss dies wiederum auf kommunale sozio-technische Regime haben kann.

2.2 Europa- und Europäisierungsforschung

Um EU-induzierten sozio-technischen Wandel zu verstehen, wird im Folgenden daher der Ansatz der Europäisierungsforschung vorgestellt. Dieser ist in der Lage, die zuvor angesprochene fehlende europäische Perspektive zu ergänzen, um im Anschluss die Europäisierung sozio-technischer Regime untersuchen zu können. Es geht darum zu verstehen, wie europäische Politik in der Lage ist, die Akteure, aber auch die Institutionen der kommunalen Infrastrukturregime zu beeinflussen, und wie hieraus folgende Anpassungs-, aber auch machtbasierte Abwehrprozesse theoretisch zu fassen sind. Im Folgenden wird für ein vertieftes Verständnis des politischen Systems und der Funktionslogik der EU zunächst das europäische Mehrebenensystem charakterisiert, es werden die grundlegenden Strukturen, Akteure, Entscheidungsverfahren und Rechtsakte vorgestellt sowie die Rolle der Kommunen innerhalb des Systems beleuchtet. Im Anschluss erfolgt in Kapitel 2.2.2 eine Erläuterung des Konzepts der Europäisierung. Hierauf aufbauend wird beschrieben, welche Europäisierungsimpulse und -mechanismen wirken können (Kapitel 2.2.3). In einem nächsten Schritt werden schließlich Europäisierungsprozesse auf der kommunalen Ebene in den Fokus gerückt (Kapitel 2.2.4). Das hierauf folgende Zwischenfazit fasst dann zusammen, wie Europäisierungsprozesse in dieser Arbeit theoretisch gefasst werden.

2.2.1 Das europäische Mehrebenensystem und die Bedeutung der kommunalen Ebene

Die aus der Europäischen Gemeinschaft für Kohle und Stahl (EGKS; 1952), der Europäischen Wirtschaftsgemeinschaft (EWG; 1957) und der Europäischen Gemeinschaft (EG; 1967) hervorgehende EU (1992), stellt ein über Jahrzehnte hinweg entwickeltes, stabiles und supranationales Regelsystem dar (vgl. Niederhafner 2008: 70). Das staatsähnliche Gebilde nimmt zwar klassisch staatliche und politische Aufgaben war, ist aber nach der herrschenden Meinung als Regelsystem „sui generis" zu begreifen, also einer ganz eigenen Art (vgl. hierzu bspw. Tömmel et al. 2002). Speziell ist unter anderem, dass die EU als „unfertiges System" zu verstehen ist, da sich Mitglieder, aber auch Aufgabenspektrum in der Vergangenheit stetig verändert haben und sich dies auch in der Zukunft ändern wird (Kohler-Koch et al. 2004: 130). Zentral ist außerdem, dass zentrale „weichenstellende Entscheidungen" wie z. B. über Mitgliedschaft und Aufgabenbereiche eigentlich „außerhalb des politischen Systems der EU" getroffen werden, nämlich von den Mitgliedsstaaten (Rollenverteilung: Mitgliedsstaaten als Herren der Verträge und die Europäische Kommission als Hüterin der Verträge) (ebd.).

2.2.1.1 Funktionslogik der Europäischen Union

Die sieben Organe der EU sind in Artikel 13 des EU-Vertrags festgelegt.

Das Parlament der EU wird für fünf Jahre direkt von der Bevölkerung gewählt. Während es zu Beginn der Vergemeinschaftung eine eher beratende Funktion innehatte (ganz zu Beginn noch unter dem Namen „Gemeinsame Versammlung"), hat es heute bedeutende Kontroll-, Legislativ-, Wahl- und Haushaltsbefugnisse (im Vergleich zu nationalen Parlamenten sind die Kompetenzen allerdings immer noch geringer). Es handelt sich um ein typisches Arbeitsparlament mit einem ausdifferenzierten Ausschusswesen.

Der Rat der Europäischen Union (auch „Ministerrat" oder „der Rat" genannt) ist eine zentrale Entscheidungsinstanz innerhalb des europäischen Systems. In ihm befinden sich die nationalen Exekutiven der Mitgliedsländer (jedes Land schickt den jeweiligen Fachminister), die auf EU-Ebene aber eine legislative Funktion erfüllen.[25]

Im Europäischen Rat kommen die Staats- und Regierungschef der Mitgliedsländer sowie der Präsident der Europäischen Kommission mindestens viermal jährlich zusammen. Seine Aufgabe ist das Festlegen von allgemeinen politischen Leitideen und das Setzen neuer Impulse bzw. Prioritäten. Er übt keine legislative Funktion im engeren Sinne aus, hat sich aber über die Jahrzehnte hinweg als wichtiger Agenda-Setter entwickelt und versucht regelmäßig Entscheidungen an sich zu ziehen (vgl. Kohler-Koch et al. 2004: 126).

Die Europäische Kommission ist ein supranationales und von den Mitgliedsstaaten unabhängiges Organ der EU, das dem Parlament gegenüber zur Rechenschaft verpflichtet ist. Die Kommissionsmitglieder vertreten die Interessen der EU als solche und sind jeweils für bestimmte Sachgebiete zuständig (bspw. existiert die Generaldirektion für Umwelt). Die Kommission hat das Initiativrecht inne und somit die Macht, Gesetzgebungsmaßnahmen auf den Weg zu bringen (Vorschlagsrecht für EU-Richtlinien und -Verordnungen). Deshalb wird sie auch „Motor der Integration" genannt.

---

25 Nach dem ordentlichen Gesetzgebungsverfahren entscheidet der Rat über Politiken gemeinsam mit dem Europäischen Parlament auf Vorschlag der Kommission. Je nach Politikbereich beschließt er mit einfacher Mehrheit, qualifizierter Mehrheit oder einstimmig (in den meisten Fällen mit qualifizierter Mehrheit, wie z. B. in den Politikfeldern Landwirtschaft, Binnenmarkt, Umwelt und Verkehr). Das Spannungsverhältnis zwischen europäischer Handlungsfähigkeit und nationaler Interessenwahrung drückt sich innerhalb dieses Organs besonders aus (vgl. Kohler-Koch et al. 2004: 117).

2. Theoretische Einbettung

Auch im eigentlichen Entscheidungsprozess auf europäischer Ebene ist sie „ständig präsent und zwar nicht nur als ein Verhandlungspartner unter anderen, sondern als möglicher Katalysator der Entscheidungsfindung" (Kohler-Koch et al. 2004: 114).[26]

Weitere Organe sind der Gerichtshof der Europäischen Union, die Europäische Zentralbank sowie der Europäische Rechnungshof. Daneben gibt es die beratenden Einrichtungen Wirtschafts- und Sozialausschuss (nationale Interessengruppen von Arbeitgebern und Arbeitnehmern; kann vom Parlament, dem Rat und der Kommission in den in den EU-Verträgen vorgesehenen Fällen gehört werden) und den Ausschuss der Regionen (AdR; wird von der Kommission, vom Rat und vom Parlament zu Fragen hinzugezogen, die regionale und lokale Interessen berühren, und kann auch eigene Stellungnahmen abgeben).

Das übliche Entscheidungsverfahren ist das ordentliche Gesetzgebungsverfahren (früher „Mitentscheidungsverfahren"), bei welchem das Europäische Parlament und der Rat Rechtsvorschriften gemeinsam verabschieden. Entworfen werden diese von der Kommission, die diese Rechtssetzungsvorschläge auch bezüglich ihrer wirtschaftlichen, sozialen und umweltbezogenen Folgen beurteilt. Ebenso werden hierbei von der Kommission interessierte Nichtregierungsorganisationen (NGOs), lokale Behörden und Vertreter der Industrie und der Zivilgesellschaft konsultiert, um von den Regulierungsbetroffenen Einschätzungen zu erhalten.[27]

Die Ziele der EU-Verträge werden durch unterschiedliche Rechtsakte verwirklicht. Verordnungen sind verbindliche und unmittelbar geltende

---

26 Darüber hinaus führt sie den EU-Haushalt, ist für einige Förderprogramme verantwortlich, sorgt für die Durchführung der EU-Politik (in enger Zusammenarbeit in Ausschüssen mit nationalen Vertretern; „Komitologie") und überwacht zumindest teilweise auch die nationale Umsetzung (hier ist die Kommission häufig auf nationale Akteure wie Interessengruppen angewiesen, die auf Vertragsverletzungen von Nationalstaaten aufmerksam machen). Da sie gemeinsam mit dem Gerichtshof verantwortlich für die Einhaltung der Verträge ist, wird sie auch als „Hüterin der Verträge" bezeichnet.

27 Vorbereitend in Hinblick auf bestimmte Rechtsvorschriften werden von der Kommission teilweise Weiß- bzw. Grünbücher veröffentlicht. Grünbücher sollen insbesondere Konsultationsprozesse auf europäischer Ebene in Gang setzen (richten sich an interessierte Kreise, die mit dem Grünbuch zur Teilnahme an einer Debatte auf Grundlage der enthaltenen Vorschläge aufgefordert werden) und für breitere Denkanstöße sorgen. Weißbücher enthalten hingegen bereits bestimmte Vorschläge für Maßnahmen in einem bestimmten Politikbereich. Sie sollen eine Debatte zwischen Parlament, Rat, Interessengruppen und der Öffentlichkeit ermöglichen, die einen späteren politischen Konsens erleichtern soll.

Rechtsakte, die in allen Mitgliedsländern in vollem Umfang umgesetzt werde müssen. Richtlinien hingegen sind Rechtsakte, in denen zu erreichende Ziele festgelegt werden, die dann wiederum von den Mitgliedsländern durch eigene Rechtsvorschriften mit etwas mehr Spielraum implementiert werden müssen.[28] Das zu erreichende Ziel ist somit verbindlich, während die Wahl der Form und der Mittel den Mitgliedsstaaten überlassen wird (vgl. Kohler-Koch et al. 2004: 127). Europäische Beschlüsse sind nur für diejenigen verbindlich und unmittelbar anwendbar, an die sie gerichtet sind (beispielsweise ein Mitgliedsland oder ein einzelnes Unternehmen) (ebd.). Darüber hinaus gibt es noch Empfehlungen (hauptsächlich von der Kommission geäußerte Ansichten und vorgeschlagene Maßnahmen für nationale Behörden) und Stellungnahmen (Äußerungen von EU-Organen wie Kommission, Rat, Parlament, Ausschuss der Regionen sowie der Europäische Wirtschafts- und Sozialausschuss zu bestimmten Sachverhalten), die beide nicht verbindlich sind.

Die grundlegende Funktionslogik europäischer Politik kann nach Benz (2009: 134ff.) als Verhandlungsdemokratie charakterisiert werden. Die notwendige Koordination zwischen den Hauptakteuren Kommission, Ministerrat und Europäisches Parlament auf der einen Seite und die Koordination nationalstaatlicher Positionen in den Mitgliedsstaaten (mitsamt dem Einfluss parlamentarischer, aber auch subnationaler Akteure) macht dies deutlich: Im Ministerrat kommen Entscheidungen nach Verhandlungen zwischen den jeweiligen Ministern bzw. den nationalen Regierungen zustande, bei Rechtssetzungsaktivitäten muss in der Vielzahl der Politikfelder zwischen Rat und Parlament vermittelt werden (Verhandlungen auf Ausschussebene) und auch das Europäische Parlament selbst weist in seinen Strukturen verhandlungsdemokratische Züge auf. Insgesamt führten diese

> „institutionellen Strukturen [...] zu einem lose gekoppelten Mehrebenensystem. Die einzelnen Arenen der Politik sind interdependent, aber es besteht kein Zusammenhang, der Entscheidungen in irgendeiner Weise determiniert. [...] Politikentscheidungen [...] hängen überwiegend davon ab, wie die Akteure mit den Anforderungen der ver-

---

28 Trotz der generellen Verbindlichkeit der Implementation von Richtlinien machte die politikwissenschaftliche Implementationsforschung schon früh darauf aufmerksam, dass die tatsächliche nationale Umsetzung in vielen Fällen nicht das geforderte Maß erfülle (vgl. Lampinen/Uusikylä 1998). Gerade auch bei der Implementation von europäischer Umweltpolitik stellten zahlreiche Autoren fest, dass Richtlinien nicht in der geforderten Geschwindigkeit und Intensität umgesetzt wurden (vgl. Jordan 1999, Mastenbroek 2003 und Knill/Lenschow 2000).

flochtenen Arenen und den daraus resultierenden Konflikten umgehen. Dabei variiert die Mehrebenenpolitik zudem nach Politikfeldern, in denen unterschiedliche Governance-Modi eingesetzt werden" (Benz 2009: 138).

Eng verknüpft mit dieser Einsicht ist die Konzeption des EU-Systems als Mehrebenensystem, die in der politikwissenschaftlichen Europaforschung häufig mit dem Multi-Level-Governance-Ansatz (MLG-Ansatz) analysiert wird.[29] Das generelle Forschungsinteresse dieser Betrachtungsweise gilt den Interdependenzen und Kompetenzverflechtungen zwischen den verschiedenen Ebenen des europäischen Mehrebenensystems, wobei der Ursprung auf die Übertragung des Politikverflechtungskonzeptes auf die Europäische Union (vgl. Benz 2003) zurückgeht. Zentral hierfür ist, dass verschiedene politische Arenen[30] als interdependent wahrgenommen werden und gegenseitige Abhängigkeiten, überlappende Kompetenzen und komplementäre Funktionen den Entscheidungsfindungsprozess auf EU-Ebene prägen (vgl. Marks/Hooghe/Blank 1996). Hierbei gibt es zahlreiche Verhandlungsarenen, in denen jeweils Teilaspekte eines Problems bearbeitet werden. Im Gegensatz zu vielen klassisch föderalen Systemen handelt es sich bei der EU um ein nur lose gekoppeltes[31] Mehrebenensystem, da es zahlreiche inter- und intragouvernementale Entscheidungsarenen gibt (vgl. Benz 2009: 142). Deshalb wird innerhalb eines Politikfeldes immer gleichzeitig auf mehreren politischen Ebenen in mehreren Arenen verhandelt. Die eng verflochtene Mehrebenenstruktur gleicht einer „russischen Puppe", wobei die „unterschiedlichen politischen Entscheidungsebenen verschachtelt [sind] und [...] sich in vielen Politikbereichen kaum mehr voneinander trennen [lassen]" (Knodt/Große Hüttmann 2005: 223). Je

---

29 Der MLG-Ansatz soll in dieser Arbeit nicht in Gänze berücksichtigt oder abschließend diskutiert werden. Vielmehr sollen zentrale Forschungsergebnisse als Grundlage für eine weitere Diskussion unter Europäisierungsgesichtspunkten dienen.
30 Unter einer „Arena ist ein institutionalisierter, durch spezifische Regeln geordneter Funktionszusammenhang zu verstehen" (Benz 2009: 18). Gemeint ist ein „Handlungszusammenhang von Akteuren", der sowohl durch Institutionen als auch die sich hierin „bildenden Interaktionskonstellationen definiert ist" (ebd.: 50).
31 Eine enge Kopplung läge vor, „wenn die Regeln starke verhaltensprägende Wirkungen mit der Folge auslösen, dass die Entscheidungen in einer institutionellen Arena den Ablauf und die Ergebnisse von Prozessen in einer anderen Arena determinieren" (Benz 2009: 96). Bei einer losen Kopplung beeinflussen die Regeln das Verhalten zwar, aber die Akteure können sich dieser Beeinflussung eher leichter entziehen, sodass autonomes Handeln ermöglicht wird.

2.2 Europa- und Europäisierungsforschung

nach Politikfeld ist die supranationale Ebene ebenso wie die nationale, regionale und kommunale an europäischen Entscheidungsprozessen beteiligt. Auch daher wird hier von Governance gesprochen, denn diese „auf breite Mitwirkung angelegte Politik [hat] mit dem klassischen Verständnis von Regierungshandeln als einer hierarchisch angelegten staatlichen Steuerung wenig gemein" (ebd.). Hieraus ergibt sich ein stark polyzentrisches System mit überlappenden Entscheidungszentren, die sich aus funktionalen Netzwerken zusammensetzen (vgl. Knodt 2011). Daraus wiederum resultiert ein generell hoher Koordinations- und Managementbedarf durch die Kommission, die die zahlreichen Akteure und die hieraus resultierenden Netzwerkinteraktionen koordinieren muss (Informationssammlung, Konzeptentwicklung und Kontaktpflege mit lokalen, regionalen und nationalen Akteuren) und somit als Policy-Broker angesehen werden kann (vgl. Knodt 2011: 422).

2.2.1.2 Kommunen im europäischen Mehrebenensystem

Innerhalb der Europaforschung ist die Beschäftigung mit der lokalen Dimension der europäischen Integration ein vergleichsweises junges Forschungsthema, das mittlerweile aber trotzdem auf einige Jahre wissenschaftlicher Forschung zurückblicken kann. So wurde die Beeinflussung subnationaler Strukturen durch die fortschreitende europäische Integration zum Beispiel von der „new regionalist school" aufgegriffen. Diesen Forschungsstrang macht deutlich, dass die Bedeutung subnationaler und supranationaler Strukturen innerhalb europäischer Nationalstaaten seit den 1990er Jahren stetig zugenommen hat und hieraus folgend die nationale Ebene in ihrer bis dato umfangreichen Vormachtstellung als Regulierungs- und ökonomische Steuerungsinstanz eingeschränkt wurde (vgl. Keating 1998 und Jessop 1994). Keating (2001) argumentiert diesbezüglich, dass das Herausbilden von stärkeren subnationalen Identitäten zu einer Reterritorialisierung europäischen Raumes geführt habe. Gleichzeitig wird hier aber insbesondere mit Bezug auf die städtische Ebene auch deutlich, dass das Dilemma heutiger kommunaler und regionaler Politik darin liegt, dass einerseits die Städte immer heterogener und pluralistischer werden und sie u. a. durch Umwelt- und soziale Gerechtigkeitsprobleme ständig vor neuen politischen Herausforderungen stehen. Gleichzeitig seien aber die Policy-Optionen durch die extern gegebenen Strukturen und den hierarchischen Staatsaufbau eingeschränkt (vgl. Keating 2001: 387). Auch im Vergleich zu ländlichen Regionen oder konstitutionellen Regionen komme den Städten eine besondere Rolle zu. Zahlreiche Forscher heben daher die „distinctiveness of cities vis-à-vis other territorial levels of governance and organization" hervor (Marshall 2005: 670). Die Vertreter aus den Politikwissenschaften, der Soziologie und der Geographie betonen hierbei also die Besonderheiten und Eigenarten der kommunalen Ebene nicht nur in Abgrenzung zu übergeordneten Ebenen, sondern auch im Vergleich zu anderen subnationalen Einheiten (vgl. ebd.). Gerade gegen Ende des 20. Jahrhunderts habe sich gezeigt, dass Städte und Regionen zu globalen Akteuren aufsteigen konnten, nachdem sie zuvor zumindest teilweise ihre zentrale Rolle zugunsten von Nationalstaaten eingebüßt hatten (vgl. Dossi 2017: 1):

> „Cities are centres for the accumulation and production of wealth, functioning at time as bulwark against the effects of market forces, at time as places of social and political inequalities. Therefore, socio-economic development increasingly assumes a regional and local focus, where processes of strategic and integrated planning are deployed in the attempt to improve the international role of cities and to tackle urban revitalization, social exclusion and environmental protection" (ebd.).

Zusätzlich zu den Besonderheiten, die Städte im Vergleich zu anderen Gebietskörperschaften aufweisen, wird auch deutlich, dass, sobald die Raumspezifität von Strukturen hervorgehoben wird, eine Verallgemeinerung und die Konstruktion eines einzigen Modells des Städtischen nicht möglich ist: „The goals of policy can be multiple and the policy process, the policy mix and the means of implementation will all be specific to particular places" (Keating 2001: 376). Dies bejaht auch ein Forschungsstrang der Stadtsoziologie, der betont, dass unterschiedlichen Städten auch jeweils eine spezifische Eigenlogik inhärent ist und sie „eigenlogische Formen der Vergesellschaftung hervorbringen" (Löw/Noller 2012: 43; vgl. hierzu auch Frank 2012). Städte in der EU[32] sollten insofern nicht als homogene

---

32 Nichtsdestotrotz ist das Modell der Europäischen Stadt (gedacht als sozialwissenschaftliche Analysekategorie), das unter anderem von Le Galès (2002) beschrieben wurde, auch heute noch von Relevanz. Europäische Städte zeichnen sich durch bauliche, siedlungsstrukturelle, politische und soziale Charakteristika aus, die sie von Städten in anderen Regionen der Welt unterscheiden. Hier geht es beispielsweise um den vergleichsweise großen Handlungsspielraum der Städte, der Formierung einer Stadtgesellschaft, eine starke öffentliche Steuerung, aber auch bauliche Aspekte (vgl. Koch 2010: 66). Auch wenn sich die Rahmenbedingungen der klassischen Europäischen Stadt in den letzten Jahrzehnten durch

Einheit betrachtet werden – vielmehr bilde sich ein geradezu charakteristisches, stadtspezifisches Gebilde aus „Bildern, Erzählungen, Praktiken und Strategien aus, die die Stadt als bebaute Umwelt, als räumliche Organisation wie auch als lokale Sinneinheit strukturieren" (ebd.: 43f.).

Historisch gesehen begann die Beziehung zwischen der EU und den Städten in den 1950er Jahren, als der Europarat die „Conference of Local Authorities in Europe" etablierte, die inzwischen unter dem Namen „Congress of Local and Regional Authorities of the Council of Europe" (Kongress der Gemeinden und Regionen des Europarats) bekannt ist. Dieses beratende Organ hat beispielsweise auch 1985 die „Europäische Charta der kommunalen Selbstverwaltung" verabschiedet, die von allen EU-Mitgliedsstaaten unterzeichnet wurde und die darauf abzielt, den lokalen Gebietskörperschaften im Sinne des Subsidiaritätsprinzips[33] finanzielle und politische Selbstständigkeit zu garantieren (vgl. Hamedinger/Wolffhardt 2010a: 19). Weiterhin wurde der Stellenwert der Städte innerhalb des europäischen Mehrebenensystems durch den Maastrichter Vertrag aus dem Jahr 1992 weiter gestärkt, der die Gründung des „Europäischen Ausschusses der Regionen" vorsah (wurde 1994 etabliert) und das Subsidiaritätsprinzip betonte (vgl. Hamedinger/Wolffhardt 2010a: 20). Wie zuvor bereits erwähnt, hat der AdR eine beratende Funktion und wird während der Erarbeitung von Rechtsakten von der Kommission, dem Parlament und dem Ministerrat zu Themen konsultiert, die eine Relevanz für subnationale Strukturen haben. Neben diesen Stellungnahmen kann der AdR auch Entschließungen zu für ihn wichtigen Themen veröffentlichen und Studien zur regionalen und lokalen Dimension von europäischem Regieren in

---

Globalisierung, Postfordismus und Europäisierung umfassend gewandelt haben, so habe dies doch insgesamt zu einer noch weiter gestiegenen Bedeutung der lokalen Ebene geführt (vgl. ebd.: 66f.).

33 Im europäischen Primärrecht verankert, legt das Subsidiaritätsprinzip fest, dass die europäische Ebene nur tätig wird, wenn die Ziele auf Ebene der Mitgliedsstaaten nicht ausreichend erreicht werden können. Der Grund hierfür liegt im „(verfassungs-)rechtlichem Schutz nachrangiger Ebenen vor Zugriffen von der EU-Ebene und dem ökonomischen Argument bezüglich effizienter und effektiver Problemlösung durch ortsnahe Verwaltungseinheiten" sowie die „Verbesserung der politischen Legitimation von EU-Politik" (Niederhafner 2008: 75). Allerdings sollte die „konkrete (rechtliche) Bedeutung des Subsidiaritätsprinzips nicht überstrapaziert werden", denn es lässt sich hieraus kein Klagerecht (sub)nationaler Einheiten vor dem EUGH bei vermuteter Verletzung des Prinzips und auch generell „keine substanzielle, gerichtsfeste Begründung für eigenständige Rechte subnationaler Ebenen – und damit auch der lokalen – gegenüber der nationalen oder der EU-Ebene ableiten" (ebd.: 76).

verschiedenen Politikfeldern in Auftrag geben. Ein wichtiger Schritt in der Beziehung zwischen der EU und den subnationalen Gebietskörperschaften war schließlich auch die großflächige Etablierung der europäischen Strukturpolitik, deren Ziel es ist, strukturschwachen Räume zu helfen, ihre Standortnachteile abzubauen, um den Anschluss an die allgemeine Wirtschaftsentwicklung zu halten. Während bis zu Beginn der 1980er Jahre hauptsächlich die Nationalstaaten für die regionale Förderungspolitik zuständig war und die EU-Strukturpolitik nur als Ergänzung anzusehen war (vgl. Münch 2006a: 151), hat sich die Kohäsions- und Strukturpolitik heute zu einem der wichtigsten Politikbereiche der EU entwickelt, für den etwa ein Drittel der verfügbaren Haushaltsmittel eingesetzt werden (vgl. BMWi 2018). Insbesondere der Europäische Fonds für regionale Entwicklung (EFRE) mit den Gemeinschaftsinitiativen URBAN I (1994–1999) und URBAN II (2000–2006), die konkret in Städten zur Steigerung der Wettbewerbsfähigkeit (Abbau von Bürokratie; neue Technologien; Beschäftigungsoffensive), zur Bekämpfung sozialer Ausgrenzung sowie zur physischen und ökologischen Erneuerung der Städte wirkten, bestimmte über ein Jahrzehnt hinweg das Bild einer positiven EU-Städte-Beziehung (vgl. Europäische Kommission 2003).

Die kommunale Betroffenheit von europäischer Politik zeigt sich aber auch in anderen Politikfeldern insbesondere darin, dass gerade die Implementation und konkrete Gestaltung von politischen Inhalten „weitgehend eine Domäne lokalen Handelns" sei (Heinelt/Knodt 2008: 314).[34] Denn „trotz des Fehlens einer konkreten Kompetenz der EU für eine Stadtpolitik gibt es" gerade in Deutschland durch die starke Stellung der Kommunen in den meisten Politikfeldern eine lokale Dimension europäischen Regierens und insbesondere „durch die fortschreitende EU-Binnenmarktintegration werden mehr und mehr Bereiche, die unter lokale Zuständigkeiten fallen, ‚mitreguliert'" (Niederhafner 2008: 90). Ein wichtiger Bereich ist hier die EU-Wettbewerbspolitik (negative Integration), die beispielsweise sehr stark auf die Bereiche der kommunalen Daseinsvorsorge bzw. auf die Infrastruktursektoren Abfallwirtschaft, Wasserver- und Abwasserent-

---

[34] Gleichzeitig sei aber politikfeldspezifisch festzustellen, ob der örtliche Bezug tatsächlich mit der lokalen Ebene gleichzusetzen sei. Denn auch wenn die Implementation bestimmter Politikinhalte, wie z. B. der Wettbewerbspolitik oder der Währungspolitik oftmals in konkret örtlichen Räumen angewandt werden, so seien diese Orte doch „räumlich losgelöst von den lokalen Kontexten, in denen sich durchgesetzte regulative Inhalte unmittelbar materialisieren – etwa an verschiedenen Produktionsstandorten oder in oft kaum noch zu lokalisierenden marktlichen Interaktionen" (Heinelt/Knodt 2008: 314).

sorgung, Energieversorgung, Schienenverkehr und Telekommunikation wirkt. Hier werden über das Verbot von Beihilfen, Privatisierungs- und Liberalisierungsvorgaben sowie Regelungen zur öffentlichen Auftragsvergabe dem kommunalen Handlungsspielraum deutliche Grenzen gesetzt (vgl. Waiz/Alkan 2006 und Gramlich/Manger-Nestler 2011). Die Kommunen stehen also in einem deutlichen Spannungsfeld zwischen diesen Wettbewerbsvorschriften und der Verwirklichung des europäischen Binnenmarkts auf der einen und dem traditionellen Anspruch der klassisch deutschen Daseinsvorsorge auf der anderen Seite (vgl. Sabathil 2006: 12). Gleichzeitig wird hierdurch auch deutlich, dass europarechtliche Politik- und Zielvorstellungen nur greifen, wenn sie auf kommunaler Ebene auch tatsächlich berücksichtigt und implementiert werden. Aus dieser Sichtweise heraus sind die lokalen Gebietskörperschaften für die europäische Ebene aus drei Gründen wichtig: zur Legitimierung des europäischen Mehrebenensystems (Kommunen als erste Stufe der Integration, die der Lebenswirklichkeit der Bürger am nächsten steht), zur Gewährleistung der Produktivität des Systems (raumsensitive Implementation von Politiken zur Sicherung der Produktivität) sowie zur Gewährleistung der Flächenhaftigkeit des Integrationsprozesses (lokale Gebietskörperschaften als räumliche und funktionale „Ausfüller" von europäischer Politik) (vgl. Derenbach 2006: 91f.). Hinzu kommt, dass mittlerweile auch bei der positiven Integration in zahlreichen Sachgebieten nationale Gesetzgebungen durch europäische Vorgaben in hohem Maße beeinflusst werden, die dann wiederum von der nationalen Ebene auf die Kommunen wirken. So kommt beispielsweise eine Analyse des Anteils der verkündeten Bundesgesetze in bestimmten Sachgebieten, die aufgrund europäischer Impulse (europäische Richtlinien, Ratsbeschlüsse, Verordnung, Beihilfe-Leitlinien, EuGH-Urteile, Lissabon-Vertrag, Europäische Fiskalunion) angepasst werden, zu dem Schluss, dass gerade im Bereich der Umweltpolitik ca. ¾ aller Regulierungen auf Europa zurückgeführt werden können (Töller 2014). Hier sei „man seit vielen Jahren systematisch mit der Umsetzung abfallrechtlicher, wasserrechtlicher und naturschutzrechtlicher Richtlinien beschäftigt" und es gebe „keine großen nationalen Spielräume mehr" (Töller 2014: 10).

Auf der anderen Seite verdeutlicht die zuvor beschriebene Mehrebenenstruktur aber auch, dass es zahlreiche Anknüpfungspunkte für städtische Interessenvermittlung an unterschiedlichen Stellen und Zeitpunkten gibt. Aus der komplexen und netzwerkartigen Entscheidungsstruktur lassen sich also auch Rückschlüsse über die Offenheit der politischen Prozesse in verschiedenen Phasen des Policy-Zyklus (Problemdefinition, Agendasetting, Politikformulierung, Implementation, Evaluation, Re-Formulierung/ Terminierung) treffen. Insofern haben die Entscheidungsfindungsstrukturen auch Einfluss auf die Strategiewahl von kommunalen Akteuren, die aus rationaler Perspektive versuchen sollten, ihre Interessen an möglichst effektiven Stellen in den politischen Prozess einfließen zu lassen. Aus dieser Bottom-up-Perspektive heraus sind kommunale Akteure nicht mehr nur Befehlsempfänger bzw. nur zuständig für die bloße Implementation von Politiken. Vielmehr können sie (wie Nationalstaaten auch) versuchen, Entscheidungen von vornherein so zu beeinflussen, dass das von ihnen präferierte bzw. das für sie vorteilhafte Modell auf europäischer Ebene zum Tragen kommt. Kommunen als rational handelnde Interessenvermittlungsakteure werden also nicht nur versuchen ihre Interessen über die nationale Ebene nach Europa zu transportieren, sondern verschiedene sich ihnen bietende Gelegenheitsstrukturen nutzen, um erfolgreich ihre Interessen einzubringen (vgl. Princen/Kerremans 2008). Grundsätzlich gilt hier gerade aber auch für Kommunen, dass aufgrund der polyzentrischen Struktur nur ressourcenstarken und hochorganisierten Gruppen eine erfolgreiche Interessenvermittlung gelingt (vgl. Kohler-Koch et al. 2004: 171f.). Eine Vernetzung mit weiteren Akteuren sowie eine effiziente Organisationstruktur der Vermittlungskanäle ist somit Voraussetzung für eine aus kommunaler Sicht erfolgreiche Beeinflussung europäischer Strukturen.

Da allerdings bspw. der AdR gegenüber den europäischen Organen über keinerlei Sanktionsmittel verfügt, ist aus dem Blickwinkel der kommunalen Interessenvertreter die dortige Mitgliedschaft als alleinige Einflussmöglichkeit nicht ausreichend, um erfolgreiches Lobbying im Sinne subnationaler Gebietskörperschaften zu betreiben (vgl. Münch 2006b: 362). Daher wurde der Aufbau alternativer Einflusskanäle von den Kommunen stetig vorangetrieben. Beispielsweise wurde der „Rat der Gemeinden und Regionen Europas" (RGRE) als europaweite Dachorganisation der kommunalen und regionalen Gebietskörperschaften gegründet, in dem heute 57 nationale Kommunalverbände aus 41 europäischen Ländern zusammenarbeiten. In der deutschen Sektion des RGRE sind beispielsweise rund 800 europaengagierte Städte, Gemeinden und Landkreise zusammengeschlossen und auch die kommunalen Spitzenverbände (Deutscher Städtetag, Deutscher Landkreistag und Deutscher Städte- und Gemeindebund) Mitglieder.[35] Mit seinem seit den 1980er Jahren vorhandenen Brüsseler Büro

---

35 Gerade kleine Kommunen sind auf diesen indirekten Weg der Beeinflussung europäischer Politik angewiesen.

konnte sich der RGRE als wichtiger Akteur auf europäischer Ebene etablieren, dessen Stimme im politischen Prozess gehört wird:

„Der europäische RGRE wird von der Europäischen Kommission und dem Europäischen Parlament in dieser Rolle als Partner anerkannt. Kommunalpolitiker und Fachleute aus den nationalen Kommunalverbänden der Mitgliedssektionen sind in zahlreichen Beratungsgremien der EU-Kommission durch den RGRE vertreten. Das Europäische Parlament bittet den RGRE regelmäßig, ihm kommunale Experten für Anhörungen zu kommunalen bzw. kommunalrelevanten Themenbereichen zu benennen" (RGRE 2003: 3).

Daneben haben die kommunalen Spitzenverbände Deutscher Städtetag, Deutscher Städte- und Gemeindebund sowie der Deutsche Landkreistag ebenfalls eigenständige Büros in Brüssel eingerichtet. Auch kommunale Landesverbände haben die steigende Bedeutung der europäischen Ebene sowie die Vorteile einer Präsenz vor Ort erkannt und Vertretungen in Brüssel eröffnet. So ist bspw. das Europabüro der bayerischen Kommunen entstanden, welches Teil einer Bürogemeinschaft mit den Europabüros der baden-württembergischen und der sächsischen Kommunen ist. Vorteil für die Beteiligten ist, dass sie relativ unbürokratisch und vor allem „zeitnah an die kommunalrelevanten Informationen […] gelangen […]. Zeit bedeutet in diesem Kontext tatsächlich Geld, da in den häufig sehr kurzen Antragsfristen kaum genug Spielraum bleibt, um die komplizierten Anträge zu stellen" (Münch 2006b: 366). Hinzu kommen Einflussmöglichkeiten kommunaler Akteure über verschiedenste Spezialverbände, die auf europäischer Ebene organisiert sind. Im Bereich der Abfallwirtschaft ist beispielsweise der Verband kommunaler Unternehmen (VKU; die Sparte „Abfallwirtschaft und Stadtreinigung" nennt sich VKS) ein wichtiger Ansprechpartner und Mittler zwischen einzelnen Kommunen und der europäischen Ebene mit einem eigenen Brüsseler Büro („VKU Europa"), aber auch mit dem „Fachausschuss Europa", der sich für alle Mitgliedsbetriebe mit den aktuellen Gesetzesinitiativen beschäftigt und regelmäßig den proaktiven Austausch mit EU-Gremien sucht. Der VKU betont hierbei, dass deutlich ersichtlich sei, dass gerade Mitglieder des Parlaments oder der Kommission diesen inhaltlichen Input auch für ihre tägliche Arbeit zu schätzen wissen (vgl. Witte/Overmeyer 2016: 6). Der VKU engagiert sich außerdem durch aktive Mitarbeit in weiteren europäischen Dachverbänden wie dem Europäischen Verband der öffentlichen Arbeitgeber (CEEP) und Municipal Waste Europe (MWE), dem europäischen Verband der kommunalen Entsorger, was eine übergreifende Ab-

2. Theoretische Einbettung

stimmung mit kommunalen Abfallwirtschaftsakteuren anderer Nationalstaaten ermöglicht (vgl. ebd.).

Neben den bereits angesprochenen Möglichkeiten arbeiten mittlerweile außerdem zahlreiche Städte aktiv in europäischen Netzwerken mit, die eine Mitgestaltung europäischer Politik zum Ziel haben und den europäischen Kommunen mehr Gehör bei europäischen Institutionen verschaffen soll. So ist beispielsweise auch das Städtenetzwerke EUROCITIES entstanden. Im Jahr 1986 von sechs europäischen Großstädten gegründet, umfasst das Netzwerk heute mehr als 140 Mitgliedsstädte mit je mehr als 250.000 Einwohnern. In thematischen Arbeitskreisen organisiert, ist EUROCITIES ein von nicht-hierarchischen und dezentralisierten Elementen dominiertes Gebilde, welches zeigt, dass „die nationale Orientierung von Städten durch transnationale Identitäten überlagert und abgelöst werden kann, weil sich die Mitgliedsstädte stärker in Richtung Brüssel orientieren und sich selbst nicht nur als nationale, sondern auch als europäische Städte sehen" (Kern 2003). Gemeinsam mit dem Brüsseler EUROCITIES-Büro erarbeiten die Mitgliedsstädte in einem mehrstufigen Verfahren der Meinungs-, Willens- und Wissensbildung Positionspapiere, die wiederum als Grundlage für die Lobbying-Arbeit auf europäischer Ebene des Netzwerkes dienen. Insbesondere wird sich dafür eingesetzt, dass die städtische Dimension europäischer Politik von Beginn an mitgedacht wird, es eine übergreifend angelegte EU-Stadtpolitik gibt und Kommunen in Europa auch entsprechende Beteiligungsmöglichkeiten erhalten (vgl. Niederhafner 2008: 259ff.). Auch wenn zu Beginn insbesondere Erfahrungsaustausch zwischen Städten im Vordergrund stand, kann daher festgestellt werden, dass das transnationale Netzwerk bezüglich seiner Repräsentationsfunktion durchaus den traditionellen Verbänden ähnelt (vgl. Münch 2006b: 374).

Insgesamt zeigt sich, dass das europäische MLG-System die institutionellen Arrangements auf lokaler Ebene stark beeinflussen kann:

> „Local actors are confronted with multiple, overlapping action arenas, complex and varying actor constellations and multi-level network structures. Supranational actors try to influence cities directly via regulations, incentives and several modes of soft governance" (Benz et al. 2015: 322).

Mit ihren primär- und sekundärrechtlichen Kompetenzen kann die EU tief in die Handlungsmöglichkeiten europäischer Städte eingreifen und gleichzeitig auch neue Beteiligungsoptionen schaffen.

2.2.2 Begriff und Konzept der Europäisierung

Die Europäisierungsforschung beschäftigt sich nun mit Veränderungsprozessen nationaler Akteure und Institutionen, die aufgrund des zuvor beschriebenen europäischen Interaktionsraumes entstanden sind. Vink und Graziano (2008) fassen zusammen, dass sich dieser Forschungszweig der Politikwissenschaften mit Wandlungsprozessen in nationalen politischen Systemen beschäftigt, „that can be attributed to the development of European regional integration, and brings together scholars from different fields of international relations, EU studies, and comparative politics" (Vink/Graziano 2008: 3). Die seit den 1990ern betriebene Europäisierungsforschung grenzt sich somit von den klassischen Strängen der Integrationsforschung ab, da nicht mehr die europäischen Institutionen oder Prozesse der Vergemeinschaftung im Mittelpunkt stehen, sondern deren Einfluss auf mitgliedsstaatliche Vorgänge. Die Aus- und Rückwirkungen der Politik der europäischen Ebene auf die politischen Strukturen, Prozesse und Outputs in den Mitgliedsstaaten stehen hierbei also im Vordergrund. Auch wenn es in den letzten beiden Jahrzehnten verstärkt zu einer Auseinandersetzung mit Europäisierungseffekten gekommen ist und sich zahlreiche empirische sowie theoretische Studien mit unterschiedlichen Gesichtspunkten befassen, so handelt es sich doch um einen vergleichsweise jungen Zweig der EU-Forschung, der immer noch nicht auf umfangreiche Erklärungsmodelle, sondern „allenfalls Theorieansätze" zurückgreifen kann (Auel 2006: 294). Im Gegensatz zu den klassischen EU-Theorien, die gerne auch als „grand theories" bezeichnet werden, handelt es sich bei den Europäisierungskonzepten eher um „middle range theories", die sich auf ganz bestimmte Aspekte nationalen Wandels konzentrieren (Hamedinger/Wolffhardt 2010a: 11). Auch darf das gemeinsame Erkenntnisinteresse der Vertreter der Europäisierungsforschung nicht darüber hinwegtäuschen, dass in der Literatur mitunter deutlich divergierende Definitionen und Konzeptualisierungen von Europäisierung miteinander konkurrieren (vgl. etwa die Übersicht bei Eising 2003: 392ff.).

Europäisierungsstudien haben zahlreiche verschiedene Definitionen von Europäisierung ausgearbeitet und genutzt, wobei viele hiervon zumindest verwandte Themen aufgreifen und auch zu ähnlichen Schlüssen kommen (vgl. Bache/Marshall 2004). Eine frühe Einschätzung darüber, was Europäisierung umfasst, stammt von Robert Ladrech, der sie als „incremental process re-orienting the direction and shape of politics to the degree that EC political and economic dynamics become part of the organizational logic of national politics and policy-making" verstand (Ladrech 1994: 69).

2. Theoretische Einbettung

Er argumentiert weiter, dass nationale Organisationen auf europäische Wandlungsprozesse unter Berücksichtigung ihrer eigenen Interessen und Werte reagieren und sich hierbei an den bis dato geltenden Prinzipien, Normen und institutionellen Designs orientieren (vgl. ebd.: 71f.). Er geht zwar davon aus, dass die Reorientierung nationaler organisationaler Logiken ein Merkmal von Europäisierung sei, aber betont auch, dass es aus dem zuvor genannten Grund keine realistische Erwartung sei, eine umfassende Homogenisierung bzw. Harmonisierung in Europa festzustellen. Bereits existierenden Strukturen und internen Spezifika schreibt er bei der nationalen Verarbeitung des externen Druckes also eine hohe Bedeutung zu (vgl. Bache/Marshall 2004). Die wohl bekannteste Definition aber stammt von Claudio M. Radaelli, welcher ein zentraler Ideengeber der politikwissenschaftlichen Europäisierungsdebatte ist. Sein Konzept der Europäisierung umfasst:

> „Processes of (a) construction (b) diffusion and (c) institutionalization of formal and informal rules, procedures, policy paradigms, styles, 'ways of doing things' and shared beliefs and norms which are first defined and consolidated in the making of EU decisions and then incorporated in the logic of domestic discourse, identities, political structures and public policies" (Radaelli 2000: 4).

Radaelli geht in dieser weit gefassten Umschreibung also bereits konkret auf mögliche Dimensionen nationalstaatlicher Politik ein, die europäisiert werden könnten und somit als Europäisierungsobjekte zu bezeichnen sind. Ähnlich sieht das auch Goetz, der unter Europäisierung „Effekte auf der mitgliedsstaatlichen Ebene" versteht, „die sich unmittelbar oder mit einiger Plausibilität mittelbar auf den EU-Integrationsprozess zurückführen lassen" (Goetz 2006: 473)[36]. Interessanterweise wird hier bereits implizit das Problem methodischer Kausalität angesprochen, denn gerade in der Empirie dürfte es vielmals schwer sein, bei Europäisierungsprozessen aufgrund einer Vielzahl an intervenierenden und verstärkenden Variablen eine direkte Kausalität abzuleiten (dies dürfte insbesondere der Fall sein, wenn Europäisierung nicht über die bloße Implementation von Politiken wie bspw. Richtlinien erreicht wird, sondern beispielsweise über Lernprozesse und die Diffusion von Normen und Werten durch Diskurse abläuft).

---

36 Solche Rückwirkungen finden sich auch bei Nichtmitgliedsstaaten, wie beispielsweise potentiellen Beitrittskandidaten oder eng in die Funktionszusammenhänge eingebundenen Staaten (z. B. Norwegen oder Schweiz) (vgl. Schimmelfennig 2015).

2.2 Europa- und Europäisierungsforschung

In diesem Sinne wird hier also bereits ein nachvollziehbares Maß an Plausibilität gefordert bzw. gleichzeitig anerkannt, dass Europäisierungsprozesse nur ein Faktor unter anderen sind, die Wandlungsprozesse innerhalb von Mitgliedsstaaten anstoßen können (vgl. Becker 2012: 14; vgl. zu den methodischen Herausforderungen auch Kapitel 2.2.5).

Nach der Auffassung von Beate Kohler-Koch ist das zentrale Merkmal von Europäisierung „die Erweiterung des Wahrnehmungshorizontes und des politischen Handlungsraumes um die europäische Dimension" (Kohler-Koch 2000: 22). Akteurshandeln ist somit nicht mehr nur durch nationale und subnationale Gegebenheiten beeinflusst. (Politische) Akteure nehmen vielmehr die europäische Ebene als bedeutend für eigenes Handeln an und beziehen Europa als wichtige Bezugsgröße für ihre Denk- und Verhaltensweisen mit ein. Europäisierung liege dann vor, wenn politische Probleme über die Grenzen von Nationalstaaten hinweg ähnlich definiert und die von der europäischen Ebene bereitgestellten Lösungsmodelle grundsätzlich als relevant und eventuell übertragbar eingeschätzt würden (vgl. ebd.).[37] Im Vergleich zu anderen Definitionsversuchen betont Kohler-Koch also vorrangig die Nutzung neuer Handlungsmöglichkeiten durch Europa und begreift „Europäisierung als politische Horizonterweiterung", durch welche sich neue Angebote für nationale Akteure ergeben, die diese für ihre eigenen Zwecke nutzen können (ebd.: 22ff.). Im Mittelpunkt steht somit eine interessengeleitete Nutzung dieser Handlungsmöglichkeiten[38], die die nationalen Reaktionen auf europäische Integration besser erklären könne, als eine Perspektive, die nationale Strukturen rein als Empfänger von Impulsen betrachte (vgl. ebd.: 27).

Eng verknüpft mit dieser Sichtweise ist die Unterscheidung in Upload- und Download-Europäisierung. Während Download-Europäisierung die Rückwirkungen der EU-Ebene auf nationale Strukturen fokussiert, macht der Begriff Upload-Europäisierung deutlich, dass auch von den nationalen Akteuren und Institutionen Impulse nach Europa gehen und sich auch deshalb ein nationalstaatlicher Wandel beobachten lässt. So bezeichnet auch Börzel (2002: 193) Europäisierung als „two-way process", in welchem sich Nationalstaaten zwar an Politikmodelle der EU anpassen (Download), aber gleichzeitig eben auch versuchen, national etablierte Lösungen nach Brüssel zu transferieren (Upload), um eventuelle Anpassungskosten bzw.

---

37 Dies bedeutet allerdings nicht, dass durch Europäisierung über Nationalstaaten hinweg zwingend konvergente Europäisierungsergebnisse zu erwarten sind.
38 Eine solche interessenbasierte Perspektive ist an den Rational-Choice-Institutionalismus angelehnt, welcher in dieser Arbeit näher in Kapitel 2.2.3 besprochen wird.

2. Theoretische Einbettung

-anstrengungen zu vermeiden. Wie beispielsweise Studien von Le Galès (2002) und Niederhafner (2008) gezeigt haben, ist eine solche Upload-Europäisierung gerade auch für Städte relevant, die über verschiedene Organisationen und europäische Institutionen versuchen können, ihre Interessen auch am Nationalstaat vorbei auf die europäische Ebene zu transferieren.[39]

Unabhängig von der genauen Definition sind alle relevanten Europäisierungskonzepte institutionentheoretisch geprägt und den neo-institutionalistischen Perspektiven politischen Wandels zuzuordnen (vgl. Eising 2003: 398ff.). Für die vorliegende Arbeit bleibt außerdem festzuhalten, dass Europäisierung gleichermaßen als Erweiterung und Beschränkung für (sub)nationale Akteure aufzufassen ist: „Das EU-System wird dementsprechend als institutionelles Regelsystem verstanden, das die Handlungen der beteiligten Akteure beeinflusst, beschränkt oder erweitert" (Niederhafner 2008: 25). Die Auswirkungen europäischer Politik auf nationale politische Systeme werden gemeinhin in den drei Kategorien Policy (Politikinhalte), Politics (politische Prozesse) und Polity (institutionelle Strukturen) untersucht.

In der Kategorie Policy können beispielsweise Standards, politische Instrumente, Problemlösungsansätze sowie Policy-Narrative und -Diskurse europäisiert werden (vgl. Börzel/Risse 2003: 60 und Auel 2006: 299). In diesem Bereich der Politikinhalte können sich die europäischen Vorgaben also nicht nur auf die Art der Steuerungsinstrumente (z. B. ordnungsrechtliche vs. kooperative) sowie die konkrete Ausgestaltung dieser auswirken, sondern sie können auch bis dato dominante Policy-Paradigmen (also beispielsweise bestimmte Ideen und Annahmen darüber, wie Politikprobleme zu lösen sind) in Frage stellen und ablösen (vgl. Knill 2005: 156). Bei Veränderungen in der Politics-Dimension stehen „mögliche Effekte insbesondere für die Herausbildung, Aggregation und Repräsentation nationaler Interessen" im Mittelpunkt (ebd.). Es geht hier um die Interessenbildung, die Interessenbündelung, die Interessenrepräsentation, Entscheidungsbil-

---

39 Trotz der grundlegend akzeptierten Einsicht, dass die Betrachtung von Europäisierung sowohl als Upload- als auch als Downloadprozess erfolgen sollte, ist vielen empirischen Studien gemein, dass sie die Interdependenzen und Rückkopplungen zwischen beiden Prozessen vernachlässigen. Häufig werde „europäische Integration" einfach als unabhängige Variable gesetzt und dann analysiert, zu welchen Veränderungsprozessen es auf nationaler Ebene kommt. Gerade aber bei Fallstudien mit erklärendem Anspruch müssten auch die Gründe für diese Vorgaben bzw. das Zustandekommen von Regulierungen und die Rolle der nationalen Akteure hierbei betrachtet werden (vgl. Eising 2003: 409).

2.2 Europa- und Europäisierungsforschung

dungsprozesse sowie öffentliche Diskurse (vgl. Börzel/Risse 2003: 60 und Auel 2006: 299). Mögliche Untersuchungsfelder sind bspw. der Einfluss der EU auf parlamentarische Strukturen (vgl. Hansen/Scholl 2002) sowie auf intermediäre Institutionen wie Parteien und Verbände (vgl. Cowles 2001 und Mair 2000). Wiederum gibt es auch einige Studien zu den Auswirkungen der europäischen Ebene auf die strukturelle Dimension (polity) der Nationalstaaten, in denen bspw. untersucht wurde, welchen Einfluss Europa auf die jeweiligen nationalen Verwaltungstraditionen (vgl. Goetz 2006 und Kohler-Koch et al. 1998), territorialen Strukturen (vgl. Börzel 1999) und Rechtssysteme (vgl. Schwarze 1996) hat. Daneben sind auch die zwischenstaatliche Beziehungen, ökonomische Institutionen, die politische Kultur, kollektive Identitäten sowie Institutionen zugrundeliegende Wertevorstellungen und Normen von Relevanz (vgl. Börzel/Risse 2003: 60 und Auel 2006: 299).

Übergreifend wurde bspw. für den Bereich der Umweltpolitik[40] festgestellt, dass sich in allen drei Politikdimensionen durch Europäisierung nationale Veränderungsprozesse ergeben, diese aber unterschiedlich stark ausfallen – für den Bereich Policy am häufigsten, für Polity schon weniger und für Politics am seltensten (vgl. Börzel 2007). Dies wird im Sammelband von Dyson und Götz (2003) auch als genereller Befund für andere Politikfelder in Deutschland festgehalten. Bisherige Forschungsergebnisse haben insgesamt gezeigt, dass teils tiefgreifende nationale Veränderungen aufgrund von Europäisierung beobachtet werden konnten. Gleichzeitig weisen diese Befunde allerdings auch darauf hin, dass die Europäisierung nationaler Systeme keineswegs zu einer einheitlichen, konvergenten Entwicklung in Europa geführt habe und dass sich die Auswirkungen je nach Nationalstaat und Politikfeld (und sogar innerhalb dieser; vgl. Cowles et al. 2001) stark unterscheiden: „Dieselbe europäische Maßnahme kann in einem Land fundamentale Reformen auslösen, während sich in anderen Mitgliedsstaaten keinerlei Effekte beobachten lassen" (Knill 2005: 157). Wandlungsprozesse ereignen sich somit nicht automatisch und sind von Kontextfaktoren bzw. intervenierenden Variablen innerhalb der Mitgliedsstaaten abhängig. Wie Europäisierungsprozesse nun im Einzelnen verlaufen und an welcher Stelle die angesprochenen intervenierenden Variablen ins Spiel kommen, wird das folgende Kapitel 2.2.3 weiter konkretisieren.

---

40 Für Analysen der Europäisierung von Umweltpolitik siehe Haverland (2003) sowie Börzel (2007).

2.2.3 Europäisierungsimpulse und -mechanismen

Um die zuvor angesprochenen Europäisierungsprozesse zu erklären, können Europäisierungsimpulse und -mechanismen unterschieden werden. Die Auslöser für Europäisierung werden hierbei als Impulse bezeichnet und der kausale Zusammenhang zwischen Impuls und Europäisierungsergebnis als Mechanismus. Impulse können sowohl vertikal als auch horizontal wirken (vgl. Radaelli 2003: 40–44). Vertikale Impulse können sowohl durch positive als auch durch negative Integration ausgelöst werden. Hier geht es also um klassische top-down Anpassungsprozesse, bei denen die EU hierarchisch steuernd Einfluss auf die Mitgliedsstaaten ausübt. Im Falle positiver Integration gibt sie verbindliche, rechtliche Vorgaben (bspw. durch Richtlinien, die in nationales Recht umgesetzt werden müssen) und gibt ein bestimmtes Politikmodell vor. Bei der negativen Integration wird zwar kein allgemein gültiges institutionelles Politikmodell vorgegeben, sondern durch Harmonisierungsbestrebungen und die Beseitigung von Handelshemmnissen versucht, einen gemeinsamen „freien Markt zu schaffen, ohne vorzuschreiben, wie dieser Markt genau funktionieren soll" (Auel 2006: 303). Horizontale Impulse wirken hingegen ohne eine direkte hierarchische Einflussnahme der europäischen Ebene und kommen ins Spiel, wenn die EU in bestimmten Politikfeldern versucht, die nationalen Regierungen durch die Diffusion von Ideen und Lernprozessen, durch freiwillige Kooperationen oder durch nicht-verbindliche Verhaltensregeln zu lenken. Die Beeinflussung zielt also nicht auf konkrete institutionelle Anpassungsleistungen, sondern basiert auf einer kognitiven Logik:

> „The dominance of this mechanism can be particularly observed in European policies whose aim is basically to prepare the ground for subsequent, institutionally more demanding policies of positive or negative integration. Rather than prescribing concrete outcomes or substantially altering institutional opportunity structures these policies are designed to change the domestic political climate by stimulating and strengthening the overall support for broader European reform objectives" (Knill/Lehmkuhl 2002: 259).

Hierzu kommen auch Politikbereiche in denen die EU zwar eigentlich über positive Integration arbeitet, aber diese Vorgaben teilweise auch nicht-verpflichtende Aussagen enthalten (vgl. Auel 2006: 303).

Basierend auf diesen unterschiedlichen Europäisierungsimpulsen haben zahlreiche Autoren darüber nachgedacht, wie sich die Auswirkungen die-

2.2 Europa- und Europäisierungsforschung

ser in den Mitgliedsstaaten nun erklären lassen können (vgl. Radaelli 2003, Risse et al. 2001, Knill/Lehmkuhl 2002, Börzel/Risse 2003, Bulmer 2007 und Risse et al. 2001). Das zentrale Erklärungskonzept der Europäisierungsliteratur stellt der „goodness of fit"-Ansatz dar, der von Risse et al. (2001) sowie von Börzel und Risse (2003) entwickelt und auch von Radaelli (2003) aufgegriffen wurde. Hierbei steht im Vordergrund, dass zwischen den nationalen Politikmustern eines Nationalstaates und den europäischen Politiken eine Inkongruenz (in der Literatur häufig als „misfit" oder auch als „mismatch" bezeichnet) bestehen muss, sodass ein Anpassungsdruck erzeugt wird, der wiederum zu Veränderungen führe (vgl. Börzel/Risse 2003: 60f.). Es wird angenommen, dass insbesondere ein mittlerer Grad an „misfit" zu nationalen Veränderungen führt, bei dem die Mitgliedsstaaten zwar deutlichen Veränderungsdruck spüren, aber vom verlangten Politikmodell auch nicht so weit entfernt sind, dass eine Anpassung an die Vorgaben nahezu unmöglich scheint, was zu Blockadehaltungen führen könnte (vgl. Auel 2006 sowie Knill 2005: 160f.; siehe Abbildung 1). Ob also eine Policy oder institutioneller „misfit" tatsächlich substanzielle Änderungen hervorruft, hängt bei moderatem Anpassungsdruck von intervenierenden Variablen ab, die die Anpassung erschweren oder erleichtern können. Daher bezeichnen Börzel und Risse (2003: 60) „misfit" auch als notwendige, aber nicht hinreichende Bedingung für nationalen Wandel.

Abbildung 1: Institutioneller Anpassungsdruck und Wahrscheinlichkeit nationalen Wandels

Quelle: Eigene Darstellung.

Dieses „goodness of fit"-Argument kann klassischerweise aus dem historischen Neo-Institutionalismus abgeleitet werden (vgl. Mahoney 2000; vgl. hierzu auch Kapitel 2.1.2):

2. Theoretische Einbettung

„The central claim made is that existing institutional paths are 'sticky' and resistant to change. If European policy demands can be accommodated within the confines of the path already taken, adaptation will be smooth. Conversely, if a directive requires profound changes of the existing institutions, EU adaptation will be time-consuming and initially incorrect" (Mastenbroek/Kaeding 2006: 333).

Zur Untermauerung dieser Beziehung werden normalerweise verschiedene Mechanismen bzw. beeinflussende Faktoren aus dem Rational-Choice-Institutionalismus und dem soziologischen Neo-Institutionalismus herangezogen (vgl. ebd.). Ausgangspunkt bei der Rational-Choice-Variante ist der Gedanke, dass Akteure sich ihr institutionelles Umfeld so erschaffen, dass sie den eigenen Nutzen maximieren können und Erwartungssicherheit geschaffen wird. Bezüglich Europäisierung konkretisieren Börzel und Risse (2000), dass diese Form des Neo-Institutionalismus einer Logik der Ressourcenumverteilung folgt und das Vorhandensein bzw. Fehlen von Veto-Positionen sowie von unterstützenden oder beschränkenden Institutionen Einfluss auf den innerstaatlichen Wandel hat: Neue europäische Politiken „schaffen eine veränderte Gelegenheitsstruktur, die unter den nationalen Akteuren potentiell zu einer Ressourcenumverteilung führt" (Becker 2012: 18). Ob die Akteure diese neuen Möglichkeiten jedoch ausschöpfen können, hängt wiederum von den institutionellen Kontextbedingungen ab (vgl. ebd.). Ausschlaggebend für die Richtung des Wandlungsprozesses kann also sein, inwiefern und welche Akteure durch den europäischen Einfluss geschwächt bzw. gestärkt werden: Je mehr Akteure innerhalb eines bestehenden Systems Veto-Positionen einnehmen können, desto eher kann auf diese Weise eine Anpassung an die europäischen Impulse verhindert werden, da die Reformspielräume zu eng sind und es schwieriger wird, eine Befürworterkoalition bzw. einen Konsens bezüglich der einzuführenden Änderungen in Antwort auf die europäischen Impulse zu formen (vgl. Börzel/Risse 2000: 7; vgl. hierzu auch Tsebelis 1995 und Héritier et al. 2001). In der soziologischen Variante des Neo-Institutionalismus stehen normative Gesichtspunkte und Angemessenheitslogiken im Mittelpunkt der Betrachtung. Das kollektive Verständnis darüber, was das richtige bzw. das sozial akzeptierte Handeln angeht, beeinflusst Akteure bei ihren Zielsetzungen und „rather than maximizing their subjective desires, actors strive to fulfill social expectations in a given situation" (Börzel/Risse 2000: 8). Akteure haben die spezifischen Normen und Werte internalisiert und folgen diesen aus einer inneren Überzeugung heraus – die Institutionen prägen also Identität und Präferenzen der Akteure (vgl. Becker 2012: 19).

„Was in einer gegebenen Regelstruktur als angemessenes, d. h. als sozial akzeptiertes Handeln gilt, hat einen wesentlichen Einfluss auf die Art, wie Akteure ihre Ziele definieren, und auf ihre Wahrnehmung von rationalem Handeln. Anstatt ihre subjektiven Interessen zu maximieren, sind Akteure bestrebt, die an eine bestimmte Situation gerichteten sozialen Erwartungen zu erfüllen" (Panke/Börzel 2008: 145).

Aus dieser Sicht heraus ist Wandel also stark mit Sozialisierungs- und Lernprozessen verbunden. Hierauf basierend fokussieren Börzel/Risse (2000) insbesondere zwei intervenierende Variablen, die einen positiven Einfluss auf EU-induzierte Wandlungsprozesse nehmen können. Zum einen wird die Existenz von Norm-Entrepreneuren (auch „change agents" genannt) angesprochen, die nicht nur Ressourcen mobilisieren können, sondern auch andere Akteure und Policy-Macher von ihren Interessen überzeugen können. Diese Norm-Entrepreneure können soziale Lernprozesse anstoßen, neu aufkommende Interessen und Identitäten legitimieren und tragen auf diese Weise dazu bei, neue Angemessenheitslogiken zu etablieren (vgl. Börzel/Risse 2000: 9). Zum anderen wird darauf abgestellt, dass eine konsensorientierte politische Kultur oder andere informelle Institutionen wie kooperative Entscheidungskulturen vorhanden sein können, die förderlich für das Finden von Kompromissen und politischen Lösungen sind. Auf diese Art und Weise könnten Veto-Spieler bereit sein, in Konsenslösungen einzuwilligen und von ihrem Veto nicht Gebrauch zu machen, da dies aus normativer Sicht heraus in der politischen Kultur ein nicht akzeptiertes Verhalten darstellen würde (vgl. ebd.). Insgesamt ist bezüglich der intervenierenden Variablen also festzuhalten, dass, während einige Autoren hauptsächlich auf das Kostenbewusstsein rationaler nationaler Akteure und die Konstellation zwischen diesen Akteuren abstellen, andere Autoren normative Gesichtspunkte und Angemessenheitslogiken in den Vordergrund stellen. In jedem Falle werden aber institutionelle Faktoren auf nationaler Ebene als zentrale intervenierende Faktoren definiert. Dass intervenierende Variablen nicht nur auf nationaler Ebene, sondern auch auf kommunaler Ebene eine wichtige Rolle spielen, wird Kapitel 2.2.4 zeigen.

Das „goodness of fit"-Konzept wurde allerdings auch von einigen Seiten kritisiert. So wiesen Knill und Lehmkuhl (2002) darauf hin, dass das Konzept nur auf Politikbereiche mit positiver Integrationslogik zutreffe. In anderen Bereichen (bspw. wenn es um Liberalisierungs- und Regulierungspolitiken geht) zeige sich jedoch, dass „European policies might trigger national reforms by altering domestic opportunity structures or beliefs even though there is complete congruence between European and

2. Theoretische Einbettung

domestic policy and institutional arrangements" (Knill/Lehmkuhl 2002: 256f.). Eine grundsätzlich kritische Einschätzung des Erklärungszusammenhangs treffen außerdem Mastenbroek und Kaeding, die vorschlagen, dass es zielführender wäre, das Argument als Erklärung von Europäisierungsprozessen ganz außen vor zu lassen und sich bei der Erklärung nur auf die Präferenzen und Vorstellungen der nationalen Politikakteure zu konzentrieren (vgl. Mastenbroek/Kaeding 2006: 332). Sie kritisieren insbesondere, dass die These „logically flawed" sei und die Beziehung zwischen Status quo und Antwort der nationalen Ebene nicht herangezogen werden könne, da beide Variablen auf die Präferenzen der nationalen Akteure zurückzuführen seien (ebd.: 331). Darüber hinaus befinden sie die These als zu deterministisch und betonen, dass es sicher nicht immer im Sinne von Politikern sei, den gegenwärtigen Zustand (der aus verschiedenen Gründen als nicht ideal oder als nicht wünschenswert angesehen werden kann) zu erhalten (vgl. ebd.: 332). Es wird stattdessen auf nationale Diskurse und Einstellungen verwiesen, die die Europäisierungsprozesse beeinflussen. Diese konstruktivistisch geprägte Erklärung geht aber nach wie vor davon aus, dass Diskurse als strategisches Element von Akteuren eingesetzt werden, um bestimmte Ideen angemessener erscheinen zu lassen (vgl. Barbehön 2016: 163 und Schmidt 2000). Insofern handelt es sich nach wie vor um eine akteurszentrierte Perspektive, in der die nationalen Akteure in der Lage sind, Diskurse selbst zu erschaffen und diese instrumentell zu nutzen (vgl. Schmidt 2000 und Schmidt/Radaelli 2004).[41] Trotz dieser Einschränkungen gehen die meisten Autoren jedoch davon aus, dass das „goodness of fit"-Konzept nach wie vor eine gewisse Erklärungskraft besitzt, die aber an entscheidenden Stellen durch die erläuterten Erklärungsmechanismen ergänzt werden müsse.

---

41 Die hier schon angerissene Forschungslücke füllen unter anderem Paul (2012) und Barbehön (2016), die ausgehend von der Erkenntnis, dass tatsächliche konstruktive Ansätze und Argumente „remarkably absent" in der Europäisierungsliteratur sind (Paul 2012: 550), diskurs-analytische Fallstudien durchführen und auf diese Art und Weise auch die Rolle von Sprache in Europäisierungsprozessen hervorheben. Paul kommt hierbei zu dem Schluss, dass „by drawing on discourse theory and the tradition of interpretive policy analysis, this study contributes to a more dynamic and contextually sensitive understanding of the Europeanizing policy process" und dass Europäisierungsforscher von einer diskurs-analytischen Perspektive profitieren können, da ihre Studie offenlegt, dass „harmonization need not entail harmony, but discursive flexibility, malleability and openness" (Paul 2012: 563).

Den Hinweis bezüglich der begrenzten Reichweite von Knill und Lehmkuhl (2002) aufnehmend, weist auch Radaelli darauf hin, dass der innerstaatliche Wandel im Bereich der negativen Integration nicht mehr mit dem „goodness of fit"-Ansatz erklärbar sei, sondern betont, dass es bei der Europäisierung über regulativen Wettbewerb darauf ankomme, wie und in welchem Ausmaß die strategische Position nationaler Akteure verändert werde (vgl. Radaelli 2003: 42). Die Wirkung ist also nicht mehr unmittelbar aufgrund des hierarchischen Eingriffs beobachtbar, sondern wird erst über den horizontalen Wettbewerb erwirkt. Die Auswirkungen sind somit eher indirekter Natur, indem bestimmte Spielregeln verändert werden, die das Handeln nationaler Akteure bestimmen: „This is not to say that European policies are not directed towards achieving certain regulatory objectives at the national level. Rather, they are intended to achieve these objectives in a less direct way, by altering domestic opportunity structures rather than prescribing institutional outcomes" (Knill/Lehmkuhl 2002: 258). Änderungen werden weniger durch die Vorgabe eines bestimmten Modells erzeugt, sondern durch den Ausschluss bestimmter Optionen, wie z. B. beim Ausschluss gewisser protektiver Politiken zur Sicherung nationaler Industriesektoren (vgl. ebd.; siehe hierzu auch Scharpf 1994).[42]

Doch auch wenn die EU überhaupt nicht in der Lage ist, hierarchisch einzugreifen (z. B. in der Außen- und Sicherheitspolitik) oder sie dies aus bestimmten Gründen lieber unterlässt, ist eine Europäisierung nationaler Politik möglich. Über horizontale Mechanismen des „soft framings" kann die EU durch das Beeinflussen von Diskursen, durch Diffusionsprozesse von Ideen und durch Lern- und Sozialisationsprozesse nationale Änderungen herbeiführen, indem „Lösungen für ein bestimmtes Problem bereit[gestellt werden], die dann in die nationale Debatte eingebracht werden" (Auel 2006: 307; vgl. Radaelli 2000: 19). Oftmals sollen solche Aktivitäten die Einführung zukünftiger, weitreichender Policies vorbereiten:

> „This implies that a European influence can be found in policies that neither prescribe a concrete institutional model nor influence the relative distribution of power and resources between actors at the domestic level, but which are designed to increase support for domestic reforms that may facilitate future steps towards further integration" (Knill/Lehmkuhl 2002: 271).

---

42 Ein Beispiel hierfür ist auch der Telekommunikationssektor, in welchem die EU zunächst nur mit wenig direktem Druck reguliert hat, es aber in Deutschland trotzdem zu weitreichenden Liberalisierungsprozessen kam (vgl. Auel 2006: 305).

2. Theoretische Einbettung

Im Bereich des horizontalen Mechanismus hat vor allem Radaelli am Beispiel der europäischen Steuerpolitik zeigen können, dass europäisch geprägte Ideen und Diskurse für nationale Europäisierungsprozesse eine große Rolle spielen können (vgl. Radaelli 1997 und 1999). Knill und Lehmkuhl (2002) stellten darüber hinaus fest, dass es im Bereich der Eisenbahnregulierung insbesondere europäische Framing-Prozesse waren, die dazu beigetragen haben, die Erwartungen und Strategien nationaler Akteure in Deutschland zu verändern. Auf diese Weise konnten in diesem Bereich eine Koalition von Reformbefürwortern gestärkt werden und ehemals abwehrende Akteure (Bundesländer und Gewerkschaften) von den Vorteilen einer Reorientierung überzeugt werden: „By altering the belief systems of actors, European legislation increased the potential for national reforms by reducing the relevance of institutional veto points in the national decision-making process" (Knill/Lehmkuhl 2002: 274). Gleichzeitig machen ausbleibende Wandlungsprozesse in Frankreich für denselben Fall aber klar, dass nicht in allen Fällen mit Veränderungen zu rechnen ist.

Wichtig zu betonen ist weiterhin, dass die Trennung der genannten drei Kategorien vor allem auf analytischer Basis beruht und weniger auf empirischer. Viele europäische Policies sind durch einen Mix der genannten Mechanismen geprägt und beeinflussen sich auch gegenseitig. So kann bspw. die Vorgabe eines institutionellen Modells auch Einfluss auf die nationalen Gelegenheitsstrukturen, Überzeugungen und Erwartungen haben. Ebenso können auch durch negative Integration kognitive Auswirkungen getriggert werden (vgl. Knill/Lehmkuhl 2002: 257). Während solche in der Realität vorkommenden hybriden Formen zwar nicht das generelle Argument in Frage stellen, sollten sie doch Anlass dazu geben, die zugrunde liegenden Europäisierungsmechanismen gründlich zu analysieren, um den europäischen Einfluss auf nationale Strukturen richtig zu erfassen (vgl. ebd.; für eine graphische Übersicht siehe Radaelli 2003: 41 sowie Knodt/ Coraci 2012: 139).

Eine etwas andere, wenn auch ähnliche, Klassifikation bezüglich der Impulse und Mechanismen erarbeiten wiederum Kohler-Koch et al. (2004), die die drei Wandelimpulse Vorgabe, Einbindung und Angebot ausmachen. Während Vorgabe über rechtlich verbindliche Entscheidungen der EU in Form von Richtlinien und Verordnungen wirkt, steht Einbindung für Lernprozesse und die Änderung von Handlungsroutinen, die durch eine enge Zusammenarbeit mit EU-Organen entstehen, wie bspw. im Rahmen des Partnerschaftsprinzips der EU-Strukturfondspolitik. Die europäische Kommission erwarte hier, „dass diese Interaktionsprozesse zur Neuorientierung und langfristig auch zu institutionellen Reformen führen" (Kohler-Koch et al. 2004: 181). Ein Angebot stellt die weichste Form der Einflussnahme dar und besteht, wenn auf der EU-Ebene erarbeitete ordnungspolitische Ideen oder Vorstellungen von „good governance" in unverbindlichen Leitlinien veröffentlicht werden und dann auf nationaler oder subnationaler Ebene wahrgenommen werden (vgl. ebd. sowie Münch 2006a: 55).

Bezüglich der Klassifizierung der Europäisierungsergebnisse wird häufig eine vierstufige Typologie von „Inertia", „Absorption", „Transformation" und „Retrenchment" verwendet, die das Ausmaß der Europäisierung ausdrücken (Radaelli 2003: 35). „Inertia" beschreibt hierbei das Ausbleiben von Wandel, also ein Verharren in bestehenden Strukturen. Als möglichen Grund führt Radaelli an, dass sich nationale und europäische Vorstellungen von Politik zu stark unterscheiden und es deshalb zu unterschiedlichen Formen von „Inertia" kommen kann: „Inertia may take the forms of lags, delays in the transposition of directives, implementation as transformation, and sheer resistance to EU-induced change" (Radaelli 2003: 37). Da solche Zustände langfristig allerdings schwierig zu rechtfertigen sind, führt eine länger währende Periode von „Inertia" oftmals dann zu abrupten Änderungen und Krisen (vgl. ebd.). Mit „Absorption" soll eine Situation beschrieben werden, bei der es zu Veränderungen im Sinne von Anpassung kommt. Da nationale Strukturen und Policy-Traditionen eine gewisse Flexibilität und Anpassungsfähigkeit besitzen, sind sie in der Lage, bestimmte kleine Änderungen aufzunehmen, ohne hierbei Änderungen an den grundlegenden Strukturen und deren inhärenten Logiken vorzunehmen. Demgegenüber stellt „Transformation" eine tatsächliche Änderung der zugrunde liegenden politischen Logik dar. Sowohl „Absorption" als auch „Transformation" setzen eine gewisse Lernfähigkeit voraus, unterscheiden sich aber deutlich bezüglich der Tiefe des Lernprozesses (vgl. Auel 2006: 300). Während bei „Absorption" bestehende Systeme lernen, mit neuen (Policy-)Herausforderungen umzugehen und diese mit „altbekannten" Mitteln zu bewältigen, geht es bei „Transformation" vielmehr um echtes, paradigmatisches Lernen, da die Handlungslogiken tiefgreifend verändert werden. Radaelli vergleicht diese Art von Veränderung auch mit Halls Wandel dritter Ordnung[43] (vgl. Radaelli 2003: 37f.). Zuletzt

---

43 Peter Halls einflussreicher Ansatz zum Social Learning beruht auf der Annahme, dass politischer Wandel besser anhand von Überzeugungen und Paradigmen der Akteure erklärt werden kann anstatt durch rationalistische Kriterien. Sein Konzept, welches zur Erklärung von wirtschaftspolitischen Paradigmenwechseln geschaffen wurde, zählt seit dem Ende der 1980er Jahre zu den zentralen lern-

2. Theoretische Einbettung

beschreibt „Retrenchment" eine Art von Ent-Europäisierung, die sich paradoxerweise ergibt, wenn Europa ein Handlungsmodell vorgibt, aber nationale Akteure eine Veto-Position einnehmen bzw. eine Veto-Koalition bilden und durch begünstigende Umstände gerade durch den europäischen Einfluss deren Position gestärkt wird. Radaelli verweist diesbezüglich auf eine Studie, die gezeigt hat, dass die von der EU initiierte Liberalisierung im Speditionswesen in Italien eben gerade nicht zu einer Liberalisierung geführt hat, sondern die nationalen Akteure gestärkt hat, die dies zu verhindern suchten. Im Ergebnis war das Speditionswesen nach dem Einfluss der EU interventionistischer als zuvor geregelt (vgl. Radaelli 2003: 38 und Auel 2006: 300f.).[44]

---

theoretischen Ansätzen der Politikfeldanalyse (vgl. Bandelow 2003). Der Wandel erzeugende Lernprozess kann hierbei drei verschiedene Formen annehmen: Ein Wandel erster Ordnung ereignet sich dann, wenn die Ausgestaltung der Steuerungsinstrumente aufgrund von neuem Wissen und Erfahrungen angepasst werden, die Leitbilder und die eigentlichen Instrumente aber dieselben bleiben. Kennzeichnend für diese Art von Wandel ist auch, dass der Wandel zum Zeitpunkt 1 eine Reaktion auf Policies zum Zeitpunkt 0 darstellt. Policy-Experten sind die treibenden Innovativkräfte und der Lernprozess findet hauptsächlich innerhalb des politisch-administrativen Systems statt (vgl. Hall 1993: 288). Ändern sich allerdings die Policy-Instrumente selbst (wenn z. B. Regulierungs- gegen Überzeugungselemente ausgetauscht werden) spricht man von einem Wandel zweiter Ordnung. Zu einem Wandel dritter Ordnung kommt es nur, wenn sich die zugrunde gelegten Ziele und Überzeugungen wandeln, es also zu einem Paradigmenwechsel kommt: „Such wholesale changes in policy occur relatively rarely, but when they do occur as a result of reflection on past experience, we can describe them as instances of third order change" (ebd.: 279). In diesem Fall beeinflussen zwar auch die Policies zum Punkt 0 die zum Punkt 1, aber Politiker spielen eine wichtigere Rolle als Experten und der ganze Politikprozess findet in einer Art offenen Arena statt, in welcher sich die Medien, organisierte Interessen und politische Parteien beteiligen (vgl. ebd.: 288).

44 Börzel und Risse hingegen verwenden lediglich eine dreistufige Unterscheidung und sprechen von „Absorption", „Accomodation" und „Transformation" (vgl. Börzel/Risse 2003). Neben den Wandelvarianten „Absorption" („degree of domestic change is low") und „Transformation" („degree of domestic change is high") wird hier also mit „Accomodation" („degree of domestic change is modest") noch eine Zwischenstufe eingeführt, bei der nationale Akteure existierende Prozesse, Politiken und Institutionen anpassen, allerdings ohne die wirklich zentralen Eigenschaften zu ändern bzw. ohne, dass das zugrunde liegende, kollektive Verständnis geändert werden würde (Börzel/Risse 2003: 70). Beispielhaft könne dies durch das Hinzufügen von neuen Politiken bzw. Institutionen passieren, ohne aber bereits existierende zu verändern oder einzustellen.

2.2.4 Europäisierung der kommunalen Ebene

Das zuvor angesprochene Konzept von Radaelli, aber auch die weiteren angesprochenen Ansätze gingen lange Zeit nicht explizit auf die lokale Ebene ein. Wie Hamedinger und Wolffhardt (2010a) feststellten, betrachtete der Mainstream der Europäisierungsliteratur lokale Akteure lange Zeit einfach nicht. Während also zu Beginn der Europäisierungsforschung kommunale Wandlungsprozesse nicht im Fokus des Interesses standen, wurde schließlich Anfang der 2000er Jahre doch damit begonnen, sich auch verstärkt mit der Europäisierung der subnationalen Ebenen zu beschäftigen (vgl. bspw. John 2000): Die verstärkte Auseinandersetzung mit der EU-Stadt-Beziehung „have not gone unnoticed by scholars who want to explain processes of urban change related to EU membership" (Hamedinger/Wolffhardt 2010a: 23). Doch oftmals waren diese früheren Studien zur Europäisierung von Städten sehr empirisch orientiert und gingen weniger theoriegeleitet vor. Mittlerweile gibt es aber einige Beiträge, die es auch bei der Betrachtung kommunaler Europäisierungsansätze schaffen, das Spagat zwischen theoretischer Fundierung und empirischer Sachlage hinzubekommen, und in der Lage sind, bestehende theoretische Konzepte zu verfeinern (vgl. bspw. Hamedinger/Wolffhardt 2010a und 2010b, Barbehön 2015 sowie Münch 2006a). Wie bereits für die Europäisierungsliteratur festgestellt, gilt auch nun für die Überlegungen zur Europäisierung von Städten, dass es im Folgenden nicht darum gehen soll, einen umfassenden theoretischen Ansatz auszuarbeiten. Vielmehr sollen die folgenden Überlegungen dazu dienen, Elemente eines Modells auszuarbeiten, das die Wandlungsprozesse auf kommunaler Ebene fassen kann, bzw. intermediäre Variablen zu bestimmen, die den städtischen Reaktionsprozess auf europäische Impulse lenken (vgl. Hamedinger/Wolffhardt 2010a: 10).

Eine wichtige Einflussvariable, die es bei der Europäisierung der kommunalen Ebene nun zusätzlich zu berücksichtigen gilt, ist das Ergebnis des Filterprozesses auf nationaler (teilweise auch regionaler) Ebene: „[...] the fact that adaptational pressures emanating from the EU level are 'filtered through' by factors related to the member states' policies, politics and polities" (Hamedinger/Wolffhardt 2010a: 28). Denn oftmals wirken europäische Impulse nicht unmittelbar auf kommunale Strukturen ein, sondern werden, wie bspw. im Fall von Richtlinien, zunächst in nationales Recht implementiert. Diese vorangeschaltete Europäisierung der nationalen Ebene, die bei der Implementation von Politiken durchaus inhaltlichen Spielraum hat, hat dann natürlich wiederum große Bedeutung für die zu erwartenden Wandlungsprozesse auf subnationaler Ebene. Auch Dossi (2017)

2. Theoretische Einbettung

betont, dass man, wenn man die Europäisierung von Städten tatsächlich in ihrer Gesamtheit verstehen wolle, sich gerade auch die Politikbereiche und -programme anschauen müsse, auf denen kein großes Stadt-Label prangt. Vielmehr seien es gerade die EU-Politiken und -Politikinstrumente, die ursprünglich zuerst auf nationaler Ebene wirken, die schließlich zu einer Restrukturierung von Akteursbeziehungen und Politiken auf lokaler Ebene führe (vgl. Dossi 2017: 138).

Wie zuvor schon generell für Europäisierungsprozesse festgestellt, kann die Europäisierung von Kommunen auch über „soft framing", also weichere Formen der Angebotsschaffung, erfolgen. Zum einen können Städte durch die Einbindung in die zuvor bereits angesprochenen Städtenetzwerke europäisiert werden: „[…] European cities and towns are becoming more Europeanized because they co-operate transnationally, exchange experiences and jointly develop innovative solutions for problems with which they are similarly confronted (horizontal Europeanization)" (Kern/Bulkeley 2009: 312). Da die Netzwerke von der Kommission als externe Informationsquelle und für Expertenwissen genutzt werden, haben sie einen sehr guten Zugang zu europäischen Institutionen. Sie können der Kommission außerdem dabei helfen, EU-Politiken zu implementieren, weil die Netzwerke ihre Aktivitäten nicht auf Interessenaggregation beschränken, sondern gerade auch der Best-Practice-Austausch zwischen den Mitgliedsstädten stimuliert wird (vgl. ebd.: 313; siehe hierzu auch Atkinson/Rossignolo 2010). Zum anderen kann die europäische Ebene aber auch andere, weiche Impulse der Angebotsschaffung[45] senden, die direkt und indirekt auf die Kommunen wirken. Ein Beispiel hierfür sind Förderprogramme, für die sich Kommunen direkt bei der EU bewerben können, aber auch Weißbücher der Kommission, die sich teilweise auch direkt an Kommunen richten. Ein weiterer Punkt ist, dass aufgrund der vielfältigen Impulse auch die Verwaltungsstrukturen innerhalb der Kommunen europäisiert werden, ohne dass dies zwingend auf nur einen einzelnen Impuls zurückführbar wäre. Die schiere Bedeutungszunahme der europäischen Ebene und die kommunale Einsicht der Wichtigkeit dieser Entwicklung hat

---

45 Eng verknüpft ist hiermit die generelle Beobachtung der politikwissenschaftlichen Europaforschung, dass die EU vermehrt zu neuen Governance-Modi neigt und ein Übergang von „hard-law" zu „soft-law" festzustellen ist: „Im Gegensatz zu herkömmlichen, über Recht und Geld durchgesetzten und mit harten Sanktionen behafteten Steuerungsmodi arbeiten sie mit offeneren inhaltlichen Vorgaben, ausgehandelten Vereinbarungen, einer eher impulsgebenden Rolle der EU, horizontalen und vertikalen Interaktions- und Vernetzungsprozessen sowie weichen Lenkungsinstrumenten" (Eisele 2004: 153).

bspw. dazu geführt, dass zahlreiche Kommunen strukturelle Anpassungsleistungen vollziehen und kommunale Europastellen eingerichtet haben (Münch 2006a: 176ff.).

Wolffhardt et al. (2005) haben außerdem in einer größer angelegten Studie zu tatsächlichen Europäisierungsergebnissen auf lokaler Ebene unterschiedliche Faktoren identifiziert, die den Grad der Anbindung der Städte zur europäischen Ebene bestimmen. Die Autoren unterteilen hierbei in motivationale Faktoren (Interessen, Präferenzen und Ziele der Städte, die aus den spezifischen Wahrnehmungen, Erwägungen und Entscheidungsprozessen des lokalen politisch-administrativen Systems entstehen) und intermediäre Faktoren (diese sind in der Lage „to co-shape the actual profile of the EU engagement in a considerable way – be they structural, defining boundaries or opportunity structures for EU related action [...], or resource related, pointing to the human resources and organisational capacities available [...])" (Hamedinger/Wolffhardt 2010a: 27). Im Prozess selbst wird die EU von den lokalen Akteuren hierbei entweder als Problemlöser, als Bühne, als Gefahr, als Alternative oder als Pflicht wahrgenommen. Den meisten Ansätzen zur städtischen Europäisierung ist gemein, dass Städte als strategisch handelnde Akteure angesehen werden, die auf Impulse (bspw. Einschränkungen oder Anreize) des europäischen Handlungsraumes auf unterschiedliche Art und Weise reagieren. Betont wird hierbei die variable Geometrie der städtischen Europäisierungsprozesse, was meint, dass die Reaktion von Städten auf europäische Impulse stark abhängig von intervenierenden Variablen ist (vgl. Hamedinger/Wolffhardt 2010b: 231).[46] Auch Barbehön betont als Ergebnis seiner Analyse von Europäisierungsprozessen in Städten die Wichtigkeit stadtspezifischer Diskurse:

> „The fact that distinct stocks of knowledge exist even within a member state indicates the enduring significance of cities as distinct spaces for making sense of political reality, even in times of seemingly delocalising tendencies like European integration. This finding is of central significance for the integration process more generally as cities

---

[46] Weiterhin wird in der Literatur betont, dass es notwendig sei, das Phänomen der Europäisierung in (Groß-)Städten von der Europäisierung der subnationalen Ebene generell zu unterscheiden. Die doch sehr spezifischen Möglichkeiten und Zwänge, die die Ausgestaltung städtischer Institutionen sowie das Verhalten der Akteure beeinflussen, bedeuten letztendlich, „that existing models for the assessment of Europeanization at the sub-national level cannot simply be applied to cities without modification" (Marshall 2005: 670).

take a decisive role within the multi-level system — not only in terms of policy implementation but also in terms of anchoring the very idea of a united Europe [...]" (Barbehön 2016: 172).

Bezüglich dieser Implementations- bzw. Europäisierungsvarianz von verschiedenen Städten innerhalb eines gleichbleibenden nationalstaatlichen Kontextes stellt der Autor auf Basis einer Diskursanalyse zur Europäisierung der Luftreinhaltepolitiken in Frankfurt und Dortmund auch fest, dass die Europäisierung der politischen Debatten sowie der Politikinhalte in diesem speziellen Politikfeld stark von den generell geführten europapolitischen Diskursen innerhalb der beiden Städte bestimmt werde. Seine Analyse zeigt, dass die städtischen diskursiven Praktiken bezüglich des EU-spezifischen Wissens in der jeweiligen Stadt den Implementationsverlauf beeinflussen und somit auch die unterschiedlichen Reaktionen in den Städten erklären können: „[...] it adds up why the political processes in Frankfurt and Dortmund unfolded differently and why certain proposals of how to deal with the directive appeared as more and others as less 'appropriate'" (Barbehön 2016: 172). Diese Erkenntnis ist eng verknüpft mit der Debatte um die Eigenlogik von Städten, welche davon ausgeht, dass städtische Kultur und Sozialität, aber auch städtische Technik und die vorherrschenden Stoffströme nicht nur von konvergenten und raumübergreifenden Prozessen geprägt werden, sondern gerade auch von lokal spezifischen Faktoren und Institutionen abhängen (vgl. hierzu bspw. den Sammelband von Berking/Löw 2008). Dies betonen auch Goldsmith und Klausen (1997), die feststellen, dass die grundsätzliche Einstellung von Städten gegenüber der EU und ihrer Politik unabhängig von nationalstaatlichen Kontexten differiere und hier eine große Variation vorliege. Gerade lokale Faktoren wie die politische Kultur, spezifische lokale Erfahrungen und Geschichte, Policy-Traditionen, die Struktur der Verwaltung, Traditionen und vorliegende Akteurskonstellationen spielen hierbei eine Rolle (vgl. Goldsmith/Klausen 1997). Weitere intermediäre Faktoren, die die Europäisierung und das tatsächliche EU-Engagement von Städten prägen, sind strukturelle Grenzen und Gelegenheitsstrukturen, die für Städte exogen vorgegeben sind. Aber auch ressourcenbasierte Faktoren wie bspw. die personelle Ausstattung der Verwaltung oder andere organisationale Kapazitäten zählen hierzu (vgl. Hamedinger/Wolffhardt 2010a). Dem stimmen auch Frank et al. zu, die nach der Beobachtung mehrerer empirischer Fallstudien die Stadtgröße sowie die finanziellen und administrativen Kapazitäten von Städten als relevante Faktoren hervorheben (vgl. Frank et al. 2006). Auch seien individuelle Akteure von Relevanz, die in einflussreichen Positionen oder in für sie günstigen Akteurskonstellationen zu

2.2 Europa- und Europäisierungsforschung

Promotern europaorientierter Entscheidungen werden können (vgl. Hamedinger/Wolffhardt 2010a: 27).

Auffällig ist allerdings, dass sich die meisten Studien zur Europäisierung von Städten lediglich mit der Europäisierung in einem bestimmten Bereich auseinandersetzen, nämlich der Europäisierung von Städten durch die europäische Strukturfondsförderung (vgl. Marshall 2005, Mboumoua 2010, Timm 2006 und Wukovitsch 2010)[47]. Hierbei werden durchaus wichtige Erkenntnisse gewonnen und auch zahlreiche unterschiedliche Europäisierungsbereiche betrachtet (z. B. Europäisierung von städtischen Akteuren durch Interessenvermittlung auf EU-Ebene, durch Policy-Transfer zwischen Städten durch europäische Netzwerke und Europäisierung der städtischen Polity durch die Einrichtung von Europabüros). Allerdings ist die Übertragbarkeit dieser Ergebnisse auf andere Politikfelder als schwierig anzusehen, da diese Programme schließlich gezielt auf die städtische Ebene zugeschnitten sind und es im Gegensatz zu vielen anderen Politikfeldern hier sehr viele finanzielle Mittel für die Kommunen zu holen gibt. Diese Einschränkung ist wichtig, denn die Europäisierungsergebnisse sind immer auch policy-spezifisch zu betrachten. So betonen auch Jesse und Sturm, dass der durch die EU induzierte Wandel politikfeldspezifisch verläuft und sich hierbei „unterschiedliche Realitäten sachlicher und institutioneller Europäisierung herausbilden" (Jesse/Sturm 2003: 481). Es fehlen somit empirische Studien, die die Europäisierung auf kommunaler Ebene für Politikfelder untersuchen, die nicht wie die Strukturfondsförderung nur eine vorwiegend positive (da mit finanziellen Vorteilen verbundene) Wirkung haben, sondern auch mit konkreten Anpassungsleistungen verbunden sind, die für die Kommunen auch negative Effekte haben bzw. nicht zwingend in ihrem Interesse sind. Panke/Börzel (2008) kritisieren darüber hinaus, dass Policy-Variablen generell in der Europäisierungsforschung zu oft vernachlässigt würden, was dazu führe, „dass Varianzen und Erfolgsunterschiede europäischer Politik in den unterschiedlichen Politikfeldern [...] nicht hinreichend erklärt werden können" (Janning/Toens 2008: 15). Die Autoren zeigen durch ihre Analyse der Bedeutung der Policy-Forschung für die Europäisierungsansätze, dass Policy-Faktoren vielmals eine Rolle spielen und diese daher als intervenie-

---

47 Das Politikfeld der Strukturpolitik hat für die Erforschung und Konzeptionalisierung der EU als Mehrebenensystem seit Anfang der 1990er Jahre eine zentrale Rolle gespielt. Anhand dieses beispielhaften Politikfeldes ist „das Neben- und Miteinander von Politikprozessen auf verschiedenen territorialen Regierungsebenen" in zahlreichen nationalen und internationalen Publikationen untersucht worden (Heinelt/Knodt 2008: 313).

2. Theoretische Einbettung

rende Variablen für die Erfolgsbedingungen europäischer Politik fungieren sowie als abhängige Variable die politikfeldspezifischen Ausmaße der Europäisierung bestimmen (vgl. ebd.).

2.2.5 Zwischenfazit und kritische Würdigung

Zusammenfassend lässt sich festhalten, dass alle Ansätze zur Europäisierung von Städten davon ausgehen, dass angesichts der zahlreichen intermediären Faktoren auch innerhalb eines nationalstaatlichen Kontexts keine homogenen Europäisierungsergebnisse zu erwarten sind. Vielmehr zeigen die theoretischen Überlegungen wie auch die rezipierten empirischen Studien, dass immer eine Variation nach Staaten, Regionen, Städten und Politikfeldern vorliegen wird. Wie bereits zuvor erläutert, gilt auch für die Überlegungen zur Europäisierung von Städten, dass zumindest eine implizite neo-institutionalistische Grundausrichtung angenommen wird (obwohl im Vergleich zu den nationalstaatlichen Untersuchungen die theoretische Fundierung vieler Beiträge zur lokalen Ebene eher gering ist): Die Wandlungsprozesse auf städtischer Ebene werden hauptsächlich rationalistisch und interessenorientiert oder konstruktivistisch und normorientiert erklärt, wobei die Begrenzung aber stets in institutionellen Gegebenheiten zu suchen ist, die die Handlungsfreiheit von Akteuren einschränken, Pfade vorgeben und den Einfluss der EU filtern. Zentral für die vorliegende Arbeit ist insgesamt also die Einsicht, dass es bei der Europäisierung der städtischen Ebene immer auch pfadbeeinflussende Institutionen gibt, die das Europäisierungsergebnis beeinflussen. Dies umfasst sowohl vorgeschaltete Filterprozesse auf unterschiedlichen staatlichen Ebenen als auch bestimmte tradierte Strukturen, Normen und Werte, die sich stadtspezifisch entwickelt haben:

> „Thus, within all European cities, one must account for the presence of 'mediating institutions' at multiple territorial levels, as these attenuate processes of Europeanization and ensure that unique and longstanding patterns of local governance are not subsumed into a single, reductionist paradigm" (Marshall 2005: 672).

Die zuvor erfolgte Betrachtung des europäischen Mehrebenensystems sowie die Auseinandersetzung mit der Europäisierungsforschung konnte viele Einblicke in die Struktur der Beziehungen zwischen der europäischen und der nationalen bzw. subnationalen Ebene geben. Insgesamt befasst sich die Europäisierungsforschung mit dem Zusammenspiel zwischen Akteuren und Institutionen auf verschiedenen Ebenen, das sich aufgrund europäischer Impulse im Wandel befindet. Dieser Wandel kann verschiedene Bereiche betreffen und über die zuvor diskutierten Mechanismen wirksam werden. Zudem wurde deutlich, dass der Einfluss der europäischen Ebene vielfältige Formen annehmen und über verschiedene Kanäle ablaufen kann: Die EU wirkt nicht nur durch Zwang in Form von Verordnungen oder Richtlinien auf nachgeordnete Ebenen, sondern es können auch durch vielfältige weiche (vertikale wie horizontale) Impulse bzw. durch Routinen im täglichen Umgang mit der EU oder durch Lernprozesse Änderungen erfolgen. Die Europäisierung von Städten kann hierbei als Download- wie auch als Upload-Prozess verstanden werden. Insgesamt bietet die Europäisierungsforschung einen kohärenten Rahmen zur Analyse von EU-induzierten Wandlungsprozessen auf kommunaler Ebene und ist daher in der Lage, die zuvor angesprochene Blindstelle der sozialwissenschaftlichen Technikforschung in Bezug auf politikinduzierten, europäischen Wandel zu füllen. Gleichzeitig ist die Beschäftigung mit kommunalen Europäisierungsprozessen immer noch ein vergleichsweise junges Thema, sodass deren Analyse in Bezug auf Abfallvermeidungspolitik auch gleichzeitig ein noch nicht betrachtetes Politikfeld beleuchten kann.[48]

Nichtsdestotrotz muss an dieser Stelle aber auch festgehalten werden, dass gerade bei der empirischen Durchführung von Europäisierungsstudien einige Kritikpunkte bzw. Besonderheiten zu berücksichtigen sind. Denn auch wenn der Europäisierungsansatz aufgrund seiner Fokussierung auf innerstaatliche Wandlungsprozesse in dieser Arbeit als zielführende Konzeption zur Erweiterung der „transition studies"-Debatte angesehen wird, sollte betont werden, dass Europäisierungsstudien vor eine Reihe methodischer Schwierigkeiten gestellt sind, da Europäisierung aufgrund des relationalen und prozessualen Charakters nur schwer als operationales Konzept zu verwenden ist (vgl. Eising 2003: 401ff.). Zum einen kann nicht einfach abgeglichen werden, ob (sub)nationale und europäische Programme in Bezug auf ihre Ziele kohärent sind, da Ähnlichkeiten auch unabhängig voneinander entstehen können oder die Ausgangssituation in

---

48 In Bezug auf das zu untersuchende Feld der Abfallpolitik ist an dieser Stelle anzumerken, dass bereits Bailey (2003) und Haverland (2000) die Implementation der EU-Richtlinie über Verpackungen und Verpackungsabfälle in deutsches Recht untersuchten, wobei der Fokus hier nicht auf Abfallvermeidung gelegt wurde. Eine kommunale Dimension dieses Europäisierungsprozesses wurde ebenfalls nicht untersucht (vielmehr standen nationale Besonderheiten in Großbritannien und Deutschland im Fokus). Auch wurden die sozio-technischen Besonderheiten des Politikfeldes nur unzureichend berücksichtigt.

2. Theoretische Einbettung

einem Land oder einer Kommune bereits mit den neuen europäischen Impulsen identisch war. Es muss also auch bei der Untersuchung der Europäisierung von städtischer Abfallvermeidungspolitik immer darum gehen, genau nachzuvollziehen, ob, wie und warum europäische Impulse auf mitgliedsstaatliche Strukturen gewirkt und tatsächlich Änderungen erzeugt haben. Hinzu kommt das Problem der Multikausalität, welches darauf hinweist, dass es empirisch und methodisch regelmäßig schwierig ist, den Einfluss der EU von anderen Einflüssen und Entwicklungen abzugrenzen, da oftmals viele Faktoren gleichzeitig wirken. So kann beispielsweise eine Transformation der europäischen und nachfolgend nationalen und kommunalen Umweltpolitik auch gleichzeitig in globale umweltpolitische Diskurse oder aktuelle OECD-Bestrebungen um nachhaltige Entwicklung eingebettet sein (vgl. Eising 2003: 407). Genannt wird außerdem das Problem der historischen Multikollinearität, welches hervorhebt, dass alleine die Präsenz europäischer Institutionen eine permanente Europäisierung nationaler Systeme auslöst, ohne dass diese Anpassungsprozesse immer einem ganz bestimmten Ereignis zugeordnet werden könnten. Europäisierung erfolgt oft gleichzeitig zur Integration und über den gesamten Politik-Zyklus hinweg und ist daher schwierig von der Vergemeinschaftung abzugrenzen (vgl. Eising 2003: 408).

Trotz dieser methodischen Herausforderungen lassen sich aber mit der Methode des „process tracing" (vgl. George/Bennett 2005 und Collier 2011) auch in der Europäisierungsforschung Kausalmechanismen identifizieren. Durch eine schrittweise, prozessuale Analyse können nicht nur die Thesen falsifiziert werden, sondern auch mögliche weitere unabhängige Variablen identifiziert sowie konkurrierende Erklärungen überprüft werden, was insgesamt dazu führt, das tatsächliche Ausmaß des europäischen Impulses als erklärende Variable von Wandel besser bestimmen zu können (vgl. Eising 2003: 409).

> „Ziel ist es, die Verbindungen zwischen abhängigen und unabhängigen Variablen mithilfe einer Kausalkette bzw. kausalen Sequenz zu identifizieren. Hier besteht die Aufgabe, die Entstehung des zu erklärenden Phänomens durch die Diskussion möglicher ursächlicher Faktoren zu rekonstruieren" (Lauth et al. 2009: 66).

Mit einer solchen Prozessanalyse wird es somit auch in der vorliegenden Arbeit in den durchzuführenden Fallstudien möglich sein, die vorab vermuteten „kausalen Mechanismen zu entdecken und zu überprüfen, die die zu erklärenden Zusammenhänge und Phänomene hervorgebracht haben" (Gschwend/Schimmelfennig 2007: 24).

2.3 Die Europäisierung kommunaler Infrastrukturregime als graduelle Transformation: Zusammenführung, Forschungsheuristik und Thesen

2.3.1 Zusammenführung

Wie bereits zuvor an geeigneten Stellen dargelegt wurde, liegt den beiden betrachteten theoretischen Ansätzen eine neo-institutionalistische Ausrichtung zugrunde: Sowohl die Europäisierungsstudien als auch die Transitions-Debatte leiten ihre Erklärungsfaktoren für sozio-technischen und politischen Wandel größtenteils aus dem historischen, dem soziologischen und/oder dem Rational-Choice-Institutionalismus ab. Allen drei neo-institutionalistischen Schulen ist gemein, dass Stabilitätsaspekte betont werden und eine wechselseitige Beeinflussung von Institutionen und Akteuren vorliegt, wobei gilt, dass „Institutionen eine beeinflussende, stimulierende und ermöglichende, nicht aber eine determinierende Wirkung auf die Handelnden haben" (Schulze 1997: 24). Bestehende Institutionen geben eine Grenze vor, innerhalb derer Anpassungen und Wandlungsprozesse möglich sind, weshalb radikale Neuerungen nur selten möglich sind: „Sollten Anpassungen fundamentale Veränderungen verlangen, ist davon auszugehen, dass dadurch der Rahmen der Handlungsoptionen überschritten wird und es dann zu einer Veto-Position, also einer Nichtanpassung kommt" (Münch 2006a: 63).[49]

Ausgehend von Annahmen des historischen Institutionalismus wird, wie zuvor geschildert, das Konzept der Pfadabhängigkeit sowohl in sozialwissenschaftlicher Technikforschung als auch in der Europäisierungsforschung als zentrales Konzept diskutiert. Wie Beyer (2005) und Mahoney (2000) aber korrekterweise feststellen bzw. kritisieren, wurde das Konzept in der Vergangenheit oftmals lediglich als „history matters" oder als „the past influences the future" definiert, ein nur vages Argument, das verschiedene Stabilitätsmechanismen miteinander vermengt und sich nicht ausreichend der Frage widmet, inwiefern radikaler, aber auch inkrementeller institutioneller Wandel trotzdem möglich ist (Mahoney 2000: 507). Hier rückt dann auch die

---

49 Insbesondere die Europäisierungsliteratur stehe hier sogar beispielhaft für den „institutionalist turn" innerhalb der Politikwissenschaften (Vink/Graziano 2007: 13). Und da gleichzeitig gerade im soziologischen Institutionalismus „informelle Institutionen wie institutionalisierte Normen" eine entscheidende Rolle spielen, könne die Europäisierungsliteratur auch mit dem „constructivist turn" der Politikwissenschaft sowie „einer zunehmenden Aufmerksamkeit für Politiklernen und Politikdiffusionsprozesse in der Politikwissenschaft" in Verbindung gebracht werden (Becker 2012: 18).

2. Theoretische Einbettung

Diskussion in den Mittelpunkt, durch welche Handlungsmöglichkeiten Akteure Kontinuitäten auch aufheben können bzw. inwiefern solche Interventionen dann selbst „im Kontext historischer Pfadabhängigkeiten [...] nicht länger als aussichtslos" zu charakterisieren sind (Beyer 2005: 6). Trotz der generell zuvor getroffenen Feststellung, dass sich sozio-technische Regime radikalem Wandel zu widersetzen versuchen und Wandlungsprozesse pfadabhängig verlaufen, ist also zu konstatieren, dass kontinuierlicher Wandel der Normalzustand in solchen sozio-technischen Gebilden ist. Die aktuelle Forschung geht hier gemäß dem historischen Institutionalismus davon aus, dass sich Wandel in sozio-technischen Systemen häufig nicht durch „einmalige und eruptive Brüche in kurzen Fristen" auszeichnet und dass es meistens nicht zu einem totalen Zusammenbruch und Austausch bestehender Systemkomponenten (Akteure, Institutionen, Strukturen, Technologien) kommt (Dolata 2011: 272). Vielmehr könne sozio-technischer Wandel insgesamt als graduelle Transformation verstanden werden, als ein Prozess von schrittweiser Erneuerung und phasenweiser Diskontinuität, dessen Dynamik sich schrittweise auf ein neues sozio-technisches Gebilde hinbewege und durch fortlaufende Innovationen (und ergänzend sei zu sagen: auch durch fortlaufende Policy-Initiativen) beeinflusst werde (vgl. ebd.: 273). Insofern sei die oftmals aus dem Pfadabhängigkeitskonzept und rein institutionalistischen Ansätzen begründete dichotome Annahme von einerseits langen Stabilitätsphasen und andererseits plötzlichen, radikal auftretenden Brüchen keine angemessene Betrachtungsweise. So seien doch gerade die in der Mitte liegenden graduellen Transformationen „das eigentlich interessante Feld zwischen Stabilität [...] und radikalen Systembrüchen" (ebd.). Insbesondere die teilweise bereits angesprochenen Arbeiten von Kathleen Thelen (vgl. Thelen 2003, Streeck/Thelen 2005 und Mahoney/Thelen 2010) haben zu einem Verständnis dieser Wandeldynamiken beigetragen. Diese adressieren sozio-technische Wandlungsprozesse oder Europäisierung zwar nicht dezidiert, können aber auf solche übertragen werden und als hilfreiche konzeptionelle Stütze bei deren Betrachtung dienen. Basierend auf Erkenntnissen zur Entwicklung kapitalistischer Gesellschaften und deren Tendenz zur Liberalisierung bestimmter Lebens- bzw. Politikbereiche stellen die Autorin und ihre Ko-Autoren fest, dass sich der Wandel zwar über mehrere Jahrzehnte hinweg eher inkrementell entfaltet, aber trotzdem in seiner Gesamtheit zu substanziellen Umbrüchen geführt hat. Die Autoren teilen somit auch die Kritik am implizierten Konservatismus der Sozialwissenschaften (vgl. Beyer 2005), der zufolge Arrangements prinzipiell als zu stabil und kohärent wahrgenommen werden. Die transformative Kapazität inkrementellen Wandels sollte somit nicht unterschätzt werden:

2.3 Die Europäisierung kommunaler Infrastrukturregime als graduelle Transformation

„Contemporary theories of institutional development mostly locate significant change in convulsive historic ruptures or openings. This is not what the essays in this volume do. Rather than abrupt and discontinuous, they find transformative change often to result from an accumulation of gradual and incremental change [...]" (Streeck/Thelen 2005: 18).

Es sei also angemessener, ein Modell von Pfadabhängigkeit zu verwenden, das langsam beginnende, endogene Wandlungsprozesse miteinschließt: Demnach begrenzen vergangene Entscheidungen zukünftige, aber determinieren sie nicht (vgl. Zirra 2010, der das Konzept von Streeck und Thelen auch konkret für seine Europäisierungsstudie nutzt). Um die verschiedenen Arten von Wandel genau bestimmen zu können, arbeiteten Streeck und Thelen 2005 auf Basis zahlreicher empirischer Fallstudien Formen der graduellen Transformation heraus – „Displacement", „Layering", „Drift", „Conversion" und „Exhaustion". Ergänzt wurden diese durch Dolata (2011), der eine sechste Kategorie „Expansion" hinzufügt. Diese Formen graduellen Wandels werden im Folgenden kurz erläutert (siehe hierzu auch Abbildung 2) und hinausgehend zu den genannten Autoren auch bereits auf EU-induzierten, kommunalen Wandel bezogen:

2. Theoretische Einbettung

Abbildung 2: Formen und Varianten gradueller Transformation

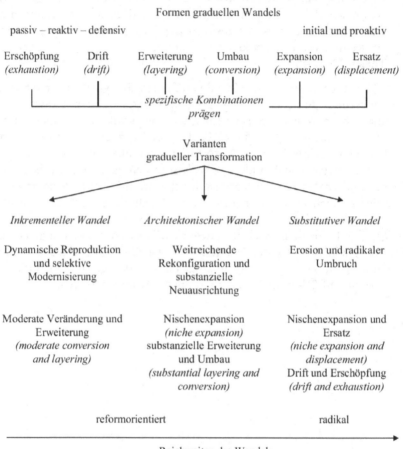

Quelle: Dolata 2011: 281 (Reprinted by permission from Springer Nature Customer Service Centre GmbH: Springer Nature, Berliner Journal für Soziologie, Soziotechnischer Wandel als graduelle Transformation, Ulrich Dolata, ©2011).

- „Displacement" meint hierbei einen schleichenden, inkrementellen Vorgang, bei welchem am Rande des kommunalen Regimes entstandene neue Regelungen und Orientierungen an Relevanz und Dominanz gewinnen und schließlich „relativ widerspruchsfrei in die bestehende institutionelle Ordnung integriert werden" (Zirra 2010: 120; vgl. Dola-

2.3 Die Europäisierung kommunaler Infrastrukturregime als graduelle Transformation

ta 2011: 274). Bestehende kommunale Institutionen werden also nicht verändert oder erweitert, sondern durch wichtiger gewordene, alternative ersetzt. Institutionelle Konfigurationen seien „vulnerable to change through displacement as traditional arrangements are discredited or pushed to the side in favor of new institutions and associated behavioral logics. [...] As growing numbers of actors defect to a new system, previously deviant, aberrant, anachronistic, or 'foreign' practices gain salience at the expense of traditional institutional forms and behaviors" (Streeck/Thelen 2005: 20). Europäische Politiken können aus dieser Sichtweise heraus dazu beitragen, dass die neuen Institutionen am Rande des kommunalen Regimes entstehen oder gestärkt werden, was schließlich zu einem Ersetzen der bis dato vorherrschenden Institutionen führen könne. EU-induzierter Wandel ereigne sich damit nicht durch eine explizite Zurückweisung oder Erweiterung existierender Arrangements auf kommunaler Ebene, sondern durch Verschiebungen in der relativen Bedeutung von verschiedenen institutionellen Gebilden innerhalb des kommunalen Regimes. Diese Art von Wandel benötige somit auch aktive Akteure, deren Interessen durch das neue institutionelle Arrangement besser getroffen werden (vgl. Streeck/Thelen 2005: 22). Hierbei könne auch die Verbindung zwischen endogenem und exogenen Wandel eine Rolle spielen: Damit externe Veränderungen bzw. Schocks eine fundamentale Transformation auf kommunaler Ebene auslösen können, sei es oftmals wichtig, dass endogener Wandel bereits den Weg für diesen geebnet hat: „Endogenous evolution of a social system may generate potentials that, when activated by interested parties in response to changing external conditions, can provide the foundation for a new logic of action" (Streeck/Thelen 2005: 22).

- Beim „Layering" hingegen werden an bestehende institutionelle Ausgestaltungen auf kommunaler Ebene neue Elemente durch Europäisierung angefügt. Diese neuen Elemente stellen die alten Arrangements zunächst nicht grundlegend in Frage und stehen nicht in grundsätzlichem Widerspruch zu ihnen, allerdings nehmen sie im Laufe der Zeit an Bedeutung zu und transformieren somit die ehemals bestehenden Regeln, Normen und Orientierungen (vgl. Dolata 2011: 274). Auch dieser Wandelmodus beinhaltet aktives Fördern von Hinzufügungen, Erweiterungen oder Änderungen zu einem existierenden Set von kommunalen Institutionen. Der dahinterliegende Mechanismus ist differenzielles Wachstum: Das Einführen der neuen Elemente verursacht eine Dynamik „through which they, over time, actively crowd out or supplant by default the old system as the domain of the latter progressively

2. Theoretische Einbettung

shrinks relative to that of the former" (Streeck/Thelen 2005: 24). „Layering" kann institutionelle Inkongruenz verursachen, interessant ist aber gerade auch die Frage, inwiefern die neuen Elemente zu Beginn am Rand und der alte institutionelle Kern friedlich koexistieren können und wann schließlich der ursprüngliche Randbereich eine so hohe Anziehungskraft besitzt, dass er den ehemaligen Kern schließlich ablösen kann (vgl. ebd.).

- Durch Veränderungen in den politischen, ökonomischen oder sozialen Rahmenbedingungen können etablierte, kommunale Institutionen an Relevanz verlieren, wenn auf die sich verändernde Umwelt durch EU-induzierte Impulse nicht schnell genug reagiert wird oder die „Neuausrichtungen an diese sich ändernden Bedingungen unterbleiben bzw. unzureichend bleiben. Gradueller Wandel heißt in diesem Fall sukzessiver Bedeutungsverlust bestehender Institutionen aufgrund von Anpassungsunfähigkeit" (Dolata 2011: 274). Dieser als „Drift" bezeichneten graduellen Modifikation liegt also zugrunde, dass kommunale Regime-Institutionen, die über lange Zeit stabil sind, regelmäßig an eine sich verändernde Umwelt anzupassen sind: „[...] institutions require active maintenance; to remain what they are they need to be reset and refocused, or sometimes more fundamentally recalibrated and renegotiated, in response to changes in the political and economic environment in which they are embedded" (Streeck/Thelen 2005: 24). Ohne eine solche „andauernde Pflege" können Institutionen verkümmern. Ähnlich wie beim „Layering" kann eine solche Art von Wandel auf den ersten Blick wie Stabilität aussehen, obwohl er in Wirklichkeit durchaus fundamentale Wirkungen entwickeln kann (vgl. ebd.). Auch Wandel durch „Drift" kann durch politisches Handeln auf EU-Ebene gefördert werden. Im Gegensatz zum „Layering" ist es aber gerade der Umstand, dass bewusst keine Entscheidungen zum Erhalt eines bestimmten institutionellen Arrangements auf kommunaler Ebene getroffen werden (vgl. ebd.: 25).

- Bei „Conversion" werden die vorhandenen kommunalen Institutionen weitestgehend beibehalten, allerdings werden diese „an neue Herausforderungen und veränderte Interessenlagen angepasst und entsprechend neu justiert" (Dolata 2011: 274). Ihr Zweck und ihre Funktion wird angepasst bzw. erweitert, sodass sich der institutionelle Wandel hier eher endogen abspielt. Solche Neuausrichtungen können das Ergebnis von neuen Umweltbedingungen sein, auf die kommunale Policy-Macher reagieren, indem sie existierende institutionelle Ressourcen für neue Zwecke einsetzen. Oder sie entstehen durch einen Wandel

2.3 Die Europäisierung kommunaler Infrastrukturregime als graduelle Transformation

grundlegender Machtbeziehungen, beispielsweise, wenn Akteure, die ursprünglich nicht am Design einer Institution beteiligt waren, nun wichtiger werden und in der Lage sind, diese nun zu steuern und für neue Ziele bzw. Zwecke zu verwenden (vgl. Streeck/Thelen 2005: 26). Auch hier gibt es gewisse Stabilitätselemente oder sogar „lock-in"-Phasen, aber „whereas conventional increasing returns arguments point to a dynamic in which actors adapt their strategies to existing institutions, conversion works the other way around: existing institutions are adapted to serve new goals or fit the interests of new actors" (ebd.). Die Neuausrichtung institutioneller Ressourcen kann durch politische Auseinandersetzungen bezüglich der Funktion und des Zwecks bestehender Institutionen entstehen. Die den Wandel treibenden politischen Kämpfe können durch Lücken im institutionellen Design oder durch Diskrepanzen zwischen institutionalisierten Regeln und deren Anwendung entstehen.

- Bei „Exhaustion" hingegen kommt es zu einem sukzessiven Aussterben bestehender kommunaler Institutionen. Grund ist hierbei nicht Anpassungsunfähigkeit, sondern dass sie im aktuellen institutionalistischen Arrangement keine wichtige Funktion mehr wahrnehmen und somit über die Zeit hinweg überflüssig geworden sind (vgl. Dolata 2011: 274 und Zirra 2010: 120). Im Gegensatz zu den anderen Modi geht es hier im Ergebnis also eher um einen Zusammenbruch bestehender Institutionen als um Wandel, auch wenn das Aussterben ein langsamer, gradueller Prozess ist. Im Gegensatz zu institutionellem „Drift", bei welchem die bestehenden Institutionen ihre formale Integrität trotz schwindender Relevanz in der sozialen Realität behalten können, ist „institutional exhaustion […] a process in which behaviors invoked or allowed under existing rules operate to undermine these" (Streeck/Thelen 2005:29).
- Zuletzt meint die Wandelform „Expansion" die proaktiv betriebene Aufnahme sowie Entwicklung neuer Policy-Optionen und die „damit verbundene Herausbildung neuer, auf sie bezogener Akteursmilieus mit eigenen Interessen, Strategien, Institutionen und Strukturen" (Dolata 2011: 280). Diese neuen Akteure drängen dann in das Regime hinein und treiben dessen Restrukturierung maßgeblich voran (ebd.).

Hierbei sind einzelne Formen graduellen Wandels auch immer nur eine Momentaufnahme eines bestimmten Betrachtungszeitraums. Es zeige sich, dass verschiedene Formen gradueller Transformation sich über einen längeren Zeitraum überlagern können und „sich ihre Bedeutung und ihr Verhältnis zueinander im Zeitablauf auch verändern" (Dolata 2011: 280):

2. Theoretische Einbettung

> „Es ist ausgesprochen unwahrscheinlich, dass eine Transformationsperiode, die sich über ein oder zwei Jahrzehnte hinzieht, von einem Modus allein oder maßgeblich geprägt werden kann. Dazu sind die institutionellen und organisationalen Felder, um die es geht, zu komplex, die in den Wandel involvierten Akteure mitsamt ihren strategischen Zielsetzungen zu heterogen und die Transformationsverläufe selbst zu erratisch und zu verästelt. Wesentlich wahrscheinlicher ist, dass derartige Transformationsperioden ihre typische Signatur erst durch spezifische Kombinationen verschiedener Formen graduellen Wandels erhalten, die sich in der einen oder anderen Weise aufeinander beziehen und ineinander verschränken und deren Bedeutung sich im Laufe der Zeit zudem nachhaltig verschieben kann" (ebd.).

Mit dieser Herangehensweise wird insgesamt ein komplexeres Verständnis von Transitionen erreicht, wodurch die Betrachtung EU-induzierten, kommunalen Regimewandels möglich wird – auch wenn sich dieser nur inkrementell entfaltet. Die beschriebenen Modi graduellen Wandels können dazu beitragen, die Europäisierungsprozesse kommunaler Abfallwirtschaftsregime theoretisch zu fassen, und helfen dabei, auch kleinere, inkrementelle Veränderungsprozesse wahrnehmen zu können. Aus dieser Sicht heraus können potenziell auch kleinere sozio-technische Neuausrichtungen über die Zeit zu substanziellen Veränderungen führen. Da sich diese Modi bereits in zwei sozio-technischen Betrachtungen (vgl. Dolata 2011 und Geels et al. 2016) sowie auch in einer Europäisierungsstudie (vgl. Zirra 2010) als hilfreich für die Analyse erwiesen haben, sollen sie auch in der vorliegenden Arbeit dazu beitragen, die Dichotomie zwischen inkrementellen Anpassungen auf der einen und radikalem Wandel durch externe Schocks auf der anderen Seite zu überwinden, um EU-induzierte Veränderungsprozesse in sozio-technischen Infrastrukturregimen auf kommunaler Ebene beschreiben und bewerten zu können. Im Gegensatz zu Dolata (2011) und Geels et al. (2016) wird in dieser Analyse allerdings nicht erforscht, wie neue Technologien die bestehenden Strukturen, Institutionen und Akteurskonstellationen eines Regimes verändern, sondern wie europäische Policy-Impulse auf die kommunalen Regime einwirken und dort für sozio-technischen Wandel sorgen. Das Veränderungspotenzial einer europäischen Politik kann hierbei mit der Kaetgorie der Eingriffstiefe umschrieben werden. Hierbei geht es um die transformative bzw. substitutive Kapazität einer Politikmaßnahme (vgl. Monstadt/Wolff 2015 und 2017). Bevor also die tatsächlichen Auswirkungen auf kommunaler Ebene analysiert werden, muss zuvor kurz analysiert werden, welches

2.3 Die Europäisierung kommunaler Infrastrukturregime als graduelle Transformation

Veränderungspotenzial eine europäische Policy-Initiative mit sich bringt (vgl. Kapitel 3.5.2 und 4.2).

2.3.2 Forschungsheuristik und Thesen

Um den Einfluss europäischer Politiken auf kommunale Abfallwirtschaftsregime im empirischen Teil dieser Arbeit strukturiert untersuchen zu können, wird im Folgenden eine Forschungsheuristik aus den beiden zuvor vorgestellten Ansätzen entwickelt. Auf diese Art und Weise wird eine theoriegeleitete empirische Untersuchung möglich, deren Ziel es ist, die Europäisierung von kommunalen Abfallregimen anhand konkreter städtischer Fallstudien zu untersuchen, um so einen systematischen Zugang zur Konstruktion der empirischen Realität zu erhalten. Die verwendete Forschungsheuristik ermöglicht es nicht nur, die aufgestellten Thesen zu prüfen und die Europäisierungsprozesse in den kommunalen Abfallwirtschaftsregimen zu analysieren, sondern auch zentrale Forschungslücken beider theoretischer Ansätze zu füllen (vgl. Kapitel 2.1.5 und 2.2.5).

Am Beginn der Analyse muss zunächst der europäische Abfallvermeidungsimpuls stehen, der auf nationale Strukturen wirkt. Je nach Art der Policy ist der Adressat hier entweder direkt die kommunale Ebene (z. B. Förderprogramme, bei denen sich Kommunen direkt bewerben können, oder andere weiche Angebote) oder der Impuls wirkt zunächst auf nationaler Ebene (wie bspw. bei der Implementation von Richtlinien in deutsches Recht) und hat hiervon ausgehend auch Einfluss auf kommunales Handeln. Nationale Filterprozesse müssen also ebenso berücksichtigt werden wie die der Bundesländer, um der vorhandenen Mehrebenendynamik gerecht werden zu können. Das Veränderungspotenzial einer europäischen Politik kann mit der Kategorie der Eingriffstiefe (transformative bzw. substitutive Kapazität einer Politik) umschrieben werden (vgl. Monstadt/Wolff 2015 und 2017). Hierbei geht es darum zu analysieren, inwiefern durch europäische Politik Druck innerhalb nationaler Systeme entsteht, der die Fähigkeit hat, Veränderungen in bestehenden sozio-technischen Konstellationen herbeizuführen. Wie zuvor beschrieben, kann dieser durch horizontale oder vertikale Impulse erzeugt werden (positive Integration → Anpassungsdruck bzw. „goodness of fit"; negative Integration → Veränderung nationaler Handlungslogiken; Framing-Mechanismen → Diffusion, Lernprozesse, neue Lösungen), welche auch als Vorgabe, Einbindung oder Angebot klassifiziert werden können. Mit der Analyse der transformativen Kapazität des

2. Theoretische Einbettung

europäischen Impulses lässt sich also der Anpassungs- und Veränderungsdruck fassen, den Politik auf kommunale Infrastrukturregime ausübt.

Auf der Empfängerseite des europäischen Policy-Impulses befindet sich das kommunale sozio-technische Regime. Hier steht im Mittelpunkt, wie der Veränderungsdruck verarbeitet wird, also wie adaptionsfähig das Infrastrukturregime gegenüber den Neuerungen ist. Mögliche Veränderungen können in verschiedenen Dimensionen des sozio-technischen Regimes beobachtet werden:

- Europäisierung der Politikinhalte und des regulativen Institutionengefüges auf kommunaler Ebene (wie bspw. Gesetze, Pläne, Verordnungen)
- Europäisierung der kommunalen Akteurskonstellationen und Machtbeziehungen (bspw. europäischer Einfluss auf die Stellung von etablierten Regimeakteuren und aufstrebenden bzw. neuen Akteuren; Einfluss auf Machtbeziehung und Ressourcenverteilung zwischen den Akteuren)
- Europäisierung des normativen (Werte, Rollen, Verhaltensnormen) und kognitiven Institutionengefüges auf kommunaler Ebene (Leitbilder, Problemdefinitionen, Ziel- und Innovationsperspektiven, Wissensbestände)
- Europäisierung der technischen Strukturen und Artefakte auf kommunaler Ebene (bspw. europäischer Einfluss auf die existierenden technischen Regimestrukturen bzw. auf die Fähigkeit, neue, pfadverlassende sozio-technische Innovationen zu integrieren)

Am Schluss der empirischen Analyse können nach Diskussion der kommunalen Europäisierungsergebnisse (Inertia, Absorption, Transformation und Retrenchment; vgl. Kapitel 2.2.3) schließlich die in Kapitel 2.3.1 diskutierten Formen gradueller Transformation (Displacement, Layering, Drift, Conversion, Expansion und Exhaustion) dazu beitragen, den Wandlungsprozess weiter zu charakterisieren.

Einen Überblick zur Wirk- und Vorgehensweise bietet die folgende Abbildung 3.

2.3 Die Europäisierung kommunaler Infrastrukturregime als graduelle Transformation

Abbildung 3: Forschungsheuristik – Europäisierung kommunaler Infrastrukturregime

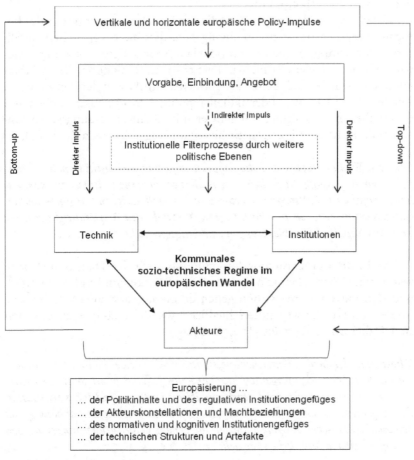

Quelle: Eigene Darstellung.

Die nun folgende Formulierung der Thesen speist sich zum einen aus den zuvor betrachteten beiden Theorieansätzen sowie den diskutierten Forschungsergebnissen zu Abfallvermeidung und Abfallwirtschaft. Ausgangspunkt ist die Beobachtung, dass europarechtliche Vorgaben zunehmend den Handlungsspielraum der Kommunen im Abfallsektor beeinflussen. Dieser Umstand wird von den kommunalen Abfallwirtschaftsakteuren als Chance und Bedrohung zugleich wahrgenommen: Sie müssen einerseits erhöhten administrativen Aufwand betreiben und sind Empfänger euro-

2. Theoretische Einbettung

päischer Impulse (top-down), aber andererseits bieten sich auch neue Möglichkeiten, ihre Interessen auf die EU-Ebene zu vermitteln bzw. ihre Ideen dort einzuspeisen (bottom-up).

Ausgehend von den zuvor formulierten Forschungsergebnissen der Europäisierungsdebatte ist davon auszugehen, dass die europäischen Abfallvermeidungsimpulse einen institutionellen Anpassungsdruck auf kommunaler Ebene erzeugen. Denn wie bereits in der Einleitung dieser Arbeit konstatiert wurde, sind die sozio-technischen Strukturen der kommunalen Abfallwirtschaft aufgrund der aktuellen politischen, organisatorischen und technischen Ausgestaltung nur schwer mit Abfallvermeidungsvorstellungen in Einklang zu bringen (siehe hierzu im Folgenden auch Kapitel 3).

These 1: *Wenn europäische Policy-Impulse aufgrund von institutionellem „misfit" einen Anpassungsdruck bzw. einen „Druck zu lernen" innerhalb kommunaler Abfallwirtschaftsregime erzeugen, dann sind aufgrund regime-interner, etablierter Institutionen* **pfadabhängige Wandel- und Anpassungsprozesse zu erwarten.** *Radikale Neuerungen sind hingegen nicht zu vermuten.*

Sowohl die Europäisierungsforschung als auch die Transition-Debatte betonen die Wichtigkeit von intermediären Faktoren im Implementations- und Beeinflussungsprozess und gehen davon aus, dass über verschiedene lokale Kontexte hinweg unterschiedliche Wandelergebnisse zu erwarten sind. Daher lautet die zweite These wie folgt:

These 2: *In den beiden Untersuchungsstädten sind trotz des konstanten nationalen Kontextes keine konvergenten Europäisierungseffekte zu erwarten. Der europäische Anpassungsdruck wird* **stadtspezifisch unterschiedlich verarbeitet.** *Das Ergebnis des städtischen Verarbeitungsprozesses ist hierbei abhängig von den lokal spezifischen Regimekontexten sowie dem Verarbeitungsprozess auf den vorangeschalteten räumlichen Ebenen.*

Die dritte These beschäftigt sich mit dem Umstand, dass sozio-technischer Wandel insgesamt als graduelle Transformation verstanden werden kann – also als ein Prozess von schrittweiser Erneuerung und phasenweiser Diskontinuität, dessen Dynamik sich schrittweise auf ein neues soziotechnisches Gebilde hinbewegt. Aus diesem Blickwinkel verändern sich Regime fortlaufend und gerade diese, sich sozusagen in der Mitte befindlichen Transformationsverläufe (also zwischen radikalen Systembrüchen und Stabilität) sollten mehr Aufmerksamkeit erhalten, da sie über die Zeit und kombiniert mit weiteren Dynamiken ebenfalls das Potenzial besitzen,

2.3 Die Europäisierung kommunaler Infrastrukturregime als graduelle Transformation

die grundlegende Struktur sozio-technischer Regime zu verändern (vgl. zu den theoretischen Kategorien der folgenden These das Kapitel 2.3.1).

These 3: *Es wird erwartet, dass die durch die europäischen Abfallvermeidungsimpulse ausgelösten,* **inkrementellen Wandlungsprozesse als graduelle Transformation verstanden werden können.** *Die Prozesse können hierbei mit den Wandelformen Exhaustion, Drift, Layering, Conversion, Expansion, Displacement oder einer Kombination dieser umschrieben werden.*

Ausgehend von den formulierten Thesen ist im Folgenden nun für die Fallbeispiele zu untersuchen, wie kommunale Abfallregime auf europäische Impulse zur Förderung der Abfallvermeidung reagieren und in welchem Umfang sozio-technische Wandlungsprozesse angestoßen werden. Eine abschließende Beantwortung der Thesen erfolgt im Kapitel 5.2 dieser Arbeit.

3. Abfallvermeidung als Leitprinzip der Abfallpolitik in Deutschland und Europa

> „Rückblickend ist die Abfallwirtschaft ein ‚Wirtschaftsbereich', welcher sich in den letzten 30 bis 40 Jahren wie kaum ein anderer verändert hat. Damit meine ich nicht technische oder technologische Veränderungen. [...] Fundamental geändert hat sich die Zielsetzung" (Bollmann 2009: 172).

Auch wenn dies mit Blick auf die hohe Regelungsdichte im Abfallbereich aus heutiger Sicht zunächst seltsam erscheint, gehört die Abfallbeseitigung „eher zu den jüngeren Regelwerken im Bereich Daseinsvorsorge. Erst 1935 wurden die Kommunen [...] ermächtigt, bei Vorliegen eines wichtigen öffentlichen Bedürfnisses den Anschluss- und Benutzungszwang für die gemeindliche Müllabfuhr vorzusehen" (Bogumil et al. 2010: 23).[50] Auch Lamping (1998: 61) weist darauf hin, dass „die [...] Komplexität der Problembewältigungsstruktur" leicht vergessen lässt, dass die Bewältigung des Abfallproblems (mit unterschiedlichen Problemschwerpunkten in verschiedenen Zeiträumen) und die Regulierung des Sektors eine vergleichsweise neue öffentliche Aufgabe darstellen. Während es zu Beginn der Abfallwirtschaft in erster Linie darum ging, die Gesundheit der Bürger durch eine möglichst umfassende und sichere Beseitigung von Abfällen

---

50 Zurückgehend auf den Staatsrechtler Ernst Forsthoff umfasst der Begriff der Daseinsvorsorge „Dienstleistungen, an deren Angebot ein besonderes öffentliches Interesse besteht" (Einig 2008: 17). Hierzu gehören beispielsweise „die Grundversorgung mit Wasser und Energie, die Abwasser- und Abfallentsorgung, der öffentliche Personennahverkehr, die Versorgung der Bürger mit Gesundheitsdiensten, die Bereitstellung von Wohnraum und von Bildungseinrichtungen jeglicher Art sowie kulturellen Einrichtungen wie Theatern, Museen und Sporteinrichtungen" (Bogumil et al. 2010: 10). Während es hierbei in Deutschland zunächst hauptsächlich um eine Erfüllungsverantwortung des Staates bzw. der öffentlichen Verwaltung ging, hat sich dies innerhalb der letzten Jahrzehnte durch Prozesse der Liberalisierung und Privatisierung stärker zu einer Gewährleistungsfunktion des Staates entwickelt: „Automatisch wird damit die Regulierung des Dienstleistungsangebots zur vordringlichen Staatsaufgabe" (Einig 2008: 17). Trotzdem werden die meisten Aufgaben der Daseinsvorsorge auch heute noch durch öffentliche und oftmals kommunale „Angebotsmonopole erbracht, die rechtlich vor Wettbewerb geschützt sind" (ebd.: 18).

3. Abfallvermeidung als Leitprinzip der Abfallpolitik in Deutschland und Europa

zu schützen, so kamen spätestens seit den 1980er Jahren auch vermehrt umweltpolitische Aspekte hinzu (vgl. Bollmann 2009: 172):

> „Vermeidung von Abfall bzw. Wiederverwendung waren nun die neuen Ziele, die im Gesetz über die Vermeidung und Entsorgung von Abfällen aus dem Jahre 1986 formuliert wurden. Das weiter wachsende Umweltbewusstsein und die Erkenntnis, dass Rohstoffe endlich sind, haben inzwischen zu einem fundamentalen Wandel der Ziele in der Abfallwirtschaft geführt. Nicht mehr die sichere (und günstige) Beseitigung des Mülls, sondern dessen Vermeidung und vor allem die Nutzung als Rohstoff ist das Ziel" (ebd.).

Mit diversen Gesetzesnovellen und Rechtsnormen wurden die Themen Kreislaufwirtschaft, Recycling und Abfallvermeidung immer stärker im deutschen und europäischen Abfallrecht verankert. Um diesen Prozess nachzuvollziehen, sollen im Folgenden daher zunächst ein kurzer Überblick über die Entstehung des Politikfeldes gegeben und die Strukturen der deutschen Abfallwirtschaft näher vorgestellt werden. Gleichzeitig wird das Kapitel 3.1 aber auch aufzeigen, dass, obwohl in den vergangenen Jahren einige Fortschritte im Sinne einer ökologischeren Abfallwirtschaft erreicht werden konnten, der Status quo der Abfallwirtschaft Mitte der 2000er Jahre in Deutschland wenig mit den hehren Zielen einer auf Vermeidung und Wiederverwendung ausgerichteten Kreislaufwirtschaft zu tun hatte.

Während der inhaltliche Fokus des Kapitels 3.1 also zunächst historisch bedingt eher auf der Abfallentsorgung liegt, wird dann im weiteren Verlauf konkreter das Thema Abfallvermeidung beleuchtet. Neben grundlegenden Definitionen enthält das Kapitel 3.2 auch Informationen zur Notwendigkeit und zu den Potenzialen von Abfallvermeidungsmaßnahmen. Im Anschluss hieran wird dann im Kapitel 3.3 hierauf aufbauend verdeutlicht, warum Abfallvermeidung und Vorbereitung zur Wiederverwendung auch auf kommunaler Ebene eine hohe Relevanz und kommunale (Abfallwirtschafts-)Akteure diesbezüglich Handlungsspielraum besitzen. Aufbauend auf den vorherigen Unterkapiteln analysiert das Kapitel 3.4 schließlich, welche Hemmnisse dazu führen, dass die in der Vergangenheit eingeführten Abfallvermeidungsimpulse nicht zu tiefgreifenden Veränderungen geführt haben und welche Ausprägungen des sozio-technischen Abfallwirtschaftsregimes hierbei eine begrenzende Rolle spielen. Zuletzt wird im Kapitel 3.5. dann die europäische Perspektive näher erläutert. Ausgehend von einer kurzen Zusammenfassung der europäischen Abfall(vermeidungs)politik, werden hier die novellierte Abfallrahmenrichtlinie aus dem

3. Abfallvermeidung als Leitprinzip der Abfallpolitik in Deutschland und Europa

Jahr 2008 sowie die Europäische Woche der Abfallvermeidung (EWAV) vorgestellt, die seit 2008 verstärkt Vermeidungsimpulse in die Mitgliedsländer transportieren sollen.

3.1 Die Entwicklung der Abfallwirtschaftspolitik in Deutschland: Von der Müllkippe zur Ressourcenpolitik?

Wie zuvor bereits beschrieben, werden in diesem Kapitel die Entwicklung der Abfallwirtschaft in Deutschland beschrieben sowie analysiert, welche Rolle die Abfallvermeidung hierbei hatte.

3.1.1 Überblick über die Entwicklung der Abfallwirtschaft in Deutschland bis Mitte der 2000er Jahre

Der Umgang mit Abfällen gehört zu den wesentlichen umweltbezogenen Problemstellungen seit Beginn der europäischen Urbanisierung. Für den Großteil der Menschheitsgeschichte handelte es sich hierbei in erster Linie um eine Frage der städtischen Hygiene, was vorwiegend auf die Art der Abfälle zurückzuführen ist: In der vorindustriellen Zeit bis ins 20. Jahrhundert fielen praktisch ausschließlich organische Alltagsabfälle an, welche als Form der Beseitigung grundsätzlich wieder einem natürlichen Kreislauf zugeführt werden konnten. Entsprechend beschränkte sich die Arbeit der frühen Abfallwirtschaft bestenfalls auf die Sammlung der Abfälle (z. B. Leerung von Jauchegruben und Aborten) sowie die Verbringung außerhalb der Stadtgrenzen (vgl. Laufs 2010 und Schott 2014). Während es zwischen dem 13. und 15. Jahrhundert noch hauptsächlich ästhetische Gründe (Geruch, Optik) für eine beginnende Straßenreinigung waren, so führten die offensichtlichen Mängel dieses Systems in Kombination mit weiteren Faktoren, wie einer stark wachsenden Bevölkerung und fehlerbehafteten Abwassersystemen, zu den städtischen Hygiene-Krisen des 15. bis 19. Jahrhunderts.[51] Dies sowie neue wissenschaftliche Erkenntnisse bezüglich Bakterien und Viren führten dazu, dass eine städtische Hygienebewegung entstand, deren Ziel es war, eine „vorbeugende Krankheitsbekämpfung" zu realisieren, was mit der Verbesserung des hygienischen Zustandes gleichzusetzen war (Park 2004: 15). Im Zuge der darauf statt-

---

51 Besonders hervorzuheben sind insbesondere die europäischen Cholera-Epidemien (zuletzt in Hamburg im Jahr 1892) (vgl. Schott 2014).

3.1 Die Entwicklung der Abfallwirtschaftspolitik in Deutschland

findenden stadthygienischen Reformen rückte Ende des 19. Jahrhunderts schließlich auch die Müllsituation in den Mittelpunkt des Interesses. Da Hausabfälle nach Einführung der Schwemmkanalisation nun getrennt gesammelt wurden und dadurch der Dungwert verloren ging (was ihn für die landwirtschaftliche Nutzung uninteressant machte), wurde der Hausmüll mehr und mehr als negativ betrachtet und tauchte im Zusammenhang mit hygienischen Fragen als kritisches Problem auf (vgl. ebd.: 16). Insbesondere „wegen der Krankheitsanfälligkeit gerieten die bis dahin verwendeten Müllgruben für häusliche Abfälle unter Verdacht" (ebd.). Im Sinne der Gefahrenabwehr wurde daher in einigen Städten (z. B. Berlin) über das Polizeirecht „das regelmäßige und gesundheitsunschädliche Einsammeln, Fortschaffen und Beseitigen von Abfällen von den sich professionalisierenden Kommunalverwaltungen selbst als neue Grundfunktion gemeindlicher Selbstverwaltung definiert" (Lamping 1998: 62). Von der Praxis, den Müll aus den Kommunen heraus auf bis dato freie Flächen zu schütten, wich man in den kommenden Jahrzehnten allerdings trotzdem nicht ab – man versuchte allerdings, den Betrieb von Müllplätzen genehmigungspflichtig zu machen und erste Kriterien für eine geordnete Deponierung vorzugeben (vgl. Park 2004: 19). In großen Städten gab es Ende des 19. Jahrhunderts zwar erste Ansätze, die Müllverbrennung als System zu etablieren (beispielsweise 1896 in Hamburg und 1906 in Frankfurt a. M., Kiel und Wiesbaden) – im Vergleich zu Großbritannien konnte sich die Verbrennung zunächst aber nicht etablieren. Dies lag insbesondere am niedrigen Heizwert des damals anfallenden Mülls, der mit der Art der Anlagen (die von ihrem Design her am englischen Müll orientiert waren) nicht kompatibel war und zu sehr hohen Kosten führte (vgl. ebd.: 22 sowie Bilitewski/Härdtle 2013). 1935 wurden die Polizeiverordnungen schließlich durch den Anschluss- und Benutzungszwang abgelöst, der damals im Zuge der Deutschen Gemeindeordnung eingeführt wurde. Die Gemeinden durften bei dringendem öffentlichem Bedürfnis durch Satzung den Anschluss an Müllabfuhr und Straßenreinigung sowie die Benutzung dieser vorschreiben (vgl. Laufs 2010: 10f.).

Auch nach 1945 war die Abfallpolitik als Teil des Gesundheitsschutzes und nicht etwa der Umweltpolitik zu verstehen (vgl. Lamping 1998: 63). Zu Beginn der 1960er Jahre gab es in Deutschland ca. 50.000 weitestgehend unregulierte, ohne besondere Abdichtungsmaßnahmen geplante Müllablagerungsplätze, auf denen jährlich ungefähr 40 Millionen Kubikmeter Abfälle und 10 Millionen Kubikmeter Abwasserschlämme deponiert wurden (vgl. Laufs 2010: 11).⁵² Das Wirtschaftswachstum der Nachkriegsjahre und der damit verbundene Massenkonsum hatten dann allerdings einen Wandel in Qualität und Quantität des Abfallaufkommens zur Folge. So stellte der damalige Ministerialrat des Bundesministeriums für das Gesundheitswesen fest, dass das Volumen der Abfälle zwischen 1950 und 1961 um ca. 100 % gestiegen sei und dass insbesondere Verpackungsmaterial an diesem Anstieg Schuld habe (vgl. Park 2004: 36). Diese auch als „Müll-Lawine" bezeichnete Entwicklung wurde schließlich langsam auch auf Bundes- und Landesebene als ein zu bearbeitendes Problem wahrgenommen, unter anderem weil sehr viele Städte große Probleme hatten, neue Ablagerungsplätze zu finden, und ein Bericht der Bundesregierung diese Knappheit als großes Problem ansah (Park 2004: 38). Dazu kam auch, dass einige neue Vorschriften des Wasserhaushaltsgesetzes die Müllablagerung schwieriger machten, da die „Anforderungen an eine einwandfreie Abfallbeseitigung" verschärft wurden und Flächen für die Ablagerungen von Abfällen hierdurch noch weiter eingeschränkt wurden (Park 2004: 36f.). Mit der Gründung der „Zentralstelle für Abfallbeseitigung" Mitte der 1960er Jahre wurde diesem Umstand Rechnung getragen und „aktuelle Fragen der Abfallbeseitigung wurden in Expertenrunden erörtert und in entsprechenden Merkblättern schriftlich festgehalten" (Bilitew-

---

52 Bis heute verursachen diese ehemals unkontrollierten Müllkippen als Altlasten in der Deponienachsorge erhebliche Kosten. Denn durch Deponierung ohne Abdichtungsmaßnahmen ist es teilweise zu erheblichen Wechselwirkungen mit Luft, Wasser und Boden gekommen. Insbesondere sind Böden sowie Grund- und Oberflächengewässer gefährdet, da durch das Austreten von Sickerwasser oder durch Ausschwemmung von Regenwasser die in den Altlasten befindlichen Schadstoffe freigesetzt werden können (vgl. Umweltbundesamt 2017a). In Deutschland wurden bis Mitte 1992 ca. 135.000 Altlastenverdachtsflächen erfasst und die Sanierungskosten wurden damals auf rund 250 Mrd. DM geschätzt (vgl. Bilitewski/Härdtle 2013: 760). Im Jahr 2017 waren 263.548 altlastenverdächtige Flächen in Deutschland erfasst (vgl. Umweltbundesamt 2017b). Um die Gefährdung von Altlasten zu minimieren, sind seit dem 1999 verabschiedeten Bundes-Bodenschutzgesetz (BBodSchG) Sanierungsmaßnahmen durchzuführen, die dafür sorgen, dass die Gefahrenschwellen dauerhaft unterschritten werden. Im Rahmen des nachsorgenden Bodenschutzes existiert ein stufenweises Verfahren, welches die Komponenten Erfassung, Untersuchung und Bewertung, Sanierung und Nachsorge beinhaltet (vgl. Umweltbundesamt 2010). Zudem bestehen seit „der Technischen Anleitung Abfall von 1991 und spätestens mit der Deponieverordnung und der Abfallablagerungsverordnung als Umsetzung der europäischen Deponierichtlinie [...] komplexe technische Anforderungen" an Deponien, die das Ziel verfolgen, eine Umweltbeeinträchtigung wie bspw. eine Verunreinigung des Grundwassers möglichst vollkommen auszuschließen (Wilts 2016a: 91).

ski/Härdtle 2013: 3). Diese Entwicklung kann als Einstieg in die moderne Abfallwirtschaft in Deutschland angesehen werden (vgl. ebd.). Das Thema Abfallvermeidung spielte zu diesem Zeitpunkt noch keine Rolle.

Basierend auf der langsam einsetzenden Einsicht, dass Abfallpolitik auch unter umweltpolitischen Gesichtspunkten relevant ist (der erste Umweltbericht der Bundesregierung im Jahr 1971 stellte fest, dass durch unsachgemäße Müllablagerung Oberflächen- und Grundwasser sowie die Luft verschmutzt würden), konnte 1972 der in diesem Politikfeld bis dato keine Regelungskompetenz besitzende Bund die Aufnahme der Abfallentsorgung[53] in den Bereich der konkurrierenden Gesetzgebung erreichen (vgl. Böcher/Töller 2012: 42). Das so entstandene Abfallbeseitigungsgesetz (AbfG'72) umfasste primär Vorschriften zur Gefahrenabwehr für Mensch und Umwelt (Abfälle seien so zu beseitigen, dass das Wohl der Allgemeinheit nicht beeinträchtigt werde; § 2 AbfG'72) sowie allgemeine Regelungen zur Ordnung der Zuständigkeiten in Bezug auf die Abfallbeseitigung.[54] Durch diesen ersten bundeseinheitlichen Ordnungsrahmen konnten Abfallströme erstmals kanalisiert, Beseitigungsstandards getroffen und die zahllosen Kleinstdeponien zugunsten von regionalen Großdeponien reduziert werden (Lamping 1997: 49). Im Fokus stand der Umgang mit bereits entstandenen Abfällen, wobei der Bundesregierung aber das Recht eingeräumt wurde, den Gebrauch von Verpackungen aus besonders schädlichen Stoffen zu verbieten, was eine erste Form der gesetzlichen Abfallvermeidung darstellt (vgl. § 11c AbfG'72). Insgesamt haben insbesondere die steigenden Anteile von Metallen, Kunststoffen und Verbrauchsprodukten eine Transformation des Umgangs mit Abfällen nötig gemacht bzw. eingeläutet, da sich diese Stoffe in der Natur nicht oder zu langsam abbauen und auf diese Weise zur Gefahr für Mensch und Umwelt werden können. Es setzte also ein Umdenken ein, als erkennbar wurde, dass die „althergebrachte" Tradition der außerstädtischen Deponierung der Abfälle aufgrund diverser Emissionen und damit einhergehender Umweltbelastungen sowie Platzmangel im ohnehin schon dicht besiedelten West- und Mittel-

---

53 Heute unter der Kompetenzbezeichnung „Abfallwirtschaft" zu finden, die eine umfassendere Regelungskompetenz ausdrücken soll (Böcher/Töller 2012: 42).
54 Der auch heute noch geläufige Begriff der „Abfallbeseitigung" sollte nicht darüber hinwegtäuschen, dass es eine vollkommene „Beseitigung" von Abfällen im Grunde nicht geben kann: „Mit Bezug auf die ‚Entsorgung' von Abfällen verdeutlicht das Konzept des sozio-industriellen Metabolismus mit seinem geschlossenen Stoffkreislaufsystem, dass es nicht möglich sein kann, entstandene Abfälle räumlich, zeitlich oder medial zu entsorgen, eine Beseitigung von Abfällen ist daher auf jeden Fall eine Illusion" (Wilts 2016a).

europa auf Dauer nicht tragbar sein wird und ein regulatives Eingreifen der Politik erforderlich machte (Bilitewski/Härdtle 2013).

Doch erst das Abfallgesetz von 1986 (AbfG'86) befasste sich auch direkt mit dem Abfallaufkommen an sich und mit einer Verringerung der Mengen durch Maßnahmen der Abfallvermeidung („Abfälle sind nach Maßgabe von Rechtsverordnungen [...] zu vermeiden", § 1a AbfG'86). Erstmals wurde der Abfallverwertung Vorrang vor der Abfallbeseitigung eingeräumt und im § 1a Abfallvermeidung und Abfallverwertung wurde erstmals festgehalten, dass Abfälle vermieden werden sollen (Urban 2013: 57). Durch die neu geschaffene Möglichkeit für den Erlass von Verwaltungsvorschriften war die Bundesregierung fortan in der Lage, durch die Zustimmung des Bundesrates detaillierte Kriterien bezüglich des aktuellen Stands der Technik der Abfallentsorgung und -behandlung vorzugeben (Lamping 1997: 50). Im Bereich Siedlungsabfälle wurde dies über die Technische Anleitung Siedlungsabfall (TASi) gelöst, welche im Mai 1993 in Kraft trat.[55] Zwar schrieb die TASi keine Behandlungsverfahren vor,

---

[55] In den 1980er Jahren nahm das Abfallaufkommen der Bundesrepublik Deutschland immer weiter zu, woraufhin die Entsorgungsmöglichkeiten immer geringer wurden. Des Weiteren ging von der Deponierung unbehandelter Siedlungsabfälle eine erhebliche Umweltbeeinträchtigung aus. Durch unzureichende Abdichtungen kam es zur Verunreinigung von Boden und Gewässern, weiterhin wurde Deponiegas freigesetzt (vgl. BMU 2005). Deshalb wurde im Jahr 1993 die Technische Anleitung Siedlungsabfall (TASi) als Verwaltungsvorschrift erlassen und somit der Stand der Technik der Siedlungsabfallablagerung festgeschrieben. Ziel der Verwaltungsvorschrift war „die bundeseinheitliche Sicherstellung einer umweltverträglichen, langfristig sicheren und weitestgehend nachsorgefreien Deponie" (ebd.). Die Bewirtschaftung von Deponien wurde in den Folgejahren deutlich verbessert. Durch technische Maßnahmen wie die Abdichtung des Bodens und die Erfassung von Sickerwasser und Deponiegas mit anschließender Reinigung wurde die von Deponien ausgehende Umweltgefährdung minimiert. Dennoch ist die Deponierung von Abfällen langfristig nicht umweltverträglich und nicht mit einer geschlossenen Kreislaufwirtschaft vereinbar (ebd.). Nach der TASi ist es seit dem 1. Juni 2005 nicht mehr zulässig, unbehandelte, organische und biologisch abbaubare Siedlungsabfälle zu deponieren. Bis zum Jahr 2005 galt eine Übergangsfrist, ab dem 1. Juni 2005 war die Ablagerung unbehandelter, organischer und biologischer Siedlungsabfälle generell unzulässig (Tiedt 2007). Um europäische Vorgaben umzusetzen, wurden in den Jahren 2001 und 2002 die Abfallablagerungsverordnung und die Deponieverordnung erlassen. Diese beinhalteten neben Regeln zu Organisation und Betrieb auch Anforderungen an Beschäftigte, die finanzielle Sicherheit, Sickerwasser- und Deponiegaserfassung sowie nachsorgendes Monitoring. Vieler dieser Inhalte waren auch in der TASi bereits enthalten, nach europäischem Recht war es jedoch notwendig, eine Verordnung zu erlassen. Bei der Abfallablagerungsverordnung handelt es sich um

jedoch waren die strengen Anforderungen an die abzulagernden Abfälle mit den damals „verfügbaren mechanisch-biologischen Verfahren [...] nicht zu erreichen, sondern nur mit thermischen Verfahren, wie z. B. der Müllverbrennung" (BMU 2005).[56] „Die TASi stellte u. a. umwälzend neue Anforderungen an die Beschaffenheit von Hausmülldeponien und die abzulagernden Abfälle. Diese Vorschriften wurden mit dem 1. Juni 2005 uneingeschränkt wirksam. Seither ist es unzulässig, unbehandelte, organische, biologisch abbaubare Siedlungsabfälle abzulagern" (Kranert/Cord-Landwehr 2010: 13).

Durch das Abfallgesetz von 1986 wurde die Bundesregierung zudem ermächtigt, Hersteller von Verpackungen und Erzeugnissen zu deren Rücknahme zu verpflichten sowie eine Kennzeichnung von Verpackungen anzuordnen, um eine getrennte Sammlung zu ermöglichen (vgl. § 14 AbfG'86). Von dieser Berechtigung wurde 1991 mit Einführung der Verpackungsverordnung Gebrauch gemacht, welche die Rücknahmepflicht von Verpackungen durch die Privatwirtschaft festlegte, was eine getrennte Sammlung dieser notwendig machte. Dies führte zur Etablierung des sogenannten „Dualen Systems" der Abfallwirtschaft: Während die Verantwortung für zumeist nicht (ohne weiteres) stofflich verwertbare Siedlungsabfälle (wie Restmüll und Sperrmüll) bei den öffentlich-rechtlichen Trägern[57] liegt, ist die Entsorgung von (stofflich verwertbaren) Verpackungsmaterialien seitdem privatwirtschaftlich organisiert.

---

die Fortschreibung der „Technischen Anleitung Siedlungsabfall". Da die beiden erlassenen Verordnungen und Regelungen sehr komplex waren, wurde 2009 eine neue Deponieverordnung erlassen, womit die TASi endgültig außer Kraft gesetzt wurde. Diese vereint die Abfallablagerungsverordnung und die vorherige Deponieverordnung und vereinfacht diese. Die neue Deponieverordnung wurde bereits mehrfach aktualisiert und an neue rechtliche Anforderungen angepasst. Die Kapazität der in Deutschland heute bestehenden Deponien reicht Berechnungen zufolge noch rund 20 Jahre. Trotz der immer weiter voranschreitenden Reduzierung des Deponierungsvolumens werden Deponien auch in den folgenden Jahren ein fester Bestandteil der deutschen Abfallwirtschaft sein. Sowohl aus wirtschaftlichen als auch aus Umweltschutzgründen ist eine Deponierung teilweise notwendig, da eine vollständige Verwertung von Abfällen nicht immer möglich ist (Umweltbundesamt 2016).

56 Gleichzeitig wurden 1990 mit der 17. BImSchV (Siebzehnte Verordnung zur Durchführung des Bundes-Immissionsschutzgesetzes) auch die emissionsseitigen Anforderungen an Müllverbrennungsanlagen verschärft (vgl. BMU 2005).

57 Die öffentlich-rechtlichen Entsorgungsträger (örE) im Sinne des § 17 KrWG sind die kreisangehörigen Gemeinden, die kreisfreien Städte und die Landkreise. Grundsätzlich dürfen die örE ihre Aufgabe ganz oder teilweise auf einen Dritten übertragen (§ 22 KrWG'2012). Somit entsteht eine Reihe an möglichen Orga-

3. Abfallvermeidung als Leitprinzip der Abfallpolitik in Deutschland und Europa

Da die Müllmengen in Deutschland allerdings weiter konstant wuchsen, die entsorgungspflichtigen Gebietskörperschaften nicht die erforderlichen Beseitigungskapazitäten (insb. Anlagen zur thermischen Behandlung und Nutzung der Siedlungsabfälle) hatten und sich bereits vorhandene Deponien rasch füllten, wurde damals in zahlreichen Regionen schon von einem „Entsorgungsnotstand" gesprochen, auf den umgehend zu reagieren sei (vgl. Kranert/Cord-Landwehr 2010: 14). Basierend auf einer Gesetzesinitiative der Bundesländer kündigte die damalige Bundesregierung daher eine „über den als unzureichend eingestuften Bundesratsgesetzentwurf hinausgehende Neufassung des Abfallgesetzes an, im Sinne einer durchgreifenden Neuordnung nach der Prioritätenfolge Vermeidung, stoffliche Verwertung und sonstige Entsorgung von Abfällen" (Kranert/Cord-Landwehr 2010: 14).

Auch zur Umsetzung dieses Gedankens wurde im 1994 verabschiedeten und 1996 in Kraft getretenen Kreislaufwirtschafts- und Abfallgesetz (KrW-/AbfG'96) der Begriff der Produktverantwortung eingeführt (vgl. § 22 KrW-/AbfG'96). Das dahinterstehende Konzept gibt vor, dass Hersteller und Vertreiber von Produkten auch die abfallwirtschaftliche Verantwortung für diese tragen müssen – über die gesamte Lebensdauer hinweg, insbesondere auch in den Bereichen Rücknahme und Verwertung (Umweltbundesamt 2019b). Bis heute ist die Produktverantwortung ein zentrales Element der deutschen Abfallwirtschaft. Eng verbunden war die Einführung des Prinzips mit dem Umstand, dass im KrW-/AbfG erstmals eine dreistufige Abfallhierarchie festgehalten wurde. So sind nach § 4 Abs. 1 Abfälle in erster Linie zu vermeiden und in zweiter Priorität stofflich zu verwerten oder zur Gewinnung von Energie zu nutzen. Erst an dritter Stelle stand die Beseitigung (vgl. Abbildung 4). Die Abfallvermeidung wurde allerdings weitestgehend über die Produktverantwortung operationalisiert, denn die dahinterstehende Intention war die Erwartung, dass die entstehenden Mehrkosten Produzenten dazu veranlassen würden, beispielsweise weniger Verpackungen in Umlauf zu bringen. Obwohl die getroffenen Regelungen der Verpackungsverordnung und des Kreislaufwirtschafts- und Abfallgesetz allgemein tatsächlich die Restabfallmengen gesenkt und die

---

nisationsformen in der Entsorgung: Öffentlich-rechtliche Organisationsformen: Regiebetriebe, Eigenbetriebe, Anstalten des öffentlichen Rechts, Zweckverbände (interkommunaler Zusammenschluss), privatrechtliche Organisationsformen ohne Beteiligung Dritter sowie privatrechtliche Organisationsformen mit Beteiligung Dritter. Ob eine Pflicht zur Überlassung des Abfalls gegenüber öffentlich-rechtlichen Entsorgungsträgern besteht oder ob sich private Firmen frei betätigen können, bestimmt sich über die Art des Abfalls (zur Beseitigung oder zur Verwertung) und über den Herkunftsbereich der Abfälle (privat oder gewerblich).

3.1 Die Entwicklung der Abfallwirtschaftspolitik in Deutschland

Wertstoffverwertungsquoten gesteigert haben, wird der Effekt auf die tatsächliche Abfallvermeidung als eher gering eingestuft: Die Kosten per Aufschlag auf den Verkaufspreis wurden lediglich an die Endkunden weitergereicht (Bilitewski/Härdtle 2013). Neben den bereits genannten Verpackungen wurden in Deutschland auch für weitere Produkte konkrete Vorgaben durch Gesetze und Verordnungen festgelegt. Beispiele hierfür sind das Batteriegesetz, das Elektro- und Elektronikgerätegesetz und die Altölverordnung.

Abbildung 4: Die dreistufige Abfallhierarchie gemäß dem KrW-/AbfG 1996

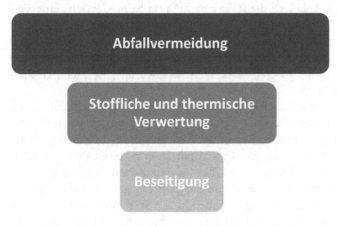

Quelle: Eigene Darstellung.

3.1.2 Einordnung und Bewertung

Als Zielvorgabe taucht Abfallvermeidung also erstmals im Abfallgesetz von 1986 auf – insbesondere um die Kommunen von den wachsenden Müllmengen sowie den immer komplexer werdenden Abfallströmen zu entlasten (vgl. Wilts 2016a; vgl. Kranert/Cord-Landwehr 2010: 12).[58] Im

---

[58] „Ein Abfallvermeidungsgebot wurde als Programmsatzneu eingefügt; es entfaltete jedoch keine unmittelbare rechtsverbindliche Wirkung. […] Die Bundesregierung wurde umfassend ermächtigt, Rechtsverordnungen zur Kennzeichnung und getrennten Sammlung schadstoffhaltiger Abfälle und zu Rückgabe- und Rücknahmepflichten für bestimmte Erzeugnisse, insbesondere Verpackungen und Behältnisse, zu erlassen. Der Bundesregierung wurde damit erstmals ermöglicht, das Verursacherprinzip bereits im Produktbereich mit abfallrechtlichen

KrW-/AbfG'96 wird dann erstmals eine dreistufige Abfallhierarchie eingeführt, die Abfallvermeidung vor Verwertungsmaßnahmen und der Beseitigung sieht. In der Folge führte dies zwar auch dazu, dass einige Abfallwirtschaftsprogramme auf Länderebene stärker auf Abfallvermeidung abzielten, „ohne jedoch nachhaltige Effekte auf das Abfallaufkommen oder seine stoffliche Zusammensetzung zu bewirken. Auch die deutsche Umweltbewegung bemängelte bereits früh in den 1980er Jahren, dass [...] eine Lenkung der Stoffströme, bevor sie zu Abfall wurden, völlig fehlte" (Wilts 2016a). So stellt auch das Umweltgutachten des Sachverständigenrats für Umweltfragen aus dem Jahr 2008 fest, dass „die mit Priorität verlangte Vermeidung von Abfällen [nicht] geschieht" und hauptsächlich „eine Verschiebung der Abfallmengen von der Beseitigung zur Verwertung" stattfand. Zwar sei teilweise „eine moderate Entkopplung der Abfallmengen vom Bruttosozialprodukt zu verzeichnen", doch „eine signifikante Reduktion der Stoffströme unserer Volkswirtschaft wurde [...] nicht erreicht (SRU 2008: 415f.).

Wie aus Kapitel 3.1.1. ersichtlich wurde, gab es allerdings eine deutliche Verschiebung von der Deponierung zur Müllverbrennung bzw. zu thermischer Verwertung sowie zum Recycling[59]. So hat die Technikstruktur[60] der Siedlungsabfallwirtschaft in den letzten Jahren eine durchaus beachtliche Weiterentwicklung erfahren (insb. bei automatischen Sortiertechniken, bei denen Deutschland zu den Weltmarktführern gehört) (Wilts 2016a: 90). Die größten Veränderungen haben sich vor allem durch die TASi 1993 und das Ende der Deponierung unbehandelter Abfälle seit dem Jahr 2005 ergeben, wodurch die Deponierung dramatisch an Bedeutung verloren hat und heute vor allem die Müllverbrennung dominiert.[61] Zuvor konnten Mülldeponien als „wichtigste Senke im System der Abfallwirtschaft" angesehen werden (Wilts 2016a: 91). Der heutige zentrale Baustein

---

Maßnahmen umzusetzen und Hersteller zu verpflichten, Vorsorge für eine umweltverträgliche Entsorgung ihrer Produkte am Ende der Nutzungsdauer zu treffen" (Kranert/Cord-Landwehr 2010: 12f.).

59 Problem hierbei ist allerdings oftmals eine stoffliche Abwertung des Materials, also das sogenannte „Downcycling". Die durch das Recycling entstehenden Sekundärrohstoffe sind oftmals nur für geringwertigere Produkte nutzbar.

60 Als zentrale technischen Artefakte der Abfallwirtschaft sind Deponien, Müllverbrennungsanlagen (MVA), Ersatzbrennstoff-Kraftwerke (EBS), Blockheizkraftwerke (Biomasseverwertung), Sortieranlagen und stoffspezifische Verwertungsanlagen sowie die Sammelstrukturen anzusehen.

61 „Die Kapazitäten in den Abfallverbrennungsanlagen werden zu 43 % von öffentlichen Betreibern, zu 27 % von rein privaten und zu 30 % von gemischtwirtschaftlichen Unternehmen geführt" (BDE/ITAD/VDMA 2016: 9).

3.1 Die Entwicklung der Abfallwirtschaftspolitik in Deutschland

für den Umgang mit angefallenen Abfällen sind nun die Müllverbrennungsanlagen (MVAs), die ähnlich wie Deponien als klassischer End-of-pipe-Ansatz[62] der Umweltpolitik anzusehen sind und die in Deutschland ein dichtes Entsorgungsnetz bilden. Während der Hauptzweck der frühen Anlagen (die erste deutsche Müllverbrennungsanlage wurde 1896 in Hamburg offiziell in Betrieb genommen) eine Beseitigung der Abfälle zur Gefahrenabwehr durch Hygienisierung und Volumenreduzierung war, steht seit der ersten Erdölkrise auch der Aspekte der Energiegewinnung im Fokus (BDE/ITAD/VDMA 2016: 8). Neben der Schonung anderer Energieressourcen ist das Hauptziel der Verbrennung die Inertisierung des Restabfalls, also eine Umwandlung zu reaktionsträgen Stoffen, um eine daraufhin folgende stoffliche Verwertung (Überführung der Rückstände in verwertbare Sekundärrohstoffe) oder Deponierung (Volumenminderung des zu deponierenden Abfallaufkommens) zu ermöglichen (Bilitewski/Härdtle 2013: 312). Inzwischen sind fast alle deutschen MVAs thermische Verwertungsanlagen[63] (ebd.).[64] Der hohe Anteil bzw. die hohe Bedeutung der MVAs im abfallwirtschaftlichen System wird für Deutschland (genauso wie beispielsweise auch für die nordischen Länder Schweden und Dänemark) regelmäßig kritisch diskutiert. Hintergrund ist, dass die Verbrennungskapazitäten in Konkurrenz zu anderen Behandlungstechniken wie insb. dem Recycling[65] stehen und sich durch die Kapitalintensität der

---

62 Unter End-of-pipe-Maßnahmen versteht man im Umweltschutz nachgelagerte Maßnahmen, die nicht direkt an der Quelle oder am Produktionsprozess ansetzen, sondern negative Umweltauswirkungen erst am Ende der Wertschöpfungskette zu verringern versuchen (z. B. Kläranlagen, Deponien, Müllverbrennungsanlagen, Filtertechnologien).
63 Weitere thermische Verfahren sind Abfallpyrolyse (Entgasung/Vergasung), Hydrierung und Trocknungsverfahren (Bilitewski/Härdtle 2013: 312). Eine spezielle Art von MVAs sind außerdem die bereits erwähnten EBS-Kraftwerke (siehe hierzu auch Wilts 2016a: 92).
64 Sprachlich drückt sich dies durch die häufigere Verwendung des Begriffes „waste-to-energy" aus, wobei im Deutschen von Müllkraftwerk (Strom), Müllheizwerk (Wärme) und Müllheizkraftwerk (Strom und Wärme) gesprochen wird. Die Strom- und Wärmeproduktion wirkt sich hierbei auch auf die Verbrennungspreise aus, welche bspw. bei gebührenfinanziertem Entsorgungsabfall gesenkt werden können (Wilts 2016a: 92).
65 Typische Recyclingkreisläufe sind für Papier und Pappe, Altglas, Metallschrott, Kunststoffe und Verpackungen, organische Materialien (z. B. Kompost) sowie mineralische Baustoffe etabliert. Hierfür existieren stoffspezifische Verwertungsanlagen. „Die Anlagen in den für die Zukunftsaufgaben wichtigen Märkten für die Sortierung und Aufbereitung von Abfällen und Wertstoffen werden überwiegend von privaten Unternehmen betrieben" (BDE/ITAD/VDMA 2016: 9).

geschaffenen Kapazitäten langfristige Pfadabhängigkeiten ergeben, die die Abfallwirtschaft für Jahrzehnte prägen und eine Transition hin zu einem ressourceneffizienteren System erschweren (siehe hierzu im Detail Kapitel 3.4.3 der vorliegenden Arbeit).

Wenn also bis Mitte der 2000er Jahre von ökologischen Erfolgen in der deutschen Abfallwirtschaft gesprochen wurde, dann bezieht sich dies vor allem auf die Verschiebung von der Beseitigung (Deponierung) hin zur Verwertung (insbesondere thermischer, aber auch stofflicher Natur). Abfallvermeidung hingegen spielte in der abfallwirtschaftlichen Praxis lange Zeit keine Rolle. Dies lässt sich auch gut daran ablesen, dass eine tatsächliche Mengenreduktion der haushaltstypischen Siedlungsabfälle nicht erreicht werden konnte:

> „Seit nunmehr 14 Jahren ist so als oberste Priorität die Vermeidung und damit die Mengenreduktion fixiert. Wir müssen konstatieren, dass eine erfolgreiche Umsetzung dieser Hierarchie bis heute nicht gelungen ist! Aber ist nicht die Menge durch Verwertung drastisch reduziert worden? Das ist wahr. Es haben deutliche Umschichtungen innerhalb der Ebenen Verwertung und Beseitigung stattgefunden. Lag der Verwertungsanteil vor 25 Jahren noch bei ca. 10 %, so liegt er heute zwischen 40 und 60 %. Ein Erfolg hinsichtlich Ressourcenschonung und Emissionsminderung" (Bidlingmaier 2007: 465).

Während die Siedlungsabfälle mit ca. 50 Millionen Tonnen pro Jahr über ein Jahrzehnt hinweg relativ konstant geblieben sind, ist die Menge an haushaltstypischen Siedlungsabfällen (in Abfallbilanzen vor 2012 als „Haushaltsabfälle" bezeichnet) stark von 37,6 Millionen Tonnen (Jahr 2000) auf 43,2 Millionen Tonnen (Jahr 2008) gewachsen (vgl. Umweltbundesamt 2018a; Statistisches Bundesamt 2020). Es ist somit zu konstatieren, dass, obwohl Abfallvermeidung bereits seit 1986 an der Spitze der Abfallhierarchie steht und es auch „niemals ernsthafte Zweifel an der Sinnhaftigkeit dieses Zieles" gab, eine Reihe an technischen, finanziellen und regulatorischen Umständen dazu geführt hat, dass es trotz der geschichtlich frühen Zielabsicht lange Zeit keine ernsthaften Bestrebungen gab, diese hehre Zielabsicht auch in der Praxis angehen zu wollen (Urban 2013: 52). Zwar war die Ressourcenschonung zunehmend in den Vordergrund gerückt (man beachte allein den oben beschriebenen begrifflichen Wandel vom Abfallbeseitigungs- hin zum Kreislaufwirtschaftsgesetz), aber eine tatsächliche Vermeidung von Abfällen war nicht zu erkennen.

Als wichtiges abfallwirtschaftliches Thema ist an dieser Stelle ergänzend noch zu nennen, dass in der deutschen Abfallwirtschaft seit Beginn der

1990er Jahre ein Kompetenzkampf zwischen privaten Unternehmen und öffentlich-rechtlichen Entsorgungsträgern herrscht (vgl. Ormond 2012: 4). Der „juristische Grabenkrieg zwischen Wirtschafts- und Kommunalvertretern" wird nicht im Mittelpunkt der Betrachtung dieser Arbeit stehen, soll an dieser Stelle aber trotzdem kurz genannt sein, da die Diskussionen hierum in der Abfallwirtschaft „wesentlich mehr Raum ein[nehmen] als etwa die Diskussion über Umwelt- und Klimaauswirkungen" (ebd.).

3.2 Notwendigkeit, Potenziale und Möglichkeiten von Abfallvermeidungspolitik und -maßnahmen

Unter Abfallvermeidung können alle Maßnahmen und Handlungsmöglichkeiten verstanden werden, „die das Entstehen von Abfällen bei der Produktion, bei der Distribution, bei der Nutzung und bei der Entledigung von Gütern verhindern" (Bidlingmaier/Kranert 2010: 74). Das KrWG'2012 definiert Abfallvermeidung als „jede Maßnahme, die ergriffen wird, bevor ein Stoff, Material oder Erzeugnis zu Abfall geworden ist, und dazu dient, die Abfallmenge, die schädlichen Auswirkungen des Abfalls auf Mensch und Umwelt oder den Gehalt an schädlichen Stoffen in Materialien und Erzeugnissen zu verringern. Hierzu zählen insbesondere die anlageninterne Kreislaufführung von Stoffen, die abfallarme Produktgestaltung, die Wiederverwendung von Erzeugnissen oder die Verlängerung ihrer Lebensdauer sowie ein Konsumverhalten, das auf den Erwerb von abfall- und schadstoffarmen Produkten sowie die Nutzung von Mehrwegverpackungen gerichtet ist" (§ 3 Abs. 20 KrWG'2012).

Zu unterscheiden von der oben genannten „Wiederverwendung" (= „jedes Verfahren, bei dem Erzeugnisse oder Bestandteile, die keine Abfälle sind, wieder für denselben Zweck verwendet werden, für den sie ursprünglich bestimmt waren"; § 3 Abs. 20 KrWG'2012), die direkt der Abfallvermeidung und somit der obersten Stufe der Abfallhierarchie zuzuordnen ist, ist die „Vorbereitung zur Wiederverwendung". Hierunter werden alle „Verwertungsverfahren der Prüfung, Reinigung oder Reparatur" verstanden, bei denen die „Erzeugnisse oder Bestandteile von Erzeugnissen, die zu Abfällen geworden sind, so vorbereitet werden, dass sie ohne weitere Vorbehandlung wieder für denselben Zweck verwendet werden können, für den sie ursprünglich bestimmt waren" (§ 3 Abs. 24 KrWG'2012). Da diese Maßnahmen rein funktional aber auch der Abfallvermeidung bzw. der Wiederverwendung dienen, werden sie in der vorliegenden Arbeit gleichberechtigt mitbetrachtet.

3. Abfallvermeidung als Leitprinzip der Abfallpolitik in Deutschland und Europa

Allgemein anerkannt ist die Unterscheidung in quantitative (mengenbezogene) und qualitative (schadstoffbezogene) Abfallvermeidung. Erstere bezeichnet die Reduzierung der bloßen anfallenden Abfallmengen in Gewichtseinheiten, unabhängig von deren Zusammensetzung, welche etwa durch Reparatur und Wiederinstandsetzung von Geräten (was im rechtlichen Sinne eigentlich als „Vorbereitung zur Wiederverwendung" einzustufen wäre), durch Konzepte zum Tausch oder Leasing und die Aufklärung zur Vermeidung kurzlebiger Produkte sowie besserer Einkaufsplanung (zur Reduktion von Lebensmittelabfällen) umfasst. Qualitative Vermeidung meint hingegen Konzepte, welche die (Umwelt-)Effekte der Abfälle lindern, etwa durch den Einsatz umweltfreundlicherer Materialien, was jedoch vorwiegend während der Design- und Produktionsphase eines Produktes geschehen muss oder auch bei Verbrauchern, die auf abfallintensive Produkte oder Plastikverpackungen zugunsten weniger schädlicher Produkte oder Verpackungsarten verzichten können. Da eine quantitative Reduzierung der Abfallmenge gleichzeitig auch mit einer erhöhten Schadstoffbelastung einhergehen kann und umgekehrt eine Verringerung der schadstoffbelasteten Abfälle nicht zwangsläufig zu einer Abfallmengenverringerung führen muss, ist es für eine ganzheitliche Abfallvermeidungspolitik zentral, beide Punkte gleichberechtigt zu betrachten (vgl. Bidlingmaier/Kranert 2010: 74).

Eine Vermeidung von Abfällen ist aus zahlreichen Gründen für sinnvoll zu erachten. Zum einen können hierdurch generell Umweltbelastungen vermieden werden, da weniger gefährliche Stoffe in die Umwelt eingetragen werden. Hinzu kommt eine Verringerung der Entropiezunahme, was auf die Einsparung von Rohstoffen anspielt (eine Entropiezunahme könnte „als Maß für die Nicht-Umkehrbarkeit eines Prozesses angesehen werden") (Bidlingmaier/Kranert 2010: 77). Dass darüber hinaus ein hoher Energieeinsatz notwendig ist, um bereits verteilte Abfallstoffe wieder in den Kreislauf zurückzuholen und sie als Sekundärrohstoffe zu nutzen, zeigt auch, warum Abfallvermeidung dem Recycling hierarchisch vorzuziehen ist. Da das Vermeiden von Abfällen „die zu sammelnde, zu transportierende, zu behandelnde und abzulagernde Abfallmenge reduziert", hat dies auch Einfluss auf die Entsorgungskapazitäten sowie auf Abfalltransporte, die sich verringern würden (Bidlingmaier/Kranert 2010: 76). Dies könnte auch eine Reduktion der Entsorgungskosten zur Folge haben, da Sammlung, Behandlung und Entsorgung von Abfällen mit zahlreichen kostenverursachenden Aktivitäten verbunden sind (vgl. ebd.). Dies sei insbesondere dann der Fall, wenn man bei der Berechnung der Kosten nicht nur die (kurzfristigen) betriebswirtschaftlichen Kosten im Auge hat,

3.2 Notwendigkeit, Potenziale und Möglichkeiten von Abfallvermeidungspolitik

sondern auch volkswirtschaftliche Aspekte, wie z. B. Folgekosten, miteinbezogen werden. Werden externe Kosten internalisiert, „bietet die Abfallvermeidung eindeutige Einsparpotentiale" (ebd.).

Der generelle Querschnittscharakter der Umweltpolitik (vgl. Böcher/Töller 2012: 97) spiegelt sich auch deutlich in der Abfallvermeidungspolitik wider. Zahlreiche weitere Sektoren, gesellschaftliche Bereiche und Ressorts wie Industriepolitik, Arbeitsmarkt- und Beschäftigungspolitik, Kohäsionspolitik sowie auch weitere Policy-Subfelder der Umweltpolitik (hier insbesondere die Klimapolitik) sind betroffen. Tabelle 1 fasst diesen Querschnittscharakter zusammen. Hieraus ableitend ist auch festzustellen, dass sich im Bereich der Abfall(vermeidungs)politik ein hoher Bedarf an Politikintegration wiederfindet. Schwierig hierbei ist allerdings, dass eine solche dem hochgradig spezialisierten Verwaltungsaufbau widerspricht und sich durch die zahlreichen betroffenen Politikfelder natürlich auch die Anzahl der sektoralen Interessen unterschiedlicher Akteure (bspw. Gesellschaft und Industrie) erhöht, die bei drohenden Einschränkungen Widerstand leisten könnten (vgl. Böcher/Töller 2012: 71).

3. Abfallvermeidung als Leitprinzip der Abfallpolitik in Deutschland und Europa

Tabelle 1: Der Querschnittscharakter der Abfallvermeidungspolitik

Waste prevention	
Environmental policy areas	**Primarily non-environmental policy domains**
- Voluntary agreements - Campaigns on waste prevention (lifestyles) - Public procurement guidelines - Promotion of reuse and repair - Fees and charges - etc.	- Raw Materials Initiative - Cohesion policy - Industrial Competitiveness policy - Innovation policy - Employment and social policy - Research and development policy - etc.
Examples: Sustainable development action plans, waste prevention programmes	Examples: Sustainable Development Goals (SDG), Europe 2020
- Product policy - Eco-design - Waste Framework Directive - Industrial Emissions Directive - Green public procurement - Eco-Management and Audit Scheme (EMAS) - Eco-label - etc.	- Housing policy - Employment policy - Educational policy - Fiscal policy - etc.
Examples: Roadmap to a Resource Efficient Europe, Circular Economy Package	Examples: EU Urban Agenda, Economic and spatial planning policies

Quelle: Eigene Darstellung nach Europäische Umweltagentur 2015: 11.

3.2 Notwendigkeit, Potenziale und Möglichkeiten von Abfallvermeidungspolitik

Dem Querschnittscharakter Rechnung tragend, ist eine Vielzahl an Akteuren von abfallvermeidenden Maßnahmen direkt und indirekt tangiert.
- Politik (auf den unterschiedlichen Ebenen bzw. in den verschiedenen Sektoren), öffentliche Verwaltung (auf den unterschiedlichen Ebenen bzw. in den verschiedenen Sektoren)
- Produzierendes Gewerbe und Industrie, Unternehmen, Abfallwirtschaft, Handel, Haushalte
- Medien, Umweltgruppen, Wissenschaft

Nach Bidlingmaier/Kranert (2010: 75), lassen sich abfallvermeidende Maßnahmen wie folgt klassifizieren:

„1. Abfallvermeidung durch Produktions- und Konsumverzicht, indem hierdurch zwangsläufig die Abfallentstehung von vornherein unterbunden wird.
2. Abfallvermeidung bei der Aufbereitung und Produktion durch bessere Ausnutzung der Rohstoffe bzw. durch interne Kreislaufführung. Hierbei ist die Schnittstelle zur Verwertung dort zu ziehen, wo dem Abfallerzeuger die Verwertung bzw. der direkte Einfluss hierauf entzogen ist.
3. Abfallvermeidung durch Substitution von schadstoffhaltigen Produkten durch schadstoffarme Produkte (z. B. Einsatz schwermetallarmer Produkte etc.)
4. Abfallvermeidung bei der Produktion durch die Konstruktion langlebiger Produkte
5. Abfallvermeidung beim Handel durch den Einsatz von Mehrwegsystemen
6. Abfallvermeidung beim Verbraucher durch die längere Benutzung von Gebrauchsgütern, deren Reparatur bzw. die Verwertung von Abfällen vor Ort durch Eigenkompostierung
7. Abfallvermeidung durch Erhöhung der Ressourceneffizienz von Produkten (Lebenszyklusbetrachtung)".

Für die Umsetzung dieser Maßnahmen bzw. zur Zielerreichung können öffentliche Akteure aus einer Reihe an Instrumentenkategorien (ordnungsrechtliche, ökonomische, kooperative, informationelle, prozedurale und planerische Instrumente) wählen, um abfallvermeidendes Verhalten bei unterschiedlichen Adressatengruppen zu erreichen. Auch wenn aus dieser Aufzählung nicht direkt die kommunale Dimension von Abfallvermeidungsmaßnahmen deutlich wird und auch die kommunalen Abfallwirtschaftsunternehmen (im Gegensatz zur produzierenden Industrie) hier nicht direkt angesprochen werden, so wird die weitere Auseinandersetzung mit diesem Thema doch zeigen, dass auch hier eine hohe Relevanz besteht (vgl. insb. Kapitel 3.3).

Es gibt einige wissenschaftliche Studien, die versuchen, das Potenzial zur Verringerung der Abfallmengen auf Haushaltsebene abzuschätzen. Gleichzeitig existieren insbesondere im Bereich Wiederverwendung zahlreiche Best-Practice-Beispiele, die konkret aufzeigen, welche Mengen an Abfall vermieden werden können, wenn es entsprechende Reparatur- und Tauschangebote gibt. Da dies in der Praxis eine wichtige Grundlage für das Ergreifen lokaler Vermeidungsstrategien sein müsste und man sich dann auf Basis der Potenzial- und Relevanzabschätzung auf bestimmte Abfallströme konzentrieren könnte, soll auf diese im Folgenden kurz eingegangen werden. Grundsätzlich werden die größten Einsparpotenziale für Haushalte im Bereich von Lebensmittelabfällen, Papier und Sperrmüll gesehen, da man davon ausgeht, dass diese Abfallsparten besser individuell beeinflussbar sind als zum Beispiel Plastikverpackungen (dies variiert aber selbstverständlich über Länder und auch über Städte hinweg; vgl. Zacho/Mosgaard 2016: 985).

1. **Haushaltsabfälle allgemein:**
   Für das Vereinigte Königreich wurde beispielsweise festgestellt, dass Haushaltsabfälle um 0,5 bis 1 kg (je Haushalt und pro Woche) durch bloße Informationskampagnen reduziert werden könnten (vgl. Cox et al. 2010: 214 und Sharp et al. 2010a). Modellversuche zu Abfallvermeidungsmaßnahmen in Hamburg und Berlin haben schon Mitte der 1980er Jahre gezeigt, dass die Abfallmengen durch gezielte Informationsarbeit und Beratung über verschiedene Abfallfraktionen hinweg deutlich gesenkt werden können. Durch die Aufklärungsarbeit konnte in Berlin während der Beratungsphase die Abfallmengen von 4,47 kg pro Einwohner und Woche auf 3,58 kg pro Einwohner und Woche gesenkt werden (ca. -20 %). Die Informationsmaßnahmen wirkten auch über die Beratungsphase hinaus weiter, was auf Basis weiterer Messphasen auf etwa -15 % beziffert wurde (Bilitewski/Härdtle 2013: 667). Interessant ist darüber hinaus, dass sich, obwohl die durchgeführten Versuche schon fast 30 Jahre zurückliegen, der nicht zu vermeidende bzw. nicht verwertbare Restabfall auf ca. 54 kg pro Einwohner und Jahr beziffern ließ – ein Wert, der sich auch mit dem Ergebnis heutiger Sortieranalysen deckt (Bilitewski/Härdtle 2013: 670).

2. **Papier- und Lebensmittelabfälle:**
Für Österreich stellen Salhofer et al. (2008) fest, dass eine Reduktion von 20 % sowohl für Lebensmittelabfälle als auch für Papierabfall realistisch sei. Im Bereich Lebensmittelabfälle kommt eine von Kranert et al. (2012) durchgeführte Studie im Rahmen eines Projektes des Bundesministeriums für Ernährung, Landwirtschaft und Verbraucherschutz zu dem Ergebnis, dass in Deutschland 47 % der Lebensmittelabfälle komplett vermeidbar wären und darüber hinaus weitere 18 % zumindest teilweise. Diese Menge entspricht einem Geldwert von 16,6 bis 21,6 Milliarden Euro pro Jahr (pro Kopf und Jahr ca. 200 bis 260 Euro). Vergleichbare Studien für Großbritannien (231 Euro pro Kopf und Jahr) und Australien (180 Euro pro Kopf und Jahr) kommen hier zu ähnlichen Ergebnissen (Kranert et al. 2012: 17ff.). Für Österreich stellen Salhofer et al. (2008) fest, dass eine Reduktion von 20 % für Lebensmittelabfälle realistisch sei. Bernstad Saraiva Schott et al. (2015) kommen auf das Ergebnis, dass in schwedischen Haushalten sogar 34 % der Lebensmittelabfälle vermeidbar wären. Für Deutschland sprechen Wilts und Rademacher hier von einer 10 %-igen Reduktion, die mit relativ wenig Aufwand erreichbar sei (Wilts/Rademacher 2013).
3. **Sperrmüll, Elektroaltgeräte und Textilien:**
Im Jahr 2015 wurden in Deutschland etwa 722.000 Tonnen Elektroaltgeräte gesammelt, wobei mit circa 623.000 Tonnen der überwiegende Teil Altgeräte aus privaten Haushalten im Sinne des ElektroG (Elektro- und Elektronikgerätegesetzes) kommt. Dies entspricht 7,6 kg pro Einwohner und Jahr. Eine vom Arbeitskreises Recycling e.V. in Auftrag gegebene Studie kommt diesbezüglich zum Ergebnis, dass 5 % der eingesammelten Elektro- und Elektronikgeräte sogar „ohne jede Reparatur für eine Wiederverwendung geeignet" sind (RecyclingBörse o.J.: 2). In Großbritannien wurde abgeschätzt, dass nur ca. 7 % der eingesammelten Elektrowaren (WEEE) einer Wiederverwendung zugeführt werden, dass aber nach minimalen Reparaturen rund 23 % wiederwendet werden könnten (Charter/Keiller 2014).
Bei Sperrmüll und Elektroaltgeräten ist insbesondere das Potenzial bzgl. der Wiederverwendung von Geräten und Möbelstücken zu nennen. Auch wenn die Reparatur und Wiederaufbereitung von Waren innerhalb der letzten Jahrzehnte in der Realität deutlich an Relevanz verloren hat, so ist hier doch ein hohes Potenzial zu erkennen (Wilts/Rademacher 2013: 72). So hat ein Best-Practice-Beispiel aus Flandern gezeigt, dass sich mit effizienten und kundenfreundlichen Strukturen 4,8

kg Waren (insb. Möbel, Textilien und WEEE) pro Jahr und Einwohner wiederverwenden lassen. 2014 konnten die unter einer Dachmarke operierenden 124 Reuse Shops (De Kringwinkel) über 5 Millionen zahlende Kunden begrüßen, 45,4 Millionen Euro Umsatz erwirtschaften und 5.145 Angestellte (insb. im Bereich des zweiten Arbeitsmarktes) beschäftigen (OVAM 2015).

Ein weiteres Best-Practice-Beispiel ist der Verein „RepaNet – Verein zur Förderung der Wiederverwendung, Ressourcenschonung und der Beschäftigung im Umweltbereich". Als freiwillige und gemeinnützige Interessenvertretung der Betriebe bzw. Netzwerke für Re-Use und Reparatur in Österreich ist das Ziel des Vereins der Aufbau eines Reparaturnetzwerks von Re-Use und Reparaturdienstleistern sowie die Schaffung neuer Arbeitsplätze für Benachteiligte. RepaNet zeichnet sich durch 26 Mitglieder und 137 Standorte in allen Bundesländern Österreichs aus. In einer Markterhebung aus dem Jahr 2015 (Neitsch/Wagner 2017: 5) wurden von den befragten Organisationen insgesamt 12.489 t Alttextilien und Schuhe gesammelt. Zusätzlich sammelten diese 8.853 t andere Güter, wovon 4.202 t Möbel (2.903 t für Re-Use bestimmt), 3.356 t Elektrogeräte (1.089 t für Re-Use bestimmt) und 1.294 t sonstige Güter (z. B. Hausrat, Spielzeug, Bücher, zur Gänze für Re-Use bestimmt) waren. Von den gesammelten Alttextilien und Schuhen verkauften die befragten Organisationen 1.071 t in eigenen Geschäften im Inland und gaben 250 t unentgeltlich an Bedürftige ab. Zudem wurden 10.787 t an den Großhandel verkauft, wobei ein Anteil direkt verkauft und ein anderer nach der Entnahme von Teilen für den Eigenverkauf veräußert wurde (Neitsch/Wagner 2017: 6). Im Zuge dieses Netzwerks entstand 2009 die erfolgreiche Marke ReVital, welche in der Entwicklungsphase von RepaNet unterstützt und begleitet wurde. ReVital ist ein Wiederverwendungs- und Reparaturnetzwerk in Oberösterreich. Das Netzwerk bereitet Waren, typischerweise Möbel, Elektrogeräte und Geschirr, auf und verkauft diese. Im Jahr 2015 wurden in 17 ReVital-Shops rund 900 Tonnen verkauft (Land Oberösterreich 2017: 27). 2012 wurden in 14 Verkaufsbetrieben noch rund 500 t verkauft (Wilts/von Gries 2013: 20). Durch das Netzwerk werden kommunale Abfallsammelzentren, Aufbereitungsbetriebe und Verkaufsbetriebe verbunden (Wilts/von Gries 2013: 16). In Kooperation mit sozialökonomischen Betrieben und Arbeitsmarktservice-Projekten werden die Reparaturarbeiten in acht Aufbereitungsbetrieben und ReVital-Shops realisiert (Land Oberösterreich 2017: 28). Der Landesabfallverband trägt die Koordinierungsleistung und die ReVital-Markenrechte. In Form von

Lizenzverträgen werden die Rahmenbedingungen und Schnittstellen zwischen dem Landesabfallverband und den Netzwerkpartnern definiert (Wilts/von Gries 2013: 25).
Auch durch Gebrauchtwarenkaufhäuser können substanzielle Mengen an Abfall vermieden werden. Ein kommunales Best-Practice-Beispiel ist hier sicherlich das Kaufhaus „Stilbruch", ein Tochterunternehmen der Hamburger Stadtreinigung, das es sich zur Aufgabe gemacht hat, Altwaren zum Wiederverwenden aufzubereiten. Mit zwei Standorten in Wandsbek und Altona und einem Online-Handel ist es seit 2001 Ziel des Unternehmens, einen positiven Beitrag für die Umwelt zu leisten, indem insgesamt weniger Müll entsteht und der Verbrauch an Ressourcen für neue Gegenstände verringert wird (Stilbruch 2021). 2001 betrug die Menge an Waren noch 4.200 m³ – bis zum Jahre 2015 entwickelte sich diese zu 31.468 m³ weiter (Hottgenroth 2015: 17f.).

3.3 Abfallvermeidung und die Relevanz der kommunalen Ebene

Auch wenn die Abfallwirtschaft „vorrangig die Stoffströme auf der letzten Ebene im Produktions und Konsumtionszyklus" steuert, kommt ihr auch bei der Vermeidung von Abfällen eine wichtige Rolle zu (Spangenberg/Verheyen 1998). Zwar lassen sich der Einsatz und der Verbrauch von Ressourcen nicht primär über das Abfallrecht steuern, aber trotzdem kann ein wichtiger Beitrag zur schonenden Ressourcennutzung geleistet werden (vgl. SRU 2008: 451). Denn über die Perspektive einer direkten Regulierung hinaus haben die Akteure der Abfallwirtschaft über vielfältige Instrumente die Möglichkeit, abfallvermeidende Praktiken zu etablieren und zu beeinflussen:

> „Selbstverständlich kann die Abfallwirtschaft nicht die Entstehung einzelner Abfälle verhindern, durch die Ausgestaltung der einzelnen Bestandteile des Infrastrukturregimes werden aber schon heute Anreize zur Entstehung oder Vermeidung von Abfällen gesetzt. Die Betrachtung muss dabei über direkte ökonomische Anreize durch Abfallgebühren hinausgehen, da die Wirkung einer solchen emissionsorientierten Preissteuerung in der Abfallwirtschaft angesichts des insgesamt niedrigen Preisniveaus in der Abfallentsorgung als relativ gering eingeschätzt wird" (Wilts 2016a).

Kommunen und kommunale Abfallwirtschaftsakteure können auf vielfältige Art und Weise Abfallvermeidungspolitik betreiben. Sie können hier-

3. Abfallvermeidung als Leitprinzip der Abfallpolitik in Deutschland und Europa

bei nicht nur ihr eigenes Verhalten umstellen, sondern auch versuchen, auf Handlungen Dritter Einfluss zu nehmen. Da die Kommunen nach wie vor auf die meisten Abfallströme Zugriff haben, kommt ihnen hierbei eine besondere Rolle zu:

> „In vielen Handlungsbereichen erscheint die kommunale Ebene geeignet, durch ihre deutlich stärker ausgeprägte Nähe zu relevanten Akteurinnen und Akteuren wie den Haushalten oder der regionalen Industrie das Thema Abfallvermeidung zu thematisieren, selber eine Vorreiterrolle zu übernehmen oder geeignete Akteurskooperationen anzustoßen" (Wilts et al. 2020: 229).

Nach einer Systematik von Kern et al. (2005), die ursprünglich die unterschiedlichen Funktionen von Kommunen im Klimaschutz beschrieben hat, sollen daher nun im Folgenden die verschiedenen Rollen der Kommune in der Abfallvermeidungspolitik dargestellt werden. Hierbei lassen sich vier Hauptrollen der Kommune erkennen:

In ihrer Rolle als **„Verbraucher und Vorbild"** kann eine Kommune im Beschaffungswesen beispielsweise darauf achten, schadstoffarme und qualitativ hochwertige sowie reparierbare Produkte einzukaufen. Hierzu sollten auch Umweltrichtlinien im öffentlichen Auftragswesen formuliert werden (vgl. Bayerisches Landesamt für Umwelt 2016). Initiativen wie das „papierlose Büro" sowie der Verzicht auf Einwegflaschen und aluminiumhaltige Kaffeekapseln gehören hier ebenfalls dazu. Hier sind die Steuerungsmöglichkeiten der Kommune natürlich am größten und auch am einfachsten durchzusetzen, da sich keine bzw. nur wenige externe Veto-Akteure gegen solche Maßnahmen positionieren. Das eigene (Verwaltungs-)Handeln steht im Vordergrund und soll als Vorbild für andere Akteure wirken. Gleichzeitig ist dies im Sinne der Legitimation sehr wichtig, wenn später auch stärker eingreifende Maßnahmen gegenüber Dritten gerechtfertigt werden sollen (vgl. Kern et al. 2005: 12). Zudem sind solche Maßnahmen vom Impact her nicht zu unterschätzen, da gerade größere Städte über teils beträchtliche Einkaufsbudgets im mehrstelligen Millionenbereich verfügen und so durchaus eine gewisse Einkaufsmacht besitzen.

Die Kommune kann aber auch als **„Planer und Regulierer"** tätig werden, insbesondere dann, wenn sie von ihrem Recht Gebrauch macht, innerhalb ihres Gebietes bestimmte Einwegverbote und Mehrweggebote durchzusetzen. Da bspw. Großveranstaltungen auf öffentlichen bzw. städtischen Grundstücken und Flächen erst genehmigt werden müssen und hier abfallrechtliche Vorgaben zu beachten sind, können Kommunen über die Abfall- und Gewerbesatzung hier deutliche Vorgaben machen. So können pfandpflichtige, wiederverwertbare Verpackungen und Behältnisse vorgeschrieben und Einweggeschirr verboten werden. Ein generelles Einwegverbot auf städtischem Grund hingegen hat das Bundesverwaltungsgericht 1997 für unzulässig erklärt, da Gemeinden nicht befugt seien „zum Zwecke der Abfallvermeidung im Rahmen einer straßen- und wegerechtlichen Sondernutzungserlaubnis zu fordern, dass nur Mehrweggeschirr und -besteck verwendet wird" (vgl. Städte- und Gemeindebund Nordrhein-Westfalen 1997). Auch bei der Aufstellung des Abfallwirtschaftskonzeptes als zentrales Planungsinstrument auf lokaler Ebene kann der Abfallvermeidung ein wichtiger Stellenwert zugewiesen werden. Die Anforderungen an diese Konzepte regeln laut KrWG die einzelnen Bundesländer, wobei die Länder hier bislang keine umfassenden bzw. nur sehr weiche Vorgaben bzgl. Abfallvermeidung machen (vgl. hierzu auch Krüger 2001). Ergänzend sind darüber hinaus auch kommunale Abfallvermeidungskonzepte denkbar, die detailreich darstellen könnten, welche Maßnahmen und Strategien für die einzelnen Kommunen sinnvoll sind und wie diese effizient umgesetzt werden können. Im Unterschied zur ersten Rolle geht es hier also darum, Dritte in ihrem Handeln zu beeinflussen und ihnen durch ordnungsrechtliche Ge- und Verbote sowie durch fachplanerische Instrumente einen konkreten Handlungsrahmen vorzugeben (vgl. Kern et al. 2005: 12).

Insgesamt ist aber anzumerken, dass (ähnlich wie im Klimaschutz) es für Kommunen nur sehr schwer möglich ist, im Bereich Abfallvermeidung über allgemein anerkannte, ordnungsrechtliche Standards regulierend tätig zu werden (vgl. Kern 2005: 12). Auch wenn der Kommune ein paar Möglichkeiten in ihrer Rolle als Regulierungsinstanz zustehen, so muss doch trotzdem deutlich betont werden, dass es bei den kommunalen Aktivitäten häufig nicht darum geht, Dritten verbindliche, ordnungsrechtlich auferlegte Vorgaben zu machen. Insofern ist der kommunale Handlungsspielraum hier in den anderen drei Rollen als etwas umfangreicher anzusehen. Gleichzeitig bedeutet dies allerdings nicht, dass eine stärkere Ausgestaltung der Rolle der planenden und regulierenden Rolle nicht sinnvoll sei. Obwohl es hier quantitativ gesehen weniger Möglichkeiten gibt, könnten doch gerade verbindliche Vorgaben zur Zielerreichung beitragen.

In ihrer Rolle als **„Entsorger und Anbieter"** haben deutsche Kommunen besonders viele Möglichkeiten, Abfallvermeidung und Vorbereitung zur Wiederverwendung zu stärken. Hier geht darum, dass Kommunen über kommunale Unternehmen Gestaltungsspielraum bezüglich der Angebotssetzung und Anbietung von Service- und Dienstleistungen haben.

3. Abfallvermeidung als Leitprinzip der Abfallpolitik in Deutschland und Europa

Im Vordergrund steht hier also weniger der Ge- oder Verbotscharakter, sondern eine Steuerung Dritter über Anreize, bei denen die Regelungsakteure im Vergleich zur Rolle „Planer und Regulierer" eine höhere Wahlfreiheit haben (vgl. Kern et al. 2005: 13). Zu den Möglichkeiten zählen u. a. eine schonende Sperrmüllabfuhr (die sicherstellt, dass eingesammelte Möbelstücke noch weiterverwendet werden können), angemessene Abfallgebühren- und Abfallerfassungssysteme (verursachergerechte Gebühren dienen der Sensibilisierung von Bürgern hinsichtlich der von ihnen verursachten Abfallmenge und durch den Preiseffekt werden sie auch zur besseren Trennung sowie zu einem abfallvermeidenden Einkaufen angeregt) sowie die Möglichkeit, sich bei Veranstaltungen ein Geschirrmobil ausleihen zu können (um auf diesem Wege auch bei privaten Feiern auf Einweggeschirr verzichten zu können) (vgl. BMU 2013). Eine weitere Möglichkeit ist das Angebot eines kommunalen Gebrauchtwarenkaufhauses, in dem hochwertige und noch funktionstüchtige wiederverwendete Produkte in einen zweiten Verkauf kommen könnten (bspw. durch Direktanlieferung der Bürger oder durch eingesammelte Sperrmüllware über das Abfallwirtschaftsunternehmen). Des Weiteren kann auch eine Online-Tauschbörse eingerichtet werden, die es den Bürgern auf relativ einfache Art und Weise ermöglicht, nicht mehr benötigte Gegenstände gegen andere einzutauschen. Ein wichtiger Punkt (der rein formal der Vorbereitung zur Wiederverwendung zuzuordnen ist) ist auch die Förderung von bzw. die Mitwirkung bei Reparaturnetzwerken.[66] Hier kann das Abfallwirtschaftsunternehmen beispielsweise eine Kooperation mit Sozialbetrieben anstreben, um auf diese Weise nicht nur den Re-Use von Geräten zu stärken, sondern gleichzeitig auch Arbeitsplätze für Benachteiligte zu schaffen sowie die Bereitstellung von kostengünstigen, aber qualitativ hochwertigen Produkten für alle Bürger zu erreichen.

Als **„Berater und Promoter"** tritt die Kommune vor allem dann auf, wenn sie Abfallberatungen durchführt und so die Haushalte und ansässigen Unternehmen auf Abfallvermeidungsmöglichkeiten hinweist sowie durch die öffentlichkeitswirksame Durchführung von Aktionen

---

66 Durch die Wiederverwendung von aufbereiteten Gebrauchtwaren können die Nutzungsdauer von Waren verlängert sowie Herstellung und Verkauf neuer Produkte zumindest teilweise verringert werden, womit ein Abfallvermeidungseffekt erzielt wird. Dennoch ist im Einzelfall bzw. produktgruppenspezifisch abzuwägen, ob die Wiederverwendung aus ökologischer Sicht sinnvoll ist. Beispielsweise kann bei Elektrogeräten durch ein verbessertes Ökodesign oder geringerem Energieverbrauch der Einsatz von Neugeräten aus ökologischer Sicht zielgerichteter sein als die Wiederverwendung von Altgeräten (BMU 2013: 69).

das Bewusstsein der Bürger für die Thematik erhöht (siehe Tabelle 2 mit weiteren Beispielen). Beispielsweise können Reparatur-, Flohmarkt- und Wochenmarktführer erstellt und an geeigneten Stellen verteilt (online und offline) werden, sodass die Bürger sich schnell einen Überblick über abfallvermeidende Angebote verschaffen können. Nach § 46 KrWG'2012 sind die öffentlich-rechtlichen Entsorgungsträger außerdem dazu verpflichtet, Informationen und Beratung über Möglichkeiten der Vermeidung, Verwertung und Beseitigung von Abfällen zu erteilen (§ 46 Abs. 1 KrWG'2012). Kommunen könnten also über festangestellte oder ehrenamtliche Mitarbeiter die Bürger, aber auch Unternehmen darüber aufklären, warum und wie Abfälle zu vermeiden sind. Auch über eine gezielte Wirtschaftsförderung zur Beeinflussung von Industrie, Gewerbe und Handel kann die Kommune als Promoter für Abfallvermeidung tätig sein. Denkbar sind hier bspw. Finanzierungshilfen (Unterstützung bei der Existenzgründung von Reparaturbetrieben oder Herstellern von Mehrwegprodukten), die Kopplung von Subventionsmitteln in der Touristikbranche an abfallarme Bewirtung oder auch die Absprache von vergünstigten Sondertarifen bei der öffentlich-rechtlichen Entsorgung, wenn Unternehmen sich besonders im Sinne der Abfallvermeidung einsetzen (vgl. Bilitewski/Härdtle 2013: 658). Eine solch ausgestaltete Wirtschaftsförderung findet in der Praxis bislang zwar nicht in großem Umfang statt, bietet aber große Potenziale (ebd.).

Die folgende Tabelle 2 fasst die verschiedenen Möglichkeiten zur Förderung der Abfallvermeidung auf kommunaler Ebene nochmals zusammen:

3. Abfallvermeidung als Leitprinzip der Abfallpolitik in Deutschland und Europa

Tabelle 2: Beispiele für die Rolle der Kommunen bei der Förderung der Abfallvermeidung

Die Kommune als ...			
Verbraucher und Vorbild	Planer und Regulierer	Entsorger und Anbieter	Berater und Promoter
- Öffentliches Beschaffungswesen - Umweltrichtlinien im Auftragswesen - Schulung der eigenen Mitarbeiter - Erhalt und Sanierung statt Abbruch und Neubau; Einsatz von Sekundärrohstoffen bei öffentlichen Gebäuden - Elektronische Formulare und Prozesse - Kooperation der Fachbereiche Umwelt, Bau, Liegenschaften und Abfallwirtschaft	- Abfallwirtschaftskonzept mit Abfallvermeidungsstrategien - Übergreifendes Abfallvermeidungskonzept - Baurechtliche Maßnahmen (Sanierung statt Abbruch) - Ansiedlung von Reparaturbetrieben - Einwegverbote (im zulässigen Rahmen) - Mehrweggebote (z. B. bei Bewirtungen auf öffentlichem Grund)	- Geeignete Abfallerfassung- und Abfallgebührensysteme - Schonende Sperrmüllabfuhr - Kooperation mit (Sozial-)Betrieben zur (Vorbereitung zur) Wiederverwendung - Angebot von Geschirrspülmobilen, Bauteilbörsen und Repair Cafés - Gebrauchtwarenhäuser - Tausch- und Verkaufsbörse (online) - Mobiles Reparaturzentrum	- Abfallberatung mit Fokus auf Vermeidung - Erstellung von Reparatur-, Flohmarkt- und Wochenmarktführer - Wirtschaftsförderung (abfallarme Produktion) - Sensibilisierung von Architekten und Bauingenieuren für Abfallvermeidung - Beratungsgespräch für Gebäudeabbruch - Aktionen für Bürger: Info und Sensibilisierung

Quelle: Eigene Darstellung mit Inhalten aus Bayerisches Landesamt für Umwelt 2016, Ministerium für Ländliche Entwicklung, Umwelt und Landwirtschaft des Landes Brandenburg 2000 und Bidlingmaier/Kranert 2010; übergreifende Kategorien nach Kern et al. 2005.

3.4 Hemmnisse

Unabhängig von der beschriebenen Notwendigkeit für und vorhandenen Potenziale bei der Umsetzung von Abfallvermeidungsmaßnahmen wurde bereits in Kapitel 3.1 deutlich gemacht, dass eine tatsächliche Priorisierung von Abfallvermeidung in Deutschland lange Zeit nicht stattgefunden hatte. Auch wenn die ökologische Weiterentwicklung der Abfallwirtschaft deutliche Fortschritte gemacht hat, so wurde in Bezug auf tatsächliche Abfallvermeidung wenig erreicht. Die Umsetzung von abfallvermeidenden Aktivitäten geschah in der Vergangenheit nur zögerlich. Insbesondere wurden die Felder Abfallwirtschaftspolitik und Abfallvermeidungspolitik lange Zeit als komplett losgelöst voneinander betrachtet, und der Fokus der Abfallwirtschaft auf End-of-pipe-Technologien blieb bestehen (vgl. Bartl 2014a und 2014b, Wilts 2012 und Zorpas et al. 2015).

Das folgende Kapitel beschäftigt sich daher mit der Frage nach dem „Warum?" und wird beleuchten, welche Faktoren negativ auf die Umsetzung abfallvermeidender Konzepte und Maßnahmen wirken.

3.4.1 Wissens- und Informationsdefizite

> „Despite this focus on waste prevention, its measurement is quite unclear. In general, statistics report the amount of waste but will hardly report about waste prevention. Any decrease of waste could be a result of waste prevention policy but could equally be a result of an economic crisis or just happen accidentally. The key question is how to measure something that is not there" (Bartl 2014a: 13).

Ein zentrales Problem für die Formulierung von Abfallvermeidungspolitiken stellt die Quantifizierbarkeit der entstehenden Effekte dar. Quantifizierungsansätze versuchen die Menge an Abfall einmal mit und einmal ohne Abfallvermeidungsmaßnahmen mit Prognosedaten vorherzusagen. Diese Prognosen beruhen oftmals auf Regressionsanalysen und berücksichtigen beispielsweise die Faktoren Produktion und Einkommen als unabhängige Variablen (vgl. Hutner et al. 2017: 141). Je nach Ziel und Umfang wird häufig auch versucht, Potenziale oder Ergebnisse für nur eine Institution, ein Unternehmen, ein Produkt oder eine geografische Region zu berechnen und diese anschließend auf dem Makrolevel zu aggregieren (ebd.). Viele Ansätze basieren außerdem auf Abfallstatistiken und fokussieren die Abfallmenge pro Kopf bzw. pro Haushalt (z. B. Entwicklung einer bestimmten Abfallfraktion über die Zeit hinweg). Problem hierbei ist aber, dass man umfassende Annahmen darüber benötigen würde, welche Abfallmengen ohne eine bestimmte Maßnahme entstanden wären. Es fehlen allgemein akzeptierte methodische Vorgehensweisen und Benchmarks, um die eigentliche Abfallvermeidung im engeren Sinne (keine Produktion) oder auch längere Nutzungsphasen zu bewerten und einzuordnen (vgl. Bidlingmaier/Kranert 2010: 89). Natürlich könnte über das reine Messen an Abfallmengen über die Zeit hinweg eine Zu- oder Abnahme festgestellt werden, doch ist es nahezu unmöglich, dies auf einzelne Maßnahmen oder Instrumente zurückzuführen bzw. die Entwicklung von Makrotrends wie generell wachsendes Umweltbewusstsein abzugrenzen (vgl. Wilts 2012: 31). Daher sollte man auch andere, eher prozessbezogene Arten von Indi-

3. Abfallvermeidung als Leitprinzip der Abfallpolitik in Deutschland und Europa

katoren berücksichtigen, wie beispielsweise die Anzahl an durchgeführten Informationskampagnen in einem bestimmten Zeitraum sowie die Anzahl der erreichten Personen (vgl. Wilts 2012). Auch einer der wenigen wissenschaftlichen Journalartikel zu Monitoring- und Evaluationsmethoden für Abfallvermeidungsmaßnahmen (vgl. hierzu auch Zacho/Mosgaard 2016: 987) stellt das fehlende Wissen in diesem Bereich fest:

> „Waste prevention is notoriously difficult to measure and yet reliable and robust monitoring and evaluation methods are essential to enable policy makers, local authorities and practitioners to ensure that waste prevention initiatives are being effective and delivering behaviour change. Very little is understood about how to monitor and evaluate waste prevention particularly among local authority waste managers who are most likely to implement intervention campaigns" (Sharp et al. 2010b: 275).

Teilweise könne man zwar durch Ökobilanzen konkrete Produkte bezüglich ihrer Umweltauswirkungen mitsamt der aufkommenden Abfallmenge miteinander in Beziehung setzen (vgl. Bidlingmaier/Kranert 2010: 89), aber selbst hier ist eine Vergleichbarkeit zwischen Produkten nur scheinbar gegeben (vgl. hierzu Bilitewski/Härdtle 2013: 653). Zudem konzentrieren sich Abfallstatistiken hauptsächlich auf die Behandlung und den Verbleib von Abfällen und haben oft nur einen sehr begrenzten Wert für die Abfallvermeidung, weil sie nicht ausreichende Informationen über ihre Herkunft oder die Gründe für ihre Erzeugung geben (vgl. Wilts et al. 2012: 100). Bei Maßnahmen, die die Produktgestaltung betreffen, kommt hinzu, dass die Effekte je nach Nutzungsdauer der Produkte erst mit erheblichen Zeitverzögerungen auftreten (vgl. ebd.). Weil Abfallvermeidung auch sehr eng mit komplexen Konsummustern wie Veränderungen im Umweltbewusstsein, der Haushaltsgröße und der wirtschaftlichen Struktur verbunden ist, ist eine kausale Rückführung der Effekte von konkreten abfallvermeidenden Maßnahmen in einem solch vielschichtigem System nahezu unmöglich. So konnte auch durch aggregierte Analysen auf der nationalen Ebene weder die anfallende Menge an Abfällen noch die Menge an Schadstoffen mit der Durchführung von Abfallvermeidungsmaßnahmen verknüpft werden (vgl. ebd.). Hier zeigten sich wiederum Konsumausgaben und Wirtschaftswachstum als wichtigste Einflussfaktoren. Insgesamt ist festzuhalten, dass es keinen wissenschaftlichen Konsens bezüglich der Quantifizierung von Abfallvermeidungspotenzialen und -ergebnissen gibt und die Forschung hier noch deutlich intensiviert werden könnte (vgl. Hutner et al. 2017: 849)[67]:

> „To sum up, the need for research on monitoring methods still exists, regarding both weight-based measures and other types of indicators. Especially, there is a lack of first-hand research where prevention studies are designed to collect and assess primary data" (Zacho/Mosgaard 2016: 987).

Dieser Mangel an wissenschaftlicher Forschung führt zu Problemen, da ein Monitoring und Messen der Effekte gerade auch für eine Rechtfertigung der Durchsetzung umweltpolitischer Ziele dringend vonnöten ist. Der so entstehende Skeptizismus gegenüber Vermeidungsmaßnahmen erschwert das Setzen von quantitativen Zielen (mit dem Argument, dass diese ja sowieso nicht adäquat überprüft werden könnten) (vgl. Hutner et al. 2017: 848).

Ein weiteres informationsbezogenes Problem ist, dass der Unterschied zwischen Recycling und Vermeidung oftmals unklar ist, da Recycling – weil es Müllverbrennung oder Deponierung verhindert – mit Abfallvermeidung gleichgesetzt wird. Es wird in der Literatur außerdem betont, dass dies durch aktuelle Zero-Waste-Initiativen[68] noch gestärkt werde, da

---

67 Beispielsweise stellen auch Kranert et al. 2012 für den Bereich Lebensmittelabfälle fest, dass eine Reihe von Forschungs- bzw. Datenlücken (insb. aufgrund der fehlenden Andienungspflicht für Lebensmittelabfälle von Industrie, Handel und Großverbrauchern) dazu führt, dass keine gesicherten statistischen Daten zu Lebensmittelabfällen vorliegen und deshalb oftmals Kennzahlen aus der Literatur oder andere Erhebungsmethoden wie Sortieranalysen verwendet werden müssen (Kranert et al. 2012: 19).

68 Die „Zero-Waste-Initiative" bezeichnet ein Konzept, welches eigentlich die komplette Abfallvermeidung und Eliminierung von Abfall zum Ziel hat. Dabei sollen Produkte und Prozesse entwickelt und bewältigt werden, um verzichtbaren und unerwünschten Müll im gesamten Produktlebenszyklus zu vermeiden (Zaman/Lehmann 2013: 124). Die Umsetzung bzw. Reichweite des „Zero-Waste-Managements" findet hierbei auf unterschiedlichen Ebenen (Städte, Unternehmen, Individuen) statt. Dabei kann Abfall beispielsweise komplett vermieden, reduziert, wiederverwertet, repariert, wiederverkauft oder wiederverwendet werden. Der Fokus des Konzeptes liegt insbesondere auf der individuellen Ebene auf effizienteren Konsumstrukturen (Zaman 2015: 17). In Bezug auf ganze Städte ist ein zirkulärer und ressourceneffizienter Materialfluss bei der Beurteilung der Performance des Abfallvermeidungssystems einer Stadt von immenser Bedeutung. Allerdings ist das Konzept „Zero Waste" in der Realität nicht nur auf Abfallvermeidung ausgerichtet, sondern beinhaltet auch Recycling und thermische Verwertung für unvermeidbare Abfälle (Zaman/Lehmann 2013: 124). Auch

es in diesen Ansätzen häufig lediglich darum geht, dass kein Abfall auf der Deponie landet (vgl. Hutner et al. 2017: 846). Wilts et al. 2012 und Zorpas et al. 2015 kommen sogar zu der Erkenntnis, dass dies gerade in Gebietskörperschaften mit einem gut funktionierenden Abfallwirtschaftssystem mit hohen Recyclingraten ein Hindernis sei. Dies machen auch Hutner et al. 2017 deutlich:

> „Information deficits involve low awareness as well as a general lack of knowledge. Because Germany is often referred to as the world champion of recycling, waste is more and more regarded as a clean secondary resource. The additional energy and resources needed for the collecting, sorting and recycling processes are rarely on people's minds. The necessity of preventing waste is therefore often not recognized" (Hutner et al. 2017: 848).

Insgesamt wird deutlich, dass sowohl individuelle (vgl. hierzu genauer Bortoleto 2015: 71ff.) als auch systeminhärente Wissens- und Informationsdefizite ein Problem darstellen.

3.4.2 Ressourcen- und Motivationsmangel

Gleichsam wie in den vielen anderen umweltpolitischen Bereichen ist finanzieller und personeller Ressourcenmangel auch im Bereich der Abfallvermeidung von hoher Relevanz. Unter anderem ist dies ein Problem, das sich auf Ebene eines jeden Abfallwirtschaftsunternehmen manifestiert, da für die Entsorgung von Abfällen oftmals Fixkosten ohne direkten Bezug zur eingesammelten Menge anfallen:

> „A barrier frequently mentioned is the lack of financial support for prevention. From a societal point of view, a reduction of the amounts of waste, for instance a 35 % reduction of food waste, would entail an economic advantage, but the individual LWM [*local waste management*] company has expenditures related to collection and treatment of waste regardless of the amounts. The effect of a reduction of the most realistic waste streams, i.e. food and paper waste, may even make the collection and treatment cost per unit higher. This is not

---

wenn dies aus Gesichtspunkten des Abfallmanagements sicherlich gerechtfertigt ist, so trägt es doch teilweise zu einer schwierigen Begriffsabgrenzung bei.

in the economic interest of LWMs, who favour cost-effectiveness" (Zacho/Mosgaard 2016: 988).

Hinzu kommt die landläufige Meinung, dass den Abfallwirtschaftsunternehmen durch das Implementieren und Durchführen von Abfallvermeidungsmaßnahmen aktuell nur Kosten und keine bzw. wenige Gewinne entstehen. Abfallvermeidung wird aus dieser Sicht oftmals als teurer Luxus angesehen, ohne dass versucht worden wäre, Kostenreduktionspotenziale tatsächlich zu quantifizieren, und ohne die Einsicht zu berücksichtigen, dass auch gerade Abfallerzeugung durch Gebühren, Steuern und Umweltkosten zahlreiche Verlierer schafft (vgl. Wilts 2016b). Dies ist gleichzeitig auch ein Informationsproblem, da es bis dato nur sehr wenige Studien bezüglich der ökonomischen Auswirkungen von Abfallvermeidungsmaßnahmen gibt, deren Ergebnisse außerdem sehr heterogen sind. Beispiele aus anderen Ländern wie Irland zeigen, dass eine Finanzierung von generellen Abfallvermeidungsmaßnahmen (also nicht nur auf die Abfallwirtschaft bezogen) aus übergeordneten Töpfen durchaus erfolgreich sein können und die erwarteten Ersparnisse deutlich übertroffen wurden (vgl. ebd.).

Ebenso manifestiert sich ein Mangel an personellen Ressourcen innerhalb der Abfallwirtschaftsunternehmen. Auch wenn der öffentlich-rechtliche Entsorgungsauftrag direkt mit Abfallberatungsaktivitäten verknüpft ist, fokussiert sich diese Beratung einerseits oftmals stark auf die Verwertungsstufe Recycling und andererseits wurden die Beratungsaktivitäten seit den 1990er Jahren aber auch vermehrt zurückgeschraubt:

> „Wie gesagt, die Schwerpunkte liegen dann beim Recycling und der Mülltrennung. Die Leute in den Abfallberatungen werden immer weiter zusammengekürzt, es wird Personal reduziert, die Leute sind alle gleich alt. Da sind keine jungen Leute dabei, die sind alle das gleiche Alter, so um die 50 bis 60 [Jahre]. Also da hat man nicht das Gefühl, da kommt viel hinterher. [...] Da fehlt das Personal und die müssen sich dann halt um die anderen Sachen kümmern, mit denen auch Geld verdient wird" (Interview A3).

Hinzu komme, dass innerhalb der Abfallwirtschaftsunternehmen teilweise ein Motivationsmangel zu erkennen sei, beispielsweise aufgrund von fehlendem Problembewusstsein (z. B. Skepsis darüber, ob Abfallvermeidung wirklich bei lokalen Abfallunternehmen liegen sollte) bzw. generellen Zweifeln an der Angemessenheit von Abfallvermeidungsmaßnahmen (Zacho/Mosgaard 2016; Interview A6). Dieser Motivationsmangel werde dadurch verstärkt, dass keine Benchmarks zur Anwendung kommen und keine positiven Anreize für erreichte Ziele vorgegeben werden. Dies wird

3. Abfallvermeidung als Leitprinzip der Abfallpolitik in Deutschland und Europa

schließlich auch verbraucherseitig deutlich: Mengenabhängige Gewichts- oder Volumenmaßstäbe finden nur in 4 % aller deutschen Gebührenkonzepte Anwendung (Wilts 2016a). Ein Ressourcen- und Motivationsmangel ist auch bei der öffentlichen Hand und den Kommunen im Speziellen festzustellen. Denn hier steht Abfallvermeidung in Konkurrenz zu anderen umweltpolitischen, aber beispielsweise auch sozialpolitischen Themen, die vor dem Hintergrund knapper Kassen nicht alle gleichberechtigt angegangen werden können:

> „Finally and consequently, waste prevention is not very high on communities' agendas as it sometimes conflicts with other interests. The relevance of waste prevention in contrast to current political events is low, and so is the anticipated impact on voters' opinions. Therefore, more recent and/or 'visible' topics are covered first" (Hutner et al. 2017: 848).

3.4.3 Etabliertes technisches Design und regulatorische Herausforderungen

Wie an anderer Stelle bereits konstatiert, wird in der Literatur teilweise das Argument vorgebracht, dass sich Abfallvermeidungskonzepte gerade in Gebietskörperschaften mit einem gut funktionierenden Abfallwirtschaftssystem, also mit hohen Verwertungsquoten, nur schwierig umsetzen lassen (vgl. Wilts 2012 und Zorpas et al. 2015). Hintergrund ist, dass vorhandene Verbrennungskapazitäten und eine starke Recycling-Industrie auf Abfälle bzw. Wertstoffe geradezu angewiesen sind, um ihren Selbstzweck erfüllen zu können.

> „Waste management has become a major business in Europe and other industrialized countries. Without doubt the activities of the waste management sector such as incineration (with effective exhaust cleaning), proper recycling or sanitary landfill exhibit a positive impact on environmental protection. Basically the activities of the waste management sector comprise collection, recycling, incineration and landfill" (Bartl 2014a: 12).

Diese Pfadabhängigkeit und der entstehende „lock-in" werden auch von Corvellec et al. (2013) diskutiert, die sich auf das Beispiel der Müllverbrennung in Göteborg stützen. Die Autoren zeigen, dass aufgrund von institutionellen, technischen, kulturellen und materiellen Rationalitäten und insbesondere deren Zusammenwirken die Müllverbrennung in Göteborg als richtige und effektivste Art der Abfallbehandlung angesehen wird. Obwohl bekannt sei, dass eigentlich andere Behandlungsmethoden vorzuziehen sind bzw. Anreize zur Abfallvermeidung gesetzt werden müssten, würde die Leistungsfähigkeit und Ausgestaltung des aktuellen Systems dazu führen, dass innovativere und nachhaltigere Lösungen wenig Aufmerksamkeit bekommen: „[...] the existing management system is locked-in to incineration" (Corvellec et al. 2013: 35). Trotz des politischen Drucks europäischer und nationaler Akteure hin zu einem langfristigen Wandel weg von Verbrennung haben lokale Akteure diesen Politikrahmen als eher unstabil und letztlich beliebig wahrgenommen. Sie machten sich eher darüber Sorgen, ob zukünftig das kommunale Monopol für Haushaltsmüll aufrechterhalten bleibe. Die ökonomische und technologische Ausgestaltung des etablierten Systems stärkte diese Beharrungskraft:

> „This view was supported by the good economic results of the [...] plant. It was also supported by a systematic increase in waste incineration expertise [...]. Economic rationality concurred with technical prowess to make incineration essential to waste management in Göteborg. And this essential character of incineration made alternative waste treatment methods [...] less interesting. Alternative treatment methods were simply not deemed to be an economically sound way to spend tax money [...]" (Corvellec et al. 2013: 36).

Abfallvermeidung und Wiederverwendung gehören hingegen nicht zum „klassischen" Geschäftsfeld der Abfallwirtschaftsunternehmen und können zunächst einmal nur mit einem gewissen Aufwand in das Unternehmensportfolio mit aufgenommen werden. Auch Bartl (2014) stellt fest, dass es einen grundsätzlichen Interessenkonflikt zwischen Abfallvermeidung und Wiederverwendung auf der einen und dem Selbstzweck der Abfallwirtschaft auf der anderen Seite gibt:

> „Even worse, as waste prevention reduces the quantity of waste, it reduces the amount of materials that have to be processed. Any successful waste prevention will decrease the turnaround and profit of waste collectors, recyclers, incinerators and landfill operators. Ultimately, the hypothetical case of a complete waste prevention (i.e. no waste generation at all) would mean that most companies in the waste management sector will be obsolete" (Bartl 2014a: 12).

In eine ganz ähnliche Richtung argumentieren auch Hutner et al. (2017): „The waste management industry is conceived of as a sector with mainly economic interests, and the recyclable components of waste are increas-

3. Abfallvermeidung als Leitprinzip der Abfallpolitik in Deutschland und Europa

ingly referred to as valuable secondary resources. The limitation of these resources through waste prevention is consequently seen as a hindrance to resource supply stability" (Hutner et al. 2017: 847). So zeigte eine Studie der Europäischen Umweltagentur, dass in der EU als Ganzes zwar keine Überkapazitäten in der Müllverbrennung bestehen, aber dass die Kapazitäten regional doch relativ ungleich verteilt sind und „einige Mitgliedstaaten in zu hohem Maße auf die Verbrennung von Siedlungsabfällen zurückgreifen. Diese Situation erklärt sich zum Teil durch die starke Nachfrage nach Wärme durch Fernwärmenetze, die höhere Effizienz ihrer Verfahren zur energetischen Verwertung von Abfällen und ein hohes Maß an gesellschaftlicher Akzeptanz. Solche hohen Verbrennungsquoten sind jedoch mit ehrgeizigeren Recyclingzielen nicht vereinbar" (Europäische Kommission 2017).

Interessanterweise lassen sich die durch vorherrschende Technik resultierenden Hemmnisse auch im Bereich von Recycling-Strukturen wiedererkennen und auf individuelles Verbrauchsverhalten herunterbrechen. Das Wissen darum, dass eine technische (Teil-)Lösung für das Problem existiert, verleitet Verbraucher zum Beispiel dazu, wenig darauf zu achten, ob Produkte ggf. zu aufwendig verpackt sind: „Devoted recyclers buy more food in disposable containers than others as well as products made with recycled materials. [...] Overall it seems that recycling does not simply reduce the impact of waste. It also seems to foster consumption and, thus, rebound" (Bortoleto/Otto 2015: 156).

Eng verbunden mit diesen Erläuterungen und der Dominanz von End-of-pipe-Technologien ist auch die Einsicht, dass in Abfallwirtschaftsunternehmen oftmals eine gewisse Innovationsträgheit vorherrscht (vgl. Wilts 2012: 34). Auch wenn Ressourceneffizienz ein immer wichtiger werdendes Thema darstellt, so fand eine Studie von 2009 (in Auftrag gegeben vom Bundeswirtschaftsministerium) heraus, dass nur 12,9 % der Abfallwirtschaftsunternehmen eine größere Investition innerhalb der nächsten drei Jahre tätigen wollten (vgl. ebd.). Außerdem investieren die größten Abfallwirtschaftsunternehmen in Deutschland (Jahresumsatz höher als 50 Millionen Euro) nur etwa 2 % in Forschung und Entwicklung (vgl. ebd.).

Ein weiterer Grund, warum sich Abfallvermeidung als Prinzip bisher nur schwer durchsetzen kann, ist der Umstand, dass sich aus der Tatsache, dass Abfallvermeidung an der Spitze der Abfallhierarchie steht und Abfälle vornehmlich vermieden werden sollen, wenige konkret fassbare Pflichten ergeben (vgl. Frenz 2013). Operationalisiert wird die Abfallvermeidung im KrWG insbesondere über die Produktverantwortung, aber erst in deren Rahmen werden schließlich konkret fassbare Pflichten durch

3.4 Hemmnisse

Rechtsverordnungen formuliert – hieran „zeigt sich: Die Abfallvermeidung ist für sich gesehen ein Programmsatz, der erst näherer Ausgestaltung bedarf" (Schink/Frenz/Queitsch 2012: 62). Insbesondere ergeben sich sowohl aus der Beschreibung von Vermeidungsmaßnahmen in § 3 Abs. 20 KrWG'2012 als auch aus dem Abfallvermeidungsprogramm keine Vermeidungspflichten für Einzelne. Der Vorrang der Vermeidung ist also ohne materielle Substanz, wenn es nicht zu einer untergesetzlichen Konkretisierung kommt (vgl. Schink/Frenz/Queitsch 2012: 61). Nur die Pflichten zur anlageninternen Kreislaufführung nach § 12 KrWG'2012 seien unmittelbar gültig (vgl. Frenz 2013: 39). Auch bei den drei Verwertungsstufen ist zu konstatieren, dass sich erst, sobald die Hochwertigkeitsvorgabe durch weitere Vorschriften bzw. Verordnungen konkretisiert wird, durch diese Konkretisierung auch die rechtliche Handhabbarkeit erhöht und somit eine gesteigerte Verbindlichkeit vorliegt (vgl. Schink/Frenz/Queitsch 2012: 74). In den Abfallwirtschaftsplänen der Länder wird der Abfallvermeidung teilweise zwar viel Platz auf dem Papier eingeräumt, doch sind auch hier die getroffenen Aussagen relativ unverbindlich (vgl. Bayerisches Landesamt für Umwelt 2010).

Ein weiteres regulatorisches Hemmnis, das direkt Einfluss auf den Ressourcenmangel nimmt, ist, dass nur „Vorbereitung zur Wiederverwendung" und nicht die „Wiederverwendung" einen Verwertungsvorgang im abfallrechtlichen Sinne darstellt und somit der Erfüllung des kommunalen Entsorgungsauftrags zugeordnet werden kann (vgl. Interview A6). Nur dann können die entstehenden Kosten auch gebührenmäßig umgelegt werden bzw. kann so die Prüfung, Reinigung und Reparatur gemeindewirtschaftsrechtlich und steuerlich als privilegiert betrachtet werden (vgl. Thärichen/Gehring 2014: 14). Dieser Umstand ist historisch auf die Verengung der Abfallwirtschaft auf die Gewährleistung der Entsorgungssicherheit zurückzuführen (vgl. Interview A6). Im Ergebnis bedeutet dies, dass eine Entledigungsabsicht der Person vorliegen muss, die „einen gebrauchten Gegenstand beim öffentlich-rechtlichen Entsorgungsträger abgibt, um die Wiederverwendung dem hoheitlichen Tätigkeitsbereich der Kommune zuweisen zu können" (Thärichen/Gehring 2014: 14).[69]

---

69 Dies wird im Regelfall aber unproblematisch sein, da die Abgabe von Dingen bei der entsorgungspflichtigen Kommune, die für den Besitzer keinen Zweck mehr erfüllen, eine Entledigung darstellt (vgl. Thärichen/Gehring 2014).

3. Abfallvermeidung als Leitprinzip der Abfallpolitik in Deutschland und Europa

3.5 Europäische Abfallvermeidungsimpulse

3.5.1 Genese der europäischen Abfallpolitik bis 2008

> „European waste policy has undergone tremendous changes within the last years. Waste management has evolved into resource management not least because of the Waste Framework Directive (WFD) 2008/98/EC. Current policy does not aim to treat waste streams but rather place in the foreground of interest the complete supply chain of a product from cradle to grave" (Bartl 2014b: 1).

In den EWG-Verträgen war zwar zunächst keine primärrechtliche Grundlage für Umweltpolitik vorhanden, jedoch stützte man sich nach und nach auf die generelle Rechtssetzungskompetenz zur Ausgestaltung und zum Funktionieren des gemeinsamen Binnenmarktes (obwohl Umweltschutz zu diesem Zeitpunkt kein ausdrückliches Ziel der Verträge war; vgl. Oehlmann 2017: 34). Intensiviert wurde dies ab der Pariser Gipfelkonferenz im Jahr 1972, bei welcher die damaligen Staats- und Regierungschefs eine Erklärung verabschiedeten, die den Umweltschutz als Betätigungsfeld der EG propagierte. Auf deren Basis entwickelte die Kommission ein umweltpolitisches Aktionsprogramm, dessen Verabschiedung in der ersten Sitzung des neuen Umweltministerrates im Juli 1973 der Gemeinschaft ein offizielles umweltpolitisches Mandat erteilte (vgl. Knill/Tosun 2008: 157). Dieser Beginn der europäischen Umweltpolitik war zunächst trotzdem eher wettbewerbspolitisch motiviert und „weniger auf die Verwirklichung umweltpolitischer Ziele" ausgerichtet (Knill/Tosun 2008: 157). Wesentliches Motiv für umweltpolitische Politiken war die Angst, „dass durch unterschiedliche nationale Umweltpolitiken und -standards der Handel im gemeinsamen Markt behindert werden könnte" (Malek 2000: 51). Wie auch in der deutschen Umweltpolitik ging es auch auf europäischer Ebene in dieser frühen Phase der Umweltpolitik hauptsächlich darum, mit End-of-pipe-Lösungen Gefahrenabwehr zu betreiben und besonders negative Umweltschäden nachträglich zu beseitigen (vgl. Steigenberger 2009; vgl. Kapitel 3.1). Dieser Ansatz wurde erst im Jahr 1987 mit der Verabschiedung der Einheitlichen Europäischen Akte (EEA) weiterentwickelt und als die „gemeinschaftliche Umweltpolitik endgültig aus ihrem ökonomischen Kontext gelöst und auf eine explizite vertragliche Basis gestellt, sodass Umweltschutz nun als ein legitimer Selbstzweck" angesehen wurde (Knill/Tosun 2008: 158; vgl. Oehlmann 2017: 35).

Diese Entwicklung lässt sich auch an der Abfallpolitik wiederfinden: Die bereits 1975 vom Europäischen Rat beschlossene Abfallrahmenrichtli-

3.5 Europäische Abfallvermeidungsimpulse

nie hatte zum Hauptziel, die Rechtsvorschriften über die Abfallbeseitigung in den damals neun Mitgliedsländern anzugleichen, um das Funktionieren des Binnenmarktes zu sichern sowie Umweltschutz und Lebensqualität zu verbessern (vgl. Haug/Standke 2006: 15). Da die EG, wie zuvor beschrieben, noch keine offizielle Umweltkompetenz besaß, stützte sich die Verabschiedung der Rahmenrichtlinie „auf die allgemeine Kompetenznorm des Art. 100 EWGV (Rechtsvereinheitlichung im Interesse des Funktionierens des Binnenmarktes) und die sogenannte Kompetenz-Kompetenznorm des Art. 235 EWGV [...], nach der auch bei Fehlen einer ausdrücklichen Kompetenzzuweisung im EWGV (europäische) Rechtsakte erlassen werden sollten, wenn dies für das Erreichen eines der Ziele des Gemeinsamen Binnenmarktes erforderlich erscheinen sollte" (Bleicher 2016: 15). Die Schaffung von Deponieflächen und sonstigen Beseitigungsanlagen, die Etablierung technischer Standards sowie besondere Maßnahmen für Sonderabfälle waren die zentralen Aufgaben, die nun an die Mitgliedsstaaten herangetragen wurden. Mit der Verabschiedung der Rahmenrichtlinie „wurde der Forderung nach Rechtsharmonisierung im Bereich der Abfallpolitik aus dem ersten Umweltaktionsprogramm entsprochen" (Oehlmann 2017: 71).[70] Neben der Abfallrahmenrichtlinie als Rahmenvorschrift kamen nach und nach Verbringungsvorschriften sowie Richtlinien zu bestimmten Abfall- bzw. Produktgruppen hinzu. Spezifische Verordnungen und Richtlinien gibt bzw. gab es beispielsweise für Altöl, Klärschlamme in der Landwirtschaft, gefährliche Abfälle, Verpackungen und Verpackungsabfälle, Abfalldeponien, Batterien und Akkumulatoren, Verbringung, Verbrennung von Abfällen, Altfahrzeuge, Elektro- und Elektronikgeräte so-

---

70 „Umweltaktionsprogramme sind Rahmenvorgaben für die Umweltpolitik der Europäischen Union, in denen die wichtigsten mittelfristigen und langfristigen Ziele der europäischen Umweltpolitik in Form eines strategischen Grundgerüsts gegebenenfalls mit konkreten Aktionsmaßnahmen formuliert und festgeschrieben werden. Ihren Ursprung finden Umweltaktionsprogramme in einer Konferenz der Staats- beziehungsweise Regierungschefs im Oktober 1972, wo eine gemeinsame Umweltpolitik für unverzichtbar erklärt wurde und die Kommission aufgefordert wurde, ein Umweltaktionsprogramm zu entwickeln. Seit dem Vertrag von Maastricht im Jahre 1992 ist für den Erlass von Umweltaktionsprogrammen eine vertragliche Ermächtigungsgrundlage vorgesehen, mit dem Inkrafttreten des Vertrags von Lissabon handelt es sich dabei um Artikel 192 Absatz drei des Vertrags über die Arbeitsweise der Europäischen Union. Danach werden Umweltaktionsprogramme im ordentlichen Gesetzgebungsverfahren durch das Europäische Parlament und den Rat auf Vorschlag der Kommission und damit als formelle Rechtsakte erlassen" (BMU 2021).

wie Abfallstatistik; siehe für eine graphische Übersicht der europäischen Rechtssetzung im Abfallbereich bis 2006 Haug/Standke 2006: 16).

Zwar wurde bereits mit der Abfallrahmenrichtlinie 1975 gefordert, dass die Mitgliedsstaaten Maßnahmen zur „Einschränkung der Abfallbildung, [...] Verwertung und Umwandlung von Abfällen, [...] Gewinnung von Rohstoffen und gegebenenfalls von Energie sowie alle anderen Verfahren zur Wiederverwendung von Abfällen" (Artikel 3 Satz 1 ARRL'1975) ergreifen sollen, jedoch wurde erst mit der Gemeinschaftsstrategie für die Abfallwirtschaft (basierend auf dem 4. Umweltaktionsprogramm der Kommission) Abfallvermeidung auch als oberstes Ziel anerkannt und die verschiedenen Abfallbehandlungsmöglichkeiten nur als nächstbeste Option gesehen (vgl. Farmer 2012). Der Rat verabschiedete hierauf im Mai 1990 eine Entschließung über die Abfallpolitik, welche die Kommissionsstrategie begrüßte und unterstützte, die Entwicklung neuer sauberer Technologien forderte sowie

> „reinforced the strategy paper's bias in favour of minimizing movements of waste (the proximity principle), reducing the quantity and toxicity of waste sent to landfill and developing an 'adequate and integrated network of disposal facilities'" (ebd.).

Diese genannten Prioritäten der Gemeinschaftsstrategie sowie der Entschließung des Rates gipfelten schließlich in der überarbeiteten und verstärkten Abfallrahmenrichtlinie aus dem Jahr 1991 (91/156/EWG), die die Mitgliedsstaaten verpflichtete, ein eigenes Netzwerk an Entsorgungskapazitäten aufzubauen, und die klarstellte, dass die Mitgliedsstaaten Maßnahmen ergreifen müssen, um „in erster Linie die Verhütung oder Verringerung der Erzeugung von Abfällen und ihrer Gefährlichkeit" und „in zweiter Linie i) die Verwertung der Abfälle im Wege der Rückführung, der Wiederverwendung, des Wiedereinsatzes oder anderer Verwertungsvorgänge im Hinblick auf die Gewinnung von sekundären Rohstoffen oder ii) die Nutzung von Abfällen zur Gewinnung von Energie" zu erreichen (Art. 3 ARRL'1991).

Insgesamt ist aber trotzdem festzuhalten, dass die deutschen Vorgaben in Bezug auf Vermeidung, Verwertung und Behandlung diesen frühen europäischen Vorgaben weit voraus waren. Insbesondere das KrW-/AbfG von 1996 ging beispielsweise mit dem Gedanken der Produzentenverantwortung deutlich über europäische Regulierungsansätze hinaus (erstmalig wurde dies in Deutschland bereits 1991 über die Verpackungsverordnung umgesetzt). Auch in Bezug auf ein Ende der Deponierung unbehandelter Abfälle war die deutsche Abfallwirtschaftspolitik innerhalb von Europa

3.5 Europäische Abfallvermeidungsimpulse

als Vorreiter zu betrachten, der wiederum spätere europäische Regelungsansätze diesbezüglich beeinflusst hat.

Das 6. Umweltaktionsprogramm der EU forderte schließlich „eine bessere Ressourceneffizienz, ein verbessertes Ressourcen- und Abfallmanagement neben Prioritäten wie Maßnahmen zum Klimaschutz, zum Schutz der Natur und zum Erhalt der biologischen Vielfalt" und identifizierte Abfallvermeidung als eine von vier Hauptprioritäten, die verfolgt werden müssten, damit wirtschaftliches Wachstum nicht zu immer mehr Abfall führe (Haug/Standke 2006: 7; vgl. Europäische Kommission 2010). Die Entkopplung von Abfallaufkommen und Wirtschaftswachstum wurde hier erstmals als primäres Ziel definiert. Auf Basis dieses Aktionsprogramms wurde im Jahr 2005 die thematische Strategie für Abfallvermeidung und -recycling veröffentlicht, welche die strategische Ausrichtung der europäischen Abfallpolitik für die nächsten Jahre maßgeblich bestimmen sollte (Europäische Kommission 2005). In der Strategie wird insbesondere „auf die Bedeutung des rechtlichen Umfeldes für den Recyclingsektor hin[gewiesen] und [...] das Bild einer ‚Recyclinggesellschaft' als Gegenentwurf zur ‚Wegwerfgesellschaft'" entworfen (BMUB 2016a). Neben dem Setzen neuer, ehrgeizigerer Ziele in der Abfallwirtschaft verweist die Strategie auch auf den Umstand, dass viele bereits existierende europäische Rechtsvorschriften in den Nationalstaaten besser umgesetzt werden müssten und aktuell ein Implementationsdefizit bestehe (z. B. illegale Deponien in bestimmten Mitgliedsländern). Zudem wurde adressiert, dass das Abfallrecht zukünftig vereinfacht werden müsse und (Begriffs-)Zweideutigkeiten, die zu unterschiedlichen Auslegungen in Nationalstaaten führen können, beseitigt werden.

> „The principle of taking a life cycle approach to waste management [...], that is considering how to minimize waste throughout a product's life cycle and considering all the impacts of a treatment option over time, is central to the Waste TS [TS = Thematic Strategy]. It attempts to set out a new and improved approach to EU waste policy. Alongside life cycle approaches other key principles include the shift towards a materials-based approach, a new focus on the prevention of waste and a shift towards more flexible mechanisms of policy making/standard setting at the EU level [...]" (Farmer 2012: 6).

Auch wenn in der Strategie aus verschiedenen Überlegungen heraus keine konkreten europäischen Abfallvermeidungsziele beschrieben wurden, so wird in ihr doch deutlich, dass Abfallvermeidungsmaßnahmen auf allen Ebenen des politischen Systems als Notwendigkeit erachtet werden, um negative Umweltauswirkungen von Anfang an zu verhindern. Zudem räumt die Strategie ein, dass gerade im Bereich Abfallvermeidung in den vergangenen Jahren nur kleine Fortschritte in den Mitgliedsstaaten gemacht worden seien. Daher verweist die Strategie auch auf die Wichtigkeit des Setzens von nationalen Abfallvermeidungszielen, die dann aber eben auf Ebene der Nationalstaaten zu erfolgen und im Idealfall in Abfallvermeidungsprogrammen festgehalten werden sollen. Ziel solcher Strategien müsse sein, dass sowohl Bürger als auch Unternehmen erreicht werden, da deren Entscheidungen das Abfallaufkommen maßgeblich beeinflussen. Insgesamt ist im Vergleich zu vorherigen Strategien und europäischen Initiativen ein deutlicher Wandel hin zu einem Mehr an Abfallvermeidung und Recycling erkennbar. Allerdings wurde bereits damals von Seiten Dritter kritisch angemerkt, dass

> „the detail of such action remains unclear and, fundamentally, the level of ambition, both in terms of requirements and enforcement of such requirements, remains vague. The Commission intends that the waste prevention programmes will 'increase the focus of policy makers ... on prevention thereby triggering an increase in waste prevention policy' [...] but there are no binding targets or requirements, beyond the existence of the plans" (Farmer 2012: 7).

Zeitgleich wurde mit der Strategie ein Vorschlag zur Neufassung der ARRL vorgelegt, welche als direkte gesetzgeberische Umsetzung der zahlreichen Vorschläge in der Strategie angesehen werden kann (vgl. Haug/ Standke 2006). Tatsächlich wurde dann auch auf Grundlage der Strategie das europäische Abfallrecht grundlegend überarbeitet, „namentlich durch die Neufassung der Abfallrahmenrichtlinie, die unter anderem Kriterien für die Abgrenzung von Abfällen gegenüber Nichtabfällen aufstellt, die neue fünfstufige Abfallhierarchie einführt, Vorgaben für Abfallvermeidungsprogramme trifft und Mindestrecyclingquoten für Haushalts- sowie Bau-/Abbruchabfälle festlegt" (BMUB 2016a). Der innerhalb der deutschen Abfallwirtschaft stattfindende Transformationsprozess zu höheren Stufen der Abfallhierarchie, welcher in Kapitel 3.1 bereits bis zum Jahr 2008 umrissen wurde, sollte durch diese neuen europäischen Initiativen nochmals an Fahrt gewinnen (vgl. Urban 2014a: 409).

3.5.2 Neue europäische Policy-Impulse

Abfallvermeidung spielt in allen Lebensphasen eines Produktes eine Rolle. Daher befasst sich eine Reihe an verschiedenen europäischen Direktiven und Regulierungen mit dem Thema. So sind beispielsweise auch die europäische Chemikalien-Verordnung REACH und die Ökodesign-Richtlinie wichtige rechtliche Vorgaben, die in der Design- und Herstellungsphase eines Produktes greifen. Aufgrund der Fragestellung der vorliegenden Arbeit, die sich konkret mit Wandlungsprozessen in der kommunalen Abfallwirtschaft befasst, sollen an dieser Stelle allerdings nur Policies mit diesbezüglicher Relevanz diskutiert werden. Dies betrifft im Besonderen die zuvor angesprochene Abfallrahmenrichtlinie, welche im Jahr 2008 im Hinblick auf Abfallvermeidungs- und Wiederverwendungsgesichtspunkten novelliert wurde. Aber auch die Europäische Woche der Abfallvermeidung, welche im Kontext der novellierten ARRL zu sehen ist und seit 2009 versucht, die Stärkung des Themas Abfallvermeidung durch eine europäisch angelegte Dachkampagne zu erreichen, ist von Relevanz.

3.5.2.1 Impuls I: Die novellierte Abfallrahmenrichtlinie (2008/98/EG)

Wie zuvor beschrieben, ist die Novellierung der Abfallrahmenrichtlinie im Zusammenhang mit der thematischen Strategie der Kommission für Abfallvermeidung und -recycling entstanden. Um das dortige Ziel der „Recyclinggesellschaft" zu verwirklichen, war eine Überarbeitung der im Abfallbereich geltenden Richtlinien notwendig (vgl. Epiney/Heuck 2011). Im Dezember 2005 legte die Kommission daher einen Vorschlag für eine Novellierung der Abfallrahmenrichtlinie vor. Als wesentliche Ziele wurden von der Kommission die Klärung und Schärfung von zentralen Begrifflichkeiten (zum Beispiel die Abgrenzung zwischen Abfall und Nicht-Abfall sowie zwischen Verwertung und Beseitigung), eine Verminderung der nachteiligen Auswirkungen der Abfallerzeugung auf Mensch und Umwelt sowie eine grundsätzliche Vereinfachung des Abfallrechts (durch Aufhebung bzw. Integration der Richtlinien über gefährliche Abfälle und Altöl) definiert. „Der endgültigen Verabschiedung der Richtlinie ging ein komplexes und relativ langwieriges Gesetzgebungsverfahren voraus", aber nach mehrjährigen Verhandlungen konnte sie im November 2008 schließlich im europäischen Amtsblatt veröffentlicht werden (Epiney/Heuck 2011; dort wird auch die Komplexität der verschiedenen Positionen von Kommission, Rat und Parlament deutlich).

3. Abfallvermeidung als Leitprinzip der Abfallpolitik in Deutschland und Europa

Der bisherige „Ansatz des existierenden Abfallrechts in Richtung auf ein umfassendes Stoffstrom- und Ressourcennutzungsrecht sowie eine rechtliche Feinsteuerung der Abfallströme" wird hierbei generell weiter verfolgt, wobei der Fokus nun deutlicher als zuvor auf einer nachhaltigen Ressourcenbewirtschaftung liegt (SRU 2008: 451; vgl. hierzu auch Wilts 2016a). Herz der novellierten ARRL ist die nun fünfstufige Abfallhierarchie, bei welcher die frühere Stufe „Verwertung" (in der dreistufigen Hierarchie: Vermeidung, Verwertung, Beseitigung) nun auf insgesamt drei Stufen aufgegliedert wurde. Als Verwertungsvorgänge werden nun Vorbereitung zur Wiederverwendung[71], Recycling und sonstige Verwertung (insb. thermische) aufgeführt.

---

71 „Unter dem Begriff Vorbereitung zur Wiederverwendung" (Art. 3 Nr. 16) sind die Prüfung, Reinigung oder Reparatur zu verstehen, bei der Erzeugnisse oder Bestandteile von Erzeugnissen, die zu Abfällen geworden sind, so vorbereitet werden, dass sie ohne weitere Vorbehandlung wiederverwendet werden können. Die Vorbereitung zur Wiederverwendung bezieht sich auf Abfälle und nicht auf Produkte. In Abgrenzung zur Vorbehandlung und dem Recycling dürften nur geringfügige Maßnahmen ohne wesentlichen Substanzeingriff als Vorbereitung zur Wiederverwendung einzustufen sein. Eine Vorbereitung zur Wiederverwendung wäre somit z. B. gegeben, wenn ein defekter Schalter eines Elektrogerätes ausgewechselt würde, aber nicht, wenn das Elektrogerät in seine Einzelteile zerlegt würde und nur einige (recycelte) Teile für den ursprünglichen Zweck wieder eingesetzt werden. Aus dem Zusammenhang mit Art. 3 Nr. 13 (Wiederverwendung) ergibt sich außerdem, dass sich das Verfahren auf denselben Zweck beziehen muss, für den das Produkt, das inzwischen jedoch zum Abfall geworden ist, ursprünglich bestimmt war" (Epiney/Heuck 2011).

Abbildung 5: Die neue fünfstufige Abfallhierarchie in der ARRL'2008

Quelle: Eigene Darstellung.

Die fünfstufige Hierarchie gestaltet sich also wie folgt: Vermeidung, Vorbereitung zur Wiederverwendung, Recycling, sonstige Verwertung und Beseitigung (siehe Abbildung 5). Diese weitere Ausdifferenzierung der Abfallhierarchie wird auch vom Sachverständigenrat für Umweltfragen (2008) hervorgehoben:

> „An die Stelle der bisherigen dreistufigen Hierarchie soll zum Zwecke des Umwelt- und Ressourcenschutzes eine fünfstufige Prioritätenreihenfolge mit näherer Abschichtung der Verwertungsstufe treten (Vermeidung, Aufbereitung für die Wiederverwendung, Recycling, andere Formen der Verwertung, Beseitigung). Dieser generellen Festlegung einer Stufenfolge kommt praktische Relevanz zu, da sie für die spätere

Fixierung von Entsorgungspfaden vorentscheidend ist" (SRU 2008: 450).[72,73]

Die Richtlinie definiert Abfallvermeidung dabei als „Maßnahmen, die ergriffen werden, bevor ein Stoff, ein Material oder ein Erzeugnis zu Abfall geworden ist, und die Folgendes verringern: a) die Abfallmenge, auch durch die Wiederverwendung von Erzeugnissen oder die Verlängerung ihrer Lebensdauer; b) die schädlichen Auswirkungen des erzeugten Abfalls auf die Umwelt und die menschliche Gesundheit oder c) den Gehalt an schädlichen Stoffen in Materialien und Erzeugnissen" (Art. 3 Abs. 12 ARRL'2008). Abfallvermeidung ist also eine Vorstufe der Abfallbewirtschaftung (Epiney/Heuck 2011). Mit „Wiederverwendung" ist laut ARRL'2008 jedes Verfahren gemeint, bei dem Erzeugnisse oder Bestandteile, die keine Abfälle sind, wieder für denselben Zweck verwendet werden, für den sie ursprünglich bestimmt waren (Art. 3 Abs. 13 ARRL'2008).

Zudem werden die Mitgliedsstaaten auch dazu verpflichtet, „Maßnahmen zur Förderung der Wiederverwendung von Produkten und der Vorbereitung zur Wiederverwendung, insbesondere durch Förderung der Errichtung und Unterstützung von Wiederverwendungs- und Reparaturnetzen sowie durch Einsatz von wirtschaftlichen Instrumenten, Beschaffungskriterien oder quantitativen Zielen oder durch andere Schritte" zu ergreifen (Art. 11 Abs. 1 ARRL'2008). Ein gesondertes quantitatives Ziel für die Vorbereitung zur Wiederverwendung wurde allerdings nicht ausgegeben, vielmehr wird dies unter dem Recycling-Ziel subsumiert.

---

72 Gleichzeitig sieht das Gutachten des SRU die Verknüpfung von Abfallpolitik mit Aspekten der Produktherstellung und Stoffpolitik durch die ARRL aber insgesamt kritisch: „Mit der Novellierung der Abfallrahmenrichtlinie werden auf europäischer Ebene die Weichen für die zukünftige Ausgestaltung der Abfallwirtschaft gestellt. Die Chance für eine grundlegende abfallpolitische Neuorientierung wurde nicht genutzt. Das Abfallregime wird weiterhin überfrachtet mit Zielen und Instrumenten, die besser an anderer Stelle (Stoff- und Produktrecht) verortet werden sollten" (SRU 2008: 415). Begrüßt wird dort hingegen „das Bestreben, technische Umweltstandards für bestimmte abfallwirtschaftliche Tätigkeiten auf Grundlage der besten verfügbaren Techniken zu formulieren und damit europaweit zu harmonisieren" (ebd.).
73 „Bei Anwendung der Abfallhierarchie nach Absatz 1 treffen die Mitgliedstaaten Maßnahmen zur Förderung derjenigen Optionen, die insgesamt das beste Ergebnis unter dem Aspekt des Umweltschutzes erbringen. Dies kann erfordern, dass bestimmte Abfallströme von der Abfallhierarchie abweichen, sofern dies durch Lebenszyklusdenken hinsichtlich der gesamten Auswirkungen der Erzeugung und Bewirtschaftung dieser Abfälle gerechtfertigt ist" (Art. 4 Abs. 2 ARRL'2008).

3.5 Europäische Abfallvermeidungsimpulse

Außerdem wurde festgelegt, dass die Mitgliedsstaaten der EU nationale Abfallvermeidungsprogramme auszuarbeiten haben. Ziel dieser prozeduralen Vorgabe ist ein koordinierter nationaler Handlungsansatz für Abfallvermeidung, der Ziele und mögliche Policies in diesem Bereich skizzieren und letztendlich die Ressourcennutzung vom Wirtschaftswachstum entkoppeln soll. Im Detail geben Art. 29 bis Art. 33 der ARRL'2008 vor, dass die Abfallvermeidungsprogramme bis Ende 2013 aufzustellen sind und diese alle sechs Jahre auszuwerten und (falls erforderlich) fortzuschreiben sind. Es ist den Mitgliedsstaaten dabei freigestellt, ob sie die Vermeidungsprogramme in ihre Abfallwirtschaftspläne integrieren oder ein hiervon separates Programm aufstellen. In jedem Falle ist beim Aufstellprozess aber die Öffentlichkeit zu beteiligen. Inhaltlich wird die Festlegung von Zielen, die Darstellung bestehender Maßnahmen, die Bewertung dieser sowie die Festlegung von zweckmäßigen, spezifischen, qualitativen oder quantitativen Indikatoren vorgeschrieben. Im Anhang IV der Richtlinie ist zur Unterstützung der Mitgliedsstaaten ein nicht verpflichtender Katalog mit Beispielsmaßnahmen aufgeführt, die in das Programm integriert werden könnten (siehe Tabelle 3).

Tabelle 3: Beispiele für Abfallvermeidungsmaßnahmen nach Artikel 29 der ARRL (nächste Seite)
Quelle: Wörtliche Übernahme aus Anhang IV der ARRL'2008.

3. Abfallvermeidung als Leitprinzip der Abfallpolitik in Deutschland und Europa

Maßnahmen, die sich auf die Rahmenbedingungen im Zusammenhang mit der Abfallerzeugung auswirken können

- Einsatz von Planungsmaßnahmen oder sonstigen wirtschaftlichen Instrumenten, die die Effizienz der Ressourcennutzung fördern.
- Förderung einschlägiger Forschung und Entwicklung mit dem Ziel, umweltfreundlichere und weniger abfallintensive Produkte und Technologien hervorzubringen, sowie Verbreitung und Einsatz dieser Ergebnisse aus Forschung und Entwicklung.
- Entwicklung wirksamer und aussagekräftiger Indikatoren für die Umweltbelastungen im Zusammenhang mit der Abfallerzeugung als Beitrag zur Vermeidung der Abfallerzeugung auf sämtlichen Ebenen, vom Produktvergleich auf Gemeinschaftsebene über Aktivitäten kommunaler Behörden bis hin zu nationalen Maßnahmen.

Maßnahmen, die sich auf die Konzeptions-, Produktions- und Vertriebsphase auswirken können

- Förderung von Ökodesign (systematische Einbeziehung von Umweltaspekten in das Produktdesign mit dem Ziel, die Umweltbilanz des Produkts über den gesamten Lebenszyklus hinweg zu verbessern).
- Bereitstellung von Informationen über Techniken zur Abfallvermeidung im Hinblick auf einen erleichterten Einsatz der besten verfügbaren Techniken in der Industrie.
- Schulungsmaßnahmen für die zuständigen Behörden hinsichtlich der Einbeziehung der Abfallvermeidungsanforderungen bei der Erteilung von Genehmigungen auf der Grundlage dieser Richtlinie und der Richtlinie 96/61/EG.
- Einbeziehung von Maßnahmen zur Vermeidung der Abfallerzeugung in Anlagen, die nicht unter die Richtlinie 96/61/EG fallen. Hierzu könnten gegebenenfalls Maßnahmen zur Bewertung der Abfallvermeidung und zur Aufstellung von Plänen gehören.
- Sensibilisierungsmaßnahmen bzw. Unterstützung von Unternehmen bei der Finanzierung, Entscheidungsfindung o. ä. Besonders wirksam dürften derartige Maßnahmen sein, wenn sie sich gezielt an kleine und mittlere Unternehmen richten und auf diese zugeschnitten sind und auf bewährte Netzwerke des Wirtschaftslebens zurückgreifen.
- Rückgriff auf freiwillige Vereinbarungen, Verbraucher- und Herstellergremien oder branchenbezogene Verhandlungen, damit die jeweiligen Unternehmen oder Branchen eigene Abfallvermeidungspläne bzw. -ziele festlegen oder abfallintensive Produkte oder Verpackungen verbessern.
- Förderung anerkannter Umweltmanagementsysteme, einschließlich EMAS und ISO 14001.

Maßnahmen, die sich auf die Verbrauchs- und Nutzungsphase auswirken können

- Wirtschaftliche Instrumente wie zum Beispiel Anreize für umweltfreundlichen Einkauf oder die Einführung eines vom Verbraucher zu zahlenden Aufpreises für einen Verpackungsartikel oder Verpackungsteil, der sonst unentgeltlich bereitgestellt werden würde.
- Sensibilisierungsmaßnahmen und Informationen für die breite Öffentlichkeit oder eine bestimmte Verbrauchergruppe.
- Förderung glaubwürdiger Ökozeichen.
- Vereinbarungen mit der Industrie, wie der Rückgriff auf Produktgremien etwa nach dem Vorbild der integrierten Produktpolitik, oder mit dem Einzelhandel über die Bereitstellung von Informationen über Abfallvermeidung und umweltfreundliche Produkte.
- Einbeziehung von Kriterien des Umweltschutzes und der Abfallvermeidung in Ausschreibungen des öffentlichen und privaten Beschaffungswesens im Sinne des Handbuchs für eine umweltgerechte öffentliche Beschaffung, das von der Kommission am 29. Oktober 2004 veröffentlicht wurde.
- Förderung der Wiederverwendung und/oder Reparatur geeigneter entsorgter Produkte oder ihrer Bestandteile, vor allem durch den Einsatz pädagogischer, wirtschaftlicher, logistischer oder anderer Maßnahmen wie Unterstützung oder Einrichtung von akkreditierten Zentren und Netzen für Reparatur und Wiederverwendung, insbesondere in dicht besiedelten Regionen.

3.5 Europäische Abfallvermeidungsimpulse

Aus Sicht der Kommission muss ein solches Abfallvermeidungsprogramm die betroffenen Akteure motivieren, stärker nach ressourceneffizienten Kriterien zu handeln (quantitative Vermeidung) und weniger schadstoffhaltige Materialien (qualitative Vermeidung) zu produzieren bzw. zu konsumieren. Zudem sollen die betroffenen Akteure durch Best-Practice-Beispiele und weitere Maßnahmen befähigt werden, die richtigen Schritte zu ergreifen (vgl. Abbildung 6):

Abbildung 6: Aufgaben eines Abfallvermeidungsprogramms

```
┌─────────────────────────────────┬─────────────────────────────────┐
│ - Inform on environmental       │ - Remove information lacks      │
│   problems                      │ - Inform on options             │
│ - Show negative consequences    │ - Provide infrastructure        │
│   of current life style         │ - Make alternative solutions    │
│ - Demonstrate positive          │   available                     │
│   consequences of behaviour     │ - Train                         │
│   change                        │ - Provide expertise             │
│         MOTIVATE                │         ENABLE                  │
└─────────────────────────────────┴─────────────────────────────────┘
                   ↘                         ↙
┌──────────────────┐  E   ┌──────────────┐  E  ┌──────────────────┐
│ - Adapt taxation │  N   │   Is the     │  N  │ - Community      │
│ - Provide        │  C   │   program    │  G  │   action         │
│   investment     │  O   │ sufficient to│  A  │ - Personal       │
│   grants         │  U   │   induce     │  G  │   contact        │
│ - Award efficient│  R   │   change?    │  E  │ - Opinion        │
│   behaviour      │  A   │              │     │   leaders        │
│ - Induce social  │  G   │              │     │ - Utilise        │
│   pressure       │  E   │              │     │   networks       │
│ - Fine inefficient│      │              │     │                  │
│   behaviour      │      │              │     │                  │
└──────────────────┘      └──────────────┘     └──────────────────┘
                   ↖                         ↗
              ┌─────────────────────────────────┐
              │        PROVIDE EXAMPLE          │
              │ - Public procurement            │
              │ - Efficient behaviour in public │
              │   administration                │
              └─────────────────────────────────┘
```

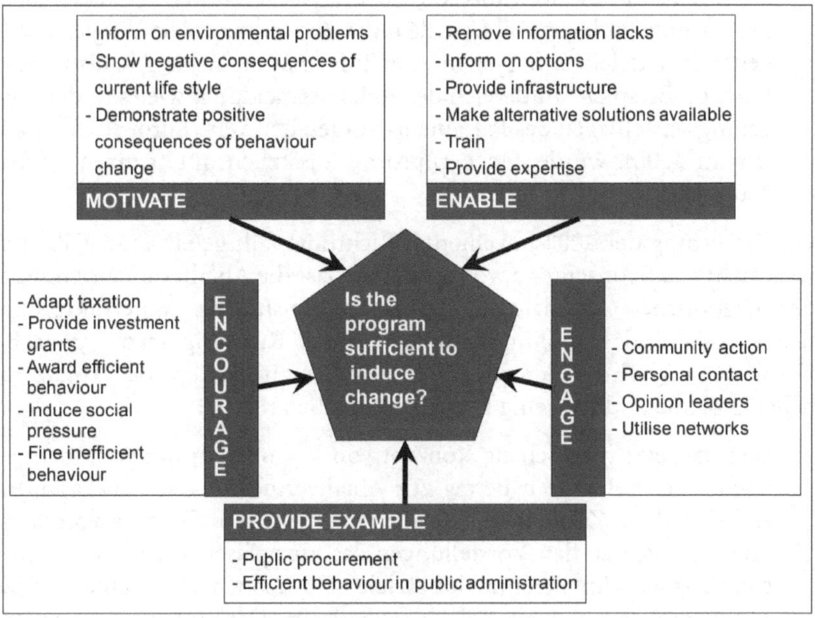

Quelle: Europäische Kommission 2012: 23.

Insgesamt bietet die Aufstellung eines Abfallvermeidungsprogramms durch den integrativen Ansatz die Möglichkeit, bislang „ungenutzte Steuerungspotentiale zu erschließen, indem die Trennung von Abfallvermeidung, Ressourcenmanagement und Produktpolitik unter dem Dach eines übergreifenden Programms überbrückt wird" (Schomerus et al. 2011: 513). Durch das gemeinschaftliche Aufstellen, Auswerten und Weiterentwickeln können Lernprozesse bei allen Akteuren angestoßen werden, die zu einer nachhaltigeren Abfallbewirtschaftung führen können (vgl. ebd.).

3. Abfallvermeidung als Leitprinzip der Abfallpolitik in Deutschland und Europa

> „Die im Entwurf vorgesehene Verpflichtung, Abfallvermeidungsmaßnahmen zu beschreiben, zu überwachen und ihre Zweckmäßigkeit zu bewerten, könnte idealerweise allerdings einen Lernprozess im Hinblick auf wirksame Abfallvermeidung auslösen. Von diesem Prozess wären auch Impulse für andere Sektorpolitiken denkbar. Ein europaweiter Lernprozess setzt als notwendige Erfolgsbedingung eine Vergleichbarkeit der nationalen Abfallbewirtschaftungsprogramme – gegebenenfalls unter Differenzierung der Mitgliedstaaten nach bestimmten sozio-ökonomischen Rahmenbedingungen – voraus. Die Leitlinien, die die Kommission für die Ausarbeitung der nationalen Programme vorlegen soll (Art. 26a Abs. 3b), sollten diese Vergleichbarkeit sicherstellen. Ein System zum Informationsaustausch über ,Best Practice'-Beispiele im Bereich der Abfallvermeidung, wie es in den Regelungsvorschlägen des Parlaments vorgesehen war (Europäisches Parlament 2006), würde den Lernprozess zusätzlich unterstützen" (SRU 2008: 451).

Die Bewertung der 2008 novellierten Richtlinie fällt geteilt aus: Während viele fachliche Beobachter davon sprechen, dass die Abfallrahmenrichtlinie den begonnenen nachhaltigen Transformationsprozess weiterführt und neue Denk- und Handlungsanstöße in diese Richtung setzt (vgl. z. B. Urban 2014a), wird vielerorts gleichzeitig bemängelt, dass der Ansatz zu beliebig bleibe und zu wenig konkrete Vorgaben mache:

> „Ob das jetzt vorgesehene Konzept von Vermeidungsprogrammen jedoch einen relevanten Betrag zur Abfallvermeidung leisten kann, ist zu bezweifeln. Zum einen definiert der jetzige Novellierungsvorschlag im Gegensatz zu den Vorstellungen des Europäischen Parlaments weder messbare Abfallvermeidungsziele selbst, noch verpflichtet er die Mitgliedstaaten explizit, solche festzulegen. Darüber hinaus werden an die Programmerstellung nur sehr weiche Vorgaben für konkrete Maßnahmen geknüpft. Der Richtlinienentwurf erwähnt [...] lediglich Beispiele für Abfallvermeidungsmaßnahmen, die in den nationalen Programmen Aufnahme finden können. Trotz verschiedener erwägenswerter Ansätze [...] bleiben diese insgesamt eher unspezifisch. Dies ist bedauerlich, da die bisherigen mitgliedstaatlichen und EU-weiten Vermeidungsziele auch an einer mangelnden Instrumentierung gescheitert sind" (SRU 2008: 450).

Dass für diese Verwertungsstufe „Vorbereitung zur Wiederverwendung" kein gesondertes Ziel auf EU-Ebene definiert wurde, sondern in die Recycling-Ziele mit reingerechnet wird, ist zudem für viele Umweltverbände ein zentraler Kritikpunkt an der Abfallrahmenrichtlinie gewesen: „Set specific objectives for preparation for reuse, distinct from recycling, for furnitures, textiles and electrical and electronic equipment, and ensure prior access to waste collection points to accredited reuse centres" (EEB o.J.: 2).

3.5.2.2 Impuls II: Die Europäische Woche der Abfallvermeidung

Im Kontext der neuen Abfallrahmenrichtlinie und dem Ziel der Verwirklichung einer echten europäischen Kreislaufwirtschaft ist auch die Europäische Woche der Abfallvermeidung (EWAV) zu sehen: „Die Europäische Woche der Abfallvermeidung als EU-weites Projekt wurde auf Initiative der Europäischen Kommission und im Zuge des Inkrafttretens der EU-Abfallrahmenrichtlinie im Jahr 2008 auf den Weg gebracht" (Danne 2015: 433). Es handelt sich hierbei um eine europaweite Aktionswoche, deren Ziel es ist, mehr Sichtbarkeit für Abfallvermeidung zu erzeugen und die europäischen Bürger, Organisationen, Initiativen, Behörden/Verwaltungen und Unternehmen stärker für die Wichtigkeit des Themas zu sensibilisieren. Es handelt sich um eine „pan-European initiative featuring multiple awareness raising actions addressed at businesses, schools, local authorities and associations" (Europäische Kommission 2012). In der Aktionswoche finden europaweit Aktionen und Veranstaltungen statt und es gibt zahlreiche Informationsangebote. Die Woche steht in jedem Jahr unter einem anderen Motto (2014 „Lebensmittelverschwendung stoppen!", 2015 „Nutzen statt Besitzen", 2016 „Verpackungsabfälle vermeiden"). Primär wird die Woche für die Verbraucheransprache genutzt – weniger durch eine großangelegte Medienkampagne, sondern durch kleine und dezentrale Projekte direkt vor Ort. Aktive Akteure sind vor allem die Kommunen, regionale Behörden sowie zivilgesellschaftliche Organisationen.

> „Seit 2009 beendet Europas größte Kommunikationskampagne im November das Jahr mit einer Woche, in der sich alles um die „drei großen R" – Reduce, Reuse, Recycle – dreht. Vor allem geht es der Kampagne darum, praktische Alternativen zur Wegwerfgesellschaft zu präsentieren, um möglichst viele Menschen zum Umdenken und zum Handeln zu animieren. Innovative Projekte, neue abfallvermeidende Angebote, Bildungs- und Sensibilisierungsaktionen, Diskussionsveranstaltungen, Workshops und vieles mehr ist unter den über 12.000 Aktionen auf dem Kontinent Teil des Aktionsangebots" (Danne 2016: 403).

3. Abfallvermeidung als Leitprinzip der Abfallpolitik in Deutschland und Europa

Als „Life+"-Projekt wurde die Woche von 2009–2011 und 2013–2016 direkt durch die Europäische Kommission gefördert bzw. kofinanziert.[74] Eine Förderung einzelner Aktionen vor Ort ist im begrenzten Budget allerdings nicht vorgesehen. Gesamt-Organisator auf europäischer Ebene war zunächst die „Agence de l'Environnement et de la Maîtrise de l'Energie" (ADEME) und dann (ab 2013) das Netzwerk „Association of Cities and Regions for Recycling and sustainable Resource management" (ACR+), wobei es in den Mitgliedsstaaten jeweils weitere koordinierende Akteure gibt. Seit 2017 die Förderung durch das „Life+"-Projekt beendet wurde, wird das Projekt von einem „Steering Committee"[75] unter dem Management von ACR+ weitergeführt (vgl. ACR+ 2020).

Am Beispiel der im Jahr 2015 durchgeführten EWAV lässt sich gut erkennen, dass sich die Woche trotz des rein informationellen und kooperativen Ansatzes in den Mitgliedsstaaten einer recht hohen Beliebtheit erfreut. So haben im Jahr 2015 40 nationale und regionale Koordinatoren aus 33 Ländern 12.035 Aktionen registriert (zum Vergleich waren es im Jahr 2010 europaweit 4346 Aktionen und im Jahr 2012 europaweit 10793 Aktionen; vgl. ACR+ 2017a). Insgesamt waren in diese Aktionen mehr als 20 Millionen Personen direkt involviert. Weiterhin wird geschätzt, dass mehr als 150 Millionen Bürger indirekt erreicht wurden (Personen, die über das Projekt gelesen oder gehört haben, die ein Poster gesehen oder einen Brief bzw. Infomaterial erhalten haben). In den Aktionen selbst konnten mehr als 69.000 Tonnen Müll vermieden bzw. wiederverwertet werden (vgl. ebd.).

„As a focus for their activities, the project team firstly developed an attractive and user-friendly website. From here, project documents,

---

74 „LIFE (L'Instrument Financier pour l'Environnement) ist das einzige EU-Förderprogramm, das ausschließlich Umweltschutzbelange unterstützt. Mit dem seit 1992 bestehenden Programm werden Maßnahmen in den Bereichen Biodiversität, Umwelt- und Klimaschutz gefördert" (BMU 2020a). In der ersten Förderperiode der EWAV von 2009 bis 2012 war der EU-finanzierte Anteil bei 1.073.317 Euro (das Gesamtbudget betrug 2.146.633 Euro) (ADEME 2012).
75 Mitglieder dieses Steuerungskomitees waren im Jahr 2018 folgende Organisationen (ACR+ 2020): ACR+ (EWWR Technical Secretariat of the EWWR), International Association for Environmental Communication in Italy, Catalan Waste Agency in Catalonia, Bruxelles Environnement – Leefmilieu Brussel, The Eastern-Midlands regional Waste Office, European Commission, European Committee of the Regions, Lipor (Intermunicipal waste management of Greater Porto), North London Waste Authority, German Association of Local Utilities, WasteServ Malta.

tools and training materials can be downloaded for free. The project's numerous communication products included toolkits, panels, information boards, and videos. [...] The project helped introduce the '3Rs' concept to countries that were not so advanced in their waste reduction, reuse and recycling activities. Extending the EWWR to other countries, even outside the initial geographic scope, was considered a real success and demonstrates the possibility of developing such initiatives in other parts of the world. In terms of socio-economic impact, finding solutions and targeted communication activities with companies, schools, NGOs and public authorities, can reduce their waste production and also help them save money, with possible knock on effects for the economy and job creation" (ACR+ 2017b).

Eine Europäisierung nationaler und kommunaler Strukturen ist hier insbesondere über „soft framing" denkbar. Durch die europäische Dachkampagne können nationale Diskurse über Abfallvermeidung initiiert und/ oder geprägt werden. Da das Projekt auch auf einer Darstellung von Best-Practice-Beispielen beruht, können interkommunale und gleichzeitig auch europaweite Lernprozesse stattfinden. Eine solche Diffusion von Abfallvermeidungsmaßnahmen könnte auch dazu führen, dass auf den unterschiedlichen politischen Ebenen der Mitgliedsstaaten das Thema Abfallvermeidung stärker in den Fokus rückt, der Nutzen solcher Maßnahmen direkt erfahrbar wird und insgesamt auch Wissen darüber aufgebaut wird, welche Maßnahmen in bestimmten Kontexten einfach und effektiv umsetzbar sind. Solche neuen Lösungen können auch dazu beitragen, dass das Abfallproblem insgesamt stärker gesehen und auf die Agenda gesetzt wird. Gleichzeitig könnten politische und zivilgesellschaftliche Akteure im politischen Prozess, die ähnliche Zielsetzungen verfolgen, mehr Gewicht erlangen. Im Zusammenspiel mit der ARRL ist außerdem zu konstatieren, dass durch den Aufbau von europäischem Expertenwissen die EWAV auch insgesamt dabei helfen kann, die ARRL in den Mitgliedsstaaten zu implementieren (vgl. zu diesem Gedanken das Kapitel 2.2.4 dieser Arbeit). Im Sinne eines weichen Impulses bzw. einer Angebotsschaffung können auf nationaler und kommunaler Ebene Europäisierungsprozesse stattfinden und strukturelle Anpassungsleistungen vorgenommen werden.

3.6 Zwischenfazit

Abfallvermeidung ist eine komplexe, gesamtgesellschaftliche Aufgabe. Die Akteursvielfalt, der Querschnittscharakter, das Fehlen von einfachen, tech-

3. Abfallvermeidung als Leitprinzip der Abfallpolitik in Deutschland und Europa

nischen Lösungen, die Entwicklung der Konsumgesellschaft und weitere Hemmnisse haben dazu geführt, dass Abfallvermeidung ein Nischendasein fristet. Die deutsche Abfallwirtschaft hat in den letzten Jahrzehnten zwar eine deutliche Entwicklung hin zu einer nachhaltigeren Bewirtschaftung vollzogen, doch zu einer Stärkung der Abfallvermeidung hat dies nicht geführt. Es wird zwar wenig deponiert, aber eben auch wenig vermieden. Thermische Verwertung und Recycling bestimmen die abfallwirtschaftliche Praxis (vgl. Urban 2014a). Die historische Betrachtung und die nur zaghafte Umsetzung von Abfallvermeidungsmaßnahmen haben gezeigt, dass die institutionellen, ökonomischen und technischen Strukturen einer auf Entsorgung und Verwertung ausgerichteten Abfallwirtschaft sich augenscheinlich nur schwierig mit Vermeidungsaktivitäten in Einklang bringen lassen: „Lange stand die sichere und umweltfreundliche Entsorgung im Fokus [...]. Stoffliche und thermische Verwertung dienten [...] vor allem der Reduktion der Restabfallmengen angesichts befürchteter Entsorgungsnotstände" (Wilts et al. 2014: III).

„Deutschland gilt in Europa heute als einer der abfallwirtschaftlichen Musterknaben. Anders als noch in den 80er und frühen 90er Jahren ist hierzulande keine Rede mehr von Müll-Lawinen, überfließenden Deponien oder giftspeienden Verbrennungsanlagen. [...] Doch bei näherer Betrachtung zeigt sich nicht nur viel Licht, sondern auch Schatten. So ist das gesamte Abfallaufkommen in Deutschland wie in Europa in den letzten 20 Jahren kaum zurückgegangen. Deutsche erzeugten 2011 pro Kopf 597 kg Siedlungsabfall und damit einerseits kaum weniger als 1995 (623 kg) und andererseits immer noch erheblich mehr als der EU-Durchschnitt (503 kg, gestiegen von 474 kg 1995). Auch wenn man unterstellt, dass die statistische Erfassung der Abfälle in manchen süd- und osteuropäischen Ländern weniger effizient ist und die illegale Entsorgung häufiger vorkommt als in Deutschland, so ist doch nicht zu verkennen, dass die Wohlstandsgesellschaft auch hierzulande weiter fast ungebremst große Mengen an Abfall produziert" (Ormond 2012: 2).

Die zuvor durchgeführte Analyse hat gezeigt, dass die Abfallwirtschaft sicherlich nicht als alleiniger Ansprechpartner dafür verantwortlich sein kann, Abfallvermeidungsmaßnahmen zu initiieren und umzusetzen – denn wie langlebig und reparaturfähig ein Produkt ist, wird größtenteils bereits in den frühen Phasen der Produktkonstruktion entschieden. Im Sinne eines ganzheitlichen Ansatzes hat sich aber auch erwiesen, dass die Abfallwirtschaft und – im Rahmen der öffentlichen Daseinsvorsorge – die

3.6 Zwischenfazit

Kommunen wichtige Stakeholder sein können, wenn es um Abfallvermeidung und Wiederverwendung geht. Es wurde herausgearbeitet, dass hier Handlungsspielräume bestehen und die Kommunen als Planer und Regulierer, Verbraucher und Vorbild, Entsorger und Anbieter von Diensten sowie als Berater und Promoter auftreten können. Durch die Ausgestaltung der einzelnen Bestandteile des Infrastrukturregimes können effektive Anreize zur Entstehung oder Vermeidung von Abfällen gesetzt werden.

An dieser Stelle knüpft die novellierte Abfallrahmenrichtlinie an, die durch die neue 5-stufige Abfallhierarchie, Anreize für eine hochwertige Wiederverwendung setzen und durch die nationalen Abfallvermeidungsprogramme die Themen Abfallvermeidung, Wiederverwendung und Ressourcenschutz in den EU-Mitgliedsstaaten stärker auf die politische Agenda setzen möchte. Auch in der Fachliteratur bestand teilweise die Auffassung, dass die neuen europäischen Impulse an der mageren deutschen Vermeidungsbilanz etwas ändern könnten. „Vielleicht wird sich diese bisher festzustellende Wirkungslosigkeit der Abfallvermeidung nun ändern, nachdem durch Entwicklungen auf europäischer Ebene neue Anstöße in Form der EU-Abfallrahmenrichtlinie, umgesetzt in Deutschland im Kreislaufwirtschaftsgesetz von 2012 und im Abfallvermeidungsprogramm von 2013, initiiert worden sind" (Urban 2014b: 412). Die ARRL'2008 und die EWAV werden definitiv als „neuer Anlauf für eine wirksame Abfallvermeidung" gesehen (ebd.: 418). Ablesen lässt sich dies zudem am wissenschaftlichen Diskurs. Denn wie Zacho und Mosgaard (2016) durch eine Literaturanalyse zeigen konnten, hat das Thema Abfallvermeidung lange Zeit auch in akademischen Fachzeitschriften nur eine untergeordnete Rolle gespielt. Von 2009 bis 2015 allerdings zeigt ihre Auswertung eine fast stetige Zunahme an Artikeln, was sie direkt der europäischen Abfallrahmenrichtlinie aus dem Jahr 2008 zuschreiben, da diese eine Nachfrage nach mehr Wissen und Forschung in diesem Bereich generiert hat. Auch für die kommenden Jahre sagen sie eine mit Sicherheit steigende wissenschaftliche Aufmerksamkeit voraus, da die Evaluierung der nationalen Abfallvermeidungsprogramme (wie in der EU-Abfallrahmenrichtlinie vorgeschrieben) bevorsteht und Forschungsartikel generieren wird (vgl. Zacho/Mosgaard 2016: 983).

Sowohl die ARRL'2008 (samt der Vorgabe, nationale Abfallvermeidungsprogramme auszuarbeiten) als auch die EWAV haben das Potenzial, Veränderungsprozesse in der kommunalen Abfallwirtschaft auszulösen. Die Eingriffstiefe beider Impulse ist zwar insgesamt nicht als transformativ zu bewerten, doch könnten über die prozedurale Vorgabe der Aufstellung des Abfallvermeidungsprogramms sowie durch die Teilnahme an EWAV-

3. Abfallvermeidung als Leitprinzip der Abfallpolitik in Deutschland und Europa

Aktionen trotzdem Wandlungsprozesse angestoßen worden sein. Für beide Impulse würde ein entsprechender Wandel auf kommunaler Ebene nicht auf einem harten Handlungsdruck beruhen, sondern stärker über weichere Mechanismen („soft framing") wirken. Maßgeblich ist hierbei das Beeinflussen von Diskursen sowie das Verbreiten von Ideen durch Diffusions- und Lernprozesse. Weiter konkretisiert wird dieser Gedanke in Kapitel 4.2, in welchem zunächst untersucht werden wird, welche Veränderungen die Impulse auf bundesdeutscher Ebene mit sich gebracht haben.

4. Analyse der Auswirkungen der europäischen Impulse im Fallstudienvergleich

Das vorliegende Forschungsvorhaben zielt darauf ab, komplex verlaufende Europäisierungsprozesse im Bereich der kommunalen Abfallvermeidungspolitik zu untersuchen. Zur Beantwortung der eingangs formulierten Forschungsfragen eignet sich daher ein fallzentriertes qualitatives Forschungsdesign, das darauf abzielt, ein genaues Verständnis und präzises Bild einiger weniger Fälle zu zeichnen.

4.1 Methodisches Vorgehen und Auswahl der Fallstudien

Wie bereits in Kapitel 1.3 der vorliegenden Arbeit geschildert, wird sich der empirische Teil nun auf einen strukturierten und fokussierten Vergleich zweier städtischer Fallstudien konzentrieren. Hierbei gibt der theoretische Rahmen der Arbeit eine Art Analyseraster vor, mit dessen theoretischen Kategorien die Wandlungsprozesse in den Fallstudien untersucht und gegebenenfalls auch erklärt werden können. Gerade weil die vorliegende Arbeit auch herausfinden möchte, welche spezifischen lokalen Gegebenheiten den Implementationsprozess auf kommunaler Ebene beeinflussen, ist der Fallstudienvergleich einer Einzelfallstudie vorzuziehen. So können die gewonnenen Erkenntnisse auf Ähnlichkeiten wie Unterschiede untersucht werden und durch die Kontrastierung die Eigenheiten der untersuchten Fälle hervorgehoben und analysiert werden (vgl. Barbehön et al. 2015: 48). Ein solcher komparativer paarweiser Vergleich vermeidet zum Beispiel Übergeneralisierungen, die von Einzelfallstudien befürchtet werden. Im Vergleich zu *large-n*-Studien kann aber trotzdem eine Vielzahl an unterschiedlichen Variablen betrachtet und ihre Auswirkungen diskutiert werden.

Die Europäisierung der kommunalen Abfallwirtschaftsregime und deren Reaktion auf europäische Politiken wird anhand der beiden deutschen Großstädte München und Köln untersucht. Diese Auswahl basiert auf dem Ansatz, Prinzipien der Ähnlichkeit und Differenz miteinander zu verbinden (vgl. Barbehön 2015 und Denters/Mossberger 2006: 561). Zunächst einmal unterliegen beide Städte den gleichen nationalen wie europäischen Vorgaben. Sie haben eine vergleichbare Einwohnerzahl und gehören zu den wenigen deutschen Millionenstädten. Beide Kommunen sind kreisfreie Städte und haben auch administrativ die Gemeinsamkeit, dass sowohl die Gemeindeordnung in Nordrhein-Westfalen als auch die in Bayern nach dem Modell der süddeutschen Ratsverfassung funktioniert (Direktwahl des Bürgermeisters, der dann gleichzeitig Leiter der Verwaltung sowie Stadtratsvorsitzender ist). Beide Städte liegen in einem Bundesland, in dem man sich bereits seit Jahrzehnten stärker um das Thema Abfallvermeidung bemüht als in anderen Bundesländern. Gemein ist beiden Untersuchungsstädten auch, dass der kommunale Einfluss in der Abfallwirtschaft als relativ hoch einzuschätzen ist: In München ist der AWM als städtischer Eigenbetrieb, in Köln ist die eigenbetriebsähnliche Einrichtung AWB Aufgabenträger der Abfallwirtschaft (operative Aufgaben sind den Abfallwirtschaftsbetrieben Köln GmbH & Co. KG übertragen, deren alleinige Kommanditistin seit 2003 die Stadtwerke Köln sind, deren einziger Gesellschafter wiederum die Stadt Köln ist). Die beiden Städte unterscheiden sich jedoch hinsichtlich ihrer abfallwirtschaftlichen Performanz. Während München eher als Vorreiter in Sachen Abfallwirtschaft und sogar hinsichtlich kommunaler Abfallvermeidungsmaßnahmen gilt, ist Köln hier eher als Nachzügler/im Mittelfeld einzustufen. Das zeigt sich nicht nur anhand umgesetzter Programme, sondern u. a. auch am unterschiedlich hohen Hausmüllaufkommen vor der Implementation der Abfallrahmenrichtlinie. So war die Stadt München im Jahr 2009 unter den deutschen Großstädten (ausgewertet wurden die 50 größten Städte Deutschlands) zu finden, die das geringste Hausmüllaufkommen in Deutschland hatten (Platz 13 mit 433 kg pro Kopf pro Jahr) (Statista 2011). Köln hingegen hatte ein deutlich höheres Pro-Kopf-Aufkommen zu verzeichnen. Dieser Unterschied ist bewusst gewählt, denn es wird interessant sein zu sehen, wie sich die beiden Städte von ihren unterschiedlichen Startpunkten aus an die neuen europäischen Impulse anpassen und welchen Einfluss dies auf den Europäisierungsprozess hat. Weitere Details zu den ausgesuchten kommunalen Fallstudien sind den Kapiteln 4.3 und 4.4 zu entnehmen.

Neben der Wahl des generellen Untersuchungsdesigns und der Fallstudienauswahl stellt sich hierauf aufbauend außerdem die Frage nach einem geeigneten empirischen Datenerhebungsinstrument. Wie in Kapitel 1.3 bereits geschildert, sollen im Rahmen der Fallstudienbetrachtung mehrere Erhebungstechniken angewandt werden, um Daten aus unterschiedlichen Quellen zu generieren, die miteinander in Bezug gesetzt werden können (vgl. Schmidt 2006). Es wird ein breiter Korpus an Primärquellen verwendet, der sich aus leitfadengestützten Experteninterviews (welche transkribiert und mittels Kodierungsverfahren qualitativ ausgewertet wur-

4.1 Methodisches Vorgehen und Auswahl der Fallstudien

den), Stadtrats- und Gremienprotokollen, Unternehmensberichten sowie journalistischer Berichterstattung zusammensetzt.

Die Wahl des Instruments des Experteninterviews als primäre Erhebungsmethode hatte mehrere Gründe. Zunächst verfügen die in der abfallwirtschaftlichen, kommunalpolitischen und zivilgesellschaftlichen Praxis involvierten Experten über ein großes Detailwissen. Diese Form der Datengewinnung, bei der Experten als Ratgeber und Inhaber spezifischer Informationen fungieren, die dem Forscher anderweitig nicht zugänglich wären, wird auch als systematisierendes Experteninterview bezeichnet (Bogner und Menz 2009). Durch die Kommunikationssituation im Interview ist es dem Forscher möglich, einen Zugang zum persönlichen Sinnsystem des Interviewten zu erhalten (vgl. Helfferich 2005). So können durch die Experteninterviews Meinungen und Wahrnehmungen der Akteure wie durch kaum ein anderes Datenerhebungsinstrument eingeholt werden (vgl. ebd.). Für die Beantwortung von konkreten Forschungsfragen wird in (vergleichenden) Fallstudien häufig das „leitfadengestützte Experteninterview" angewandt (vgl. Gläser/Laudel 2010), das auch in der vorliegenden Arbeit genutzt wurde. Auf Basis der theoretischen Vorüberlegungen und ersten Vorstudien (in diesem konkreten Fall im Rahmen einer vorlaufenden Dokumentenanalyse) wurde im Rahmen dieser Arbeit ein Interview-Leitfaden erarbeitet, mit welchem die Experteninterviews strukturiert und gleichzeitig trotzdem flexibel geführt werden konnten. Auf diese Weise konnten Hintergrundinformationen über Sachverhalte und Geschehnisse, aber auch Informationen über Handlungsmotive sowie Einschätzungen über Entwicklungen und Veränderungen erhoben werden (vgl. Blatter et al. 2007). Neben den Interviews in beiden untersuchten Städten (insbesondere mit Verantwortlichen aus den Abfallwirtschaftsunternehmen, Politikern und lokalen Basis-Initiativen), wurden zusätzliche Interviews mit Experten aus Abfallwirtschaft, Forschung und umweltpolitischen Organisationen geführt. Um die Auskunftsbereitschaft zu erhöhen, wurden den Interviewten Anonymität zugesichert. Eine anonymisierte Auflistung insgesamt 26 geführten Interviews, die zwischen 2015 und 2018 geführt wurden, ist dem Literatur- und Quellenverzeichnis dieser Arbeit zu entnehmen.

Um übergeordneten, wissenschaftlichen Ansprüchen gerecht zu werden, wurden die in den Interviews gewonnenen Daten intersubjektiv nachvollziehbar aufgearbeitet.[76] Zudem wurden neben dieser Erhebungsmethode

---

76 Die Auswertung der in den Experteninterviews gewonnenen Informationen wurde mittels qualitativer Inhaltsanalyse durchgeführt. Nach Transkription der

auch ergänzende Quellen wie Abfallwirtschaftspläne und -konzepte (und dazugehörige Sachstandsberichte), Sitzungsprotokolle der städtischen Abfallwirtschaftsausschüsse, Geschäftsberichte der Abfallwirtschaftsunternehmen, lokale Zeitungsartikel etc. analysiert. In beiden Städten wurden unter anderem die Ratsinformationssysteme mit den Suchwörtern „Abfallvermeidung", „Abfallrahmenrichtlinie", „Wiederverwendung" und „Kreislaufwirtschaft" durchsucht und alle auf diese Weise gefundenen Dokumente auf Relevanz geprüft. Um den öffentlichen Diskurs besser erfassen zu können, wurden zusätzlich in beiden Städten jeweils noch zwei Tageszeitungen systematisch auf Artikel zu den oben genannten Suchwörtern (ergänzt um „Abfallwirtschaftsbetrieb") untersucht. In München waren dies die „Süddeutsche Zeitung" und die „Münchner Abendzeitung", in Köln die „Kölnische Rundschau" und der „Kölner Stadt-Anzeiger". Die vier Zeitungen wurden insbesondere auf Basis von externen Qualitätszuschreibungen[77] sowie aufgrund von Verfügbarkeitskriterien ausgewählt. Hierdurch konnte das Datenvolumen erweitert und die empirische Absicherung der Ergebnisse vergrößert werden. Dieses Vorgehen wird auch als Triangulation bezeichnet (vgl. Gläser/Laudel 2010).

Da die theoretische Betrachtung sowohl der Europäisierungsliteratur als auch der Debatte zu Infrastrukturregimen zu Tage befördert hat, dass bei städtischen Wandlungsprozessen auch immer die nationale Dimension eine wichtige Einflussvariable darstellt, wird zusätzlich zu den beiden städtischen Fallstudien zunächst analysiert werden müssen, zu welchen Europäisierungsprozessen und materiellen Ergebnissen die europäischen Impulse auf nationaler Ebene geführt haben. Beide europäischen Impulse könnten zwar theoretisch auch direkt auf die Kommunen einwirken, doch insbesondere der Umstand, dass die Abfallrahmenrichtlinie zunächst in deutsches Recht implementiert werden musste und so zu einer Neufassung des Kreislaufwirtschaftsgesetzes geführt hat, lässt eine vorgelagerte, nationale Betrachtung der Anpassungsprozesse zwingend notwendig erscheinen.

Interviews wurden hierfür die gewonnenen Daten auf Widersprüche geprüft und nach den für die Auswertung relevanten Kriterien sortiert. Die hierdurch entstandene Informationsbasis wurde dann für die Fallrekonstruktion genutzt (vgl. Gläser/Laudel 2010).

77 „Eine umfassende und vielfältige Berichterstattung [in Köln] findet vor allem in Stadt-Anzeiger und Rundschau statt" (Landesanstalt für Medien Nordrhein-Westfalen 2013: 157).

4.2 Filterprozess der Policy-Impulse durch die bundesdeutsche Ebene

„Durch die Abfallrahmenrichtlinie der EU ist definitiv ein neuer Anlauf für eine wirksame Abfallvermeidung gestartet worden. Ob dieser erfolgreicher als der deutsche Ansatz im Kreislaufwirtschaftsgesetz vor 20 Jahren werden wird, hängt ganz wesentlich von der Ausgestaltung und dem Konkretisierungsgrad der nachfolgenden Regelungen und deren Weiterentwicklungen ab. Zweifel bleiben, ob das deutsche Abfallvermeidungsprogramm dementsprechend bereits ausreichend mutig gestaltet wurde" (Urban 2014b: 418).

4.2.1 Das deutsche Kreislaufwirtschaftsgesetz von 2012

Die Implementation der Abfallrahmenrichtlinie in deutsches Recht erfolgte über eine Novelle des Kreislaufwirtschafts- und Abfallgesetzes von 1996. Während das Kreislaufwirtschafts- und Abfallgesetz von 1996 in Sachen Ressourcenschutz damals noch weit über die Vorgaben der EU hinausging (insb. hinsichtlich der Produktverantwortung), ergab sich durch die Novelle der Abfallrahmenrichtlinie und der dort verbesserten Definitionen bis dato unbestimmter Rechtsbegriffe des europäischen Abfallrechts sowie einer Verstärkung des Ressourcen- und Umweltschutzaspektes ein umfassender Anpassungsdruck auf nationaler Ebene (unabhängig davon, dass das deutsche Abfallrecht in einigen Bereichen natürlich trotzdem strengere und bestimmtere Regelungen als die EU vorgibt). Dieser führte zu einer grundlegenden Überarbeitung des deutschen Abfallrechts, welche im Juni 2012 als „Kreislaufwirtschaftsgesetz" (KrWG'2012) in Kraft trat (man beachte, dass der Begriff „Abfall" aus dem Gesetzestitel entfernt wurde).

Das KrWG'2012 führt nun die in der Abfallrahmenrichtlinie vorgeschriebene fünfstufige Abfallhierarchie (siehe Kapitel 3.5.2.1) ein, welche Vermeidung und Vorbereitung zur Wiederverwendung von Abfällen an erster und zweiter Stelle vorsieht und erst danach die stoffliche Verwertung (Recycling) und sonstige (insb. energetische) Verwertung und zuletzt die Beseitigung (Deponierung) sieht. Die bis dahin als gleichwertig angesehenen Verwertungsmaßnahmen wurden nun also ausdifferenziert und als „Verwertungskaskade" in das Stufenverhältnis der Abfallhierarchie integriert (Schink/Frenz/Queitsch 2012: 6f.). Vorrang hat die jeweils beste Option aus Sicht des Umweltschutzes, wobei neben den ökologischen Auswirkungen aber auch technische, wirtschaftliche und soziale Folgen zu berücksichtigen sind – so wie in der Abfallrahmenrichtlinie vorgegeben (Artikel 4 Abs. 2 ARRL'2008). Außerdem stellt die Hierarchie lediglich eine „Zielnorm" dar, „die den Mitgliedsstaaten ein weites Anwendungsermessen einräumt", da diese beispielsweise auch abweichen dürfen, „wenn dies durch das Lebenszyklusdenken gerechtfertigt ist" (Schink/Frenz/Queitsch 2012: 7). Aus Sicht des BMUB wurde durch das neue Gesetz die Kreislaufwirtschaft stärker auf Vermeidung, Wiederverwendung und Recycling ausgerichtet, ohne dass hierdurch „etablierte ökologisch hochwertige Entsorgungsverfahren" gefährdet wurden (BMUB 2016b). Grundsätzlich verfolgt Deutschland bei der Implementierung des europäischen Umweltrechts den Ansatz einer 1:1-Umsetzung, durch den ein deutscher Sonderweg verhindert werden soll und „nach Möglichkeit keine nationalen Standards" gesetzt werden sollen, „die über die EU-rechtlichen Regelungen hinausgehen" (Schink/Frenz/Queitsch 2012: 2). Wie in vielen anderen umweltrelevanten Bereichen wird dieser Grundsatz aber auch hier nicht immer vollkommen verwirklicht. So gehen beispielsweise die ökologischen Ziele des KrWG'2012 teilweise durchaus über die Vorgaben der Abfallrahmenrichtlinie'2008 hinaus, da die Verwertungsquoten (§ 14 Abs. 2 KrWG'2012), die Getrennthaltungspflichten (§ 9 KrWG'2012) sowie die verpflichtende getrennte Erfassung von Bioabfällen bis spätestens Anfang 2015 (§ 11 Abs. 1 KrWG'2012) über den europäischen Anforderungen liegen (Schink/Frenz/ Queitsch 2012: 3). Bezüglich der Vorbereitung zur Wiederverwendung und des Recyclings von Siedlungsabfällen schreibt das KrWG'2012 vor, dass die Verwertungsquoten spätestens ab dem 1. Januar 2020 mindestens 65 Gewichtsprozent insgesamt betragen müssen.

> „Das Gesetz baut konsequent auf den Kernelementen und Grundprinzipien der EU-Abfallrahmenrichtlinie auf. Es legt somit ein rechtssicheres Fundament für alle betroffenen Kommunen und Wirtschaftsunternehmen sowie für die Bürgerinnen und Bürger. Darüber hinaus wird der hohe deutsche Umwelt- und Entsorgungsstandard fortentwickelt. Auf der Grundlage der neu eingeführten fünfstufigen Abfallhierarchie werden alle abfallwirtschaftlichen Pflichten der Abfallbesitzer konsequent auf die Abfallvermeidung und das Recycling ausgerichtet. Diese Neuausrichtung wird durch konkrete Zielvorgaben flankiert, an denen sich die Betroffenen orientieren müssen. Mit der Einführung der ab dem Jahr 2015 zu erfüllenden Pflicht zur Getrenntsammlung von Bioabfällen sowie von Papier-, Metall-, Kunststoff- und Glasabfällen legt das Gesetz die Grundlage für ein hochwertiges Recycling mit einem hohen Ressourcenpotential. Bis zum Jahr 2020 sollen dauerhaft 65 Prozent aller Siedlungsabfälle recycelt und 70 Prozent aller Bau- und Abbruchabfälle stofflich verwertet werden. Wir gehen mit unserer

Umsetzungskonzeption über die EU-Vorgaben hinaus. [...] Mit dem neuen Kreislaufwirtschaftsgesetz wird die Abfallwirtschaft wesentlich stärker in eine Ressourcen schonende Materialbewirtschaftung eingebunden" (Deutscher Bundestag 2011a: 12).

Obwohl die Recycling-Ziele deutlich über die EU-Vorgaben hinausgehen, ist an dieser Stelle festzuhalten, dass dies für Deutschland keine große Veränderung gegenüber dem damaligen Status quo darstellte. Dies wurde beispielsweise auch im parlamentarischen Prozess seitens SPD und Grünen bemängelt:

„Der vorliegende Gesetzentwurf sieht für das Jahr 2020 eine Recyclingquote für Siedlungsabfälle von 65 Prozent vor, dabei wurden bereits im Jahr 2008 64 Prozent aller Siedlungsabfälle recycelt" (Bollmann in Deutscher Bundestag 2011b: 16305).[78]

„Eine Steigerung um 1 Prozentpunkt in zwölf Jahren ist wirklich kein ambitioniertes Ziel. Zurzeit liegt die Quote bei 64 Prozent. Sie wollen eine Quote von 65 Prozent erreichen, verteilt auf zwölf Jahre. Was soll daran ein großer Wurf sein?" (Steiner in Deutscher Bundestag 2011b: 16314).

Zudem wurde die gemeinsame Zielausweisung von Recycling und Vorbereitung zur Wiederverwendung aus der Abfallrahmenrichtlinie'2008 übernommen, sodass hier aus ökologischen Gesichtspunkten im Bereich Wiederverwendung auch keine Vorreiterrolle Deutschlands manifestiert wurde.[79] Weiterhin mahnte auch der Deutsche Bundestag an, dass die „Bundesregierung [...] möglichst zügig die zur Umsetzung der neuen Hierarchie erforderlichen Rechtsverordnungen zu erlassen" habe und

---

78 Anzumerken ist allerdings, dass das Recycling-Ziel unter Berücksichtigung neuer Vorgaben zur Zählmethode (nicht mehr Sammlung, sondern tatsächliche Verwertung), tatsächlich eigentlich auch für Deutschland ambitioniert war (vgl. NABU 2011a).
79 „Für den Siedlungsabfall sieht der Gesetzesentwurf eine Steigerung der Quote von 64 auf 65 Gewichtsprozent bis zum Jahr 2020 vor. Dies stellt das Gegenteil einer ökologischen Ausrichtung der Abfallwirtschaft dar. Wiederverwendungsziele fehlen gänzlich. Vor dem Hintergrund der Tatsache, dass die Recyclingquote tatsächlich niedriger liegt, wird diese Regelung vom Bürger und der Zivilgesellschaft nicht akzeptiert werden; denn als recycelt gilt in Deutschland jeglicher Abfall, der einer Sortieranlage zugeführt wurde, die Recyclingmaterial aussortieren kann – auch wenn er am Ende dennoch verbrannt wird. Zudem wird der Gesetzestext nicht die Konsequenz haben, dass in Privathaushalten und Industrie Abfälle in ganz Deutschland getrennt eingesammelt werden" (NABU 2011a: 4).

dass „die bereits vorhandenen Rechtsverordnungen, wie zum Beispiel die Altholzverordnung, die Bioabfallverordnung oder die Klärschlammverordnung, entsprechend zu überprüfen und anzupassen" seien (Deutscher Bundesrat 2011: 3). Ziel müsse sein, „die relevanten Abfallströme an den Vorgaben der Hierarchie auszurichten, soweit dies erforderlich ist, um die ökologisch beste und ökonomisch sinnvollste Lösung umzusetzen" (ebd.).

Den größten Streitpunkt um die Implementation der Abfallrahmenrichtlinie'2008 stellte in Bezug auf die Verwertungsstufen und die neue 5-stufige Abfallhierarchie aber sicherlich das sogenannte Heizwert-Kriterium dar. Denn eigentlich sind laut Abfallhierarchie die stofflichen Verwertungsverfahren grundsätzlich der sonstigen Verwertung (und hierunter fiele eigentlich natürlich auch die thermische) vorzuziehen. Doch der deutsche Gesetzgeber hat im KrWG'2012 diesbezüglich einen deutlichen Weichmacher[80] eingebaut: Die energetische Verwertung ist demnach der stofflichen Verwertung automatisch gleichgestellt, wenn der Heizwert des Abfalls mindestens 11.000 Kilojoule pro Kilogramm beträgt (§ 8 Abs. 3 KrWG'2012). Das eigentliche Novum, dass die Verwertungsstufen nun in der neuen Hierarchie unterschiedlich priorisiert werden sollten, wird hierdurch stark eingeschränkt:

> „Hier wird der Gleichrang der energetischen Verwertung mit der stofflichen Verwertung und sogar der Vorbereitung zur Wiederverwendung festgeschrieben, wenn der Heizwert des einzelnen Abfalls, ohne Vermischung mit anderen Stoffen, mindestens 11.000 Kilojoule pro Kilogramm beträgt. Ersichtlich soll damit die nach dem früheren KrW-/AbfG und der alten Rahmenrichtlinie bestehende Verwertungsregelung in die neue Gesetzeslage hinübergerettet werden" (Ormond 2012: 6).

---

80 Der Weichmacher basiert auf der Annahme, dass in der Abfallrahmenrichtlinie die Hierarchie ohnehin nicht rechtlich verbindlich sei, „weil die vorzunehmende Abwägung mit Faktoren der technischen Durchführbarkeit, wirtschaftlichen Zumutbarkeit und sozialen Folgen zu komplex sei, als dass sie ohne mitgliedsstaatliche Konkretisierung umgesetzt werden könne. Eine unmittelbare Bindung der Abfallerzeuger und -besitzer an die Hierarchie werde durch die Abfallrahmenrichtlinie daher nicht normiert" (Ormond 2012: 6). Dies sei zwar teilweise auch dem allgemeinen Charakter der Richtlinie zuschreibbar, doch „für die darüber hinausgehende Auffassung von der völligen rechtlichen Unverbindlichkeit können sich die Autoren nicht auf Aussagen des EU-Gesetzgebers oder aktuelle Rechtsprechung des Europäischen Gerichtshofs stützen, sondern lediglich auf Äußerungen in der (deutschen) juristischen Literatur" (ebd.).

4.2 Filterprozess der Policy-Impulse durch die bundesdeutsche Ebene

Auch der Deutsche Bundestag merkte in seinem Beschluss zur Verabschiedung des KrWG'2012 an, dass der „zunächst als Auffang- bzw. Übergangslösung vorgesehene gesetzliche Heizwert [...] möglichst bald und vollständig abgelöst werden" sollte (Deutscher Bundestag 2011a: 13). Der SPD-Abgeordnete Bollmann kritisierte u. a., dass mit einem solchen Heizwertkriterium deutlich werde, dass man es mit der Stärkung der stofflichen Verwertung nicht ernst nehmen würde: „Wer mehr recyceln will, darf mit einem allgemeinen Kriterium die energetische Verwertung nicht mit stofflicher Verwertung gleichsetzen. Mit einem Heizwertkriterium von 11.000 Kilojoule ist beispielsweise die Verbrennung von Altpapier möglich" (Bollmann in Deutscher Bundestag 2011b: 16306). Weiterhin sei im politischen Prozess, der zur Novellierung des KrWG führte ersichtlich gewesen, dass die ökologischen Gesichtspunkte nur eine Randnotiz darstellten und die wahren Kämpfe über ein anderes Thema ausgetragen wurden, nämlich „über das Verhältnis von kommunaler und privater Zuständigkeit in der Abfallwirtschaft" (ebd.).[81] Dass eine Gleichstellung nicht konform zur Abfallrahmenrichtlinie'2008 und zur neuen Abfallhierarchie sein kann, „haben auch die Umweltverbände (DNR, NABU, BUND, DUH und bfub) so gesehen und sich bei Umweltkommissar Potočnik beschwert" (Küppers 2012: 1). So sei es „äußerst zweifelhaft, ob sich die weitgefasste deutsche Heizwertklausel, die weder auf bestimmte Abfallströme beschränkt noch an eine Prüfung unter Lebenszyklus- oder Ökobilanzaspekten gekoppelt ist, mit der neuen EU-Abfallrahmenrichtlinie vereinbaren lässt (Ormond 2012: 6). Auch die Recyclingbranche positionierte sich entsprechend gegen das Heizwertkriterium und beschwerte sich bei der Kommission über die deutsche Umsetzungsweise (vgl. Recyclingnews 2012).[82] Insgesamt wird

---

81 Dieses Vorgehen wurde auch vom NABU deutlich kritisiert: „Im Gesetz werden auch Zugriffsrechte der öffentlichen Hand oder privaten Entsorgungsunternehmen geregelt. Dass hier Diskussionsbedarf besteht, kann der NABU nachvollziehen. Dies rechtfertigt aber nicht das praktizierte Vorgehen „zuerst Zuständigkeiten politisch aushandeln und dann ökologische Ziele festlegen" (NABU 2011a: 2).
82 Im Ergebnis führte dies auch tatsächlich zu einem Vertragsverletzungsverfahren gegen die Bunderepublik Deutschland. Vor Inkrafttreten des KrWG und reagierend auf das Schreiben der deutschen Umweltverbände wandte sich die Kommission schon in einem Notifizierungsverfahren an die Bundesrepublik. Dort forderte sie, „die deutschen Behörden auf, § 7 und § 8 des notifizierten Gesetzentwurfs zu überarbeiten, um das in der Richtlinie 2008/98/EG vorgesehene Konzept der Abfallhierarchie besser widerzuspiegeln" (Europäische Kommission 2011 zitiert in NABU et al. 2012: 2). Da man dieser Aufforderung nicht vollumfänglich nachkam, leitete die Kommission „ein Vertragsverletzungsverfahren (Nr. 2014/2003)

4. Analyse der Auswirkungen der europäischen Impulse im Fallstudienvergleich

deutlich, dass „die Bundesregierung [...] ihr Abfallgesetz nicht nur ein halbes Jahr zu spät in den Bundestag eingebracht" hat, sondern es auch inhaltlich keinen paradigmatischen Wandelprozess vollzogen hat (NABU 2011b).

4.2.2 Das deutsche Abfallvermeidungsprogramm von 2013

Im Rahmen der Novellierung des KrWG wurden auch die von der Abfallrahmenrichtlinie'2008 geforderten Abfallvermeidungsprogramme mit einer gesetzlichen Grundlage versehen. Neben der Pflicht zur Erstellung der Abfallvermeidungsprogramme sind im KrWG'2012 auch noch weitere Vorgaben im Bereich der Abfallvermeidung enthalten. Beispielsweise existieren Vorgaben für Bundesbehörden (bei der öffentlichen Beschaffung, § 45), für öffentlich-rechtliche Entsorgungsträger (Pflicht zur Abfallberatung und insbesondere zu Abfallvermeidungsmöglichkeiten), für weitere Institutionen wie Industrie- und Handelskammern (§ 46) sowie für Betriebsbeauftragte für Abfall (§ 60).

Das KrWG'2012 legt fest, dass das Abfallvermeidungsprogramm erstmals bis zum 12. Dezember 2013 zu erstellen, alle sechs Jahre auszuwerten und bei Bedarf fortzuschreiben ist. Bei der Erstellung ist die Öffentlichkeit zu beteiligen (§ 30 Abs. 5). Die Bundesländer können sich grundsätzlich am Abfallvermeidungsprogramm des Bundes beteiligen, hätten aber auch die Möglichkeit, ein eigenes Programm aufzustellen (§ 30 Abs. 1 und 2). Folgende inhaltliche Anforderungen bestehen laut § 30 Abs. 3 KrWG'2012 an das Programm: „Das Abfallvermeidungsprogramm
1. legt die Abfallvermeidungsziele fest; die Ziele sind darauf gerichtet, das Wirtschaftswachstum und die mit der Abfallerzeugung verbundenen Auswirkungen auf Mensch und Umwelt zu entkoppeln,
2. stellt die bestehenden Abfallvermeidungsmaßnahmen dar und bewertet die Zweckmäßigkeit der in Anlage 4 angegebenen oder anderer geeigneter Abfallvermeidungsmaßnahmen,

---

ein. Die deutsche Seite hielt die Bedenken der EU-Kommission zwar für unbegründet, darauf ankommen lassen wollte man es dann aber wohl doch nicht" (Zenke/Heymann 2016). „Mit der Aufhebung der Heizwertklausel wird zugleich einem Petitum der Europäischen Kommission Rechnung getragen. Die Europäische Kommission hat im Vertragsverletzungsverfahren 2014/2003 die Auffassung vertreten, dass die Abfallhierarchie des Artikel 4 AbfRRL im Kreislaufwirtschaftsgesetz nicht hinreichend umgesetzt sei und sich dabei insbesondere auf die Heizwertklausel bezogen" (Deutscher Bundestag 2016: 2).

3. legt, soweit erforderlich, weitere Abfallvermeidungsmaßnahmen fest und
4. gibt zweckmäßige, spezifische, qualitative oder quantitative Maßstäbe für festgelegte Abfallvermeidungsmaßnahmen vor, anhand derer die bei den Maßnahmen erzielten Fortschritte überwacht und bewertet werden; als Maßstab können Indikatoren oder andere geeignete spezifische qualitative oder quantitative Ziele herangezogen werden."

Das „Abfallvermeidungsprogramm des Bundes unter Beteiligung der Länder" wurde schließlich basierend auf § 33 KrWG'2012 am 31. Juli 2013 vom Bundeskabinett verabschiedet. „Zur Umsetzung der Abfallrahmenrichtlinie diskutiert und bewertet das AVP unterschiedlichste Maßnahmen der öffentlichen Hand, die die Abfallvermeidung stärken können und sollen" (Jaron 2014: 420). Erstmals wurden hiermit programmatisch konkrete Abfallvermeidungsmaßnahmen für Deutschland in Maßnahmengruppen gebündelt, „identifiziert, beschrieben, analysiert und bewertet" (Urban 2014a: 409).

Vor der Verabschiedung des deutschen Nationalen Abfallvermeidungsprogramms (NAP) fand eine umfassende Begleitforschung statt. So wurden bereits 2010 im UBA-Forschungsvorhaben „Erarbeitung der wissenschaftlich/technischen Grundlagen für die Erstellung eines bundesweiten Abfallvermeidungsprogramms" von Öko-Institut und Wuppertal Institut „zahlreiche Abfallvermeidungsmaßnahmen der öffentlichen Hand in Deutschland und im Ausland zusammengetragen und dargestellt" (Dehoust et al. 2013: 1). Hierauf aufbauend wurden im Folgeprojekt „Inhaltliche Umsetzung von Art. 29 der Richtlinie 2008/98/EG Wissenschaftlich-technische Grundlagen für ein bundesweites Abfallvermeidungsprogramm" dann die Grundlagen für das deutsche Vermeidungsprogramm geschaffen. Die möglichen Ziele für das NAP wurden diskutiert und verschiedene Indikatoren zu einer möglichen Kontrolle ausgearbeitet. Auf der Basis des Vorgängerprojektes wurden hier Maßnahmen beschrieben und bewertet, die aus Sicht der Forscher für das Programm in Frage kamen.

Das KrWG'2012 legt gemäß den Vorgaben der Abfallrahmenrichtlinie in § 33 Abs. 3 fest, dass das Abfallvermeidungsprogramm bestehende Abfallvermeidungsmaßnahmen darstellen muss und dass dort auch die Zweckmäßigkeit dieser sowie ggf. weiterer Maßnahmen bewertet werden soll. Im Abfallvermeidungsprogramm sind „Abfallvermeidungsziele festzulegen, bestehende Abfallvermeidungsmaßnahmen darzustellen und die Zweckmäßigkeit zu bewerten, soweit erforderlich weitere Abfallvermeidungsmaßnahmen festzulegen sowie zweckmäßige, spezifische, qualitative oder quantitative Maßstäbe für festgelegte Abfallvermeidungsmaßnahmen vorzugeben, anhand derer Fortschritte überwacht und bewertet werden können" (§ 33 Abs. 3 KrWG'2012). Dies wurde im Anhang des NAP umgesetzt.

Als operative Hauptziele des Abfallvermeidungsprogramms sind die „Reduktion der Abfallmenge," die „Reduktion schädlicher Auswirkungen des Abfalls" sowie die „Reduktion der Schadstoffe in Materialien und Erzeugnissen bis hin zur Substitution umwelt- und gesundheitsschädlicher Stoffe" genannt (BMU 2013: 20). Beispielhaft werden hierzu dann noch mögliche Unterziele wie die Steigerung der Lebensdauer von Produkten, die Förderung der Wiederverwendung von Produkten oder die Reduktion der Abfallmengen in Relation zur Wirtschaftsleistung, Beschäftigten und Bevölkerungszahl genannt (vgl. ebd.: 21). Diese Aufzählung sowie die Aufzählung möglicher Indikatoren (vgl. ebd.: 22ff.) erfolgt allerdings nur beispielhaft, sodass unklar bleibt, welche für bestimmte Abfallfraktionen empfohlen werden bzw. welche die politische Ebene selbst zur Messung von Zielen heranziehen sollte.

Die Darstellung an Maßnahmen wurde im deutschen NAP im Anhang umgesetzt. Die beschriebenen und bewerteten Maßnahmen „sind Ergebnis intensiver wissenschaftlicher Vorarbeiten durch die Studie ‚Inhaltliche Umsetzung von Artikel 29 der Richtlinie 2008/98' sowie eines Dialogprozesses des BMU mit den Stakeholdern" (BMU 2013: 36). Im NAP dargestellt sind insgesamt 34 Maßnahmengruppen, von denen allerdings nicht alle eine hohe Relevanz für Kommunen und Abfallwirtschaft haben, denn selbstverständlich werden in diesem übergeordnet angelegten Programm auch solche Maßnahmen mit aufgeführt, die eher Produktion und Handel betreffen. Nichtsdestotrotz fällt auf, dass sehr viele Maßnahmen zumindest eine kommunale Dimension aufweisen – ein Umstand, der später auch zu Kritik am Programm selbst geführt hat, da die Kommunen und die kommunale Abfallwirtschaft sich zu Unrecht unverhältnismäßig stark in die Verantwortung genommen sehen (vgl. VKU 2013: 7)[83]. Von den Maßnahmengruppen im NAP, die am stärksten auf die Kommunen wirken, sind folgende besonders hervorzuheben:

---

83 „Der Schwerpunkt der Abfallvermeidungsmöglichkeiten liegt ganz überwiegend in den Entwicklungs-, Produktions- und Konsumphasen eines Produktlebenszyklus. Die Bundesregierung sollte sich deshalb auf europäischer und nationaler Ebene intensiv darum bemühen, das entsprechende Recht zu erlassen oder zu modernisieren, in Europa zum Beispiel die EU-Ökodesign-Richtlinie verstärkt in den Dienst der Abfallvermeidung und Ressourcenschonung zu stellen" (VKU 2013: 7).

- **Entwicklung von Abfallvermeidungskonzepten und -plänen durch Kommunen** (Maßnahme 1): Kommunen haben die Möglichkeit, Abfallvermeidungsstrategien und -konzepte zu entwickeln, die Bürger und ansässige Unternehmen in Bezug auf Abfallvermeidung aufklären und dazu anhalten. Diese können nach § 21 KrWG in die kommunalen Abfallwirtschaftskonzepte integriert werden. Hierfür sind entsprechende Kreise, wie beispielsweise Bürger und Umweltverbände, zu beteiligen. Die Konzepte und Strategien können eine Fülle an konkreten Einzelmaßnahmen, wie zum Beispiel Tipps zum abfallvermeidenden Einkaufen, beinhalten oder auch an bestimmte Zielgruppen (wie Schulen oder Unternehmen) gerichtet sein. Die Entwicklung von Abfallvermeidungsplänen und -konzepten schafft einen Rahmen, in welchem Maßnahmen verankert werden, dient weiterhin der Bewusstseinsbildung und rückt das Thema Abfallvermeidung in der Politik in den Fokus. Aufgrund dessen wird die Maßnahme im NAP empfohlen (vgl. BMU 2013: 38).
- **Beratung von Betrieben durch öffentliche Einrichtungen mit Blick auf Potenziale zur Abfallvermeidung** (Maßnahme 12): Neben der Beratung von Unternehmen zum Thema Energie-, Ressourcen- und Materialeffizienz sollte ebenfalls die Beratung zum Thema Abfallvermeidung fokussiert werden. Anknüpfend an Programme der Deutschen Materialeffizienzagentur und des VDI-Zentrums für Ressourceneffizienz sowie der Industrie- und Handelskammer sollte eine stärker integrierte Effizienzberatung für KMU entwickelt werden, welche Kostensenkungspotenziale sowohl durch Abfallvermeidung als auch durch Herstellung abfallarmer Produkte aufzeigt. Im Hinblick auf Umwelt- und Ressourcenschutz kann eine Kooperation zwischen Bund und Ländern sinnvoll sein. Da in vielen Betrieben noch erhebliche Einsparungspotenziale bestehen (20 % von 2011 bis 2015), welche negative Umweltauslastungen reduzieren und wirtschaftliche Vorteile bringen würden, wird die Maßnahme im NAP empfohlen (vgl. BMU 2013: 50).
- **Förderung von Abfallentsorgungsstrukturen und -systemen, die die Abfallvermeidung fördern** (Maßnahme 22): Abfallerfassungs- und Abfallgebührensysteme werden nach dem Verursacherprinzip strukturiert. Hierfür können Müllgebühren beispielsweise gewichtsspezifisch erhoben werden. Die Einführung der Maßnahme sollte einhergehen mit der Beratung zu den Möglichkeiten der Abfallvermeidung. Die Maßnahme führt sowohl zu einem umweltgerechten Verhalten und der Reduzierung beziehungsweise Vermeidung von Abfällen als auch

zu einer besseren Sortierung der verschiedenen Abfallströme und wird daher empfohlen (vgl. BMU 2013: 61).
- **Praktische Einführung und Umsetzung von nachhaltigen, ressourcenschonenden Abfallkonzepten an Schulen** (Maßnahme 25): Unter Einbeziehung der Schüler sollten Abfallvermeidungspotenziale analysiert und daraus konkrete -maßnahmen abgeleitet werden. Weiterhin sollten die Getrenntsammelsysteme optimiert werden. Besonders die Abfallfraktionen Papier und Elektronikaltgeräte können reduziert werden. Weiterhin kann bereits im Schulalter ein Bewusstsein für Abfallvermeidung und deren Notwendigkeit geschaffen werden. Die Ergreifung der Maßnahme wird im NAP empfohlen (vgl. BMU 2013: 63).
- **Förderung von Kommunen sowie Umwelt- und Verbraucherverbänden zur Entwicklung von Abfallvermeidungskampagnen** (Maßnahme 26): Die Kommunen entwickeln Projekte zur Abfallvermeidung beispielsweise in Form von Informationsmaterial oder Theaterprojekten und werden hierfür finanziell und organisatorisch von den Abfallbehörden der Länder und den örE unterstützt. Durch das Fördern des Umwelt- und Abfallbewusstseins der Bevölkerung führt diese Maßnahme zu positiven Umweltwirkungen und wird daher im NAP empfohlen (vgl. BMU 2013: 64).
- **Berücksichtigung Abfall vermeidender Aspekte bei der öffentlichen Beschaffung** (Maßnahme 29): Die öffentliche Hand hat die Möglichkeit, durch den Erwerb ressourcensparender und Abfall vermeidender Produkte und Dienstleistungen einen erheblichen Beitrag zur Abfallvermeidung beizutragen und mit positivem Beispiel voranzugehen. Es ist davon auszugehen, dass die Industrie sich an neu entstandene Anforderungen anpasst. Im Bausektor – besonders im Hinblick auf Neubau und Sanierung von Gebäuden – sollten Abfallvermeidungsstrategien etabliert werden. Hierfür existieren bereits ein Leitfaden sowie ein Bewertungssystem für nachhaltiges Bauen des Bundesministeriums für Verkehr, Bau und Stadtentwicklung. Mit Hilfe der zuvor genannten Maßnahme können den Beschaffungsverantwortlichen „allgemein anerkannte und fachlich abgestimmte Umsetzungsstrategien und Arbeitshilfen zur Verfügung gestellt werden" (vgl. BMU 2013: 67ff.).
- **Förderung der Wiederverwendung oder Mehrfachnutzung von Produkten (Gebrauchtwaren)** (Maßnahme 30): Institutionen für Tausch oder Vertrieb von Gebrauchtwaren werden durch die Kommunen oder den örE fachlich, organisatorisch oder monetär unterstützt. Bei dieser Maßnahme handelt es sich um die „klassische Form der Abfallvermeidung". Das Vermeidungspotenzial lässt sich über jedes

4.2 Filterprozess der Policy-Impulse durch die bundesdeutsche Ebene

verkaufte beziehungsweise getauschte Produkt klar quantifizieren. Die Maßnahme wird im NAP empfohlen (vgl. BMU 2013: 68ff.).
- **Unterstützung von Reparaturnetzwerken** (Maßnahme 31): Um das häufig noch hohe Nutzungspotenzial gebrauchter Waren auszuschöpfen, sollen Initiativen und Netzwerke unterstützt werden, welche sich auf die Aufbereitung dieser Produkte spezialisieren. Um für diese Produkte eine Käuferakzeptanz zu schaffen, ist es notwendig, ein Netzwerk zu schaffen, welches die Qualität der aufbereiteten Waren gewährleistet. Die Maßnahme dient der Vermeidung von Abfällen oder der Wiederverwendung und ermöglicht weiterhin die Schaffung von qualifizierten Arbeitsplätzen. Ob die Maßnahme zusätzlich auch dem Umweltschutz dient, muss geprüft werden, sie wird aber im NAP grundsätzlich empfohlen (vgl. BMU 2013: 69).
- **Abfall vermeidende Gestaltung von Veranstaltungen in öffentlichen Einrichtungen (Mehrweg statt Einweg)** (Maßnahme 33): In öffentlichen Einrichtungen und im öffentlichen Raum könnte die Einführung der verpflichtenden Nutzung von Mehrweggeschirr zur Reduktion von Abfällen beitragen. Bei der Vermietung öffentlicher Räume könnte hierfür die Nutzung von Mehrweggeschirr als verbindliche Vertragsbedingung gelten. Betrachtet man die gesamt-ökologischen Auswirkungen von Mehrweg gegenüber Einweg, schneidet Mehrweggeschirr deutlich besser ab und die Maßnahme wird im NAP daher grundsätzlich empfohlen (vgl. BMU 2013: 70ff.).

Durch das Aufstellen des Programms gab es zwar eine deutliche Anpassung an europäisch formulierte Gedanken, doch die Inhalte wurden aus ökologischen Gesichtspunkten heraus deutlich kritisiert. Auch wenn es grundsätzlich ein Fortschritt sei, dass ein solches Programm nun vorhanden ist, wird die Wirksamkeit aufgrund der konkreten Ausgestaltung doch als eher begrenzt angesehen, da zu wenig konkret verbindliche Vorgaben gemacht werden (vgl. Urban 2014b). Auch aus Sicht der Umweltverbände gibt es an der Konzeption des deutschen Abfallvermeidungsprogramms einige kritische Punkte anzumerken. Zwar sei es grundsätzlich begrüßenswert, dass nun „erstmals im Rahmen der deutschen Kreislaufwirtschaftspolitik ein Papier veröffentlicht [wird], das sich der obersten und damit prioritär zu behandelnden Stufe der Abfallhierarchie widmet", doch es zeichne sich ab, dass die politischen und administrativen Akteure die Aufstellung des NAP als reine Pflichterfüllung begriffen und unklar bleibe, welche Ziele eigentlich von wem genau verwirklicht werden sollen (NABU 2013a: 1). Es seien

> „zwar bereits einige gute Vorschläge enthalten, allerdings erscheint die Vorlage in Hinblick auf eine zukunftsweisende ressourcenschonende und abfallvermeidende Politik wenig ambitioniert. Es fehlt nach Auffassung des BUND insbesondere auch die Festlegung von quantifizierbaren Abfallvermeidungszielen, nach denen beispielsweise die Menge der Gewerbe- und Siedlungsabfälle pro Einwohner bis 2021 kontinuierlich zu senken ist. Entgegen der in Kapitel 3.3 des Abfallvermeidungsprogramms dargelegten Punkte ist der BUND der Auffassung, dass ohne die Festlegung von quantifizierten Zielvorgaben nicht die gewünschte und notwendige Umsetzung des Abfallvermeidungsprogramms erfolgt, da es keine Grundlage für einforderbare Maßnahmen und somit auch keine Möglichkeit zur Sanktionierung von Abfallproduktion gibt" (BUND 2013: 6).

Insgesamt sind alle Umweltverbände der Auffassung, dass nur verbindliche Zielsetzungen und konkretere qualitative Vorgaben zu einer tatsächlichen Verbesserung führen würden: „Es fehlen qualitative und quantitative Ziele. Der formulierte Verzicht auf alle verfügbaren Steuerungselemente gleicht einem Offenbarungseid. Die vorgeschlagenen Maßnahmen sind beliebig und unverbindlich" (bfub 2013).

> „Abfallvermeidung in einer EX und HOPP-Gesellschaft ist kein Selbstläufer, sondern verlangt kraftvolle Leitplanken. [Die] Frage ist nun, ob das hier vorgelegte Abfallvermeidungsprogramm diese Förderung und Lenkung leisten und einen Schub an nachhaltigen Veränderungen auslösen kann? Nach gründlicher Sichtung kommen wir zu dem Ergebnis, dass diesem Entwurf entscheidende Signale einer programmatischen Entscheidung fehlen und eine gesellschaftliche Implementierung von Abfallvermeidung mit diesem Programm nicht erreicht werden kann" (ebd.).

So merken auch Hutner et al. an, dass die durch das Abfallvermeidungsprogramm in Deutschland entstehenden Veränderungen wahrscheinlich nur gering sein werden, da keine quantitativen Ziele vorgegeben und die Anreize für Handlungsänderungen nur gering seien:

> „The German National Waste Prevention Programme determines non-quantitative objectives, and so do counties and local authorities. Without quantifiable goals, well-targeted incentives are difficult to establish and legal consequences rarely occur. With neither incentives nor

penalties, the motivation to act towards waste prevention is considerably low" (Hutner et al. 2017: 848).[84]

Diesbezüglich ist auffällig, dass in der vorlaufenden Begleitforschung zwar deutlich darauf aufmerksam gemacht wurde, dass die Vorgabe von quantitativen Zielen nur in Einzelfällen sachlich fundiert sei und dass hierfür eigentlich eine bessere Datenlage geschaffen werden müsse, aber dass zum Beispiel „konkret bezifferte Vorgaben zur Reduktion von Abfallintensitäten, die durch die Relation von Abfallmengen zur Wirtschaftsleistung (angegeben z. B. als BIP, preisbereinigt), Bevölkerungszahl, Beschäftigtenzahl o.ä. beschrieben werden", trotzdem möglich seien (Dehoust et al. 2013: 5). Aufgrund der vorhandenen Beschränkungen wurden im Rahmen der wissenschaftlichen Vorstudie zwar zunächst keine quantitativen Ziele entwickelt, aber im Laufe der weiteren „politischen Diskussion um Details der Ausgestaltung des Programms" sei dann neu zu überlegen, „ob konkrete Ziele definiert werden können und darauf aufbauend die Festlegung programmatischer quantitativer Ziele erfolgen soll" (ebd.). Eine Auflistung möglicher Indikatoren und die diesbezügliche Datenverfügbarkeit sind Tabelle 4 zu entnehmen.

---

84 Tatsächlich wird auch für andere europäische Länder teilweise festgestellt, dass die nationalen Abfallvermeidungsprogramme nur selten konkrete Aufgaben an bestimmte Akteure verweisen und dass hieraus folgend insbesondere lokalen Abfallunternehmen keine Pflicht zur Integration von Abfallvermeidungsmaßnahmen in kommunale Abfallwirtschaftskonzepte auferlegt wird (vgl. Zacho/Mosgaard 2016: 980).

Tabelle 4: Indikatoren für Abfallvermeidungsmaßnahmen

Indikator	Datenverfügbarkeit	Priorisierung
Abfallaufkommen in Haushalten	Daten sind prinzipiell vorhanden.	Sinnvoller Indikator und problemlos ermittelbar
Aufkommen von Nahrungsmittelabfällen	Wesentliche Daten müssen neu erhoben werden.	Dringend erforderlich
Aufkommen von Bauabfällen	Daten sind prinzipiell vorhanden.	Sinnvoller Indikator und problemlos ermittelbar
Wiederverwendung von Elektronikaltgeräten	Daten sind prinzipiell vorhanden, problematisch sind die Mengen aus der Sperrmüllsammlung.	Sinnvoller Indikator
Abfallintensität in Industriesektoren	Wesentliche Daten müssen neu erhoben werden.	Sinnvoller Indikator
Entwicklung der Ressourcenproduktivität	Wesentliche Daten müssen neu erhoben werden, dies erfolgt aber bereits (u. a. ProgRess).	Dringend erforderlich
Aufkommen von gefährlichen Abfällen	Daten sind prinzipiell vorhanden, Verlauf jedoch stark abhängig von rechtlichen Rahmenbedingungen.	Sinnvoller Indikator
Aufkommen von Verpackungsabfällen	Daten sind prinzipiell vorhanden.	Sinnvoller Indikator und problemlos ermittelbar
Kosten als Anreiz zur Reduzierung des Abfallaufkommens	Daten sind prinzipiell vorhanden.	Sinnvoller Indikator und problemlos ermittelbar
Reduzierung des Abfallaufkommens durch Umweltmanagementsysteme (UMS)	Daten sind prinzipiell vorhanden, jedoch bisher nur für spezifische UMS.	Sinnvoller Indikator
Relevanz der Abfallvermeidung beim Konsumenten	Wesentliche Daten müssen neu erhoben werden.	Dringend erforderlich

Quelle: Dehoust et al. 2013: 25.

Im deutschen Abfallvermeidungsprogramm wurden dann zwar viele Indikatoren beispielhaft aufgeführt, aber nicht einmal den Beispielmaßnahmen im Anhang zugeordnet. Auch bei den Indikatoren, bei denen basierend auf der Vorstudie bereits eine Datenverfügbarkeit gegeben war, hat man sich letztendlich nicht dazu entschieden, weitere Schritte zu ergreifen. Hinzu kommt, dass sich nicht einmal die Bundesebene dazu verpflichtet, einige der Indikatoren künftig weiter zu beobachten. Eine Steuerungswirkung des Programms ist hieraus also kaum abzuleiten. Es könnten laut des Programms zwar „Indikatoren verwandt werden" und „im Einzelfall" könne damit „auch die Wirksamkeit der Maßnahmen" belegt werden, aber insgesamt sei im Bereich der Indikatoren noch weitere Forschung notwendig. Stattdessen verweist das Programm nur allgemein darauf, dass beispielsweise „die quantitative Entwicklung von Abfallströmen" zwar „als Indiz für die Wirkungen für Abfallvermeidungsmaßnahmen gelten", diese alleine „jedoch nicht belegen" könne. Stattdessen versteht sich das NAP als Sammlung möglicher Indikatoren, deren Umsetzung bzw. Messung dann aber vom konkreten Einzelfall abhängig sei und die von Dritten beobachtet werden könnte. Eine genaue Zuschreibung von Aufgaben an bestimmte Akteure erfolgt aber gerade nicht.

Insgesamt sind die Reaktionen auf das Programm ökologisch betrachtet daher auch eher als kritisch zu bewerten. Dadurch, dass lediglich Empfehlungen ausgesprochen werden (hierbei aber die Empfehlung von Steuern und Abgaben ausdrücklich nicht erfolgt) und nur allgemeine qualitative Ziele gesetzt werden, erscheint auch eine Evaluation des Programms, die nach sechs Jahren erfolgen muss, praktisch nicht durchführbar zu sein, weil unklar ist, an welchen Ansprüchen es sich eigentlich messen lassen muss. Auch die fehlende Kommunikationsstrategie, die nur sehr begrenzte Rolle der Bundesregierung im Programm sowie das als eher bremsend wahrgenommene BMU wurden von Beobachtern kritisiert (vgl. Interviews A3 und A6). Die prozedurale EU-Vorgabe, ein solches Programm aufzustellen, wird zwar von den Umweltverbänden insgesamt positiv gesehen, doch die konkrete Innovationswirkung sei in diesem Fall gering, da innerhalb des prozeduralen Instruments keine weitreichenden Vorgaben gemacht werden. Trotzdem könnten sich durch die Existenz des Programms in den deutschen Kommunen beispielsweise Lernprozesse ergeben, die zu einem Mehr an Abfallvermeidung führen – Europäisierung würde in einem solchen Fall weniger über Druck, sondern über weichere Framing-Mechanismen stattfinden.

4.2.3 Die Europäische Woche der Abfallvermeidung in Deutschland

Auch die die Kapitel 3.5.2.2 vorgestellte Europäische Woche der Abfallvermeidung (EWAV) wird zweimal im deutschen Abfallvermeidungsprogramm erwähnt. Zum einen wird sie explizit unter den empfehlenswerten Maßnahmen in der Kategorie „Information und Sensibilisierung" herausgestellt:

> „Besonders hervorzuheben ist die Europäische Woche der Abfallvermeidung. Diese Aktion ist seit Jahren die zentrale Veranstaltung auf europäischer Ebene. Sie stellt einen institutionellen Rahmen für die

Vorstellung verschiedener Aktionen und Projekte mit Bezug zur Abfallvermeidung in den Mitgliedstaaten dar. Sie trägt somit dazu bei, BestPracticeFälle der Abfallvermeidung zu bewerben. Viele Institutionen in Deutschland haben sich in den Jahren 2011 und 2012 mit eigenen Beiträgen an der Europäischen Woche für Abfallvermeidung beteiligt" (BMU 2013: 27).

Und zum anderen wird die Aktionswoche in den flankierenden Aktionen der Bundesregierung genannt, da das BMU die Umsetzung der Woche finanziell über die Verbändeförderung an den NABU unterstützt hat und dies auch künftig tun wolle.

Die erste deutsche Teilnahme an der EWAV gab es im Jahr 2010 und wurde damals im Auftrag des BMU vom NABU organisiert. Der NABU hatte die Koordination der EWAV bis 2013 inne, ab 2014 wurde diese Rolle vom VKU übernommen.[85] Die Kampagne wird finanziell durch das BMU mit Mitteln zur Unterstützung der Europäischen Klimaschutzinitiative unterstützt und vom Umweltbundesamt begleitet (vgl. VKU 2018a). Zuvor wurde das Projekt teilweise auch vom Umweltbundesamt bzw. über die Deutsche Bundesstiftung Umwelt finanziert (vgl. Interview A3). Die Koordination selbst wird maßgeblich über eine Referentenstelle (Teilzeit) getragen, die über die genannten Kanäle kofinanziert wird.

Im Jahr 2013 waren rund 65 % der Teilnehmer aus Deutschland Entsorgungsunternehmen und Verwaltungen. 2014 wurden 44 % der Aktionen von kommunalen Unternehmen (36 % VKU-Mitglieder), 22 % von privaten Unternehmen, 21 % der Aktionen von NGOs und 9 % von öffentlichen Verwaltungen organisiert (vgl. Danne 2014). Insgesamt nahmen im Jahr 2014 in Deutschland „rund 145 Akteure mit etwa 280 Aktionen teil (2013: 100 Akteure und 180 Aktionen)" (ebd.). Bis ins Jahr 2018 konnte die Anzahl der Aktionen auf 450 öffentliche Veranstaltungen gesteigert werden (vgl. VKU 2018b).

Für die teilnehmenden Akteure wird sowohl in Deutschland als auch in ganz Europa das Potenzial gesehen, sich untereinander zu vernetzen und Best-Practice-Beispiele auszutauschen. Dass gute Beispiele innerhalb von

---

85 „Der NABU hat schon seit 2009, also mit der ersten Runde, mitgemacht und hat dann auch auf nationaler Ebene angeregt, dass es eine offizielle Koordinationsstelle gibt. Und durch die Drittmittelförderung wurde diese dann auch seit 2010 realisiert. 2014 hat sich der NABU dann aber entschieden, dass sie das Projekt abgeben wollen und weil der VKU auch schon in den vergangenen Jahren öfter zur EWAV gemeinsam mit dem NABU aufgerufen hatte, war es dann naheliegend, dass da ein Antrag geschrieben wird" (Interview A1).

4.2 Filterprozess der Policy-Impulse durch die bundesdeutsche Ebene

Deutschland in die Abfallwirtschaftsunternehmen hineingetragen werden, dafür sorgt beispielsweise die Berichterstattung des VKU (vgl. z. B. Danne 2015 und 2016; so auch Interview A1: „Ja mit den Mitgliedsunternehmen sind wir ständig in Kontakt, das Thema wird auch in den Ausschüssen besprochen.").

Dafür, dass gute Ideen und die Woche als solche innerhalb der Abfallwirtschaft weiter bekannt gemacht werden, sorgt beispielsweise auch der Umstand, dass alle zwei Jahre auch deutschlandweit Preise für die besten Ideen in unterschiedlichen Kategorien (z. B. Bildungseinrichtungen) ausgelobt werden. Im Jahr 2016 fand die Preisverleihung hierfür „im Rahmen der weltgrößten Fachmesse für die Entsorgungsbranche IFAT in München" statt (Danne 2015: 434).[86] Auch für die Verbraucherzentrale NRW setzt die EWAV in Deutschland an einer wichtigen Stellschraube, nämlich der Mitnahme der Bevölkerung und Öffentlichkeit, genau richtig an: „Wir fordern natürlich sowieso, auch das Thema ‚Mitnehmen der Bevölkerung' stärker zu fokussieren. Da trägt diese Europäische Woche der Abfallvermeidung zu bei. Und die [Woche] ist auch im politischen Raum angekommen" (Interview K6). Insgesamt wird den eben angesprochenen Verbraucherzentralen innerhalb der EWAV eine hohe Bedeutung zugemessen:

> „Es gibt niemanden, der speziell abgestellt wird, um für die EWAV zu arbeiten. Ein ganz wichtiger Akteur sind auf jeden Fall die Verbraucherzentralen und da ganz speziell die Verbraucherzentralen NRW. Weil nicht jede Verbraucherzentrale das Thema Umwelt in ihrem Repertoire hat, aber in NRW ist das der Fall. Und die sind da wirklich ganz aktiv. Die koordinieren sich da auch so, dass in ganz vielen Orten im Land Aktionen stattfinden, die sprechen sich dann meistens auch bezüglich des Themas ab" (Interview A1).

Auch die Vernetzung mit verschiedenen Landesministerien führe dazu, dass die Aufrufe in den jeweiligen Kommunen ankommen würden (vgl. Interview A1).

Gleichzeitig wird aber auch angemerkt, dass viele der Aktionen, die im Rahmen der EWAV angemeldet werden, auch ohne die EWAV stattfinden

---

[86] Europaweit findet eine solche Prämierung und Bewerbung guter Ideen jährlich mit der Vergabe der „EU-Awards" statt. „Die Vielfalt der Bereiche, in denen Abfallvermeidung eine Rolle spielt, genauso wie regionalspezifische Gegebenheiten lassen sich durch die Europäische Woche der Abfallvermeidung auf einzigartige Art und Weise veranschaulichen" (Danne 2015: 436).

würden, und zwar dann einfach zu einem anderen Zeitpunkt im Jahr. Insgesamt seien es viele bereits etablierte Projekte, die nun in diesem neuen Rahmen gedacht werden (vgl. Interview A3). Häufig wird die EWAV also dafür genutzt wird, „dass Projekte, die sowieso stattfinden, im Rahmen der EWAV präsentiert werden. Die Abfallberater arbeiten ja das ganze Jahr zu den Themen, die legen dann natürlich so ein paar spezielle Aktionen auf den November [...]" (Interview A1). Insgesamt würden durch dieses veränderte Framing aber auch neue Kooperationen auf lokaler Ebene entstehen, da sich vermehrt Akteure zusammenschließen, um gemeinsam eine höhere Aufmerksamkeit zu erzielen bzw. auch größere Aktionen personell bewältigen zu können:

> „Was ich sehr schön finde, ist, dass es schon sehr viele Aktionen gibt, bei denen Kooperationspartner zusammenarbeiten. Das sind oft auch Abfallwirtschaftsbetriebe und dazu dann noch Vereine oder die Politik vor Ort. Also ja, ich glaube, die EWAV ist wirklich ein schöner Anlass, um Akteure zusammenzubringen" (Interview A1).

Zudem sorge die bloße Existenz der Woche gerade innerhalb der kommunalen Abfallwirtschaftsunternehmen dafür, dass die Themen Vermeidung und Wiederverwendung wieder stärker in den Fokus rücken: Abfallberater, die sich in der Vergangenheit stärker um das Thema Recycling-Beratung als Vermeidungsberatung gekümmert haben und die teilweise auch mit ganz anderen Aufgaben betraut waren als sie eigentlich sollten, hätten durch die EWAV wieder die Möglichkeit bekommen, eine inhaltliche Verschiebung hin zur Abfallvermeidung vollziehen zu können: „Die Woche war deswegen für die [Abfallberater] super, weil die gesagt haben, dann können wir intern noch einmal einen Anker setzen. Wir wollen jetzt das doch noch einmal aktualisieren und noch einen Reparaturführer erstellen. Und wir wollen endlich mal wieder eine Aktion zu dem Thema machen. Und das konnten sie besser durchsetzen, weil es dieses europäische Dach gab" (Interview A3). Dies bestätigen auch direkte Rückmeldungen aus den kommunalen Abfallwirtschaftsunternehmen (vgl. Interview A3). Durch die Existenz der EWAV wurden nach dem Eindruck der ehemaligen NABU-Organisatorin also diejenigen in den Abfallwirtschaftsunternehmen gestärkt, die das Thema eigentlich gerne vermehrt bearbeiten würden, aber bislang nicht den notwendigen Rückenwind hatten. Dies bestätigt auch Interviewpartnerin A1:

> „Ich habe mit vielen Abfallberatern gesprochen, die auch so ein bisschen ihre Geschichte erzählt haben. Das war ja in den 80er Jahren ein großes Thema, ‚Abfallberater vor Ort' einzustellen, die den Leuten

erst einmal erklärt haben, wie man Müll trennt und dass es da jetzt neue Systeme gibt. Oft wurde mir aber erzählt, dass das dann im Laufe der Jahre wieder stark zurückgefahren wurde. Dieser Boom von Abfallberatern, die auch wirklich gewertschätzt wurden, wo auch viel Geld in die Bildungsarbeit reingeflossen ist [...], das ist stark zurückgegangen. Auf allen Ebenen kämpft man darum, Stellen, die es noch gibt, aufrechtzuerhalten. Und das sehe ich auf jeden Fall ganz stark, dass durch die EWAV [...] auch wieder stärker diese Bedeutung in den Fokus gerückt wird und auch nach Möglichkeiten neue Stellen geschaffen werden" (Interview A1).

Trotz dieser Veränderungsprozesse kann die EWAV aus ökologischen Gesichtspunkten insgesamt nur sehr schwierig beurteilt werden. Daher war man beim NABU auch sehr überrascht, dass die Aktionswoche an so prominenter Stelle im Abfallvermeidungsprogramm des Bundes und der Länder positioniert ist:

„Ich habe das Gefühl, dass für Deutschland die Motivation war, dass diese Woche halt immerhin mal etwas war, was man zum Thema Abfallvermeidung machen konnte. [...] und mit Sicherheit war das dann auch eine nette Aktion, wo man wenig reinstecken muss, um aber sagen zu können, dass man was zu dem Thema macht. Und was mich dann [...] wirklich sehr überrascht hat, war, dass die Abfallvermeidungswoche so unglaublich präsent in diesem Abfallvermeidungsprogramm steht. Weil es auch das Einzige ist, was unter den Maßnahmen der Bundesregierung steht, und das ist halt wirklich sehr wenig" (Interview A3).

Ohne Zweifel sei die EWAV eine sinnvolle und auch gut funktionierende Informations- und Sensibilisierungskampagne, doch sollte man die Effekte auch nicht überbewerten. Sicherlich bekommen viele Aktionen durch die EWAV noch einmal mehr Aufmerksamkeit durch eine erhöhte Presseberichterstattung, doch es bleibt bislang unklar, inwiefern hierdurch langfristige und tiefgreifende Wandelprozesse hin zu einer ökologischeren Abfallbewirtschaftung und zu einer echten Kreislaufwirtschaft unterstützt würden.

„Letztlich ist es halt nur eine kleine Aktionswoche. Es hat beschränkte Mittel. Es ist jetzt gar keine Superkampagne gewesen, sondern ich hab das dann auch eher als eine Möglichkeit für die Abfallberater und -beraterinnen gesehen oder für andere Institutionen, das, was sie sowieso schon machen, mit dem [europäischen] Dach zu versehen.

4. Analyse der Auswirkungen der europäischen Impulse im Fallstudienvergleich

Und dann sind die lokalen und regionalen Medien auch mehr darauf angesprungen, wenn man das in so einen Kontext gestellt hat. [...] Es geht also darum, einen Rahmen zu bieten, wo das, was sowieso schon gemacht wird, in einen öffentlich wirksameren Kontext gestellt werden kann" (Interview A3).

4.2.4 Zwischenfazit

Insgesamt zeigt die Analyse der bundesdeutschen Situation, dass die Implementation der europäischen Vorgaben bzw. die Impulsverarbeitung auf übergeordneter Ebene zwar stattfand, aber deutlich pfadabhängige Tendenzen aufweist. Auch die rechtswissenschaftliche Literatur merkt an, dass das KrWG'2012 in Sachen Abfallvermeidung lediglich eine Umsetzung der Mindestanforderungen („Minimalumsetzung") der Abfallrahmenrichtlinie darstellt. Rechtlich sei dies zwar „nicht zu beanstanden", aber gerade das Abfallvermeidungsprogramm zeige doch deutlich, dass die europäischen Impulse „ohne [...] eigenständige kreative Ideen umgesetzt wurden" – so wurde beispielsweise „der Anhang IV zur AbfRRL lediglich abgeschrieben" (Schomerus et al. 2011: 511). Von einem Paradigmenwechsel in der deutschen Abfallwirtschaft könne deshalb nicht gesprochen werden: „Trotz des paradigmatisch klingenden Namenswechsels erhebt das Kreislaufwirtschaftsgesetz nicht wirklich den Anspruch, für eine neue Abfallpolitik zu stehen" (Ormond 2012: 3). Auch die Diskussionen und Ausgestaltung um das zuvor angesprochene Heizwertkriterium zeigen deutlich, wie pfadabhängig die Implementation der Abfallrahmenrichtlinie in deutsches Recht verlaufen ist.

Trotzdem: Mit der erstmaligen Ausarbeitung eines nationalen Abfallvermeidungsprogramms wurde durch den europäischen Impuls definitiv eine Europäisierung der nationalen Ebene ausgelöst. Ohne diesen europäischen Impuls hätte es ein solches Programm nicht bzw. nicht zu diesem Zeitpunkt gegeben (vgl. Interview A6): „Deutschland wäre nie auf die Idee gekommen, eigenständig ein Abfallvermeidungsprogramm aufzustellen" (Interview K7). Ausschlaggebend war hier insbesondere der herrschende Anpassungsdruck – die Richtlinie musste auf nationaler Ebene zwingend umgesetzt und das Abfallvermeidungsprogramm auf Basis der ARRL verpflichtend aufgestellt werden.

Trotz der festgestellten Pfadabhängigkeiten muss gleichsam hervorgehoben werden, dass durch die Art und Weise der Aufstellung des Abfallvermeidungsprogramms nach wie vor eine Europäisierung der Kommunen

4.2 Filterprozess der Policy-Impulse durch die bundesdeutsche Ebene

über „soft framing" (z. B. über Lernprozesse) denkbar wäre. Und wenn auch nicht zwingend umzusetzen, so könnten die im Abfallvermeidungsprogramm genannten Maßnahmen doch auch dazu beigetragen haben, dass sich innerhalb der deutschen Kommunen und der kommunalen Abfallwirtschaft Wandlungsprozesse ergeben haben, die auf diese Impulse zurückzuführen sind. Denn auch wenn im Abfallvermeidungsprogramm keine verpflichtenden Maßnahmen für die Kommunen auferlegt wurden, so hat die diesbezügliche Auswertung doch gezeigt, dass einige Maßnahmen mit kommunaler Dimension empfohlen werden. Zumindest über das Gesetzgebungsverfahren zum KrWG'2012, die Beteiligung und die Diskussionen im VKU und im Deutschen Städtetag sowie durch den initiierten Dialogprozess des BMU kamen die Kommunen und die kommunale Abfallwirtschaft mit den Impulsen in Kontakt.

Ähnliches gilt auch für die EWAV: Trotz des insgesamt doch sehr schwachen Impulses könnte die EWAV zu einer Europäisierung kommunaler Abfallpolitik geführt haben. Die kurze Analyse der bundesdeutschen Situation hat aufgezeigt, dass durch die EWAV teilweise neues Wissen in die Kommunen hineingetragen wurde, das auch bei einem verstärkten Austausch der abfallwirtschaftlichen Akteure untereinander dafür sorgen könnte, dass die Sinnhaftigkeit abfallvermeidender Maßnahmen wieder stärker gesehen werden. Auch die vergleichsweise „einfach" zu erlangende positive Presse könnte kommunale Abfallwirtschaftsunternehmen dazu motivieren, sich verstärkt an solchen Kampagnen zu beteiligen (vgl. Interview A1). Damit ist selbstverständlich nicht unbedingt ein transformativer Prozess impliziert, jedoch sind funktionelle Anpassungen innerhalb des kommunalen abfallwirtschaftlichen Regimes durchaus vorstellbar.

In jedem Falle wurde deutlich, dass die europäischen Impulse nicht gänzlich ungefiltert auf die deutschen Kommunen trafen, sondern diese bereits einen umfassenden Filterungsprozess durchlaufen haben – selbstverständlich ungeachtet dessen, dass einige Kommunen sicherlich auch auf direktem Wege (also nicht über den bundesdeutschen Filterprozess, sondern direkt über europäische Kanäle) von den neuen Regelungen und Ansprüchen an eine moderne Abfallwirtschaft erfahren haben (vgl. Kapitel 2.2.4). Insgesamt hat sich gezeigt, dass die Impulse in Richtung eines Mehr an Abfallvermeidung eher schwach ausgeprägt sind und es von Experten als unklar eingeschätzt wird, ob diese überhaupt einen messbaren Einfluss auf die kommunale Abfallwirtschaft haben können. Aufgrund der nicht vorhandenen verbindlichen Zielsetzungen ist der resultierende Anpassungsdruck für die Kommunen relativ gering, aber „Druck zu lernen" ist aus den zuvor angeführten Gründen trotzdem vorhanden. Welchen

4. Analyse der Auswirkungen der europäischen Impulse im Fallstudienvergleich

Einfluss die Europäisierung der nationalen Ebene – die am ehesten als „Absorption" beschrieben werden kann (vgl. Kapitel 2.2.3) – auf konkrete Kommunen hatte, werden die kommenden Kapitel zeigen. Eine Veränderung der inhärenten Logik war zumindest auf Bundesebene nicht feststellbar. In weiten Teilen handelt es sich um eine Europäisierung der Abfallvermeidungspolitik durch eine Minimalumsetzung mit altbekannten Mitteln.

4.3 Fallstudie München

Mit ihren rund 1,5 Millionen Einwohnern gehört die Landeshauptstadt München zu den wirtschaftlich stärksten Zentren Deutschlands: Gekennzeichnet durch Branchenvielfalt (hochtechnologisierte Industrien, wissensintensive Dienstleistungen und traditionelle Produktion), ein hohes BIP (in der Metropolregion München liegt dieses 21 % über dem Bundesdurchschnitt und im Jahr 2016 bei 100.776 Euro pro Erwerbstätigem), eine damit verbunden hohe Kaufkraft, eine geringe Arbeitslosenquote sowie durch zahlreiche technische wie soziale infrastrukturelle Angebote, ist die Stadt nationaler Vorreiter in zahlreichen Politikfeldern (vgl. Heinelt/Lamping 2015: 133, Stadt München 2018, LSCC Growth Commission 2016 sowie Metropolregion München 2018).

Dies spiegelt sich auch im Bereich der Umweltpolitik wider. So kommt bspw. das Gesamtergebnis des Green-City-Index für europäische Städte aus dem Jahr 2010, welches Umweltindikatoren wie CO_2-Emissionen, Energie- und Wasserverbräuche, Abfallaufkommen, Recyclingquote sowie Luftqualitäts- und Verkehrsindikatoren berücksichtigt, zu dem Schluss, dass sich München über dem europäischen Durchschnitt befindet (vgl. Münzenmaier 2011). Gerade aber aufgrund der im deutschen Vergleich hohen Einwohnerzuwächse (insb. durch positive Wanderungssalden und Geburtenüberschüsse), sieht sich die Stadt auch mit infrastrukturellen Herausforderungen in den Bereichen Verkehr (insb. ÖPNV und Pendlerintensität), technische Infrastruktur sowie Wohnen konfrontiert (vgl. Heinelt/Lamping 2015: 133; siehe auch Clark/Moonen 2014). Hinzu kommt, dass die Stadt täglich rund 380.000 Einpendler sowie im Tourismusbereich jährlich rund 16 Millionen Übernachtungen verzeichnet (vgl. Referat für Arbeit und Wirtschaft München 2018 und Statistisches Amt München 2018).

Im seit Jahrzehnten CSU-dominierten Bayern stellt die Stadt München eine politische Ausnahme dar, da hier traditionell auch die SPD und die

4.3 Fallstudie München

Grünen eine wichtige Rolle in der städtischen Politik spielen. Bei den letzten vier Wahlen (1996, 2002, 2008, 2014) hatte zweimal die CSU (32, 30, 23, 26) und zweimal die SPD (31, *35*, *33*, 25) die meisten Sitze und der Anteil der Grünen hat sich sowohl bei den Stimmenanteilen (9,6 % in 1996 bis 16,6 % in 2014) als auch bei den Sitzen (von 6 in 1996 auf 13 in 2014) kontinuierlich erhöht. Zusätzlich zu den Grünen ist mit der Ökologisch-Demokratischen Partei (ÖDP) in München außerdem noch eine weitere ökologisch orientierte Partei vorhanden, welche mit der Kommunalwahl 2014 ihre Sitze im Stadtrat von einem auf zwei verdoppeln konnte. Im Stadtrat, welcher seit 1960 alle sechs Jahre gewählt wird, regierte von 1990 bis 2014 eine rot-grüne Koalition (welche zu diesem Zeitpunkt die am längsten währende Koalition in einer deutschen Großstadt war). Nach der Wahl 2014 hatten SPD und Grüne dann allerdings keine Mehrheit mehr im Stadtrat und da auch Versuche einer erweiterten Koalitionsbildung fehlschlugen (u. a. hatte man versucht, eine Koalition von SPD, Grünen, Rosa Liste und ÖDP zu erreichen, was aber u. a. an unterschiedlichen Vorstellungen über die Zukunft des Münchner Kohlekraftwerks im Norden der Stadt scheiterte und auch die Koalitionsgespräche zwischen SPD, CSU und Grünen platzten letztendlich), gibt es seither eine schwarz-rote Koalition (vgl. Merkur tz 2014 und Augsburger Allgemeine 2014). Oberbürgermeister der Stadt ist seit 2014 Dieter Reiter, welcher der SPD angehörig ist. Auch historisch gesehen ist München, was die Oberbürgermeisterwahl betrifft, eine SPD-Hochburg: Seit 1984 gab es nur SPD-Oberbürgermeister (von 1993 bis 2014 hatte der bekannte Lokalpolitiker Christian Ude das Amt inne). Als Kommunalverfassungssystem wird in München das Modell der Süddeutschen Ratsverfassung angewandt, welches auch ursprünglich aus Bayern kommt und dort seit Anfang der 1950er Jahre verwendet wird (und von hier aus auch in andere Bundesländer exportiert wurde). Das Modell sieht einen direkt gewählten Oberbürgermeister vor, welcher dann gleichzeitig Vorsitzender des Stadtrats und Verwaltungschef ist, was zu einer insgesamt sehr starken Stellung des Bürgermeisters führt.[87]

Die Zeitungslandschaft in München ist durch zahlreiche überregionale Zeitungen wie die Süddeutsche Zeitung, den Münchner Merkur, die tz sowie die Abendzeitung, aber auch durch wöchentlich erscheinende Stadtteilzeitungen bzw. Anzeigenblätter geprägt. Gerade der Süddeutschen Zei-

---

[87] „Das zeigt sich beispielsweise auch regelmäßig in den lokalen Medien, wo der seit 1993 amtierende Christian Ude gerne auch als ‚König Ude' oder ‚München-König' inszeniert wird, der als ‚uneingeschränkter Herrscher' an der Spitze der Münchner Politik steht" (Siekermann 2014: 82).

tung wird auch bundesweit eine hohe Qualität attestiert (vgl. MedienWirtschaft 2011). Im Vergleich zu anderen deutschen Großstädten sinken auch die Verkaufszahlen von Zeitungen in München nicht so stark (bis 2016 war München sogar die Stadt, in der deutschlandweit die meisten Zeitungen verkauft wurden) (vgl. Meedia 2018).

4.3.1 Akteure und Strukturen der Münchner Abfallwirtschaft

Zentraler Akteur der Münchner Abfallwirtschaft ist der städtische Abfallwirtschaftsbetrieb München (AWM). Seit 2001 ist durch einen Beschluss der Vollversammlung des Münchner Stadtrats in der Betriebssatzung des AWM festgehalten, dass der Abfallwirtschaftsbetrieb als organisatorisch, verwaltungsmäßig und finanzwirtschaftlich gesondertes wirtschaftliches Unternehmen ohne eigene Rechtspersönlichkeit geführt wird, was einem Eigenbetrieb gemäß Art. 88 Gemeindeordnung entspricht (vgl. AWM 2014a: 19). Zuvor wurde das Amt für Abfallwirtschaft zwischen 1989 und 2001 als (optimierter) Regiebetrieb geführt. Der AWM ist als städtischer Eigenbetrieb für die Entsorgung aller Münchner Siedlungsabfälle zuständig. Die Betriebssatzung (§ 1 Abs. 3) des AWM nennt den Vollzug des Kreislaufwirtschafts- und Abfallgesetzes, des Bayerischen Abfallgesetzes sowie des Münchner Abfallortsrechts (insbesondere das Einsammeln, Befördern und Entsorgen von Abfällen und der wirtschaftliche Betrieb von Abfallentsorgungsanlagen sowie Wertstoffhöfen) als vorrangige Aufgaben (vgl. AWM 2018a: 26). Diese hoheitlichen Leistungen werden über Gebühren finanziert.

Organisatorisch ist der AWM dem Münchner Kommunalreferat zugeordnet, welches neben der Abfallwirtschaft beispielsweise auch für das städtische Immobilienmanagement, die Münchner Markthallen sowie die Forstverwaltung zuständig ist. Als Werksausschuss für den AWM fungiert der Kommunalausschuss der Stadt München, der in allen wichtigen abfallwirtschaftlichen Fragen entscheidet. Die dort oder in der Vollversammlung des Stadtrats getroffenen politischen Beschlüsse sind für den AWM bindend (vgl. AWM 2016a). Das Verhältnis von Kommunalausschuss zu AWM wird vom AWM selbst als positiv und wenig konfrontativ beschrieben. Insgesamt sei auch das Wirken der einzelnen Mitglieder des Kommunalausschusses wenig parteipolitisch motiviert:

> „Also München hat 88–89 ein erstes ökologisches Abfallwirtschaftskonzept beschlossen. Das ist damals einstimmig beschlossen worden, da stehen alle Parteien nach wie vor voll dahinter. Ich bin jetzt 15

Jahre Werkleiter und über 90 % unserer Stadtratsvorlagen werden einstimmig beschlossen. Da gibt es eine breite Zustimmung. Man schätzt die Arbeit des AWM sehr. [...] Jetzt haben wir die große Koalition und da gibt es im Prinzip nur sachlich konstruktive Diskussionen im Stadtrat und auch eine breite Unterstützung seitens der Grünen und ÖDP" (Interview M3).

Auch dadurch, dass der erste Werkleiter des AWM bei allen relevanten Gesprächen des Stadtrats bzw. des Kommunalausschusses dabei sei und die Dinge im Vorhinein offen diskutiert werden, gehen die vom AWM gemachten Vorschläge zur Gestaltung der Abfallwirtschaft in der Regel ohne Probleme durch. Der AWM sei insgesamt „gut gelitten beim Stadtrat", da man dort der Auffassung sei, dass „man ganz gut [zusammen] arbeiten" könne (Interview M1).

In München ist seit 1999 ein 3-Tonnen-System etabliert, nach welchem auf jedem bewohnten Münchner Grundstück drei Tonnen – Restmüll, Papier und Bio[88] – stehen müssen.[89] Eine Gebühr wird nur für die Restmülltonnenleerung erhoben. Diese richtet sich nach der Größe der Tonnen und dem Leerungsrhythmus. Verpackungsmüll hingegen kann zu sogenannten Wertstoffinseln[90] gebracht werden, an denen es Wertstoff-

---

88 Im Vergleich zum Rest der Bundesrepublik wurde die flächendeckende Einführung der Biotonne in München früher realisiert. Der entsorgte Biomüll ist kostenlos, Gebühren müssen nur für die Restmülltonne gezahlt werden.
89 Auch hier hatte München eine Vorreiterrolle inne, „denn unter den deutschen Städten mit über 500.000 Einwohnern wurde [das Drei-Tonnen-System] hier zuerst flächendeckend eingeführt" (Stadt München 2019). Die Etablierung des Drei-Tonnen-Systems zur getrennten Erfassung der Restmüll-, Bioabfall und Papierfraktionen gehen auf Stadtratsbeschlüsse aus den Jahren 1991 und 1993 zurück. „Der Startschuss für die flächendeckende Einführung des Drei-Tonnen-Systems fiel im Jahr 1994. Fünf Jahre später war das gesamte Stadtgebiet angeschlossen. Die Vermarktung der Wertstoffe erfolgte in Zusammenarbeit mit privaten mittelständischen Verwertungsbetrieben. Im Gegensatz zur Grünen Wertstofftonne erwies sich die Qualität der gesammelten Wertstoffe mit den Bio- und Papiertonnen als ausgezeichnet" (AWM 2020). Mitte 1999 war dann schließlich auch die Biotonne in allen Münchner Haushalten verfügbar.
90 Die Existenz dieses Bringsystems in München ist durchaus eine Besonderheit – in Großstädten üblich ist normalerweise ein Holsystem über den gelben Sack bzw. die gelbe Tonne oder über die Wertstofftonne. Das Bringsystem führt in München unter anderem zu einer relativ geringen Sammelquote (vgl. Bayerischer Rundfunk 2020). „In Bayern sammelt man im Schnitt in einem Jahr mehr als 20 Kilo Plastik pro Kopf. In München aber sind es nur fünf Kilogramm, heißt es bei den Abfallwirtschaftsbetrieben" (Süddeutsche Zeitung 2018). Gleichzeitig wird vom AWM betont, dass die an den Wertstoffinseln abgegebenen Plastikleichtver-

sammelcontainer für Glas (weiß, braun, grün), Kunststoffe (auch Verbundstoffe) sowie Metall (Blech, Alu, Metallverbund) gibt. Im Rahmen des DSD kooperiert der AWM hier mit Remondis und Wittmann (vgl. AWM 2016b).

Der AWM ist Miteigentümer des Heizkraftwerks Nord, welches von den Stadtwerken München betrieben wird und durch Kraft-Wärme-Kopplung Elektrizität und Fernwärme erzeugt. Die bei der Abfallverbrennung anfallende Wärme wird zur Strom- und Fernwärmeerzeugung genutzt, wodurch ca. 150.000 Haushalte in München mit Wärme versorgt werden (vgl. AWM 2018b). Die Anlagen der beiden Müllblöcke (Block 1 und 3; Block 2 wird mit Steinkohle befeuert) befinden sich im Eigentum des AWM. Dort „wird Abfall verbrannt, der stofflich nicht verwertet werden kann, also Restmüll, nicht verwertbarer Sperrmüll und Gewerbeabfall" (AWM 2018b). Im Jahr 2014 wurden 307.966 Tonnen Restmüll aus München, 47.506 Tonnen aus dem Landkreis München, 13.760 Tonnen Sperrmüll aus München (thermische Behandlung und energetische Verwertung), 22.981 Tonnen Gewerbeabfälle aus München und dem Landkreis München zur thermischen Behandlung sowie 67.688 Tonnen Gewerbeabfälle zur energetischen Verwertung aus dem Großraum München angeliefert. Hinzu kamen Restmüllanlieferungen aus weiteren Herkunftsbereichen (hauptsächlich aus umliegenden Kommunen auf Grundlage von Zweckvereinbarungen zur Entsorgung von Restmüll, wobei die größten Anlieferer der Zweckverband Abfallwirtschaft Donau-Wald, der Landkreis München und die Stadt Freising sind) (vgl. AWM 2017a: 54). Neben seinen hoheitlichen Entsorgungsaufgaben ist der AWM im Rahmen seiner kommunalen Möglichkeiten also durch die Entsorgung von Abfällen aus anderen Gebietskörperschaften und der energetischen Verwertung von Abfällen auch privatwirtschaftlich tätig (vgl. AWM 2014a: 8). Abbildung 7 zeigt die Mengenentwicklung im Müllheizkraftwerk Nord von 2000 bis 2015. Von 1970 bis 1997 wurde Müll zudem auch im Heizkraftwerk Süd für den AWM verbrannt, wobei diese Anlage wegen sinkender Müllmengen bereits stillgelegt wurde.

---

packungen deutlich sortenreiner getrennt seien, als dies beim gelben Sack der Fall ist (vgl. Bayerischer Rundfunk 2020). Zudem werde durch die zentralen Sammelstellen CO_2-Emissionen vermieden, da deutlich weniger Transportfahrten durch die Stadt stattfinden müssten (vgl. Süddeutsche Zeitung 2018).

Abbildung 7: Verbrannte Mengen im Müllheizkraftwerk Nord (in t) von 2000 bis 2015

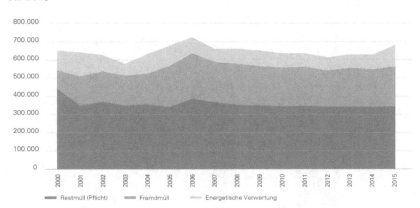

Quelle: AWM 2017a: 54.

Neben dem Heizkraftwerk Nord betreibt der AWM eine Reihe weitere Anlagen wie die Betriebshöfe, Wertstoffhöfe (Abgabe von Problemstoffen wie Elektro- und Elektronikgeräten, Kühl- und Gefriergeräte, Asbestzementprodukte, Autobatterien, Altöl usw.), den Entsorgungspark Freimann mit Erdenwerk (Anlaufstelle für die Abgabe großer Mengen Asbest/Mineralwolle und Nachtspeicheröfen), eine Trockenfermentationsanlage (verarbeitet rund 25.000 Tonnen Abfälle aus der Münchner Biotonne und der aus dem Biogas produzierte Strom deckt den Jahresbedarf von 1.600 Münchner Haushalten) sowie das Gebrauchtwarenkaufhaus „Halle 2" (vgl. AWM 2018a: 8).

Die verschiedenen Entsorgungs- bzw. Behandlungswege der anfallenden Abfallfraktionen sind in Abbildung 8 dargestellt.

Abbildung 8: Das Münchner Entsorgungssystem (nächste Seite)
Quelle: AWM 2018a: 7.

4. Analyse der Auswirkungen der europäischen Impulse im Fallstudienvergleich

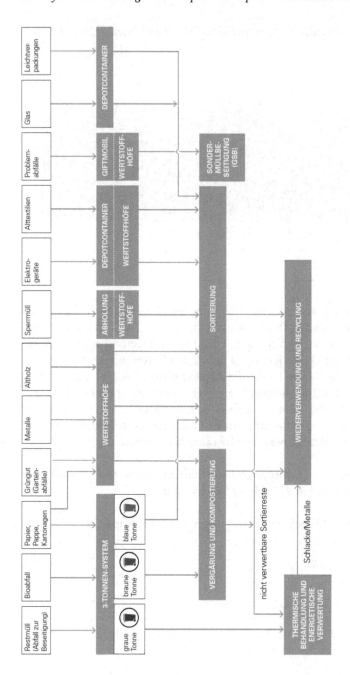

Trotz des zuvor angesprochenen städtischen Wachstums sind die zu entsorgenden Abfallmengen in den letzten 20 Jahren auf stabilem Niveau geblieben. Insbesondere die Restmüllmenge konnte aber von 1998 bis 2015 von 310.916 t auf 307.600 t gesenkt werden, was einem Pro-Kopf-Aufkommen von 228 kg bzw. 204 kg pro Einwohner im Jahr entspricht. Auch die Menge an Papierabfällen ist seit 2005 rückläufig (von 73 kg auf 57 kg pro Einwohner im Jahr in 2015), während die absolute Bioabfallmenge seit 1999 von 33.366 t auf 42.117 t in 2015 angestiegen ist (wobei das Pro-Kopf-Aufkommen gleichbleibend bei etwa 28 kg liegt) (AWM 2017a: 29).

Seit dem Jahr 2013 ist der AWM auch in der Altkleidersammlung aktiv und hatte im Jahr 2016 rund 700 Container an den Wertstoffinseln der Stadt aufgestellt. Im Vergleich zu vorher, als die Container von der Aktion Hoffnung, Hilfe für Mission GmbH an den Wertstoffhöfen der Stadt sowie durch gemeinnützige Sammler und illegal aufgestellte Container durchgeführt wurde, konnten die Mengen von 2.109 Tonnen (2012) auf 6.208 Tonnen (2015) erhöht werden. Die gesammelten Textilien konnten zu ca. 60 % wiederverwendet und zu 35 % stofflich verwertet werden (vgl. AWM 2017a: 31f.).

Insgesamt betrug die städtische Recyclingquote im Jahr 2012 55 %, im Jahr 2018 54,5 % (vgl. AWM 2012a: 37; AWM 2018a: 1). Die Verwertungsquote betrug 2013 58,8 % und 2018 59,1 % (vgl. AWM 2013: 14 und AWM 2018a: 1).

Das grundlegende abfallplanerische Dokument war bis 2017 das Abfallwirtschaftskonzept der Stadt München aus dem Jahre 1999 (Neudruck von 2005). Es ist als Weiterentwicklung des Abfallkonzeptes von 1988 zu sehen, welches bereits „einen deutlichen Bruch mit den bisherigen Abfallkonzeptionen vorsah: Statt Ausbau und Zubau von Müllverbrennungsanlagen und Deponien sah dieses Konzept seinen Schwerpunkt in durchgreifenden Strategien der Vermeidung und insbesondere der Verwertung von Abfällen" (AWM 1999: 7). Hintergrund war der damals befürchtete Müllnotstand und die Einschätzung, dass „aufgrund der damaligen Mengenentwicklung für die Deponie Nord-West eine Restlaufzeit von gerade noch fünf Jahren prognostiziert" wurde (ebd.). Das Konzept von 1999 bestätigte daher, dass Abfälle in erster Linie zu vermeiden sind, und machte u. a. auch deutlich, dass für eine stärker ökologisch ausgerichtete Abfallbewirtschaftung neben den traditionellen Instrumenten der kommunalen Abfallwirtschaft (wie Angebot der Entsorgungseinrichtungen und Gebührensatzung) künftig auch ganzheitliche Analysemethoden wie Lebensweg- und Stoffstromanalysen wichtig werden (vgl. ebd.: 19). Daher werden im

4. Analyse der Auswirkungen der europäischen Impulse im Fallstudienvergleich

Abfallwirtschaftskonzept für verschiedene Produktgruppen (Nahrungsmittel, Verpackungen, Möbel, IT-Geräte, Kfz, Gebäude) basierend auf einem Modell des Fraunhofer Instituts Lebensweganalysen aufgezeigt, die u. a. auch Reparatur und Wiederverwendung betonen (vgl. ebd.: 22). Ein anderes wichtiges Thema im Konzept von 1999 sind die Privatisierungs- und Liberalisierungstendenzen in der Abfallwirtschaft und die Folgen für die deutsche Daseinsvorsorge. So geht das Abfallwirtschaftskonzept ausführlich auf die Situation der öffentlich-rechtlichen Abfallwirtschaft im Zuge gesetzlicher Neuregelungen seit den 90er Jahren ein. Hier wird vor allem die auf EU-Ebene propagierte, zunehmende Konkurrenz durch private Unternehmen kritisiert. Hieraus wird später im Dokument dann auch die Notwendigkeit zur aktiven Lobbyarbeit auf Landes-, Bundes- und EU-Ebene im Zusammenschluss mit anderen kommunalen Unternehmen abgeleitet (vgl. ebd.: 20). In den Abschnitten „Negative Konsequenzen des Kreislaufwirtschaftsgesetzes" (ebd.: 72ff.) und „Forderung an die gesetzgebenden Instanzen" (ebd.: 75) wird hieraus folgend die Stärkung der kommunalen Unternehmen als wichtiges Ziel formuliert. Als wichtigste Argumente werden die steigende Zahl an Fällen umweltgefährdender Abfallbeseitigung, eine befürchtete Monopolisierung der Abfallwirtschaft durch regionenübergreifend agierende private Abfallunternehmen sowie die wettbewerbliche Benachteiligung durch Entzug der Zuständigkeit für Wertstoffe (durch Einführung des Dualen Systems) genannt. Im Jahr 2017 wurde das Abfallwirtschaftskonzept erneuert und fortgeschrieben (siehe hierzu Kapitel 4.3.3).

4.3.2 Entwicklung der Münchner Abfallvermeidungspolitik und resultierender Anpassungsdruck

Über die letzten vierzig Jahre hinweg wurde in München eine Reihe an Abfallvermeidungsmaßnahmen etabliert. Als Ausgangspunkt wird der Ende der 1980er Jahre bundesweit diagnostizierte „Müllnotstand" gesehen, der zunächst auch in der Stadt München befürchtet wurde. Die Feststellung, dass die Kapazitäten der bestehenden Müllverbrennungsanlagen und Deponien bei der prognostizierten Mengenentwicklung nicht ausreichen werden („für die Deponie Nord-West [wurde] eine Restlaufzeit von gerade noch fünf Jahren prognostiziert") und man aber trotzdem gleichzeitig den Bau einer dritten Müllverbrennungsanlage verhindern wollte („ein Raumordnungsverfahren für eine dritte Münchner Müllverbrennungsanlage [war bereits] im Gange"), verursachte ein Umdenken in der städtischen

4.3 Fallstudie München

Abfallpolitik und „markierte den Einstieg in eine ökologische Abfallwirtschaft – mit der aus damaliger Sicht neuen Rangfolge Vermeiden vor Verwerten vor Verbrennen vor Deponieren" (AWM 1999: 7). Hierauf basierend wurde vom damaligen Amt für Abfallwirtschaft eine Vielzahl an Abfallvermeidungsmaßnahmen im Münchner Stadtraum etabliert, die teilweise bis heute Bestand haben.

Eine Besonderheit, die diesen Prozess in ganz Bayern und insbesondere in München vorangetrieben hat, ist die Existenz und das Wirken der Initiative „Besseres Müllkonzept Bayern", ein 1986 gegründeter Zusammenschluss von Bürgerinitiativen und Umweltschutzgruppen (zeitweise waren mehr als 100 Einzelgruppen angehörig), welcher sich ein ökologischeres Abfallkonzept für Bayern wünschte und die Abfallproblematik an die Öffentlichkeit tragen wollte (Bundesarbeitsgemeinschaft „Das bessere Müllkonzept" 2018). Mit politischer Unterstützung der bayerischen Grünen (und zunächst auch der SPD, die sich am Ende aber doch dazu entschied, in dieser Sache mit der CSU im Landtag zu kooperieren) entwickelte die Initiative einen Gegenentwurf zum Regierungsvorschlag für ein neues Abfallwirtschaftsgesetz (vgl. Die Zeit 1990). Hintergrund war die Neugestaltung des Bayerischen Abfallwirtschaftsgesetzes (BayAbfG) von 1990, welches u. a. auf Basis des bundesdeutschen Abfallgesetzes von 1986 novelliert werden sollte. Unter anderem sah der außerparlamentarische Vorschlag den strikten Vorrang der stofflichen vor der thermischen Verwertung vor sowie eine „obligatorische Trennung von Glas, Metallen, Papier und kompostierbaren Abfällen" (ebd.). Dies führte zum ersten umweltpolitischen Volksentscheid in der Geschichte Deutschlands, der allerdings erst in der folgenden Legislaturperiode im Februar 1991 durchgeführt und die erforderlichen Ja-Stimmen mit 43,5 % knapp verpasste (vgl. Der Spiegel 1991 zu der im Vorlauf des Referendums von der CSU initiierten „konzertierten Diffamierungskampagne" sowie taz 1991, in der eine „massive Einflussnahme der CSU" kritisiert wird).

Auf den tatsächlichen Stellenwert der Abfallvermeidung und den öffentlichen Diskurs in diesem Bereich hatte die Initiative aber trotzdem großen Einfluss und kann als „Revolution im Münchner und im bayerischen Abfallsektor" gesehen werden, „weil man sonst damals für richtig viel Geld eine [neue] MVA in München gebaut hätte" (Interview M5). So betont auch eine heute noch aktive Vertreterin des „Besseren Müllkonzepts Bayern", dass die damalige Abstimmung zwar knapp verloren wurde, aber zentrale Ziele der Bewegung in der Folge trotzdem erreicht wurden:

> „Wir haben erreicht, dass das Abfallgesetz schon besser geworden ist, als es vorher war. Dass eben die Verwertung und Vermeidung mit

4. Analyse der Auswirkungen der europäischen Impulse im Fallstudienvergleich

> aufgenommen wurden und das war ja dann schon um 1992 rum. Und wir waren da, glaube ich, das erste Bundesland, das ein detaillierteres Abfallgesetz hatte. [Auf Bayern bezogen] haben wir im Laufe der Jahre erreicht, dass wir [den Bau von] 17 Müllverbrennungsanlagen verhindert haben und einige geschlossen wurden. Dadurch, dass die Müllverbrennung da einen schlechten Ruf bekommen hat. Da haben wir dann fast 2 Millionen Tonnen Verbrennungskapazität gespart" (Interview M7).

Zudem fand durch die öffentlichen Diskussionen ein Wandel im Umweltbewusstsein der Bevölkerung statt und immerhin brachte alleine die Perspektive, dass das bürgerliche Müllkonzept „durch den mehrheitlichen Volkswillen [...] zum Gesetz würde, [...] die CSU (und es sei geklagt: leider auch die SPD) binnen weniger Tage dazu, [...] ein Abfallgesetz zu verabschieden, daß bei allen Mängeln seines gleichen sucht in Deutschland" (taz 1991).

Bereits wenige Jahre vor der Verabschiedung des BayAbfG von 1990, aber unter klarem Bezug auf die Impulse durch das 1986 verabschiedete bundesdeutsche Abfallgesetz sowie die gerade angesprochenen zivilgesellschaftlichen Initiativen, wurde in München vom damaligen Kommunalreferenten Georg Welsch (Grüne) ein neues Abfallwirtschaftskonzept ausgearbeitet, dessen Existenz und Schwerpunktlegung vom AWM später als „radikale Kehrtwende in der Abfallpolitik" bezeichnet wurde (AWM 2007: 46). Grundlegende Ziele des ökologisch ausgerichteten Programms war „die konsequente Abfallvermeidung und Mülltrennung bei Privathaushalten, Gewerbebetrieben und im öffentlichen Bereich" (ebd.). Es wurde 1988 einstimmig vom Münchner Stadtrat verabschiedet. Das Konzept basierte im Grunde auf einer bereits vierstufigen Abfallhierarchie (also über die damals dreistufige Abfallhierarchie in Deutschland hinausgehend) und propagierte Abfallvermeidung vor Wiederverwertung, Wiederverwertung vor Müllverbrennung und Verbrennung vor Deponierung. Gleichzeitig wurden „zur Bündelung aller notwendigen Kompetenzen [...] 1989 die Bereiche ‚städtische Müllbeseitigung' und ‚Sondersachgebiet Abfall' des Kommunalreferats zusammengelegt" (ebd.). In diesem Zuge entstanden auch zusätzliche Personalkapazitäten im Bereich Öffentlichkeitsarbeit und Abfallberatung. Zahlreiche, auch noch heute in München etablierte Abfallvermeidungsmaßnahmen gehen auf diese Zeit zurück.

Bereits Anfang der 1990er Jahre sprach sich der Münchner Stadtrat dafür aus, dass bei Veranstaltungen auf öffentlichem Grund „Speisen und Getränke nur in pfandpflichtigen, wiederverwendbaren Verpackungen und Behältnissen ausgegeben werden dürfen; Ausnahmen von dieser Regel bedurften einer besonderen Genehmigung im Einzelfall" (Kommunalreferat München 2012a: 2). Als Hintergrund sind ebenfalls die Diskussionen um das bayerische Abfallwirtschafts- und Altlastengesetz zu sehen, welches der öffentlichen Hand eine Vorbildfunktion

> „bei der Umsetzung der Ziele der Abfallwirtschaft auferlegt. Die öffentlichen Körperschaften wurden insbesondere verpflichtet, bei der Gestaltung von Arbeitsabläufen und bei ihrem sonstigen Handeln, vor allem im Beschaffungs- und Auftragswesen und bei Bauvorhaben, möglichst Erzeugnisse zu berücksichtigen, die sich durch Langlebigkeit, Reparaturfreundlichkeit und Wiederverwendbarkeit oder -verwertbarkeit auszeichnen, im Vergleich zu anderen Erzeugnissen zu weniger oder zu entsorgungsfreundlicheren Abfällen führen und aus Abfällen hergestellt worden sind" (ebd.).

Es dürfen auf öffentlichem Grund also bereits „seit 1991 per Satzung weder Einweggeschirr noch Einweggetränkeverpackungen eingesetzt oder verkauft werden. Diese Mehrweg-Verpflichtung gilt auch für alle städtische Einrichtungen und Veranstaltungen, so zum Beispiel auf den Wochenmärkten, im Olympiastadion und auf dem Oktoberfest" (AWM 2007: 46). Durch dieses Mehrweggebot hat München damals eine deutschlandweite Vorreiterrolle übernommen – zahlreiche Kommunen haben sich im Laufe der Jahre dieses zum Vorbild genommen und ähnliche Satzungsregelungen übernommen (vgl. Kommunalreferat München 2012a: 3). Insbesondere das Abfallkonzept für das Oktoberfest wurde aufgrund des durchschlagenden Reduzierungserfolges deutschlandweit bekannt: Durch die Änderung der geltenden Rechtsgrundlagen (z. B. Betriebsvorschriften sowie Gewerbe- und Bauabfallentsorgungssatzung) konnte eine sehr hohe Menge an Abfall eingespart werden (bei rund 6,4 Millionen Besuchern konnte die Restmüllmenge zwischen 1991 und 2011 um ca. 90 % gesenkt werden) (vgl. AWM 2014b: 56). Die Pflicht für pfandpflichtige und wiederverwendbare Behältnisse gilt auch für Verkaufsflächen, die sich in städtischem Eigentum befinden (bspw. wurde im Olympiastadion die Getränkeversorgung auf Mehrwegbecher umgestellt (Kommunalreferat München 2012a: 2). In Kooperation mit einem Verein bietet der AWM zusätzlich noch den Verleih eines Geschirrspülmobils bei privaten Feiern an, sodass auch hier weniger Einweggeschirr genutzt wird.

Mit der Verabschiedung des bayerischen Abfallwirtschafts- und Altlastengesetzes (BayAbfAlG) wurde im Jahr 1991 auch die Abfallberatung verpflichtend, die im gleichen Jahr auch in München institutionalisiert wurde. Seitdem gibt es innerhalb des städtischen Unternehmens eine pro-

4. Analyse der Auswirkungen der europäischen Impulse im Fallstudienvergleich

fessionelle Abfallberatung, die die Münchner Haushalte und Gewerbebetriebe bezüglich Abfallvermeidung und Recycling berät. Hierbei gibt es zwar mittlerweile auch Hauptverantwortliche aus den Reihen des AWM, doch die eigentliche Beratung wird hauptsächlich durch Ehrenamtliche (1999: ca. 20 Personen; 2014: ca. 30 Personen) durchgeführt (vgl. Interview M2). Diese Freiwilligen erhalten eine Aufwandsentschädigung und müssen ein Zertifikat erwerben, das ihnen die Grundlagen der Abfallwirtschaft und -vermeidung näherbringt (vgl. ebd.). Die Beratung erfolgt in Schulen, Kindergärten, der Volkshochschule und bei Großveranstaltungen vor Ort mit einem Infomobil (vgl. Kommunalreferat München 2012a: 2).

Die Förderung der Eigenkompostierung von biogenen Abfällen begann ebenfalls bereits in den 1990er Jahren, als das Amt damit anfing, für den Erwerb von Kompostbehältern einen finanziellen Zuschuss zu zahlen (vgl. Kommunalreferat München 2012a: 3). Auf seiner Homepage informiert der AWM die Münchner Bürger außerdem über die Vorteile der Eigenkompostierung sowie das korrekte Vorgehen hierbei (vgl. AWM München 2016c). Für Wohnanlagen mit über 50 Wohneinheiten bietet der AWM darüber hinausgehend einen kostenlosen Kompostierservice an, bei dem AWM-Mitarbeiter wöchentlich die Komposttonnen leeren, Fehlwürfe sortieren und dann die Kompostpflege übernehmen. Der fertige Kompost verbleibt vor Ort und kann innerhalb eines Jahres von den Bewohnern verwendet werden (vgl. ebd.).

Ende der 1990er Jahre wurde in München außerdem ein „Gesamtkonzept Wiederverwendung" für gebrauchte Gegenstände vom Stadtrat beschlossen. Das mehrstufige Konzept sah eine Reihe von Maßnahmen im Hinblick auf die folgenden Gesamtziele vor:
- „Erhöhung des Wiederverwendungsanteils aus dem Münchner Sperrmüll
- Bürgerfreundliche, ungestörte Anlieferung von gebrauchten Gegenständen an den Wertstoffhöfen
- Erhöhung der Bürger- und Mitarbeiterzufriedenheit am Wertstoffhof
- Optimierung und Ausweitung von Secondhand-Möglichkeiten, auch außerhalb des Wertstoffhofes
- Die Entwicklung einer für die Stadt wirtschaftlich vorteilhaften Vermarktungsstrategie für gebrauchte Gegenstände" (Kommunalreferat München 2003: 1f.)

Basierend auf mehreren Modellversuchen und -phasen zur sanften[91] Sperrmüllabholung, zur Kooperation mit Sozialprojekten, zur Herausgabe eines Secondhandführers und zum Verkauf gebrauchter Gegenstände aus dem Münchner Sperrmüll wurde bereits im Jahre 2001 durch den AWM das Gebrauchtwarenkaufhaus „Halle 2" eröffnet, in welchem noch funktionstüchtige und gut erhaltene Gebrauchtwaren (z. B. Elektro- und Elektronikaltgeräte, Geschirr, Bücher, Möbel, Sportgeräte) in den zweiten Verkauf kommen. Zur Förderung der (Vorbereitung zur) Wiederverwendung werden die Waren zuvor über die Wertstoffhöfe, über die Sperrmüllsammlung und über Elektrokleingerätecontainer erfasst und dann weitertransportiert (vgl. AWM 2017a und AWM 2014b: 52; 57). Neben dem regulären Verkauf finden dort auch regelmäßig Versteigerungen von Gebrauchtwaren statt. Insgesamt wurden von 2001 bis 2014 jährlich rund 1.000 Tonnen Gewichtsmenge an Waren umgesetzt bzw. 1.000 Tonnen an Abfällen vermieden (ebd.). Im Rahmen der „Halle 2" findet außerdem eine Kooperation mit Sozial- und Reparaturbetrieben statt. Elektrogeräte, die reparierbar erscheinen, werden hierbei „an Münchner Sozialprojekte weitergegeben, dort repariert und anschließend in deren eigenen Verkaufsstellen angeboten" (AWM 2012a: 51). Hierzu gehören „Conjob" (prüft und testet IT- und Kommunikationsgeräte), „Der Weiße Rabe" (prüft elektrische Haushaltsgeräte) und „Anderwerk" (repariert Waschmaschinen, Geschirrspüler und Trockner), die ehemalige Langzeitarbeitslose beschäftigen und auf diese Weise wieder in den Arbeitsmarkt eingliedern (vgl. Kommunalreferat München 2017a).

Seit 1997 wird regelmäßig der Münchner Reparaturführer, seit 2000 der Secondhandführer herausgegeben. Seit 2018 gibt es auf der Internetseite des AWM außerdem einen Abfallvermeidungskalender, in welchem die Termine für Repair Cafés, Kleidertauschveranstaltungen und andere Aktivitäten mit abfallvermeidendem Charakter durch beteiligte Organisationen und Individuen gemeldet werden können. Insgesamt wurden die Online-Angebote des AWM insbesondere in den Jahren 2010 und 2011 stark ausgebaut. Dort zu finden sind auch die schon angesprochenen Secondhand- und Reparaturführer sowie ein Flohmarktportal, ein Leihlexikon und ein Verschenk- und Tauschportal. Darüber hinaus gibt es dort

---

91 „Der Begriff „Sanfte Sperrmüllabholung" ist daraus entstanden, dass zusätzlich zum Pressmüllwagen ein Möbelwagen (Lkw mit Kastenaufbau und Ladebordwand) mitfährt (Tandem-Tour), der noch brauchbare Gegenstände ‚sanft' transportiert, um eine Wiederverwendung zu ermöglichen" (Kommunalreferat München 2003: 5).

zahlreiche Informationen für Bürger mit Hinweisen zum verpackungsarmen Einkaufen, zu der Eindämmung von Lebensmittelabfällen sowie dem abfallarmen Büro.

Der AWM führt zu seinen Aktionen seit Anfang der 1990er Jahre regelmäßig Öffentlichkeitskampagnen durch. Seit 1999 werden außerdem regelmäßig aufmerksamkeitserzeugende Plakate auf Müllfahrzeugen und stark frequentierten Plätzen für bessere Mülltrennung und die Förderung der Abfallvermeidung platziert. Teilweise wurden diese PR-Aktionen auch weit über München hinaus wahrgenommen (z. B. 1992/93 „München jagt die Müllsau", 1995 „Müll oder Refill", 1996 „Weniger Müll im Beutel", 1997 „Münchner Mehrwegwochen", 2007/08 „Müll – besser trennen", 2017/2018 München hat's satt – Kampagne gegen Coffee-to-go-Pappbecher). Im Rahmen der Öffentlichkeitsarbeit ist ein AWM-Mitarbeiter auch für die Social-Media-Aktivitäten zuständig und insbesondere der Facebook-Account wird vom AWM rege zur Verbreitung von Wissen und konkreten Aktionen im Bereich der Abfallvermeidung genutzt.

Hinzuzufügen ist weiterhin, dass die Umsetzung der Abfallvermeidungsmaßnahmen in München auch wenig von Auslastungsproblemen der Münchner MVA beeinflusst wurde. Hintergrund ist, dass sich der ursprünglich prognostizierte und befürchte Müllnotstand in Bayern und in München im Speziellen bereits Anfang der 1990er Jahre eher ins Gegenteil verkehrte:

> „Die Auswirkungen des KrW-/AbfG lassen sich natürlich auch an der Situation im HKW Nord ablesen. Die verbrannten Abfallmengen aus dem eigenen Entsorgungsgebiet gehen hier seit dem Jahr 1992, in dem der Block 1 in Betrieb genommen wurde, stetig zurück. Vor allem der dramatische Rückgang der Mengen an gewerblichen Abfällen zur Beseitigung ist für den massiven Rückgang verantwortlich. Durch diesen Mengenrückgang bei den gewerblichen Abfällen sind dem AWM seit 1993 Mindereinnahmen in der Größenordnung von 100 Mio. Euro entstanden" (Kommunalreferat München 2004: 3).

Der Münchner Stadtrat reagierte hierauf im Jahr 1996 mit einem Grundsatzbeschluss zur Stilllegung der MVA Süd bis Ende 1997. Zusätzlich wurden die Stadtwerke in Kooperation mit dem damaligen Amt für Abfallwirtschaft beauftragt, mit den Nachbarkommunen bezüglich der Akquisition zusätzlicher Abfälle zur besseren Auslastung der MVA Nord zu verhandeln. Man bemühte sich verstärkt um regionale Kooperationen, wie bei der versuchten Gründung der Bayerischen Abfall-Management-Gesellschaft, die allerdings 2002 wegen großer Bedenken des Bundeskartellamtes sowie Auslastungssteigerungen einiger potenzieller Mitglieder abgebrochen werden musste. Insgesamt gab es in den Jahren 1996 bis 2002 zahlreiche Versuche, durch Fremdmüllakquisition die Auslastung im HWK Nord zu verbessern.[92] Auch wenn die Situation Anfang der 2000er Jahre vom AWM als kritisch eingeschätzt wurde, konnte man aufgrund des dann bundesweit geltenden Verbots der Deponierung unbehandelter Siedlungsabfälle jedoch bereits im Jahr 2006 schon wieder von einer Vollauslastung des HWK Nord sprechen und aufgrund dessen auch die Müllgebühren senken:

> „So haben die langjährigen Wirtschaftlichkeitsbemühungen des AWM einerseits und die Vollauslastung des städtischen Müllheizkraftwerks andererseits dazu geführt, dass die Stadt München die Müllgebühren zum 1. Januar 2007 um insgesamt 11 Millionen Euro senken konnte. Die Vollauslastung der Müllverbrennungsanlage resultierte aus den deutschlandweiten Entsorgungsengpässen nach Inkrafttreten des Ablagerungsverbotes für unbehandelte Abfälle. Für den AWM war dies Anlass, gezielt auf die weitere Verringerung der Restmüllmenge in München hinzuwirken. Dazu startete der AWM im August 2006 eine Kampagne mit dem Motto ‚Müll besser trennen', die großen Anklang fand" (AWM 2006: 7).

Insgesamt ist also zu konstatieren, dass der kommunalspezifische Anpassungsdruck in München, welcher aus dem Abgleich der bestehenden Situation mit den europäischen Abfallvermeidungs-Impulsen resultiert, eher gering war. Bereits vor 2008 hatte die Stadt eine hohe Anzahl an Abfallvermeidungsmaßnahmen initiiert und mit dem Wiederverwendungskaufhaus „Halle 2" sowie dem Reparatur- und Secondhandführer als eine der wenigen Städte in Deutschland auch etwas im Bereich „Vorbereitung zur Wiederverwendung" vorzuweisen. Die Abfallwirtschaft in München kann

---

[92] Beispielsweise wurde allen noch deponierenden entsorgungspflichtigen Körperschaften in Oberbayern angeboten, die freien Münchner Kapazitäten mitzunutzen, diesbezüglich eine Informationskampagne gestartet und Zweckverbänden nach Bekanntwerden der Schließung ihrer eigenen Anlage konkrete Angebote unterbreitet. Auch wurde versucht, mit österreichischen Kommunen zu verhandeln, da Österreich eine der damaligen Deponieverordnung bzw. TaSi ähnliche Regelung hatte, die allerdings bereits früher als die deutsche Regulierung umgesetzt werden musste. Insgesamt waren alle diese Versuche aber von wenig Erfolg gekrönt. Auch wenn die Münchner Abfallwirtschaft natürlich eine Reihe an regionalen Kooperationen vorweisen kann, machen die Bemühungen um mehr Kooperationspartner doch klar, dass sich der „Kampf um den Müll" bereits vergleichsweise früh in München manifestierte.

4. Analyse der Auswirkungen der europäischen Impulse im Fallstudienvergleich

zum Zeitpunkt der Verabschiedung der novellierten Abfallrahmenrichtlinie 2008 also als Vorreiter innerhalb von Deutschland angesehen werden:

> „Also München war längst aktiv, was die Abfallvermeidung betrifft, insbesondere die sanfte Sperrmüllabfuhr, [...] und Mehrweg für Veranstaltungen auf städtischem Gebiet, das läuft auch schon seit [...] [langer Zeit]. Die haben das sehr früh erkannt. Wohl auch auf der Grundlage dieses besagten Abfallwirtschaftsgesetzes und der Volksabstimmung, die ich als etwas Urdemokratisches geschildert habe" (Interview M8).

> „Das ist so eine ‚Mindset'-Geschichte. München hat früh seine Müllverbrennungsanlage um einen Kessel reduziert, als der alt war. München ist schon immer die aktivste Stadt gewesen im Bereich Abfallvermeidung" (Interview A6).

Wie zuvor festgestellt wurde, geht in diesem Politikbereich auch kein großer Bruch durch die Parteien und dem AWM wird seitens der Stadtratspolitiker ein ungewöhnlich hohes Vertrauen entgegengebracht. Zwar gab es in der Vergangenheit teilweise Unverständnis seitens der CSU über zu hohe Ausgaben im Bereich der Öffentlichkeitsarbeit, aber diese Aussagen wurden in Zeiten des Wahlkampfs getätigt und schmälern die insgesamt eher konsensuale und kooperative Orientierung der Akteure nur leicht (vgl. Interviews M3 und M4).

Nichtsdestotrotz könnten im Sinne einer graduellen Transformation die europäischen Abfallvermeidungsimpulse trotzdem zu leichten Anpassungen des Regimes beigetragen haben. Insgesamt ist die Wahrscheinlichkeit eines umfassenden, radikalen Regimewandels aber auch aufgrund der zuvor festgestellten, eher niedrigen transformativen Kapazität der europäischen Impulse sowie des stark pfadabhängig verlaufenden Implementationsprozesses auf nationaler Ebene gering. Insofern wird es für den Fall München von besonderer Relevanz sein, auch kleinere funktionale Veränderungen, die auf Europäisierung zurückzuführen sind, zu identifizieren und langsam beginnende, schleichende inkrementelle Veränderungen zu erkennen.

4.3.3 Die Verarbeitung europäischer Policy-Impulse in München

„Der kleinste gemeinsame europäische Nenner ist uns für München nicht gut genug" (AWM 2005: 3).

„[Durch die Abfallrahmenrichtlinie] hat sich nichts verändert. Ich glaube eher, dass die EU da ein bisschen bei uns abgeguckt hat" (Interview M1).

Vor dem Hintergrund der zuvor beschriebenen Akteure und Strukturen des Abfallwirtschaftsregimes sowie der historischen Entwicklung von Abfallvermeidungspolitik und -maßnahmen wird in diesem Kapitel nun untersucht, auf welche Art und Weise die in Kapitel 3.5 und 4.2 diskutierten Abfallvermeidungsimpulse auf das Abfallregime in München gewirkt haben und welche Wandlungsprozesse die Impulsverarbeitung mit sich gebracht hat.

Im Kapitel 4.3.3.1 wird es hierbei allerdings zunächst um die Frage gehen, welche allgemeinen Europäisierungsprozesse sich in der Münchner Abfallpolitik abgespielt haben. „Bezugspunkt Europa" spricht hierbei sowohl die Aktivitäten der Münchner Akteure auf europäischer Ebene (wie beispielsweise die Mitarbeit in europäischen Netzwerken) als auch die Rückwirkungen auf die kommunale Ebene (wie eine Europäisierung des Verwaltungsaufbaus) an. Denn wie zuvor beschrieben wurde, ist diese Europäisierung des abfallwirtschaftlichen Kontextes sowie die generell geführten europapolitischen Diskurse innerhalb der Stadt auch für die Europäisierungsergebnisse im Bereich der Abfallvermeidungspolitik von Relevanz. Letztere werden wiederum in den Kapiteln 4.3.3.2 und 4.3.3.3 dargestellt.

4.3.3.1 Bezugspunkt Europa

Im Rahmen der europapolitischen Strategie der Stadt München existiert seit 2009 der sogenannte Fachbereich Europa. Die Gründung der eigenständigen Organisationseinheit geht auf einen Stadtratsbeschluss von 2009 zurück, der dem Referat für Arbeit und Wirtschaft den Auftrag zu deren Aufbau gab. Im September des gleichen Jahres beschloss der Stadtrat außerdem, dass das Referat für Arbeit und Wirtschaft auch den Auftrag zur organisatorischen Umsetzung des Fachbereichs bekommt und ihm hierzu vier zusätzliche Stellen zum bestehenden Team Europa (drei Stellen) bewilligt werden. Neben diesen Stellen fungieren die jeweiligen

4. Analyse der Auswirkungen der europäischen Impulse im Fallstudienvergleich

Fachreferenten als Bindeglied zwischen dem Fachbereich Europa und den Fachreferaten als Ansprechpartner für fachspezifische europäische Angelegenheiten und als Informationsgeber an den Fachbereich Europa (z. B. zu laufenden EU-Aktivitäten des Fachreferats). Im Dezember 2009 nahm der Fachbereich Europa dann zeitlich mit dem Inkrafttreten des Vertrags von Lissabon seine Arbeit auf (vgl. Referat für Arbeit und Wirtschaft München 2010). Aufgaben des Fachbereichs umfassen die Koordination der kommunalen Europaarbeit, die Erarbeitung europapolitischer Strategien in Kooperation mit den jeweiligen Fachreferenten sowie die Unterstützung bei der europäischen Fördermittelakquise. Darüber hinaus nimmt der Fachbereich auch eine Vermittlerrolle zwischen Stadtrat und den betroffenen Fachreferaten ein (vgl. Referat für Arbeit und Wirtschaft München 2010). Innerhalb des Fachbereichs ist über das Kommunalreferat auch der AWM mit einem eigenen Europabeauftragten abgebildet.

Abbildung 9: Struktur der Europaarbeit der Stadt München

Quelle: Eigene Darstellung nach Referat für Arbeit und Wirtschaft München 2010.

Insgesamt ist die Europa-Arbeit der Stadt München als hochgradig professionell und vernetzt zu beschreiben. „Damit möglichst viele Entscheidungen im Sinne Münchens getroffen werden, engagiert sich die Landeshauptstadt in Brüssel und Straßburg. Je mehr die Stadt sich aktiv einbringt, desto besser kann München die EU mit gestalten" (Stadt München 2020a). Insbesondere nutzt die Stadt regelmäßig die entsprechenden Konsultationsverfahren der EU, um durch Stellungnahmen einen entsprechenden Einfluss geltend zu machen. Auch werden in München die zahlreichen EU-Projektanträge der städtischen Fachreferate durch die in Abbildung 9

4.3 Fallstudie München

dargestellte Europakommission koordiniert. Zudem arbeitet die Stadt München aktiv in den großen Städtenetzwerken (z. B. EUROCITIES, Rat der Gemeinden und Regionen Europas – RGRE, Deutscher Städtetag, Europabüro der bayerischen Kommunen usw.[93]). Im für München wichtigsten Netzwerk, EUROCITIES[94], ist die Stadt bereits seit 1992 aktiv und beteiligt sich dort intensiv am Ausschusswesen (vgl. Stadt München 2020b). Auch in der deutschen Sektion des Council of European Municipalities and Regions (CEMR) ist die Stadt seit 1972 Mitglied und ist gleich mit mehreren Stadträten in der Delegiertenversammlung sowie in den Ausschüssen und Arbeitskreisen vertreten.

Die europapolitische Arbeit des AWM zeichnet sich auch hochgradig durch eine Europäisierung der Interessenvermittlung aus. So ist das Abfallwirtschaftsunternehmen in der „Waste Policy Working Group" des Städtenetzwerks EUROCITIES aktiv (Erfahrungsaustausch besonders in Maßnahmen der Abfallbehandlung und -vermeidung; Mitarbeit an der Ausarbeitung von Stellungnahmen für politische Entscheidungsträger), ist Mitglied im branchenübergreifenden Verband für öffentliche Unternehmen „European Centre of Enterprises with Public Participation and of Enterprises of General Economic Interest – CEEP" (der AWM leistet Beiträge zu CEEP-Stellungnahmen und nimmt an Sitzungen der deutschen Sektion teil), ist Mitglied der Interessengemeinschaft der thermischen Abfallbehandlungsanlagen in Deutschland (ITAD) und hierüber auch Mitglied im Verband der europäischen Abfallverbrennungsanlagen (CEWEP), über die Mitgliedschaft beim VKU auch im Dachverband der kommunalen Abfallwirtschaft auf europäischer Ebene „Municipal Waste Europe" aktiv und seit Juli 2013 auch in der Abfallarbeitsgruppe des Rates der Gemeinden und Regionen Europas (RGRE) vertreten (vgl. AWM 2012a: 50f.).

Der hierfür verantwortliche Mitarbeiter für den Münchner Fachbereich Europa, der auch gleichzeitig die Leitung des Büros der Werkleitung beim AWM innehat, ist seit 2012 auch Vorsitzender des VKU Fachaus-

---

[93] Weitere Netzwerke: Bayerischer Städtetag, Klima-Bündnis / Alianza del Clima e.V., Energy Cities, Boden-Bündnis ELSA e.V. (European Land and Soil Alliance), Gesunde Städte-Netzwerk, Europäisches Forum für Urbane Sicherheit (EFUS), Xarxa-Netzwerk, Rainbow Cities Network (vgl. Stadt München 2020b).

[94] „Die Landeshauptstadt München ist seit 1992 Mitglied im europäischen Städtenetzwerk EUROCITIES. Die Mitgliedschaft wird durch das Referat für Arbeit und Wirtschaft betreut. Die Beteiligung am Netzwerk dient dem fachlichen Austausch, der Initiierung gemeinsamer Städteprojekte sowie der immer bedeutenderen politischen Interessenvertretung der Großstädte gegenüber den europäischen Organen" (Referat für Wirtschaft und Europa München 2012).

schusses Europa. Durch dieses Wirken sieht sich der AWM in der Lage, „abfallwirtschaftliche Entwicklungen auf europäischer Ebene frühzeitiger zu erkennen", auf sie zu reagieren und „im Rahmen der Beteiligungs- und Konsultationsverfahren mit[zu]wirken" (AWM 2012a: 50). Auffällig ist mit Sicherheit auch die hohe eingeschätzte Betroffenheit durch europäische Vorgaben insgesamt. Bereits im Abfallwirtschaftskonzept von 1999 wird durch den AWM konstatiert, dass „die Sicherung hoher und zeitgemäßer abfallwirtschaftlicher Standards auf europäischer Ebene [wichtig ist], da diese immer mehr an Einfluss auf die gesamte Abfallwirtschaft" haben (AWM 1999: 16). Weiterhin schreibt die europapolitische Abteilung der Stadt beispielsweise, dass gerade im Bereich der Abfallwirtschaft der Großteil der Vorgaben seinen Ursprung im europäischen Kontext habe und der AWM sich daher auch auf europäischer Ebene zu diesen Themen positionieren muss:

> „Viele der Regelungen, an denen unsere Abfallwirtschaft sich orientieren muss, kommen aus Brüssel und nicht aus Berlin. So hat die EU-Kommission im Sommer 2015 eine öffentliche Befragung gestartet, um Meinungen zu einem ehrgeizigen neuen Kreislaufwirtschaftskonzept zu sammeln. [...] Der Abfallwirtschaftsbetrieb München [...] bearbeitet die Konsultation mit Expertinnen und Experten des Referats für Gesundheit und Umwelt und des Referats für Arbeit und Wirtschaft, um die Münchner Position in Brüssel klar zu machen" (Stadt München 2016).

Geschätzt wird in München auch das detaillierte und zeitlich frühe Wissen, das die europapolitische Arbeit mit sich bringt: „Darüber hinaus unterstützt die frühe Befassung mit geplanten Gesetzesinitiativen aus Brüssel die Stadtverwaltung, sich rechtzeitig auf die Umsetzung der EU-Gesetzgebung einzustellen. Die Erkenntnisse und Information[en] aus der AG werden deshalb direkt in die stadtinterne Arbeitsgruppe Europarecht eingespeist" (Referat für Arbeit und Wirtschaft München 2012: 7).

Bei der näheren Betrachtung des europapolitischen Engagements der Stadt München fällt aber auch schnell auf, dass die europäische Ebene innerhalb des AWM und auch der politischen Gremien Stadtrat und Kommunalausschuss oftmals als Bedrohung für kommunale Kompetenzen gesehen wird. So wird der gegründete Fachausschuss Europa des VKU gerne auch als „Frühwarnsystem" bezeichnet (AWM 2012a: 50; Interview M1). Dies ist insbesondere den Unsicherheiten bezüglich der von der EU vorangetriebenen Privatisierungs- und Liberalisierungsbemühungen zuzuschreiben. Für den AWM ist daher seit geraumer Zeit „fraglich, ob durch die Entwicklung bei EU-Normen und der europäischen Rechtsprechung weitere Abfallmengen dem öffentlich-rechtlichen Abfallregime entzogen werden" (AWM 1999: 65). Insgesamt liegt der Fokus der europäischen Lobbying- und Verbandsarbeit daher „darauf, die Abfallwirtschaft als Teil der kommunalen Daseinsvorsorge zu erhalten" (AWM 2015: 51). Ziel ist es, dass es den Kommunen „im Einklang mit dem Recht auf kommunale Selbstverwaltung und dem Subsidiaritätsprinzip" ermöglicht wird, „frei darüber zu entscheiden, welche örtlichen Leistungen der Daseinsvorsorge sie erbringen oder ausschreiben" (Referat für Arbeit und Wirtschaft München 2012: 7). Insgesamt wird deutlich, dass der AWM erkannt hat, dass der „Kampf um den Müll" hochgradig durch europäische Regelungen beeinflusst wird und sich hieraus geradezu die Notwendigkeit ergibt, kommunale Positionen in den politischen Prozess einzuspeisen, da man sonst das Risiko einginge, dass sich die Verhältnisse zulasten der deutschen Kommunen verschieben:

> „Die Abfallwirtschaft Europas, Deutschlands und der Welt gerät jedoch zunehmend in unruhigeres Fahrwasser, was auch Auswirkungen auf die Landeshauptstadt haben wird. Zum Beispiel könnten neue Rechtsvorschriften in Europa und Deutschland höhere Recyclingquoten und mehr Verantwortung der Hersteller fordern. Auch private Entsorger, Müllmakler, Duale Systeme und Finanzinvestoren sind an den Filetstücken der Müllentsorgung interessiert und versuchen, die Gesetzgebung in ihrem Sinne zu beeinflussen" (AWM 2017a: 5).

Unabhängig von dieser eher negativen Sichtweise sieht sich die Münchner Abfallwirtschaft gleichzeitig aber auch in einer Art europäischer Vorreiterrolle, die europäischen Regulierungen eher zuvorkommt, als dass sie von ihr großartig verändert würden. Symptomatisch für diese Einschätzung der europäischen Ebene als Nachzügler in Sachen nachhaltige Abfallwirtschaft ist die folgende Aussage: „Der kleinste gemeinsame europäische Nenner ist uns für München nicht gut genug" (AWM 2005: 3). Der AWM legt sehr großen Wert darauf, sich mit anderen europäischen Städten zu vergleichen und kommt hierbei regelmäßig zu dem Ergebnis, dass die Münchner Abfallwirtschaft und insbesondere auch die Maßnahmen im Bereich der Abfallvermeidung europaweit ganz vorne mit dabei sind. Auch in Bezug auf die Arbeit im EUROCITIES-Netzwerk stellt die Stadt unter Bezugnahme auf die Themen Abfallvermeidung, Ressourcenschutz und Klimawandel fest, dass das „Münchner Abfallwirtschaftskonzept [...] hier vorbildlich in Europa" ist (Referat für Arbeit und Wirtschaft München 2012: 8).

4. Analyse der Auswirkungen der europäischen Impulse im Fallstudienvergleich

Insgesamt ist zu konstatieren, dass die europäische Ebene von der Münchner Abfallwirtschaft als relevante Bezugsgröße erachtet wird, die gleichzeitig Chancen bietet, aber auch Gefahren birgt.

4.3.3.2 Impuls I: Die novellierte Abfallrahmenrichtlinie (2008/98/EG)

Trotz des Umstands, dass Abfallvermeidung im Münchner Abfallwirtschaftsregime bereits vor der ARRL'2008 und deren Umsetzung in deutsches Recht einen hohen Stellenwert hatte (vgl. Kapitel 4.3.2), ist insbesondere aus den städtischen Gremiendokumenten ersichtlich, dass im Zusammenhang mit der Implementation in deutsches Recht zunächst andere Fragestellungen im Zentrum standen: Als sich der Münchner Kommunalausschuss im Juni 2012 mit der Neuordnung des Kreislaufwirtschafts- und Abfallrechts befasste, wurden die Stärkung des Vermeidungsgedankens sowie die Einführung der nun fünfstufigen Abfallhierarchie zwar angesprochen (vgl. Kommunalreferat München 2012b), doch im Vordergrund der Beratung standen weniger ökologische Aspekte als eher organisatorische und strukturelle Aspekte der Abfallwirtschaft generell. Insbesondere der „Verteilungskampf" zwischen kommunaler und privater Abfallwirtschaft war für den AWM bereits beim Zustandekommen des neuen KrWG'2012 ein reges Betätigungsfeld für Lobbying-Aktivitäten – man wollte verhindern, dass dem kommunalen Entsorgungsregime weitere Zuständigkeiten in Bezug auf bestimmte Abfallströme entzogen werden. Insofern wird das Ergebnis, also das verabschiedete KrWG'2012, vom AWM und der Stadt auch als Lobbying-Erfolg angesehen:

> „Durch die erfolgreiche Lobbyarbeit der Kommunalen Spitzenverbände sowie des Verbandes Kommunaler Unternehmen (VKU) ist es gelungen, ein Kreislaufwirtschaftsgesetz zu verabschieden, das die Position der öffentlich-rechtlichen Entsorgungsträger gegenüber den privaten Entsorgungsträgern deutlich gestärkt hat. Mit den differenzierten Regelungen zur gewerblichen Sammlung wurde die Möglichkeit verbessert, dass eine ‚Rosinenpickerei' privater Entsorgungsunternehmen erschwert bzw. dass sie sogar verhindert werden kann. Die Kommunen können weiterhin in Privathaushalten anfallende Wertstoffe einsammeln, verwerten und dem Stoffkreislauf zuführen. Durch die für die Abfallentsorgung erzielten Wertstofferlöse können die Müllgebühren stabilisiert werden. Die gewerbliche Sammlung von Abfällen zur Verwertung aus privaten Haushalten bleibt ein sehr eng umgrenzter Ausnahmetatbestand von der grundsätzlich geltenden Überlassungs-

pflicht an den öffentlich-rechtlichen Entsorgungsträger" (Kommunalreferat München 2012b: 5).

Ähnlich wird dies auch im AWM-Geschäftsbericht des gleichen Jahres gesehen:

„Am 01.06.2012 tritt das neue Kreislaufwirtschaftsgesetz in Kraft. Es soll bewirken, dass die Abfallvermeidung und -verwertung höhere Priorität bekommt. Auslöser der Novellierung ist die EU-Abfallrahmenrichtlinie von 2008, die Abfall als Rohstoff sieht und eine neue fünfstufige Abfallhierarchie zugrunde legt. ‚Dank unseres Zutuns ist im Vermittlungsverfahren zwischen Bundesrat und Bundestag ein Gesetz entstanden, mit dem wir sehr zufrieden sind. Das Kreislaufwirtschaftsgesetz in seiner jetzigen Form bietet den Kommunen eine Grundlage für nachhaltige Abfallwirtschaft – zum Wohle der Münchner Bürgerinnen und Bürger und in der Verantwortung für Umwelt und Gesellschaft', [sagt] Christian Ude, Münchner Oberbürgermeister und Präsident des Deutschen Städtetages" (AWM 2012a: 18f.).

Auch wenn es um die direkten Auswirkungen der Gesetzesnovelle für München geht, wird sich inhaltlich eher an Recycling-Themen abgearbeitet. Hier wird, genauso wie in Bezug auf Vermeidung und Wiederverwendung, kein direkter Handlungsbedarf für die Stadt abgeleitet:

„Auswirkungen des neuen Kreislaufwirtschaftsgesetzes auf die Münchner Abfallwirtschaft: Das neue Kreislaufwirtschaftsgesetz hat zunächst keine unmittelbaren Auswirkungen auf das in München installierte Entsorgungssystem. Mit der getrennten Erfassung von Restmüll, Papier und Bioabfällen im sog. 3-Tonnen-System sowie den zwölf Münchner Wertstoffhöfen kommt die Stadt München den gesetzlichen Anforderungen an eine getrennte Erfassung von verwertbaren Abfällen aus Privathaushalten bereits zum heutigen Zeitpunkt nach. Verpackungsabfälle sind weiterhin über die von den dualen Systemen betriebenen Depotcontainer zu entsorgen" (Kommunalreferat München 2012b: 6).

So auch in Bezug auf die nun fünfstufige Abfallhierarchie und die neue Stufe „Vorbereitung zur Wiederverwendung", hatte der AWM mit dem seit 2001 existierenden Gebrauchtwarenkaufhaus „Halle 2" doch bereits sehr gute Strukturen vorzuweisen. Bis 2014 wurden die Waren über die Münchner Wertstoffhöfe, die Sperrmüllsammlung und Elektrokleingerätecontainer erfasst und dann bei Eignung weitertransportiert (vgl. AWM 2017a und AWM 2014b: 52; 57). Im Rahmen dieser Tätigkeiten wurde

4. Analyse der Auswirkungen der europäischen Impulse im Fallstudienvergleich

auch bereits mit verschiedenen Sozialprojekten kooperiert sowie zwischen 2001 und 2014 jährlich rund 1.000 Tonnen Gewichtsmenge an Waren umgesetzt (vgl. ebd.). Es bestand in diesem Bereich aufgrund der europäischen Impulse also eigentlich zunächst kein großer Handlungsdruck: Als eine der wenigen deutschen Städte hatte München im Bereich Vorbereitung zur Wiederverwendung bereits Erfolge vorzuweisen und war sich dessen auch durchaus bewusst:

> „Das hatte keine Auswirkungen auf uns. Durch die Tatsache, dass wir schon ein Gebrauchtwarenkaufhaus hatten und über die Kooperation mit Sozialprojekten schon im großen Stil betrieben haben, haben wir das nur weitergeführt. Wir geben ja Elektroaltgeräte zum Teil an Sozialprojekte, wir haben Möbel an Sozialprojekte gegeben, Fahrräder auch. Also da, wo sich's angeboten hat und wo leicht reparierbare Teile der Wiederverwendung zugeführt werden konnten, haben wir das so praktiziert, soweit die Sozialprojekte auch Kapazitäten hatten. [...] Das war für uns nichts Neues" (Interview M3).

In dieser Denkweise wird auch im Geschäftsbericht 2011 des AWM festgestellt, dass man mit dem zehnjährigen Jubiläum des Gebrauchtwarenkaufhauses, „wieder einmal unter Beweis gestellt [habe], dass [der AWM] den europäischen Entwicklungen zur Abfallvermeidung und Wiederverwendung weit voraus eilt" (AWM 2011a: 7).

Trotz der bis hierhin getätigten Feststellungen, kann eine durch die europäischen Impulse ausgelöste Veränderung festgestellt werden. Insbesondere beim Vergleich der AWM-Geschäftsberichte von 2006 bis 2012 ist eine deutliche Weiterentwicklung der Darstellung rund um Abfallvermeidung und Wiederverwendung zu erkennen – sowohl die Quantität als auch die Qualität der Inhalte betreffend (siehe nachfolgende Tabelle 5):

Tabelle 5: Vergleich der Geschäftsberichte des AWM im Hinblick auf Abfallvermeidung und Vorbereitung zur Wiederverwendung (2006–2012) (nächste Seiten)
Quelle: Eigene Darstellung.

4.3 Fallstudie München

Jahr	Inhalte
2006	- Eine Seite zu Abfallvermeidung und Wiederverwendung mit Verweisen zur „Halle 2", zur Kooperation mit Sozialprojekten sowie zu den Ratgebern für Secondhand und Reparatur (AWM 2006: 35; außer auf dieser Seite wird im gesamten Bericht kein einziges Mal von Vermeidung und Wiederverwendung gesprochen)
2007	- Der Abfallvermeidungsgedanke wird nun auch innerhalb eines geschichtlichen Abrisses der Entwicklung der Münchner Abfallwirtschaft mitangesprochen („Stadt auf Öko-Kurs: Der Münchner Stadtrat vollzieht 1988 eine radikale Kehrtwende in der Abfallpolitik. Kommunalreferent Georg Welsch arbeitete ein neues, ökologisch ausgerichtetes Abfallwirtschaftskonzept aus, das der Stadtrat einstimmig verabschiedet. Ziel des Programms ist die konsequente Abfallvermeidung und Mülltrennung bei Privathaushalten, Gewerbebetrieben und im öffentlichen Bereich", AWM 2007: 46). - Analog 2006: Eine Seite zu Abfallvermeidung und Wiederverwendung mit Verweisen zur „Halle 2", Kooperation mit Sozialprojekten sowie zu den Ratgebern für Secondhand und Reparatur (AWM 2007: 33)
2008	- Abfallvermeidung wird im Zielsystem des AWM genannt (als ökologische Zielsetzung auf Kundenseite) (AWM 2008: 13). - Eine Seite zu Abfallvermeidung und Wiederverwendung mit Verweisen zur „Halle 2" sowie zu den Ratgebern für Secondhand und Reparatur (AWM 2008: 13)
2009	- Analog 2008: Abfallvermeidung wird im Zielsystem des AWM genannt (als ökologische Zielsetzung auf Kundenseite) (AWM 2009: 12). - Analog 2007: Der Abfallvermeidungsgedanke wird innerhalb des geschichtlichen Abrisses der Entwicklung der Münchner Abfallwirtschaft mitangesprochen (AWM 2009: 51). - Analog 2008: Eine Seite zu Abfallvermeidung und Wiederverwendung mit Verweisen zur „Halle 2" sowie zu den Ratgebern für Secondhand und Reparatur (AWM 2009: 37)
2010	- Verweis auf Abfallvermeidung und ARRL im Vorwort: „Die Landeshauptstadt München folgt dabei seit 1988 den Prinzipien: Qualität vor Quantität und Abfallvermeidung vor stofflicher Verwertung vor energetischer Verwertung. Diese Grundsätze werden in Übereinstimmung mit der Europäischen Abfallrahmenrichtlinie vom AWM aufrecht gehalten und weiter verfolgt." (AWM 2010: 7) - Abfallvermeidung wird nun auch im Unternehmensprofil unter Kerngeschäft („Auch engagiert sich der AWM für Abfallvermeidung, sorgt für einen verantwortungsbewussten Umgang mit Abfällen, unterstützt Innovationen bei der Abfallbehandlung und leistet damit bereits seit vielen Jahren bedeutende Beiträge zum Klimaschutz und zur Ressourcenschonung", AWM 2010: 9) sowie unter Hauptaufgaben („Erarbeitung und Umsetzung von Abfallvermeidungsstrategien", AWM 2010: 12) angesprochen. - Analog 2008 und 2009: Abfallvermeidung wird im Zielsystem des AWM genannt (als ökologische Zielsetzung auf Kundenseite) (AWM 2010: 15). - Bericht über die EWAV in München (AWM 2010: 23) - Deutlich ausführlicherer Teil zu Abfallvermeidung und Wiederverwendung (jetzt drei Seiten lang) und mit Verweisen auf Einwegverbot, Regeln für Großveranstaltungen, Kompostierservice, Geschirrmobil, Ratgeber zur Abfallvermeidung, „Halle 2" und Sozialprojekte (AWM 2010: 40ff.) - Verweise auf die neue europäische Abfallrahmenrichtlinie und -hierarchie: „Die in der EU-Abfallrahmenrichtlinie vorgeschriebene 5-stufige Abfallhierarchie wird vom AWM bereits seit den 90er Jahren praktiziert" (AWM 2010: 40) und „Die neue EU-Abfallrahmenrichtlinie gibt der Vorbereitung zur Wiederverwendung eine starke Bedeutung. Der AWM kommt dieser Forderung bereits durch das Münchner Abfallwirtschaftskonzept nach" (AWM 2010: 42)

4. Analyse der Auswirkungen der europäischen Impulse im Fallstudienvergleich

2011	- Analog 2010: Abfallvermeidung unter Kerngeschäft und den Hauptaufgaben (AWM 2011a: 14) - Analog Vorjahre: Abfallvermeidung wird im Zielsystem des AWM genannt (als ökologische Zielsetzung auf Kundenseite) (AWM 2011a: 17). - Unter „Engagierte Öffentlichkeitsarbeit" wird ausgeführt, welche öffentlichkeitswirksamen Veranstaltungen und Infostände zur Förderung der Abfallvermeidung durchgeführt wurden; außerdem wird hier wieder über die EWAV und über die ehrenamtlichen Abfallberater als Multiplikatoren berichtet (AWM 2011a: 36ff.). - Neuer Verweis bei den Wertstoffhöfen: „Auf den Wertstoffhöfen realisiert der AWM auch Abfallvermeidung beziehungsweise die Zuführung zur Wiederverwendung in großem Stil: gut erhaltene Gegenstände werden in den Trödelhallen der Wertstoffhöfe gesammelt und zum Wiederverkauf in das Secondhand Kaufhaus des AWM, die Halle 2, gebracht." (AWM 2011a: 46) - Analog 2010: Drei Berichtsseiten zu Abfallvermeidung und Wiederverwendung (AWM 2011a: 48ff.); inkl. neuem Hinweis, dass das Online-Angebot zum Thema Abfallvermeidung 2011 ausgebaut wurde, sodass dort 2012 Funktionen nutzbar sein werden (Reparaturführer, Secondhandführer, Leihlexikon, Verschenk- und Tauschportal)
2012	- Analog Vorjahre: Abfallvermeidung wird unter den Hauptaufgaben genannt (AWM 2012a: 12). - Verweis auf die ARRL' 2008 und das neue KrWG' 2012 im Vorwort: „Gesetzliche Vorgaben verändert – AWM Grundsätze gefestigt: Mit dem Inkrafttreten des neuen Kreislaufwirtschaftsgesetzes im Juni 2012 wurde die EU-Abfallrahmenrichtlinie in deutsches Recht umgesetzt. Wir stehen damit veränderten gesetzlichen Vorgaben gegenüber, doch die Grundsätze des AWM, ‚Qualität vor Quantität' und ‚hohe Ökoeffizienz' wurden mehr denn je gefestigt: Bereits seit den 1990er-Jahren praktizieren wir die von der EU-Abfallrahmenrichtlinie vorgeschriebene fünfstufige Abfallhierarchie. Das Ziel des neuen Gesetzes ist eine Verbesserung des Umwelt- und Klimaschutzes sowie der Ressourceneffizienz in der Abfallwirtschaft durch Stärkung der Abfallvermeidung und des Recyclings." (AWM 2012a: 6) - Hinweis in der Jahresübersicht 2012, dass die Online-Angebote zur Abfallvermeidung erweitert wurden: „Der seit Mitte der 1990er-Jahre aufgelegte Secondhandführer wird im März durch eine Online-Version ersetzt. Jetzt können sich Secondhandläden selbstständig kostenlos registrieren. Das hat den Vorteil, dass jederzeit aktuelle Informationen abrufbar sind – und erspart enormen Verwaltungsaufwand auf Seiten des AWM. [...] Auch das Leihlexikon und der Reparaturführer gehen in der ersten Jahreshälfte 2012 online. Verschenk- und Tauschbörse werden auf das Münchner Umland erweitert." (AWM 2012a: 17f.) - Hinweis in der Jahresübersicht 2012, dass das neue KrWG im Juni 2012 in Kraft getreten ist: „Es soll bewirken, dass die Abfallvermeidung und -verwertung höhere Priorität bekommt. Auslöser der Novellierung ist die EU-Abfallrahmenrichtlinie von 2008, die Abfall als Rohstoff sieht und eine neue fünfstufige Abfallhierarchie zugrunde legt." (AWM 2012a: 18f.) - Analog 2011: Öffentlichkeitswirksame Beratungsaktivitäten mit Vermeidungsbezug (AWM 2012a: 25) - Zwei Seiten zu Vermeidung und Wiederverwertung (AWM 2012a: 35f.) sowie gesonderte Darstellung der Kooperationen mit Sozialbetrieben (AWM 2012a: 51)

Es ist somit deutlich ersichtlich, dass zumindest auf dem Papier die Themen Abfallvermeidung und Wiederverwendung eine deutliche Aufwertung erfahren haben und hierbei auch immer wieder eine Bezugnahme auf die neue Abfallhierarchie, die ARRL'2008 und das KrWG'2012 geschieht. Zudem wird deutlich, dass der AWM bereits vor Verabschiedung des neuen KrWG'2012 tätig wurde, da der Wandel innerhalb der Geschäftsberichte insbesondere ab dem Jahr 2010 ersichtlich ist.

Trotz der bereits vor der ARRL'2008 existierenden Abfallvermeidungsmaßnahmen entschied man sich beispielsweise außerdem dazu, die Online-Services zwischen 2010 und 2012 weiterauszubauen. Zwar gab es den Münchner Reparaturführer und den Secondhandführer schon seit längerem (1997 bzw. 2000; vgl. auch Münchner Abendzeitung 2008), aber die Entscheidung, diese und weitere Angebote nun auch online und in einer neuen Version verfügbar zu machen, wird im 2012er Geschäftsbericht des AWM direkt in Zusammenhang mit der ARRL'2008 sowie dem damals neuen KrWG'2012 gebracht (vgl. AWM 2012a: 17ff.; vgl. hierzu auch Süddeutsche Zeitung 2012). Auch in den Jahren nach 2012 werden Abfallvermeidung und Wiederverwendung in den Geschäftsberichten im Vergleich zu vor 2008 stark hervorgehoben. So wird deutlich, dass es neben den neuen Online-Angeboten auch noch weitere Maßnahmen gibt, die in diesem Zeitraum umgesetzt wurden, beispielsweise die Tausch-Aktionen „Plastiktüte gegen Stofftasche" im Rahmen der EWAV (siehe hierzu detaillierter Kapitel 4.3.3.3) oder auch die Veröffentlichung der Broschüre „Alles Müll?", die 2015 an alle Münchner Haushalte verteilt wurde und in der Tipps zu finden sind, „wie man durch Abfallvermeidung Geld spart und gleichzeitig Umwelt und Ressourcen schont" (AWM 2015: 34). Zudem wird im Bericht des Jahres 2015 auch noch einmal zusammengefasst, auf welche Art und Weise die Bürger zu Abfallvermeidung informiert und aktiviert werden:

- „Starterpaket mit allen wichtigen Informationen zur Abfallentsorgung für Neubürgerinnen und -bürger in München 2017 (geplant)
- Regelmäßige Kampagnen zur Mülltrennung mit wechselnden Schwerpunkten (laufend)
- Produktion von Kurzfilmen zu Mülltrennung und Abfallvermeidung (Erklärfilme, Kampagnen etc.) (laufend)
- Eigener YouTube-Kanal für Videos zu Mülltrennung und Abfallvermeidung (laufend)
- Infoveranstaltungen in Schulen (z. B. neues Programm zu Abfalltrennung und -vermeidung in Grundschulen seit 2016) (laufend)

- Abfallberatung und Aufklärung zur Abfallvermeidung (z. B. Rathaus, Stadtbibliothek, Schulen) (laufend)
- An alle Münchner Haushalte verteilte Broschüre „Alles Müll? – Abfall trennen und vermeiden in München" 2015 (abgeschlossen)
- Marketingkampagne für die „Halle 2", um Kundenzahl und Sammelmengen auf den Wertstoffhöfen zu steigern 2016 (in Umsetzung)
- Ausbau der Online-Angebote (laufend)
- Durchsetzung des Mehrweggebots bei Veranstaltungen auf öffentlichem Grund (laufend)" (AWM 2015: 62).

Auch bei anstehenden Entscheidungen im Bereich Abfallvermeidung, wie beispielsweise einem Antrag aus dem Jahr 2012, bei dem es um Ausnahmen vom Einwegverbot bei Veranstaltungen auf öffentlichem Grund (z. B. bei Marathons und Firmenläufen) geht, wird die europäische Ebene als Argument dafür herangezogen, dass der Abfallvermeidung generell ein hoher Stellenwert einzuräumen sei und nur in absoluten Ausnahmefällen hiervon abzuweichen sei:

> „Auch die derzeit geltende Rechtslage räumt der Abfallvermeidung einen hohen Stellenwert ein. Die 2008 in Kraft getretene Abfallrahmenrichtlinie der EU, die mit dem am 01.06.2012 in Kraft getretenen Kreislaufwirtschaftsgesetz in deutsches Recht übernommen wurde, schreibt eine 5-stufige Abfallhierarchie vor, bei der die Abfallvermeidung weiterhin an oberster Stelle steht. Das Bundesumweltministerium muss bis Ende 2013 einen Abfallvermeidungsplan vorlegen, an dem sich die Länder beteiligen können. Auch die derzeit geltende Rechtslage räumt der Abfallvermeidung einen hohen Stellenwert ein" (Kommunalreferat München 2012a: 3).

Dass die Themen Abfallvermeidung und Vorbereitung zur Wiederverwendung Mitte der 2010er Jahre verstärkt in München bearbeitet werden und hierbei auch europäische Impulse eine Rolle spielen, zeigt zudem das Beispiel des Gebrauchtwarenkaufhauses „Halle 2". Als dieses aufgrund eines Hehlerei-Skandales[95] im Jahr 2014 kurzzeitig geschlossen werden musste und nach der Wiedereröffnung im Jahr 2015 deutlich wurde, dass es in

---

95 „Ein Hehlerei-Skandal zwang die AWM (Abfallwirtschaft München) vergangenes Jahr zur Schließung der Halle 2. Endgültig, hieß es zunächst. Die AWM zog Konsequenzen und trennte sich von elf Mitarbeitern" (Münchner Abendzeitung 2015). „Im Frühjahr 2014 war bekannt geworden, dass mehrere Mitarbeiter der Wertstoffhöfe des Münchner Abfallwirtschaftsbetriebs (AWM) illegal mit Waren gehandelt hatten, die eigentlich für die Halle 2 bestimmt waren" (Süddeutsche Zeitung 2016).

den alten Räumlichkeiten aufgrund von Problemen mit der Bausubstanz nicht weitergehen konnte (vgl. Kommunalreferat München 2016), nahm man dies zum Anlass, die Halle auch konzeptionell weiterzuentwickeln:

> „Die Neueröffnung sollte gleichzeitig dazu genutzt werden, den gestiegenen Ansprüchen an die Standards, Leistungen und Services eines modernen Gebrauchtwarenkaufhauses Rechnung zu tragen. Die neue Halle 2 soll deshalb ein Vorzeigeobjekt des AWM und der Landeshauptstadt München werden und ein Beispiel gelebter Verantwortung für Umwelt und Gesellschaft sein – ganz unter der Maxime: hohe Wiederverwendungsquote bei größtmöglicher Wirtschaftlichkeit" (Kommunalreferat München 2016: 1).

Als Grundlage für die Existenz eines solchen Kaufhauses verweist der AWM auf das KrWG'2012, „wonach die öffentlich- rechtlichen Entsorgungsträger dazu verpflichtet sind, den Maßnahmen zur Abfallvermeidung entsprechend der Abfallhierarchie oberste Priorität einzuräumen" (ebd.: 2). Mit der Wiedereröffnung auf neuem Grund in München-Pasing sollen die durchgesetzten Mengen von ca. 1.000 auf 2.000 Tonnen pro Jahr gesteigert werden. Erreicht werden soll dies durch längere Öffnungszeiten, eine größere Verkaufsfläche, die Möglichkeit einer Direktanlieferung, moderne Verkaufsräume, ein breiteres Warensortiment sowie Repair-Café-Aktionen in den Räumlichkeiten (vgl. ebd.):

> „Ökologie: Ziel der neuen Halle 2 ist eine Verdopplung der Mengen zur Wiederverwendung von bisher 1.000 Mg auf 2.000 Mg bis zum Jahr 2018. Nach einer quantitativen Schätzung der vorhandenen Wiederverwendungspotenziale auf den Münchner Wertstoffhöfen rechnet der AWM mit einer Steigerung der zur Wiederverwendung angebotenen Gewichtsmengen um 100 % von derzeit rund 1.000 Mg auf rund 2.000 Mg. Das Steigerungspotenzial ergibt sich insbesondere durch eine angestrebte Mengenerhöhung über die Wertstoffhöfe von circa 500 Mg, die mittels entsprechender Marketingkampagnen erreicht werden soll, sowie durch die Erschließung zusätzlicher Potenziale über die Direktanlieferungen der Kunden. Die Abholung mittels Wertstoffmobilen wird geprüft" (ebd.: 3).

> „‚Wir werden das Verkaufskonzept neu organisieren', so AWM-Werkleiter Helmut Schmid am Freitag. Statt auf Masse wolle man auf Qualität setzen, denn bisher seien ausländische Händler, Flohmarkt-Profis und Buch-Wiederverkäufer die Hauptkunden" (Münchner Abendzeitung 2014).

4. Analyse der Auswirkungen der europäischen Impulse im Fallstudienvergleich

Neben ökologischen Zielsetzungen wird in einer Sitzung des Kommunalreferats München auch betont, dass die Neugestaltung der „Halle 2" auch mit sozial-gesellschaftlichen Zielsetzungen einhergeht: Ziel sei es, mit den neu geschaffenen Möglichkeiten „ein Zeichen gelebter, gesamtgesellschaftlicher Verantwortung zu setzen und damit über die Stadtgrenzen hinaus auch in diesem Bereich ein Vorbild für die kommunale Abfallwirtschaft zu werden" (Kommunalreferat München 2016: 3). Im Prozess der Neuaufstellung der „Halle 2" gab es auch durch Anträge von Oppositionsparteien im Stadtrat (z. B. der SPD-Fraktion im Stadtrat und später auch durch ÖDP und Die Linke) immer wieder kritische Nachfragen und Druck, diesbezüglich tätig zu werden. So forderte die SPD bereits 2014, dass die Wiederverwendungsquote zu steigern sei und dass eine Direktanlieferung von Gebrauchtwaren möglich gemacht werden solle (vgl. Kommunalreferat München 2014). Hier nahm die SPD-Stadtratsfunktion auch ganz konkret das neue Kreislaufwirtschaftsgesetz (also einen ursprünglich europäischen Impuls) zum Anlass, diese Forderungen beim AWM einzubringen: „An oberster Stelle des städtischen Abfallwirtschaftskonzepts, mittlerweile auch im Kreislaufwirtschaftsgesetz bestätigt, steht die Vermeidung von Abfall. Auch die Wiederverwendung von Produkten dient diesem Ziel" sowie „Die Annahme und Lagerung, der Transport und der Wiederverkauf von Wertstoffen wird in München regelmäßig konzeptionell überprüft und bei Bedarf neuen Gegebenheiten angepasst" (SPD-Stadtratsfraktion München 2014).

Der zuvor bereits mehrfach angesprochene Vorbildcharakter, den der AWM für sich und die „Halle 2" beansprucht, ist auch in einem europäischen Kontext von Relevanz. Denn für die im Rahmen der „Halle 2" eingegangenen Kooperationen mit Sozialbetrieben, aber auch mit Bildungseinrichtungen sowie weiteren städtischen Initiativen, gewann der AWM im Jahr 2017 den EUROCITIES-Award, der in diesem Jahr im Bereich der Circular Economy vergeben wurde (vgl. Kommunalreferat München 2017a). Auf Antrag des AWM hatte der Stadtrat im Mai 2017 entschieden, dass sich die Stadt München mit der „Halle 2" an diesem Wettbewerb beteiligt (vgl. ebd.). Die Bewerbung im Bereich „Kooperation" war passend, denn

> „um seine Vision zu realisieren, die Halle 2 zum Nukleus nachhaltiger Lebensstile zu entwickeln, legte der AWM von Anfang an viel Wert darauf, die Bürgerinnen und Bürger miteinzubeziehen und so auch verstärkt einen sozialen Nutzen zu stiften. Die Halle 2 soll als Ort der Begegnung dienen und eine Plattform dafür bieten, eine nachhaltige Gesellschaft mitzugestalten. In diesem Zusammenhang wurden

diverse Kooperationen geschlossen. Zu den Kooperationspartnern zählen im Wesentlichen soziale Institutionen, Bildungseinrichtungen und Initiativen der Stadtgesellschaft" (ebd.).

Zu den Kooperationspartnern gehörten im Einzelnen die folgenden Akteure:

„a) Soziale Institutionen: Zu den Partnern der Halle 2 zählen soziale Institutionen, die ehemalig langzeitarbeitslosen Menschen die Chance zur Wiedereingliederung ins Berufsleben bieten.

b) Bildungseinrichtungen: Dem AWM ist es auch wichtig und ein Anliegen, dass die Halle 2 ein Lernfeld und ein Forum bietet, auch für Bildungseinrichtungen. Sie wurde deshalb mit einem Werkraum und mit einer technisch gut ausgestatteten Bühne inklusive Leinwand konstruiert. So kooperiert der AWM mit Universitäten, denen die Halle 2 eine dankbare Plattform für Studien bietet, wie

- die Uni Augsburg, die aktuell ein Projekt durchführt, um die Wiederverwendung zu steigern (Titel: Potenzialabschätzung ausgewählter Abfallströme für die Vorbereitung zur Wiederverwendung), ein weiteres Projekt war Entwicklung des Abfallvermeidungsleitfadens[96]
- die Social Entrepreneurship Akademie, die im Kontext mit der Halle 2 ein Business Case erstellt hat, oder die Munich Business School. Hier haben Studenten des ersten Semesters kürzlich eine Umfrage zur Halle 2 durchgeführt, um zu lernen, wie man eine empirische Studie erstellt.
- Die Schülerreparaturwerkstatt der Rudolf Steiner Schule Schwabing hat mit der Halle 2 eine Plattform gefunden, sich zu präsentieren und bezieht einen Teil des benötigten Lernmaterials über die Halle 2. Die reparierten Geräte werden wieder für den Verkauf in der Halle 2 zur Verfügung gestellt.

---

[96] Hierbei handelt es sich um Forschungsprojekt, das in direktem Zusammenhang mit der ARRL'2008 steht: „Die EU-Abfallrahmenrichtlinie (Richtlinie 2008/98/EG) legt die Vermeidung von Abfällen als oberste Priorität fest – vor Recycling und energetischer Verwertung. Und sie verpflichtet alle Mitgliedstaaten, bis Ende 2013 eigene Programme zur Abfallvermeidung zu erstellen. ‚Um die Potentiale für regionale Entscheidungsträger zu spezifizieren, werden wir während der zweijährigen Projektphase zunächst einen Leitfaden zur Erstellung von kommunalen Abfallvermeidungskonzepten erarbeiten, um diesen dann prototypisch für Augsburg und München umzusetzen', erläutert Dr. Andrea Thorenz, die am Resource Lab das Projekt leitet" (Pressestelle der Universität Augsburg 2013).

4. Analyse der Auswirkungen der europäischen Impulse im Fallstudienvergleich

- Fachexperten haben die Möglichkeit, hier Vorträge zu Umweltthemen zu halten und nutzen die Halle 2 so als Wissensplattform. Kooperationen mit Bildungseinrichtungen werden dann geschlossen, sobald sie die Ziele der Abfallvermeidung und Wiederverwendung befördern und die Kapazitäten des AWM eine entsprechende Zusammenarbeit erlauben.
- c) Initiativen der Stadtgesellschaft: Des Weiteren kooperiert die Halle 2 mit Initiativen der Stadtgesellschaft. Ein wichtiger Partner ist hier beispielsweise das im Stadtteil ansässige Repair Café Menzing. Bürgerinnen und Bürger lernen dabei, wie sie defekte Geräte auch selbst reparieren können" (ebd.).

Der AWM, der in der Abfallgruppe des EUROCITIES-Netzwerks ohnehin sehr aktiv ist und diesen Austausch auf europäischer Ebene regelmäßig und intensiv nutzt, sah durch die Teilnahme die Chance,

- einen Marketingeffekt für die Halle 2 zu erzielen (Umsatzsteigerung; Zeichen an Politik, dass das Gebrauchtwarenkaufhaus wichtig ist; Ausarbeitung einer Vision, die als Richtschnur für die kommenden Jahre gelten kann),
- sich als Vorbild der Kreislaufwirtschaft zu positionieren, der ökologische und soziale Gesichtspunkte miteinander verknüpft und dadurch als Vorbild für andere Kommunen wirkt,
- dass sich ein Gewinn des Awards positiv auf die Lobbyarbeit in Brüssel auswirken und dort der Münchner Stimme noch mehr Gewicht in Sachen Abfallwirtschaft verschaffen werde (vgl. Kommunalreferat München 2017a: 4f.).

Die Teilnahme und schließlich auch der Gewinn des EUROCITIES-Awards ist insgesamt somit nicht nur im Rahmen des Vorbildwillens des AWM zu sehen, sondern auch in den größeren Kontext europäischer Regulierung und eines europäischen Austausches einzubetten. Diesbezüglich ist nicht nur die ARRL'2008 als Impuls von Relevanz, sondern beispielsweise auch der Ende 2015 von der Kommission herausgegebene „Aktionsplan für Kreislaufwirtschaft sowie eine vorgeschlagene Überprüfung der geltenden Abfallgesetzgebung" (AWM 2021). Insgesamt ist für Mitte der 2010er Jahre deutlich ersichtlich, dass der AWM – trotz der zuvor vorgetragenen, konstanten Kritik an europäischen Abfallvermeidungsimpulsen – trotz des bereits hohen Ausgangslevels an europäischer Interaktion noch einmal verstärkt den europäischen Austausch sucht. So nimmt er „über seine Mitgliedschaft in der EUROCITIES Waste Group und dem Fachausschuss Europa des VKU [auch] an den vorangegangenen Konsultationen" zum bereits angesprochenen Aktionsplan für Kreislaufwirtschaft teil (ebd.). Zudem ist der AWM seit 2015 auch regelmäßiger Teilnehmer der „Circular Economy Stakeholder Conference", in deren Stakeholder-Plattform er auch die „Halle 2" als Best-Practice-Beispiel einstellte.

Auch was die stetige Weiterentwicklung des kommunalen Abfallwirtschaftskonzeptes angeht, so erfolgt dies auf dem Papier unter konkreter Bezugnahme auf die Abfallvermeidungsimpulse der ARRL. So wurde in der Sitzung des Kommunalausschusses (als Werksausschuss für den Abfallwirtschaftsbetrieb München) im Mai 2017, in welcher das Abfallwirtschaftskonzept für die Jahre 2017–2026 beschlossen wurde, die Notwendigkeit einer Überarbeitung des alten Konzeptes auch klar auf europäische Vorgaben zurückgeführt. So wird hier insbesondere auf die neue 5-stufige Abfallhierarchie der Abfallrahmenrichtlinie sowie europäische Vorgaben für die Recyclingquote im Bereich Siedlungsabfälle verwiesen (vgl. Kommunalreferat München 2017b: 3). Gleichzeitig macht die Stadt in Bezug auf das neue Abfallwirtschaftskonzept aber deutlich, dass es sich hierbei nicht um eine grundlegend neue Herangehensweise handelt, sondern aufgrund der ohnehin positiven Entwicklung des Münchner Entsorgungssystems nur pfadbeibehaltende Änderungen sinnvoll seien:

> „Ausgehend vom Status quo der Abfallwirtschaft heute haben ausführliche wissenschaftliche Analysen bestätigt, dass sich das Münchner Entsorgungssystem auf Grund vorausschauender Weichenstellungen in der Vergangenheit durch eine hohe Nachhaltigkeit auszeichnet. Daher sind keine grundlegenden Neuerungen am Entsorgungssystem sinnvoll und die zukünftigen Planungsschwerpunkte liegen auf der verstärkten Förderung der Abfallvermeidung und Wiederverwendung sowie der hochwertigen Verwertung der Abfälle. Ziel ist eine deutliche Verringerung des Abfallaufkommens, insbesondere des Restmüllaufkommens und eine kontinuierliche Steigerung der Recyclingquote" (AWM 2017b: 9).

Im weiteren Verlauf wird dann auch konstatiert, dass der AWM ohnehin viele Angebote zur Abfallvermeidung zur Verfügung stelle, und als konkrete neue Ziele werden die Erhöhung der wiederverwendeten Gegenstände im Gebrauchtwarenkaufhaus „Halle 2" von 1.000 auf 2.000 Tonnen sowie die Senkung der Restmüllmenge auf 150 kg pro Kopf pro Jahr genannt (vgl. ebd.). Zudem wolle der AWM prüfen, ob die Menge an ehrenamtlichen Abfallberatern erhöht werden könne:

> „Mit rund 20 ehrenamtlichen Abfallberatern informiert der AWM rund um das Thema Mülltrennung und Abfallvermeidung. Aktuell prüft der AWM die Möglichkeiten, die Zahl dieser Abfallberaterinnen

4. Analyse der Auswirkungen der europäischen Impulse im Fallstudienvergleich

und -berater weiter aufzustocken. Dazu sind umfangreiche Schulungs- und Einarbeitungsmaßnahmen angedacht, um die neuen Berater zu qualifizieren" (AWM 2017a: 51).

Die zuvor vorgestellten Beispiele zeigen, dass in zahlreichen abfallplanerischen und -politischen Dokumenten auf die Relevanz der EU für die Stadt München verwiesen wird und hieraus folgend auch eine durch europäische Impulse ausgelöste Weiterentwicklung der Policy-Inhalte festzustellen ist. Im Abgleich mit dem Interviewmaterial fällt hierbei jedoch auf, dass der Großteil der Interviewpartner der Auffassung ist, dass die europäischen Impulse zu keiner radikalen Neuformulierung von Politiken beigetragen haben. Ganz im Gegenteil: Die interviewten Akteure betonen eher, dass die europäischen Impulse nicht zu weitreichenden, sondern eher inkrementellen Veränderungen geführt hätten und dass europäische Impulse in der Münchner Abfallwirtschaft generell auch eher als Einschränkung der kommunalen Handlungsfreiheit wahrgenommen werden:

- „Ansonsten gehe ich davon aus, dass größtenteils sich nicht recht viel geändert hätte [, wenn es die europäischen Impulse nicht gegeben hätte]. Die europäischen Impulse kommen wenig bei uns an" (Interview M5).

- „Es hätte sich nichts verändert [, wenn es die europäischen Impulse nicht gegeben hätte]. Ich glaube eher, dass die EU da ein bisschen bei uns abgeguckt hat. [...] Und das ist halt das große Problem, dass ich das Gefühl habe, man sucht bei der EU den kleinsten gemeinsamen Nenner" (Interview M1).

- „Das Hauptproblem ist immer, es wird auf europäischer Ebene etwas entschieden, [...] dann [...] in ein deutsches Gesetz gepackt und dann erst macht man sich Gedanken, wie setze ich das überhaupt um. Und weil man teilweise auf Bundesebene nicht weiß, wie man es machen soll, und die Länder auch keine Lust haben, landet es immer bei den Kommunen. Die haben aber nicht immer die rechtlichen Durchgriffsmöglichkeiten, wie z. B. eine Abgabe zu erheben oder so etwas. Deswegen wird die europäische Ebene aus städtischer Sicht oft als einschränkender Impulsgeber wahrgenommen" (Interview M6).

Neben den bereits genannten Maßnahmen im Bereich der Abfallvermeidung ist an dieser Stelle zudem noch zu betonen, dass der AWM Mitte/Ende der 2010er Jahre auch einige sehr groß angelegte Informationskam-

4.3 Fallstudie München

pagnen initiierte, um Abfallvermeidung und Wiederverwendung noch stärker in der Münchner Gesellschaft zu verankern. Auch die Wiedereröffnung der „Halle 2" wurde im Jahr 2016 mit einer Informationskampagne begleitet. Beispiel für eine solche Maßnahme ist auch die Coffee-to-go-Becher-Kampagne, welche 2017 gestartet ist und im Rahmen derer unter anderem ca. 5 Meter hohe Becher an zentralen Orten der Stadt aufgestellt wurden, um eine Sensibilisierung der Bevölkerung zu erreichen (AWM 2019a). Ursprünglich auf einem Antrag der SPD-Stadtratsfraktion aus dem Jahr 2016 beruhend, stellte der Stadtrat ein Jahr später ein Budget von rund 700.000 Euro zur Verfügung, um die Kampagne umzusetzen. Unterstützend hierfür kann die Öffentlichkeitskampagne „Rein. Und sauber" des Baureferats gesehen werden, welche ebenfalls mehr Bewusstsein für Müllvermeidung erreichen möchte und beispielsweise das Pfandsystem „RECUP" als Alternative zu Coffee-to-go-Bechern in München bekannter machen möchte. Die Kampagne des AWM verzeichnete ein großes, auch überregionales Medienecho und wurde im Folgenden von mehreren Städten als Best-Practice-Beispiel für die Förderung von Mehrwegsystemen herangezogen (bzgl. Berichterstattung siehe beispielsweise Süddeutsche Zeitung 2017). Neben dieser Kampagne war ein weiteres Hauptbetätigungsfeld der Öffentlichkeitsarbeit (insbesondere im Jahr 2018), auf die Problematiken hinzuweisen, die durch kurzlebige Plastikverpackungen entstehen. So veranschaulichten mit Plastikabfall gefüllte, bekannte Münchner Bauwerke die großen Plastikabfallmengen, die in München anfallen (vgl. hierzu AWM 2018c). Hierbei legte der AWM Wert darauf, das Problem den Bürgern nicht nur visuell durch verschiedene Plakatkampagnen bewusst zu machen, sondern auch praktikable Alternativen aufzuzeigen (vgl. AWM 2019b). Zwar konnten sowohl für die Plastik- als auch für die Becherkampagne empirisch keine eindeutigen Belege gefunden werden, dass diese konkret aufgrund der europäischen Impulse ergriffen wurden, jedoch haben diese insgesamt zu einem Meinungsklima beigetragen, das solche öffentlichkeitswirksamen Abfallvermeidungsmaßnahmen eher möglich als unmöglich macht.

Von Einfluss auf den europäisch induzierten Verarbeitungsprozess auf kommunaler Ebene waren auch die Verarbeitung der europäischen Impulse auf bayerischer und – deutlich schwächer – auch auf nationaler Ebene. Zwar zeigt ein Vergleich der bayerischen Abfallwirtschaftspläne aus den Jahren 2006 und 2015 nur marginale Veränderungen (an einigen Stellen wurde zur Nennung von Abfallvermeidung einfach „Vorbereitung zur Wiederverwendung" ergänzt, aber insgesamt sind keine deutlichen Unterschiede bzgl. der Wichtigkeit beider Themen zu erkennen), allerdings ist eine deutliche Veränderung in der Vielfalt und Intensität mit der Beschäftigung der Themen beim Bayerischen Landesamt für Umwelt (LfU) festzustellen. Zwar betont der für dieses Thema zuständige Mitarbeiter, dass es auch bereits früher im Bereich Wiederverwendung Aktivitäten gab, die ARRL jedoch einen entscheidenden Anstoß in diesem Bereich gebracht hat:

> „Es hat sich schon sehr viel vorher getan, aber das hat den erst den richtigen Schub gegeben. Mit der Einführung der Hierarchie, dass dann nicht mehr alles auf gleicher Stufe stand. Und auch die Definition der Begriffe, wie ‚Vorbereitung zur Wiederverwendung' haben wir dazu bekommen. [...] Das fängt bei uns erst relativ spät an. Wahrscheinlich mit 2008, weil da eben mehr läuft. Das war noch einmal ein Impuls, der sehr, sehr wichtig war, diese Abfallrahmenrichtlinie" (Interview M8).

Kurz vor und anlässlich der Verabschiedung der ARRL im Oktober 2008 wurde eine bayernweite Kampagne für die Berücksichtigung des Themas Abfallvermeidung auf kommunaler Ebene gestartet, im Rahmen derer u. a. die Fachkonferenz „Grundlagen für Abfallvermeidungskonzepte in den Kommunen" stattfand. Diese wurde auch ausdrücklich unter Berücksichtigung der aktuellen europäischen Diskussionen um die Verabschiedung der Richtlinie organisiert:

> „Neue Maßstäbe bei der Abfallvermeidung setzt auch die Europäische Union: Wir sollten in Bayern aber nicht auf die noch im Abstimmungsverfahren befindliche Europäische Richtlinie über Abfälle warten, die der Vermeidung von Abfällen auch europaweit einen hohen Stellenwert einräumen wird. Dafür haben wir jetzt die Initiative ergriffen [...]" (Fackler 2008: 7).

Man wolle hier insbesondere mit Blick auf die ARRL vorbereitend tätig werden, da man wisse, dass es künftig eine Pflicht zur Ausarbeitung von Abfallvermeidungskonzepten bzw. -programmen geben wird (vgl. Lottner 2008: 14)[97]. Mit Referenten aus dem Landesamt für Umwelt, dem Bayeri-

---

97 Die Notwendigkeit einer solch vorbereitenden Maßnahme sieht das bayerische LfU u. a. auch deshalb, weil zwar die „Ziele und Maßnahmen zur Vermeidung von Abfällen sowie Pflichten und Vorbildwirkung der ‚Öffentlichen Hand' [...] im Bayerischen Abfallwirtschaftsgesetz und im Abfallwirtschaftsplan Bayern in hervorragender Weise genannt [werden]", aber in der abfallwirtschaftlichen Praxis nur wenig Anwendung finden (Lottner 2008). „Kaum etwas von dem, was die kommunalen Abfallberater vor Jahren wegen der seinerzeit hohen politischen

schen Staatsministerium für Umwelt und Gesundheit sowie aus den Städten München und Wien (die von ihren jeweiligen Best-Practice-Beispielen berichteten) sollte durch diese Veranstaltung ein bayernweiter Dialog angeregt werden, um „die Abfallvermeidung in den Kommunen mit einem integrierten Ansatz neu zu beleben" (Bayerisches Landesamt für Umwelt 2008: 5). Teil dieses Ansatzes kann die Einrichtung einer Stabsstelle bzw. eines Kümmerers, die bessere Einbindung von karitativ-gemeinnützigen Organisationen, Partnerschaften zwischen Kommunen und Gewerbe sowie vor allem die Erarbeitung eines kommunalen Abfallvermeidungskonzeptes unter Mitarbeit aller betroffenen Akteure sein. Im Rahmen dieser Kampagne kam es dann auch konkret zu einer Zusammenarbeit des Bayerischen LfU mit dem Resource Lab der Universität Augsburg sowie kommunalen Akteuren (insb. Augsburg, München und dem Landkreis Miesbach), im Rahmen derer ein Leitfaden für das Konzipieren von kommunalen Abfallvermeidungskonzepten entstand. Auch diese Zusammenarbeit wurde direkt auf die Existenz der novellierten ARRL und die Pflicht, nationale Abfallvermeidungsprogramme zu erstellen, zurückgeführt, um auf diese Weise die Potenziale für kommunale bzw. regionale Entscheidungsinstanzen zu präzisieren (vgl. Pressestelle der Universität Augsburg 2013). Der hieraus entstandene Leitfaden wurde 2016 vom Bayerischen Staatsministerium für Umwelt und Verbraucherschutz veröffentlicht und enthält für Kommunen passfähige Abfallvermeidungsmaßnahmen mit zahlreichen Umsetzungstipps und messbaren Indikatoren (vgl. Bayerisches Staatsministerium für Umwelt und Verbraucherschutz 2016). Insgesamt hat die novellierte Abfallrahmenrichtlinie also bereits vor ihrer Implementierung in deutsches Recht ihren Niederschlag in den bayerischen Aktivitäten gefunden, an denen sich auch die Stadt München rege beteiligt hat. Der Impuls kommt auf bayerischer Ebene sichtbar an und die Interviewpartner bestätigen, dass die durchgeführten Aktivitäten direkt auf die europäischen Impulse rückgeführt werden können (vgl. Interview M8). Der Impuls wird aber auch deshalb direkt aufgegriffen, da insbesondere das Bayerische Landesamt für Umwelt ohnehin relativ aktiv im Bereich Abfallvermeidung war und mehr oder weniger einen Anlass dafür gesucht

---

Bedeutung initiierten, findet sich heute noch im Tätigkeitsfeld der Abfallberatung. Die Zahl der kommunalen Abfallberater in Bayern sank von 285 (1992) auf heute 182. [...] klassische Abfallberatung ist diesbezüglich an Grenzen gestoßen, die jetzt über eine Kampagne des BayLfU überwunden werden sollen: Durch eine Vernetzung mit anderen Aufgabenbereichen sind neue integrierte Grundlagen für eine effizientere und nachhaltige Abfallvermeidung zu schaffen" (Lottner 2008).

4. Analyse der Auswirkungen der europäischen Impulse im Fallstudienvergleich

hat, um noch aktiver zu werden. Hier waren die Verabschiedung der ARRL und der neuerliche Fokus auf Abfallvermeidung und Wiederverwendung genau der richtige Bezugspunkt. Obwohl der Anpassungsdruck in Bayern zu diesem Zeitpunkt als noch sehr gering einzustufen ist, wirkt der Impuls über weichere Mechanismen trotzdem. Die Stadt München, für die von einem noch geringeren Anpassungsdruck auszugehen ist, kann sich in diesen Prozess wiederum als Vorzeige-Beispiel einbringen und erhält so durch den europäischen Impuls die Möglichkeit, das eigene Tun in eine fortschrittliche Agenda einzubinden und zu demonstrieren, dass künftige Anforderungen an eine nachhaltige Abfallwirtschaft bereits heute in München umgesetzt sind.

Das Nationale Abfallvermeidungsprogramm (NAP) hingegen hatte im Vergleich zur bayerischen Ebene weitaus weniger Einfluss auf die Impulsverarbeitung in München. Der AWM war an der Erarbeitung rein formal über den VKU eingebunden (vgl. Interview M3), hat aber nicht dezidiert Einfluss hierauf genommen. Generell ist aus dem Münchner Interviewmaterial sowie auf Basis der Dokumentenanalyse ersichtlich, dass die Münchner Abfallwirtschaftsakteure eine eher negative Einstellung gegenüber dem entwickelten Programm haben, da die Kommunen im Vergleich zum produzierenden Gewerbe überdurchschnittlich viel angesprochen würden und somit der Eindruck entstehe, dass die Kommunen verhältnismäßig stärker als andere Akteure belastet werden (vgl. Interviews M1 und M3):

> „Beispiel Abfallvermeidung: Hier zeigt sich das BMU, wie übrigens auch die EU-Kommission, nach wie vor relativ hilflos. Deshalb sollen große Abfallvermeidungsprogramme aufgestellt werden, die neben viel bedrucktem Papier kaum etwas bewirken werden. Wirkliche Abfallvermeidung kann letztendlich nur über eine integrierte Produktpolitik erreicht werden, wie sie ansatzweise bereits vom BMU formuliert worden ist" (Kommunalreferat München 2010).

Hinzu komme laut Experten des AWM, dass die Maßnahmen, die nicht auf kommunale Akteure zugeschnitten sind, nicht bearbeitet würden und sich nur die kommunalen Akteure verpflichtet sähen, Maßnahmen auch wirklich zu initiieren und umzusetzen:

> „Sie kennen ja auch das Bundesabfallvermeidungsprogramm. Das enthält 35 Maßnahmen. 20 % davon, also 7 Maßnahmen, liegen in kommunaler Zuständigkeit. Und auch an diesen sieben wird gearbeitet. Da tut sich was. Die anderen 28, wo Bund und Länder zuständig sind, da tut sich gar nichts. Das hat mir derjenige, der das Programm zusammengeschrieben und intellektuell bearbeitet hat, auch im Dezember

noch einmal bestätigt. Er ist total verzweifelt. Er hat so viele Anregungen gegeben und es tut sich einfach nichts" (Interview M3).

Dass an den kommunalen Themen gearbeitet werde, sei aber nicht auf das NAP zurückzuführen, diesem wird insgesamt nur eine symbolische Rolle zugewiesen. Für München würde das NAP keine Rolle spielen und auch insgesamt wird dem Programm deutschlandweit nur eine geringe Steuerungswirkung zugesprochen:

> „Also ich habe das Gefühl, es bringt nicht so viel. Ich habe immer noch das Gefühl, dass, wenn sich eine Kommune dazu entscheidet, das zu machen, dann ist das wunderbar. Dann ist das gut, dann läuft das auch. Aber im Großen und Ganzen glaube ich, ist es noch nicht so weit, dass es tatsächlich Wirkung zeigt" (Interview M1).

Die relative Unbedeutsamkeit des Programms wird auch darüber deutlich, dass es im Kommunalausschuss so gut wie keine Rolle gespielt hat und die dort vertretenen Politiker das NAP auch nicht im Detail kennen:

> „Also das Programm ist mir vom Namen her bekannt, allerdings ist mir nicht in Erinnerung, dass wir das Thema seit 2012 im Kommunalausschuss hatten. Also zumindest hat das zu keiner intensiven Diskussion geführt. Mir ist es einfach nicht bewusst, dass wir das im Ausschuss hatten. Also ich kann mich nicht erinnern" (Interview M5; ähnlich äußerte sich auch Interviewpartner M6).

4.3.3.3 Impuls II: Die Europäische Woche der Abfallvermeidung

Zunächst einmal ist an dieser Stelle festzuhalten, dass die Stadt München bereits seit 2010 (dem offiziellen Start der EWAV in Deutschland) regelmäßig an der Aktionswoche teilnimmt. Der AWM beteiligte sich damals mit zwei verschiedenen Aktionen: Zum einen wurden beim „Taschentausch" Passanten dazu aufgefordert, ihre Plastiktüten gegen AWM-Stofftaschen einzutauschen,[98] und zum anderen wurden in der „Halle 2" im Rahmen der Aktion „Schnäppchenjagd" zwei große Versteigerungen gut

---

98 Im Gegensatz zu der in Kapitel 4.2.3 wiedergegebenen Aussage, dass Aktionen im Rahmen der EWAV deutschlandweit gesehen häufig etablierte Aktionen sind, die nun einfach nur in neuem Rahmen stattfinden, wurde zumindest diese städtische Taschentauschaktion tatsächlich neu für die EWAV initiiert (vgl. Interview M2).

4. Analyse der Auswirkungen der europäischen Impulse im Fallstudienvergleich

erhaltener Gebrauchtwaren sowie ein Sonderverkauf gebrauchter Weihnachtsartikel durchgeführt (vgl. AWM 2010: 23). Zudem informierten bereits in diesem ersten Jahr an beiden Veranstaltungsorten die ehrenamtlichen Abfallberater über das Thema Abfallvermeidung generell sowie speziell zu kreativen Bastelideen mit gebrauchten Materialien. Auch in den folgenden Jahren beteiligte sich der AWM regelmäßig mit der Taschentauschaktion an der EWAV und gab im Rahmen dieser dann jeweils auch Pressemeldungen an die regionalen Zeitungen heraus, in denen auch weitere Vermeidungsangebote des AWM bekannt gemacht wurden (vgl. beispielsweise AWM 2011b und Münchner Abendzeitung 2012). Im Jahr 2012 wurden in einer dieser offiziellen AWM-Pressemeldungen auch die Europäische Abfallrahmenrichtlinie sowie die neue Abfallhierarchie als Grund für dieses Engagement genannt:

> „Die Aktion wird von den Münchnerinnen und Münchnern begeistert angenommen – im vergangenen Jahr haben wir über 1.200 Stofftaschen ausgegeben und gegen Plastiktüten eingetauscht. Der AWM als kommunales Unternehmen betreibt seit Jahren intensive Öffentlichkeitsarbeit zum Thema Abfallvermeidung, da laut der Abfallrahmenrichtlinie der EU und laut des 2012 novellierten Kreislaufwirtschaftsgesetzes die Abfallvermeidung die höchste Priorität im Umgang mit Abfällen hat. Daher ist die jährliche Teilnahme an der Europäischen Woche zur Abfallvermeidung für uns selbstverständlich" (AWM 2012b).

Neben dieser Tauschaktion wurde in einigen Jahren auch versucht, sich am vorgegebenen Jahresmotto der EWAV abzuarbeiten. So wurden im Jahr 2017, als das Motto „Gib Dingen ein zweites Leben" im Fokus stand, Schulgruppen in das Gebrauchtwarenkaufhaus „Halle 2" eingeladen, um dort gemeinsam mit Experten Gegenstände zu reparieren (vgl. VKU 2017). Mit dem Projekt gewann man bei der EWAV 2017 schließlich auch den 3. Platz in der Kategorie „Beste Aktion zur Abfallvermeidung – Schulen":

> „Rudolf-Steiner-Schule München Schwabing mit dem Projekt ,Schülerreparaturwerkstatt repariert für AWM München': Die Schule betreibt seit einigen Jahren eine eigene Schülerreparaturwerkstatt. Zur EWAV 2017 wurde diese Werkstatt auch für die Halle 2 – das Wiederverwendungskaufhaus der AWM München – aktiviert. Begeistert war die Jury von der pädagogisch wertvollen und wichtigen Idee, Schüler aktiv an das Selbermachen, Reparieren und Handanlegen heranzuführen. Dieses Konzept hat absoluten Vorbildcharakter für andere Schulen" (VKU 2017).

4.3 Fallstudie München

Die Durchschlagskraft der im Rahmen der EWAV stattfindenden Aktionen bzw. die Wirkung dieser Aktionen auf das insgesamte Maß an Abfallvermeidung wird allerdings sowohl seitens bestimmter Kommunalausschussmitglieder als auch seitens des AWM als begrenzt angesehen: Auf der einen Seite wird kritisiert, dass sich im Endeffekt immer doch nur die gleiche Personengruppe um so eine Aktion kümmert bzw. sich davon ansprechen lässt und auf der anderen Seite wird betont, dass eine solche Aktion insgesamt nur „einen begrenzten Wirkungskreis" habe (Interview M6). Ein interviewtes Mitglied des Kommunalausschusses kannte die Aktionswoche der EWAV auch überhaupt nicht und sah kritisch, dass dies nicht intensiver von dem AWM im Kommunalausschuss angesprochen wurde (vgl. Interview M5). Tatsächlich finden sich in den städtischen Gremien-Unterlagen nur wenige Hinweise auf eine Diskussion der Aktionen im politischen Raum. Der AWM beteiligt sich zwar rege an der EWAV, aber die Teilnahme hat nicht zu einer erhöhten Aufmerksamkeit für Vermeidungsthemen innerhalb der städtischen Ausschüsse geführt.

Ebenso hat die EWAV in München insbesondere aufgrund des hohen Ausgangsniveaus an Vermeidungsmaßnahmen insgesamt nicht dazu geführt, dass man sich grundlegend neu mit der Thematik beschäftigt hätte:

> „Klar, wir machen da jetzt [bei der Woche der Abfallvermeidung] mit, aber wir haben schon immer mitgemacht. Die Woche hat nicht dazu geführt, dass man jetzt sagt ‚Hey, Abfallvermeidung' – das nicht. Das war bei uns immer schon ein Thema" (Interview M1).

Dennoch sei es durchaus möglich, dass die Abfallberater durch die Teilnahme etwas mehr Gewicht bekommen hätten – mit Sicherheit könne man dies aber nicht sagen (vgl. ebd.). Zudem war man auch bei den Experten des AWM darüber „erstaunt, in welchem Umfang dort Akteure dabei waren, die versuchen, die Bürger aufzuklären", was insgesamt unterstützenswert sei (Interview M3).

Innerhalb des AWM werden die EWAV und die von der EU kommende Abfallvermeidungspolitik (insbesondere, wenn es um softe Policy-Instrumente geht) als eine Art „europäischer Ablasshandel" bezeichnet, der eine reine Alibi-Funktion erfülle. Laut AWM-Experten wolle die EU zwar zeigen, dass sich die EU und die Städte in Sachen Abfallvermeidung engagieren, gleichzeitig nehme man dieses Engagement aber auch zum Anlass, die eigentlichen Verursachersektoren weitestgehend unreguliert gewähren zu lassen:

> „Das ist so eine Alibi-Funktion: ‚Hey guckt mal, wir machen auch was in Abfallvermeidung.' Aber ansonsten ist unsere Politik genau in

4. Analyse der Auswirkungen der europäischen Impulse im Fallstudienvergleich

die andere Richtung. Deswegen finde ich es ein bisschen schade. Es ist gut, dass es das überhaupt gibt, okay, aber es geht mir nicht weit genug" (Interview M1).

Somit tritt auch hier wieder der bereits angesprochene und vom AWM argumentativ häufig angeführte Konflikt zwischen kommunaler Abfallwirtschaft am Ende der Wertschöpfungskette (wenig Einfluss) und der industriellen Herstellung von Produkten zu Beginn der Wertschöpfungskette (viel Einfluss) zu Tage. Dieser wird zwar in vielen AWM-Dokumenten und auch im Interviewmaterial betont, er führt aber nicht zu einer Inaktivität auf Seiten des AWM.

4.4 Fallstudie Köln

Die kreisfreie Stadt Köln liegt im gleichnamigen, südlichen Regierungsbezirk des bevölkerungsreichsten deutschen Bundeslandes Nordrhein-Westfalen (NRW). Mit ca. 1.100.000 Einwohnern ist Köln die viertgrößte Stadt Deutschlands (hinter Berlin, Hamburg und München) und ist damit gleichzeitig größte Stadt NRWs (vgl. Stadt Köln 2018a). Bei einer Gesamtfläche von etwa 400 km² liegt die Einwohnerdichte bei ca. 2.700 Einwohnern pro Quadratkilometer (vgl. Stadt Köln 2017a: 5). Die Anzahl der Haushalte beläuft sich auf 561.071 und ca. die Hälfte hiervon sind Ein-Personen-Haushalte (wobei im Durchschnitt rund 1,9 Personen in einem Kölner Haushalt leben) (vgl. Stadt Köln 2018a). Wirtschaftlich gesehen ist die Stadt Köln durch einen weit fortgeschrittenen Strukturwandel geprägt: Mehr als 80 % aller Beschäftigten sind im Dienstleistungssektor angestellt. Daneben ist die Region Köln aber auch ein wichtiger Standort für die chemische Industrie sowie für die Medienwirtschaft (vgl. Stadt Köln 2018b). Das BIP je Erwerbstätigen lag 2015 bei 84.610 Euro (vgl. IHK Köln 2018). Zudem zieht die Stadt täglich rund 328.938 Einpendler sowie zahlreiche touristische Gäste aus dem In- und Ausland an (6,24 Mio. Übernachtungen in 2017) (vgl. Landesbetrieb Information und Technik Nordrhein-Westfalen 2018 und Stadt Köln 2018c).

Umweltpolitisch gesehen stellte eine Studie aus dem Jahr 1991 von Lucas et al. noch fest, dass „das Abfallwirtschaftskonzept der Stadt Köln sowohl hinsichtlich konzeptioneller Aspekte als auch bei den konkreten Maßnahmen zur Abfallvermeidung im Vergleich zu anderen Großstädten in NRW führend" sei (Lucas et al. 1991: 47). Doch das bereits bei der Fallstudie München herangezogene Ergebnis des Green-City-Indexes, welches städtische Umweltindikatoren in verschiedenen Infrastrukturbereichen berücksichtigt, kommt 2011 zu dem Schluss, dass sich Köln umweltpolitisch gesehen lediglich im europäischen Durchschnitt befindet (herauszuheben hierbei ist außerdem, dass Köln und Essen die einzigen in dieser Studie untersuchten deutschen Städte sind, die als nicht sich über dem europäischen Durchschnitt befindend klassifiziert werden; vgl. Münzenmaier 2011). Im Vergleich zu den anderen Großstädten in Deutschland kann Köln „nur bei zwei Kategorien eine überdurchschnittliche Beurteilung für sich behaupten, und zwar bei den Kategorien ‚Verkehr' und ‚Wasser', in denen deutsche Städte traditionell besonders gut abschneiden; in den anderen sechs Kategorien [Abfall und Landnutzung, CO_2-Emissionen, Luftqualität, Energie, Gebäude sowie Management] blieb Köln im europäischen Durchschnitt" (ebd.: 328).

Mit der 1994 in Nordrhein-Westfalen geänderten Gemeindeordnung wurde nachfolgend auch in der Stadt Köln das Modell der Süddeutschen Ratsverfassung umgesetzt (zuvor war die norddeutsche Ratsverfassung etabliert). Wie in München ist der Oberbürgermeister somit Verwaltungsspitze, Vorsitzender des Rates sowie oberster Repräsentant der Stadt (vgl. Stadt Köln 2017b). Die Oberbürgermeister der Stadt gehörten in der Vergangenheit entweder der SPD (1956–1999; 2009–2015) oder der CDU (1951–1956; 1999–2009) an. Die aktuell amtierende Oberbürgermeisterin Henriette Reker (ab 2015) ist parteilos. Im Stadtrat selbst ist traditionell die SPD die Partei mit den meisten Sitzen, wobei die CDU bei den letzten beiden Kommunalwahlen fast gleichauf lag und von 1999 bis 2009 sogar die meisten Räte stellte. Drittstärkste Partei im Stadtrat sind seit 1984 regelmäßig die Grünen. Die aktuelle Oberbürgermeisterin wird durch eine schwarz-grüne Koalition gestützt. Zuvor gab es immer wieder wechselnde Koalitionen zwischen SPD und Grünen, SPD und CDU, CDU und FDP sowie CDU und Grünen, deren Dauer oftmals nur sehr begrenzt war. Die in der jüngeren Vergangenheit liegenden Koalitionszusammenschlüsse waren zudem jeweils stark durch die Rationalitäten der angespannten Finanzsituation der Stadt Köln geprägt (vgl. Grüne Köln 2010, n-tv 2003 und FDP Köln 2004).

Dem politischen und wirtschaftlichen Spitzenpersonal der Stadt Köln wurde in den vergangenen Jahrzehnten (und insbesondere in den 1990er Jahren) immer wieder eine Tendenz zum Klüngeln[99] und zur Korruption

---

99 Im Gegensatz zum Rest der BRD wird das Klüngeln in Köln hierbei nicht zwingenderweise negativ gesehen. Auch grundsätzlich ist es vom Begriff der Korruption abzugrenzen, da es begriffstechnisch vielschichtiger verwendet wird: „Klüngel ist eine Geisteshaltung, die eine prinzipielle Bereitschaft zum unkomplizierten

vorgeworfen (vgl. Überall 2009). Eng mit diesen Feststellungen verbunden sind die über die Jahrzehnte hinweg zahlreichen kleineren und größeren Skandale der Kölner Politik, die vom Aufstieg Konrad Adenauers, über den Korruptionsskandal beim Bau der Kölner MVA bis hin zum Einsturz des Kölner Historischen Archivs reichen (vgl. zur Historik u. a. Rügemer 2003).[100]

Die Kölner Zeitungslandschaft wird durch den Kölner Express, den Kölner-Stadt-Anzeiger sowie die Kölnische Rundschau geprägt, wobei aber alle genannten aus dem Verlag M. DuMont Schauberg stammen, zwar teilweise noch in redaktionellem Wettbewerb stehen, aber „von echter Konkurrenz [...] keine Rede sein [kann], da das wirtschaftliche Motiv dafür fehlt" (Landesanstalt für Medien Nordrhein-Westfalen 2013: 23). Man kann also von einer starken Medienkonzentration bzw. einem Verlagsmonopol sprechen, da DuMont zusätzlich auch noch den Anzeigenblättermarkt dominiert sowie Beteiligungen am lokalen Radio- und Fernsehprogramm besitzt (vgl. ebd.: 49). Eine tiefergehende Analyse der Kölner Lokalpublizistik konnte aber trotz dieser Umstände keine starke Verengung bzw. Einfalt feststellen und kam zu dem Ergebnis, dass die verschiedenen Presseerzeugnisse des Verlags durchaus „eigenständige und redaktionell unabhängig generierte journalistische Produkte" hervorbringen (ebd.: 165).

4.4.1 Akteure und Strukturen der Kölner Abfallwirtschaft

Als öffentlich-rechtlicher Entsorgungsträger hat die Stadt Köln die Aufgabe, die Abfallwirtschaft für Haushaltsabfälle in ihrem Gemeindegebiet zu organisieren. Hierfür hat die Stadt Köln die „Eigenbetriebsähnliche Ein-

---

Umgang mit Kommunikation, Verhandlung und Tausch beinhaltet. Im Bereich der (Kommunal-)Politik gilt er zusätzlich als Synonym einerseits für geheime Absprachen, aber auch für die prinzipielle Bereitschaft zur Kooperation. Klüngel ist nicht gleich Korruption, es gibt aber die latente Gefahr des ‚Abrutschens' von Klüngel-Beziehungen in korruptive Verhaltensweisen" (Überall 2010: 17).

100 „Klüngel und Korruption auseinanderzuhalten fällt in Köln besonders schwer. In den 90er-Jahren gab es ganze Serien von Bestechung und Vorteilsnahme, bis hinein in höchste politische Kreise. Dass man es dabei mit handfesten Verbrechen zu tun hatte, fiel lange Zeit nicht auf – weil man doch das schöne Wort Klüngel hat" (Überall 2018). Aktuellstes Beispiel hierfür ist die Diskussion um die Besetzung von Posten in städtischen Unternehmen sowie die Vermietung eines Hotels zur Flüchtlingsunterbringung (vgl. ebd. sowie Frangenberg 2018).

richtung Abfallwirtschaftsbetrieb"[101] beim Dezernat V – Soziales, Integration und Umwelt der Stadtverwaltung angesiedelt (eigene Mitarbeiter hat die eigenbetriebsähnliche Einrichtung formal nicht, die für die Abfallwirtschaft zuständigen Mitarbeiter sind dem Dezernat V zugeordnet). Dort ist man unter anderem für die Erstellung des kommunalen Abfallwirtschaftskonzeptes, für die Abfallsatzung, die Gebührensatzung, die Vergabe von Verträgen sowie das Monitoring und die Kontrolle von vergebenen Verträgen zuständig (vgl. Interview K2).

Die auf Basis von § 9 des Landesabfallgesetzes Nordrhein-Westfalen vom Rat der Stadt Köln erlassene Abfallsatzung sieht vor, dass die „Stadt [...] die Abfallentsorgung in ihrem Gebiet nach Maßgabe der Gesetze und dieser Satzung als öffentliche Einrichtung [betreibt]. Mit der Erfüllung der Aufgaben nach dieser Satzung hat die Stadt Köln die AWB Abfallwirtschaftsbetriebe Köln GmbH [...] beauftragt" (§ 1 der Abfallsatzung; Stadt Köln 2018d). Formell erfolgt die Beauftragung der AWB Abfallwirtschaftsbetriebe Köln GmbH (AWB) mit den städtischen Aufgaben der Abfallsammlung und Stadtreinigung über ein Auftragsvergabeverfahren und einen befristeten Vertrag, welcher in regelmäßigen Abständen per Beschluss des Rates der Stadt Köln erneuert werden muss. Zuletzt erfolgte dies per Ratsbeschluss vom 15.12.2015 mit einer Vertragsdauer bis 2030 (vgl. Stadt Köln 2015a). Bei der AWB Abfallwirtschaftsbetriebe Köln GmbH handelt es sich um eine vollständige Tochtergesellschaft der kommunalen Stadtwerke Köln (SWK), welche neben ihrem Kerngeschäft als Energieversorger als Holding aller privatwirtschaftlich betriebenen Unternehmen der Stadt Köln dient (vgl. Stadtwerke Köln 2015). Die Beauftragung der AWB erfolgt per ausschreibungsfreier Inhouse-Vergabe, die möglich ist, da „die Stadt Köln [...] über die Stadtwerke 100-%ige Eignerin des Unternehmens ist [... und] die AWB den wesentlichen Teil ihrer Umsätze (> 90 %) mit der Stadt" verdient (Stadt Köln 2015b).

Die heutigen Abfallwirtschaftsbetriebe der Stadt Köln gehen auf den Januar 1998 zurück, als das bis dahin bestehende „Amt für Abfallwirtschaft, Stadtreinigung und Fuhrwesen" auf Grundlage eines Ratsbeschlusses in einen kommunalen Eigenbetrieb überführt wurde. Um die Wettbewerbsfähigkeit weiter zu erhöhen, beschloss man drei Jahre später im Januar 2001, die privatwirtschaftliche AWB „Abfallwirtschaftsbetriebe Köln GmbH & Co. KG" unter Beteiligung der Stadtwerke Köln und des Unternehmens Trienekens entstehen zu lassen (vgl. AWB 2017a). Im Rahmen des Kölner Müllskandals, bei dem es um Korruptionsvorgänge im Rahmen

---

[101] Früher „Koordinationsstelle Abfallwirtschaft der Stadt Köln" genannt.

des Baus der Kölner Müllverbrennungsanlage sowie illegale Parteispenden an die Kölner SPD ging, musste Hellmut Trienekens, der „jahrelang die treibende Kraft im rheinischen Müllgeschäft" war „und versuchte, ein regionales Monopol aufzubauen", aber schließlich seine Anteile im Jahr 2002 an das Infrastrukturunternehmen RWE Umwelt AG verkaufen (Die Zeit 2004; vgl. zum Kölner Müllskandal auch Die Welt 2004). Aus kartellrechtlichen Gründen musste im Jahr 2003 dann auch die RWE Umwelt AG ihre bis dahin gehaltenen 49,9 % der Geschäftsanteile aufgeben. Aus den Abfallwirtschaftsbetrieben der Stadt Köln wurde so schließlich die privatwirtschaftlich geführte AWB Abfallwirtschaftsbetriebe Köln GmbH & Co. KG – eine Tochtergesellschaft der Stadtwerke Köln GmbH, die seit 2003 100 % des Kommanditkapitals hielten. 2014 wurde die AWB schließlich in eine reine GmbH umgewandelt (vgl. AWB 2017a).

Satzungsgemäß ist der Betätigungsschwerpunkt der AWB das Erbringen von Entsorgungs- und Reinigungsleistungen. „Hierzu zählen die Bereitstellung der Abfallinfrastruktur (z. B. Restmüll- und Wertstoffbehälter), die Sammlung und der Transport der zu überlassenden Abfälle sowie die Säuberung und der Winterdienst von Straßen, Gehwegen, Plätzen, Brücken, Tunneln, Unterführungen und Grünflächen. Darüber hinaus werden privatwirtschaftlich durch die AWB abfallwirtschaftliche Dienstleistungen für unterschiedliche Kundengruppen erbracht" (Stadt Köln 2018e: 15). Zudem hat die AWB drei Betriebshöfe und unterhält diese.

Der Betriebsausschuss des Abfallwirtschaftsbetriebes ist der Ausschuss für Umwelt und Grün des Rates der Stadt Köln (vgl. Stadt Köln 2012a). Der Ausschuss hat u. a. Entscheidungsbefugnisse in den Bereichen „abfallwirtschaftliche Grundsatzentscheidungen sowie Anpassung des Abfallwirtschaftskonzeptes an neue Gegebenheiten, Grundsatzentscheidungen zur Wertstoffsortierung am Kölner Großmarkt, Abstimmung zwischen der Stadt Köln und der Abfallentsorgungs- und Verwertungsgesellschaft Köln mbH (AVG) hinsichtlich Planung, Bau und Betrieb von Abfallverwertungsanlagen" (Stadt Köln 2020a). Grundsatzangelegenheiten, die der Beschlussfassung des Rates unterliegen (Abfallsatzung, Abfallgebührensatzung, Abfallwirtschaftskonzept), werden dort vorberaten.

Die 1992 gegründete Abfallentsorgungs- und Verwertungsgesellschaft Köln mbH (AVG), die für Planung, Bau und Betrieb von Einrichtungen bzw. Anlagen der Entsorgungswirtschaft zuständig ist, ist ein weiterer Akteur der Kölner Abfallwirtschaft (vgl. Stadt Köln 2013a: 93). Die AVG befindet sich zu 50,1 % in Besitz der Stadtwerke Köln GmbH und zu 49,9 % in Besitz der Remondis GmbH & Co. KG (Region Rheinland). Die AVG hat drei Tochterunternehmen (u. a. die AVG Ressourcen GmbH

4.4 Fallstudie Köln

und die AVG Kompostierung GmbH), die jeweils zu 100 % in ihrem Besitz sind. Der Aufsichtsrat der AVG setzt sich aus Gesellschaftervertretern, Arbeitnehmervertretern, Vertretern des Rates der Stadt Köln und Vertretern der Stadt Köln zusammen (vgl. AVG 2017: 11). In ihrem Anlageportfolio hat die AVG die Inertstoffdeponie Vereinigte Ville[102] (samt Blockheizkraftwerk zur Nutzung des anfallenden Deponiegases), eine Restmüllverbrennungsanlage mit einer jährlichen Verbrennungsleistung von maximal 780.000 Tonnen (durch Kraft-Wärme-Kopplung können außerdem rund 100.000 Haushalte mit Energie versorgt werden)[103], zwei Recyclinghöfe, zwei Anlagen zur Sortierung und Verwertung von Baumisch- und Gewerbeabfällen, eine Kompostierungsanlage, eine Sperrmüllaufbereitungsanlage, eine Holzaufbereitungsanlage sowie eine Fluffanlage zur Herstellung energiereicher Kunststoffabfälle (vgl. AVG 2017: 10).

Seit 2001 bedient sich die Stadt Köln operativ gesehen also ausschließlich der Leistungen Dritter (vorwiegend AWB und AVG). Da aber die eigenbetriebsähnliche Einrichtung nach wie vor der

> „Aufgabenträger der Abfallwirtschaft und Straßenreinigung der Stadt Köln ist und nur die Durchführung der operativen Aufgaben und die Entsorgung der Abfälle Dritten übertragen wurde, werden in der handelsrechtliehen Gewinn- und Verlustrechnung auch weiterhin Umsatzerlöse und Materialaufwendungen ausgewiesen. Auf diesem Wege behält die Stadt Köln ihre Stellung als öffentlich-rechtlicher Entsorgungsträger bei und bestimmt nach wie vor die Kölner Abfallpolitik (z. B. Abfallwirtschaftskonzept, Abfallsatzung, Abfallgebührensatzung, Abstimmungen im Rahmen des Dualen Systems Deutschland – DSD) und trägt Sorge für die ordnungsgemäße Aufgabenerledigung.

---

102 Die Deponie ist Eigentum der Stadt Köln, wird aber seit 1998 durch die AVG betrieben. Von 1970 bis 1997 wurde die Deponie als gewöhnliche Hausmülldeponie genutzt, von 1998 bis 2005 als Deponie für Gewerbe- und Industrieabfälle. Ab Mitte Juni 2005 werden dort nur noch mineralische Abfälle der Deponieklasse II verfüllt (AVG 2020a). Zuvor wurde dort bis „in die 50er-Jahre hinein [...] Braunkohle im Tagebau abgebaut. Nachdem die Kohlevorkommen nicht mehr wirtschaftlich abzubauen waren, lag das Gelände zunächst brach, ehe die Stadt Köln 1970 einen Teilbereich übernahm, um den Abfall aus der Rheinmetropole dort zu deponieren" (ebd.).
103 Zur Energiegewinnung steht „eine Turbinen-/Generatoreinheit (Leistung: 56 Megawatt) zur Verfügung. Sie arbeitet nach dem Prinzip der Kraft-/Wärme-Kopplung" (Dumuscheid 2008: 5). Der entstehende Strom und der Dampf werden an den Kölner Energieversorger RheinEnergie Aktiengesellschaft abgegeben. „Die Energiemenge reicht aus, um rund 100.000 Haushalte – 20 bis 25 Prozent der Einwohnerinnen und Einwohner Kölns – zu versorgen" (ebd.).

Entsprechende Kontrollrechte sind vertraglich geregelt" (Stadt Köln 2018f: 119).

Der Einfluss der Stadt Köln auf die grundlegenden abfallwirtschaftlichen Entscheidungen ist durch die Vertretung in den entsprechenden Aufsichtsgremien auch innerbetrieblich gewährleistet (vgl. ebd.). Insgesamt trägt die wirtschaftliche Tätigkeit auch zur Verbesserung der kommunalen Finanzlage bei, denn da AWB und AVG in die Stadtwerke-Holding eingebunden sind, können die Gewinne mittelbar über den Gesellschafter an den kommunalen Haushalt fließen (vgl. Lucas et al. 2011: 6). „Neben den ausgewiesenen Gewinnen partizipiert die Stadt Köln – und damit die Allgemeinheit – zusätzlich an der Leistungsfähigkeit" der Abfallwirtschaftsunternehmen (vgl. ebd.).

Grundlegendes abfallplanerisches und zukunftsgerichtetes Element der Kölner Abfallwirtschaft ist das Abfallwirtschaftskonzept, das erstmals im Jahr 1988 veröffentlicht und in den Jahren 2005, 2012 und 2018 fortgeschrieben wurde. Zwischen diesen Jahren veröffentlichte die Stadt Köln regelmäßige Sachstandsberichte zum Abfallwirtschaftskonzept. Die Anforderungen an kommunale Abfallwirtschaftskonzepte werden in Nordrhein-Westfalen in § 5a des Landesabfallgesetzes festgeschrieben. Für die Erstellung des Konzeptes „bedient sich die Stadt Köln der AWB Köln sowie der AVG Köln" (vgl. Stadt Köln 2012b).

In Köln ist heute ein Vier-Tonnen-System mit Restmülltonne, Wertstofftonne (seit 2014), Papiertonne und Biotonne vorzufinden. Bis 2007 mussten Papier, Pappe und Kartonagen sowie Kunststoffe von den Kölner Bürgern über ein Bringsystem zu im Stadtgebiet verteilten Wertstoffcontainern gebracht werden. Ende 2007 wurde die Wertstofferfassung dann auf ein Holsystem (Blaue und Gelbe Tonnen) umgestellt (vgl. Lindenberg 2008). Die freiwillige Biotonne zur getrennten Erfassung biogener Abfälle wurde relativ spät, nämlich ab 2006 eingeführt. Seit dem 01. Januar 2015 besteht zwar theoretisch eine gesetzliche Pflicht zur getrennten Sammlung von Bioabfällen nach Maßgabe des § 11 Abs. 1 KrWG'2012, diese wurde bis dahin in Köln allerdings nicht umgesetzt. Denn laut einem Kölner Interviewpartner würden die Erfahrungswerte zeigen, dass die konsequente Einhaltung der getrennten Sammlung im Falle eines freiwilligen Anschlusses höher ist bzw. ein Anschlusszwang umgekehrt zu erhöhten Fehlwürfen und damit einem höheren nachgelagerten Sortieraufwand oder einer geminderten Qualität des Verwertungsproduktes führe (vgl. Interview K5). Daher wurde auch über das Jahr 2015 hinaus ein freiwilliger Anschluss an die Biotonne beibehalten, weshalb der Anschlussgrad 2015 bei lediglich 56 % und auch 2016 nur auf 58 % gesteigert werden konnte (vgl. AWB 2016a: 14).[104] Mit dem Ziel, die städtische Verwertungsquote insgesamt zu erhöhen, ist die Stadt seit 2014 auch in der kommunalen Altkleidersammlung aktiv. Im Jahr 2017 wurden über städtische Container rund 3.500 Tonnen Altkleider gesammelt. „Die Verwertung der Sammelmenge erfolgt über einen Sortier- und Verwertungspartner, der über eine europaweite Ausschreibung ermittelt wurde" (Stadt Köln 2018e: 45).[105] Die Erlöse aus dem Verkauf werden zur Stabilisierung der Kölner Abfallgebühren verwendet (vgl. Stadt Köln 2016a).

Im Jahr 2008 wurde durch eine Analyse der Zusammensetzung des Haus- und Geschäftsmülls festgestellt, „dass sich in den Kölner Restmülltonnen noch ein großes Potential an Wertstoffen befindet" (vgl. Stadt Köln 2012b: 65). Tatsächlich konnten damals nur 23 % des analysierten Abfalls dem Restmüll zugeordnet werden. Stattdessen befanden sich in den Restmülltonnen ca. 42 % Bioabfälle, 11 % Altpapier, 7 % Glas, 9 % Kunststoffe, 2 % Metalle und 6 % sonstige Wertstoffe (wie zum Beispiel Textilien) (vgl. Stadt Köln 2012b: 65f.). Bei einer erneuten Analyse in den Jahren 2015/2016 hatte sich das Verhältnis leicht gebessert: Es wurden 30 % Restmüll in den grauen Tonnen gefunden. Außerdem 36 % biogene Abfälle, 9 % Altpapier, 7 % Glas, 10 % Kunststoffe/Verbunde/Metalle und 8 % sonstige Wertstoffe (vgl. Stadt Köln 2018e: 40). Bezogen auf die neuere Abfallanalyse ist die Stadt der Auffassung, dass das Trennverhalten der Kölner Haushalte mit dem anderer Großstädte vergleichbar sei. Beim Bioabfall würde man sogar im oberen Bereich liegen (vgl. ebd.: 41).

---

104 „Um den Anschluss an die Biotonne weiter auszuweiten, wurde im Jahr 2014 die im Vorjahr begonnene Verdichtungskampagne fortgesetzt. Über ein Briefmailing wurden die 17.500 Eigentümer von Ein-/Zwei-Familien-Häusern und kleineren Mehrfamilienhäusern ohne Biotonnenanschluss in den Bezirken Nippes, Chorweiler, Ehrenfeld und Rodenkirchen angeschrieben. Der direkte Rücklauf aus diesem Briefmailing lag bei fast 1.000 bestellten Biotonnen, die Kampagne kann insgesamt als Erfolg gewertet werden. Parallel zu dem Anschreiben wurden die Kunden auf Wochenmärkten und in Einkaufsmärkten beraten. Allein 2014 fanden auf den Wochenmärkten der Bezirke Nippes, Ehrenfeld, Chorweiler und Rodenkirchen 35 Standaktionen mit über 1.200 Informationsgesprächen statt. Die Beratung in den Bezirken wird aufgrund der positiven Resonanz im Jahr 2015 weiter fortgeführt" (Stadt Köln 2016a: 287).
105 Nach Ankunft der Altkleider bei den Verwertungspartnern erfolgt dort der Sortierprozess. „Unterteilt wird dabei in ‚tragbare Kleider', ‚Kleidung für das Recycling' und ‚Abfall'. Noch tragbare Kleidung wird von der Sortieranlage weiter zur Wiederverwendung, das heißt als Secondhand-Kleidung, in zahlreiche Länder der Welt verkauft. Die nicht mehr tragbare Kleidung geht in das stoffliche Recycling, wo sie z. B. zu Dämmwolle für die Autoindustrie oder Industrieputzlappen weiterverarbeitet wird" (AWB 2016b).

Abbildung 10: Entwicklung der Recyclingquote in Köln

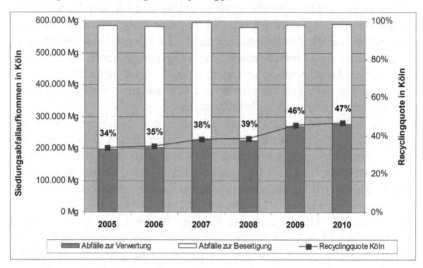

Quelle: Stadt Köln 2012b: 65.

Bezogen auf alle Siedlungsabfälle betrug die Recyclingquote in Köln im Jahr 2005 35 % und im Jahr 2010 47 % (siehe Abbildung 10).

Von 2012 bis 2017 konnte die Verwertungsquote[106] der Siedlungsabfälle von 55,9 % auf 58,1 % gesteigert werden (vgl. Stadt Köln 2018e: 46; siehe Tabelle 6).

Tabelle 6: Entwicklung der Verwertungsquote in Köln

	2012	2013	2014	2015	2016	2017
Verwertungs- quote	55,9 %	56,3 %	57,3 %	57,4 %	57,5 %	58,1 %

Quelle: Stadt Köln 2018e: 46.

---

106 „Bei der Berechnung der Quote wurde die Vorgabe des Statistischen Bundesamtes (Destatis) zu Grunde gelegt. Insofern wurde die Quote aus dem Verhältnis von Gesamtmenge des Siedlungsabfalls zu der Menge, die nach getrennter Sammlung bei Recycling- oder Kompostieranlagen angeliefert wird (Input), gebildet. Für Köln werden demnach Restmüll, Sperrmüll und Schadstoffe bei der Berechnung abgezogen. Dieser Ansatz berücksichtigt nicht den Output, d. h. die Mengen, die nach einer Behandlung nicht recycelt werden konnten" (Stadt Köln 2018e: 46).

Die Abfallgebühren in Köln sind von 2001 bis 2015 im Schnitt jährlich um 1,5 % angestiegen, die Straßenreinigungsgebühren um 1,23 % (vgl. Stadt Köln 2015b). Im deutschen Vergleich sind die Gebühren als relativ hoch einzuschätzen: Im Müllgebühren-Ranking (IW Consult 2019) der hundert größten deutschen Städte belegt Köln mit Platz 90 einen der hinteren Ränge. Eine beschlossene Erhöhung der Müllgebühren im Jahr 2018 wird von der Stadt Köln auch damit begründet, dass die bis dahin

> „geltende Pauschalregelung [...] durch eine behälterbezogene und damit deutlich verursachergerechtere Kalkulation abgelöst [wird]. Ressourceneinsatz (Personal, Fahrzeuge, Behälter) und einzelne Leistungseinheiten (Behältergröße und -art) werden einander nach heute geltenden Maßstäben verursachergerecht zugeordnet. Gegenüber dem Jahr 2018, in dem noch die Verteilschlüssel aus dem Jahr 2001 Anwendung fanden, führt dies zwangsläufig zu einer neuen Kostenstruktur sowie in Folge zu einer veränderten Verteilung der Kosten auf die einzelnen Behälterkategorien. Das gleiche gilt für die Bereiche der Biosammlung und der Papiersammlung. Der Verwertungspreis für die Biomüll- und Grünschnittentsorgung steigt in 2019 gegenüber dem Vorjahr deutlich um 13,69 Euro pro Tonne beziehungsweise sechs Prozent. Außerdem enthalten die Entgelte ab 2019 Leistungen, die bis zum Jahr 2018 separat abgerechnet wurden, so die Erweiterung und Verlängerung der Öffnungszeiten der Wertstoff Center. Zusätzliche Leistungen zur Erhöhung von Servicequalität und Stadtsauberkeit sind im Wesentlichen die Ausweitung von Leistungen zur Beseitigung von wildem Müll, eine deutliche Erhöhung der Straßenpapierkörbe sowie der Papierkörbe in den Grünflächen" (Stadt Köln 2018g).

4.4.2 Entwicklung der Kölner Abfallvermeidungspolitik und resultierender Anpassungsdruck

Wie zuvor bereits für die Fallstudie München beschrieben, bildete sich die bundesdeutsche Diskussion um den Müllnotstand Ende der 1980er Jahre auch in Köln ab. So gründete sich beispielsweise im April 1988 die „Kölner Interessengemeinschaft Müllvermeidung statt Müllverbrennung" (KIMM). Diese überparteiliche zivilgesellschaftliche Organisation hatte es sich zum Ziel gesetzt, ökologische Müllkonzepte mit Abfallvermeidung und stofflichem Recycling in Köln zu verbreiten und den Bau einer (aus damaliger Sicht von KIMM überdimensionierten) Müllverbrennungsanlage in Köln zu verhindern. Denn als die Stadt im Jahr 1988 ihr neues Abfallwirtschafts-

4. Analyse der Auswirkungen der europäischen Impulse im Fallstudienvergleich

konzept verabschiedete, wurde basierend auf einer extern durchgeführten Studie eine Restmüllverbrennungsanlage mit einer Kapazität von 235.000 Tonnen gefordert (vgl. Franco 2016: 133). Doch Anfang der 1990er Jahr entschied der Stadtrat, die MVA mit einer Kapazität von 421.000 Tonnen zu bauen (vgl. Beucker 2004). Als 1994 dann der Vertrag zum Bau der Anlage unterschrieben wurde, versuchte KIMM mit einem Bürgerbegehren, diesen zu stoppen, und reichte 1995 mehr als 50.000 Unterschriften gegen das Vorhaben ein. Obwohl der Stadtrat mit den Stimmen der CDU und der Grünen den Bürgerentscheid gegen die Stimmen der SPD zunächst für zulässig erklärte, hob der damalige SPD-Regierungspräsident im März 1996 den Beschluss auf. Als Ende 1996 auch eine Klage von CDU und Grünen vor dem Kölner Verwaltungsgericht scheiterte (das Bürgerbegehren hätte zeitiger gestellt werden müssen), stand dem Bau nichts mehr im Wege und die Anlage ging 1998 in Köln-Niehl in Betrieb (vgl. Franco 2016: 133f.). „Zwischenzeitlich hat das Kölner Landgericht festgestellt: bei dem Bau sind Millionen an Schmiergeldern geflossen, die SPD hat Spenden von den beteiligten Firmen eingesackt und die Anlage ist ganz bewusst zu groß dimensioniert worden. Kritik wurde damals ohne Diskussion hinweggefegt, ein breiter öffentlicher Diskurs fand nicht statt" (Überall 2009). Die Kölner MVA wurde in der Vergangenheit auch immer wieder für die im Vergleich sehr hohen Müllgebühren der Stadt verantwortlich gemacht (vgl. Beucker 2004).

Im Abfallwirtschaftskonzept aus dem Jahr 2005 gibt es zwar bereits drei Seiten, die sich mit dem Thema Abfallvermeidung beschäftigen, allerdings kommt man dort zum Schluss, dass die Kommunen nur einen geringen Einfluss auf die Abfallvermeidung haben können – gerade, was ordnungsrechtliche und ökonomische Anreize angeht:

> „Von den drei vorgenannten Instrumenten zur Abfallvermeidung können die Kommunen als einzige Steuerungsmöglichkeit ‚Aufklärung und pädagogische Maßnahmen' einsetzen. Eine Steuerung durch wirtschaftliche Anreize oder durch ordnungsrechtliche Regelungen auf die Herstellung von Verpackungen ist durch die Kommunen nicht möglich. Hier müssen Lösungen auf Bundesebene oder besser noch auf europäischer Ebene gefunden werden. Die Kommunen können diese Zielsetzungen dann durch geeignete Maßnahmen unterstützen" (Stadt Köln 2005: 16).

Als Hauptmaßnahme wird seitens der Stadt daher die Abfallberatung angesehen, etwa Beratungen in Schulen und Kindergärten. Die Abfallberatung wurde in Köln in den späten 1980er bzw. frühen 1990er Jahren etabliert. Damals gab es 25 bis 30 Abfallberater, die sich auf drei verschiedene Themengebiete (Gewerbe und Industrie, Biotonne und pädagogische Maßnahmen in Schulen und Kindergärten) verteilt um die Beratung kümmerten (vgl. Interview K3). Schwerpunktmäßig wurden hier allerdings Recycling-Themen und weniger Vermeidungsthemen behandelt.

> „Also der Schwerpunkt lag mit Sicherheit in Richtung Abfalltrennung und Recycling der Wertstoffe. Es war ja auch parallel das Duale System entstanden. [...] Und der Fokus zum Thema Abfallvermeidung, der war eher ein kleinerer. Er wurde auch mit erwähnt. Es ging vor allen Dingen dann um abfallarmes Einkaufen. Wir hatten Stände auf Wochenmärkten, wo dann eben auch Tüten oder Taschen ausgegeben wurden, und es gab dann auch diese Aktion mit den Tupperdosen an der Fleischtheke, die Butterbrotdose für die Kinder. Also was Vermeidung anging, lag überwiegend im Bereich Verpackungen. Das war sozusagen der Schwerpunkt, wo man den Bürger auch erreichen konnte was Abfallvermeidung anging. Und dann natürlich eben Verwertung, Kompostierung" (Interview K3).

Zudem sei die Abfallberatung mit der Umwandlung vom Amt für Abfallwirtschaft zur privatwirtschaftlichen AWB innerbetrieblich stark in den Hintergrund geraten. Der Großteil der Abfallberater sei umgeschult worden und habe neue Aufgaben erhalten (vgl. ebd.). Zudem wird auch im Abfallwirtschaftskonzept von 2005 festgehalten, dass sich die vorwiegende Aktivität im Beratungsbereich am Telefon abspielt. Interessant hierbei ist, dass die aufgezählten Beratungsbereiche auch hier weniger mit Beratung zu Abfallvermeidung zu tun haben, sondern es dort im Grunde auch um „konventionelle" Abfallwirtschaftsthemen, wie Wert- und Schafstoffsammlung, Serviceleistungen, Winterdienst und Sauberkeit in der Stadt geht. Insgesamt scheint diese Entwicklung hier mit der bundesdeutschen Situation vergleichbar zu sein: Ende der 1980er, Anfang der 1990er Jahre wurden zwar auf öffentlichen Druck hin einige Maßnahmen bzw. Strukturen etabliert, diese wurden dann mit der Zeit aber wieder zurückgefahren bzw. traten in den Hintergrund. So bezieht sich auch die folgende Angabe im Abfallwirtschaftskonzept 2005 nur auf die Vergangenheit und erscheint gerade als Rechtfertigung, dass man künftig nun nicht mehr so viel Geld ausgeben müsse: „Von 1989 bis 1997 hat die Stadt Köln erhebliche finanzielle Mittel in Maßnahmen zur Abfallvermeidung investiert. Insgesamt wurden für die Abfallberatung, die Öffentlichkeitsarbeit für Maßnahmen zur Abfallvermeidung und Sachmittel, wie z. B. die Abfallberatungsbüros, rd. 15 Mio. Euro aufgewandt" (Stadt Köln 2005: 14). Dieser Umstand wird auch von einem ehemaligen Abfallberater bejaht:

> „Die Beratung ist ja insgesamt sehr stark zurückgeschraubt worden. Also mit dem Eigenbetrieb beziehungsweise mit der GmbH ist das Thema ziemlich in den Hintergrund geraten. Die ganzen Abfallberater sind damals dann auch entweder umgeschult worden oder sie haben andere Aufgaben bekommen. Heute sieht unsere Beratung eher so aus: Wir haben unsere Servicetelefone, wo die Leute anrufen können. Aber da gehts dann eigentlich mehr um die Frage, wie und wo entsorge ich welchen Abfall. Das ist das heutige Beratungsgeschäft, wenn man so will. […] Die Leute haben eher ein Entsorgungsproblem und da wird ihnen dann gesagt, wo sie mit ihren Abfällen dann hin können an der Stelle" (Interview K3).

Innerbetrieblich ist bei den AWB (bzw. dem damaligen Amt für Abfallwirtschaft) noch hervorzuheben, dass die Abfallberater in den 1990er Jahren teilweise von den Kollegen des Betriebs im Rahmen ihrer Beratungstätigkeit negativ angegangen wurden:

> „Ja, also von einigen Kollegen ausm Betrieb, die dann vielleicht auch merkten, ach ja, durch die Beratung geht auch die Zahl der Restmülltonnen ein wenig zurück, weil die Leute jetzt eine blaue oder eine gelbe Tonne haben und dafür weniger Restmüll benötigen, gabs dann auch schon mal den Begriff der *Abfallverräter*" (Interview K3).

Dem Thema Abfallvermeidung werden im 2005er Abfallwirtschaftskonzept zwar drei Seiten eingeräumt, jedoch zeigt eine genauere Durchsicht, dass die diesbezüglichen, tatsächlichen Bemühungen der Stadt auf weniger als zehn Zeilen darstellbar sind. Das Thema Vorbereitung zur Wiederverwendung spielt inhaltlich noch keine Rolle und wird auch nicht unter anderen Begrifflichkeiten adressiert. Auch im Abfallwirtschaftskonzept der Stadt aus dem Jahr 2012 fällt auf, dass man sich inhaltlich nach wie vor eher auf den mittleren Ebenen der Abfallhierarchie zuständig fühlt (vgl. z. B. das Vorwort der Umweltdezernentin in Stadt Köln 2012b: 2). Abfallvermeidung wird zwar teilweise angesprochen, hat aber im Abfallwirtschaftskonzept nicht einmal ein eigenes Oberkapitel, sondern wird zusammen mit Verwertungsmaßnahmen sowie Stadtsauberkeitsaspekten behandelt (vgl. Stadt Köln 2012b).

Insgesamt wurde bei den AWB das Thema Stadtsauberkeit sehr viel stärker verarbeitet als die Themen Vermeidung und Wiederverwendung. Das lässt sich auch daran ablesen, dass so gut wie alle öffentlichkeitswirksamen Sensibilisierungsmaßnahmen der AWB in diesem Bereich durchgeführt wurden: „Die hiermit verbundene Aufklärungsarbeit fängt schon bei den Kleinsten an. Speziell für die Arbeit in Kindertagesstätten wurde ein Konzept ‚Sauberkeit in Köln' entwickelt, das langfristig und nachhaltig wirken soll. [...] Zwei pädagogische Fachkräfte wurden speziell für die Vermittlung des Themas in Kindertagesstätten eingestellt" (Lucas et al. 2011: 19). Stadtweit bekannt ist in diesem Zusammenhang auch die seit 2001 etablierte Aktion „Kölle putzmunter", bei die Kölner Bürger, aber besonders Schulen, Kindertagesstätten, Vereine sowie Firmen dazu aufgerufen werden, sichtbaren Müll in Köln zu entfernen „und die Stadt auf Vordermann zu bringen" (Stadt Köln 2019). Veranstaltet wird die mittlerweile ganzjährige Aktion des Umweltdezernats der Stadt Köln, den AWB, der AVG, dem Kölner Express und dem Dualen System Deutschland mit dem Ziel, das „Thema Sauberkeit öffentlicher Flächen das ganze Jahr über stärker im Bewusstsein der Bürger zu verankern und aufzuzeigen, dass jeder mitverantwortlich ist, sein Lebensumfeld sauber zu halten" (ebd.).

Diese Erkenntnisse decken sich auch mit der Analyse der Zeitungsartikel Mitte der 2000er Jahre (vgl. zu diesem Vorgehen Kapitel 4.1): Betrachtet man den öffentlichen Diskurs zum Thema Abfallwirtschaft und Abfallvermeidung in der Stadt, so fällt auf, dass die Zeitungsartikel in der Kölnischen Rundschau und im Stadt-Anzeiger sich hauptsächlich auf die Themen Stadtsauberkeit (vgl. z. B. Kölner Stadt-Anzeiger 2006, Kölner Stadt-Anzeiger 2007a und Kölner Stadt-Anzeiger 2007b), Organisation der Müllabfuhr sowie Gebührenfragen beschränken. Das Thema Abfallvermeidung kommt höchstens bei Berichten über Sensibilisierungsthemen in Kindergärten und Schulen auf (vgl. Kölner Stadt-Anzeiger 2007c und Kölnische Rundschau 2008). Eine Ausnahme ist ein Artikel aus dem Jahr 2005, der auf Basis des Abfallwirtschaftsplans der Bezirksregierung Köln feststellt, dass fehlende Anreize in Sachen Müllvermeidung insbesondere auch in der Stadt Köln problematisch erscheinen:

> „Es fehle an Anreizen für die Bürger, so die Fachleute des Regierungspräsidenten. Das liege zum einen an den Folgen der Verpackungsverordnung, aber auch an Fehlern im Müllgebührensystem. [...] Einzelne Kommunen nennt die Bezirksregierung nicht und doch ist klar, dass vor allem der größte Müllverursacher im Bezirk, die Stadt Köln, Nachholbedarf hat. So raten die Fachleute zur Verstärkung der Abfallberatung – ein Aufgabenfeld, das in Köln im Zuge von Sparmaßnahmen zusammen gestrichen wurde" (Kölnische Rundschau 2005).

4. Analyse der Auswirkungen der europäischen Impulse im Fallstudienvergleich

Auch wird in einem weiteren Zeitungsartikel festgestellt, dass das Abfallgebührensystem in Köln keine Anreize zur Müllvermeidung setzt. Hintergrund ist eine in den Jahren 2007 und 2008 geführte Diskussion um eine Veränderung der Abfallgebühren: Grüne und SPD hatten in ihrer Koalitionsvereinbarung nämlich eigentlich ein neues Gebührenmodell vereinbart, das durch eine Reduzierung der Mindestliterzahl auch neue Anreize zur Abfallvermeidung gesetzt hätte (vgl. Kölner Stadt-Anzeiger 2008a). Nach Prüfung durch einen Experten wurde dies aber verworfen:

> „Das Ergebnis der Prüfung ist enttäuschend, aber bei genauerem Hinsehen nicht überraschend: Ein gerechteres Abfallgebührensystem, das Müllvermeidung durch finanzielle Anreize fördert, ist in Köln wohl nicht zu machen. Der Aufwand wäre riesig, der Effekt gleich null. In dieser Hinsicht mag man der Expertenmeinung folgen, die nun im Rathaus politischer Konsens zu werden scheint. Nicht überraschend ist das Ergebnis vor allem deshalb, weil es letztendlich die hohen Fixkosten der Kölner Infrastruktur bleiben, die die Abfallentsorgung teuer machen. Entscheidend sind eben nicht ein paar Liter mehr oder weniger in der grauen Tonne. Entscheidend sind die Fixkosten, die unverändert hoch bleiben" (Kölner Stadt-Anzeiger 2008b).

An diesem Beispiel um die Abfallgebühren offenbart sich auch der vergleichende Stellenwert von Abfallvermeidung und Stadtsauberkeit in der Stadt Köln. So befürchtete der Betriebsausschuss Abfallwirtschaftsbetrieb der Stadt Köln, dass das ökonomische Lenkungsinstrument Müllverwiegung zu viele Anreize schaffen würde, den Müll auf illegalem Wege im öffentlichen Raum zu entsorgen: „Diese Annahme ist angesichts des wilden Mülls, der bereits jetzt auf öffentlichen Flächen illegal entsorgt wird, ein realistisches Szenario. Gerade dieser Gesichtspunkt der Stadtsauberkeit verbietet es, aus Sicht der Verwaltung die Müllverwiegung in Köln als Gebührenbemessungsgrundlage einzuführen" (Betriebsausschuss Abfallwirtschaftsbetrieb Köln 2008a).

Insgesamt lässt sich aus dem Abfallwirtschaftskonzept 2005 eine gewisse Resignation herauslesen, was das Thema Abfallvermeidung angeht: Es wird deutlich, dass die Kölner Abfallwirtschaftsakteure nicht davon überzeugt sind, dass in der Vergangenheit durchgeführte Maßnahmen tatsächlich Erfolg hatten: „Erfolge bei der Abfallvermeidung lassen sich jedoch nur schwer messen; auch lassen sie sich nicht in Zahlen ausdrücken" (Stadt Köln 2005: 14). Hinzu kommt, dass man der Auffassung war, dass der vorhandene Handlungsspielraum sehr gering sei und man nicht mehr als Sensibilisierungsmaßnahmen umsetzen könne: „Von den drei vorgenannten Instrumenten zur Abfallvermeidung können die Kommunen als einzige Steuerungsmöglichkeit ‚Aufklärung und pädagogische Maßnahmen' einsetzen. Eine Steuerung durch wirtschaftliche Anreize oder durch ordnungsrechtliche Regelungen [...] ist durch die Kommunen nicht möglich" (Stadt Köln 2005: 16). Die begrenzten ökologischen Ansprüche des Abfallwirtschaftskonzeptes 2005 wurde auch bei der Abstimmung über dieses planerische Dokument im Stadtrat angemerkt. Eine Vertreterin des Kölner Bürger-Bündnisses kritisierte, dass grundlegende ökologische Ansätze und wegweisende Punkte fehlen würden:

> „Trotz sinkender Müllmengen gibt es nichts in diesem Abfallwirtschaftskonzept [...], was irgendwie noch finanzielle Anreize nach dem Landesabfallwirtschaftsgesetz aufnimmt. [...] In dem Konzept fehlen Ansätze. Es fehlen wegweisende Punkte. In Köln gibt es immer noch keine Recyclinghöfe. Die Abfallbüros sind geschlossen worden. Von pädagogischen Maßnahmen kann man einfach nicht sprechen, was die Abfallwirtschaft betrifft. Ein Tag ‚Kölle putzmunter' reicht einfach nicht aus. Das ist sehr schön. Es müssten aber auch andere Maßnahmen durchgeführt werden. [...] Die Kölner Abfallwirtschaft mit diesem Abfallwirtschaftskonzept ist immer noch mehr als anlageintensiv. An dieser Müllverbrennungsanlage werden wir lange zahlen. [...] Abfallpolitische Kompetenzen Dritter finden sich nicht wieder. Sie sind auch nicht integriert. Ich nenne hier nur das gemeinnützige Möbellager, das im Kölner Norden arbeitet und einen Teil des Sperrmülls aufarbeitet. Darüber findet sich überhaupt kein Wort. Summa summarum fehlen hier – ich sage das noch einmal – Konsequenzen für das Gebührensystem. Andere Städte sind da weiter. [...] Köln ist abfallpolitisch immer noch ein Schlusslicht. Köln wird abfallpolitisch auch ein Schlusslicht bleiben. [...] In diesem Abfallwirtschaftskonzept ist kein Fortschritt zu sehen. Hier sind noch nicht einmal kleine Schritte festzustellen. Dieses Abfallwirtschaftskonzept ist eigentlich ein Rückschritt gegenüber dem, was wir in den vergangenen Jahren hatten" (Rat der Stadt Köln 2005: 96f.).

Neben dem Kölner Bürgerbündnis stimmten damals auch die Grünen und die FDP gegen das Abfallwirtschaftskonzept, das insbesondere mit den Stimmen von SPD und CDU aber trotzdem verabschiedet wurde (vgl. ebd.).

Der beschränkte Handlungsspielraum, den die Stadt Köln beim Thema Abfallvermeidung für sich selbst sah, geht auch aus einer Sitzungsunterlage des Betriebsausschusses Abfallwirtschaftsbetrieb der Stadt Köln hervor.

4. Analyse der Auswirkungen der europäischen Impulse im Fallstudienvergleich

Bezugnehmend auf eine schriftliche Frage der Kölner Interessengemeinschaft Müllvermeidung statt Müllverbrennung (KIMM) stellte die Kölner Stadtverwaltung fest, dass zwar „grundsätzlich [...] aus Sicht der Verwaltung gerade die Abfallvermeidung zu befürworten [sei und es] in den 80er Jahren [...] hierzu zahlreiche Projekte auch in Köln gegeben [hat]" (Betriebsausschuss Abfallwirtschaftsbetrieb Köln 2008b). Allerdings ließe sich das Abfallverhalten der Bürger nur bedingt beeinflussen und der öffentlich-rechtliche Entsorgungsträger könne hier nur appellierend an die Bürger herantreten, sie aber „nicht zu einem bestimmten Abfallverhalten zwingen" (ebd.).

Im Vergleich zur Stadt München lässt sich für Köln im Ergebnis insgesamt festhalten, dass der damals entstandene Anpassungsdruck durch die Einführung der neuen ARRL als höher und somit auf geringem bis mittlerem Niveau einzuschätzen ist: In der Stadt Köln waren nur wenige Abfallvermeidungsmaßnahmen etabliert und das Thema spielte bis Mitte bzw. Ende der 2000er Jahre keine große Rolle in der Stadtpolitik sowie im gesamten kommunalen sozio-technischen Regime. Dieser Umstand wurde von zivilgesellschaftlichen Gruppen allerdings auch immer wieder kritisiert. Gerade die Initiative KIMM brachte sich immer wieder aktiv in den städtischen Abfallwirtschaftsdiskurs ein und zwang die etablierten Regimeakteure durch eine Vielzahl von Anfragen, sich kritisch mit dem Thema ökologische Abfallwirtschaft auseinanderzusetzen. Im Ergebnis hat dies aber nicht zu einem Mehr an Maßnahmen bzw. zu einer Aufwertung der Thematik in der Politik, bei den AWB oder im öffentlichen Diskurs geführt:

> „Abfallvermeidung hat Vorrang. So steht es im Kreislaufwirtschaftsgesetz, so steht es auch wieder im Abfallwirtschaftsplan der Kölner Bezirksregierung, die gleichzeitig feststellen muss, dass in der Praxis davon eher wenig zu spüren ist. Es fehle an Anreizen für die Bürger, so die Fachleute des Regierungspräsidenten. Das liege zum einem an den Folgen der Verpackungsverordnung, aber auch an Fehlern im Müllgebührensystem. Die Bürger würden so ‚frustriert, da sinkende Abfallmengen oft einen Anstieg der Entsorgungskosten bewirkt haben', konstatiert der Abfallwirtschaftsplan. Einzelne Kommunen nennt die Bezirksregierung nicht und doch ist klar, dass vor allem der größte Müllverursacher im Bezirk, die Stadt Köln, Nachholbedarf hat. So raten die Fachleute zur Verstärkung der Abfallberatung – ein Aufgabenfeld, das in Köln im Zuge von Sparmaßnahmen zusammen gestrichen wurde. Vor allem seien jedoch ‚deutliche finanzielle Anreize für eine Abfallvermeidung geboten'" (Kölnische Rundschau 2005).

4.4 Fallstudie Köln

Insgesamt können die damalige Ausgestaltung des Regimes sowie das Selbstverständnis als klassisches Entsorgungsregime charakterisiert werden.

4.4.3 Die Verarbeitung europäischer Policy-Impulse in Köln

Vor dem Hintergrund der zuvor beschriebenen Akteure und Strukturen des Abfallwirtschaftsregimes sowie der historischen Entwicklung von Abfallvermeidungspolitik und -maßnahmen wird nun auch für die Fallstudie Köln untersucht, auf welche Art und Weise die in den Kapiteln 3.5 und 4.2 diskutierten Abfallvermeidungsimpulse auf das Abfallregime gewirkt haben und welche Wandlungsprozesse die Impulsverarbeitung mit sich gebracht hat.

4.4.3.1 Bezugspunkt Europa

Was die Europabetroffenheit der Kölner Abfallwirtschaft angeht, war man sich bereits im Jahr 2005 über den hohen Einfluss der europäischen Ebene durchaus bewusst: „Das Abfallrecht ist heute nicht mehr auf gesetzliche Vorgaben des Bundes und der Länder beschränkt. Auch auf europäischer Ebene ist das Abfallrecht zwischenzeitlich umfassend geregelt" (Stadt Köln 2005: 1). Im gesamten Abfallwirtschaftskonzept von 2005 finden sich immer wieder Querverweise auf europäische Regelungen, die einen Einfluss auf die deutsche und die Kölner abfallwirtschaftliche Situation haben.

Zudem unterhält die Stadt Köln seit Beginn der 1990er Jahre ein Europabüro, das insbesondere für die Einwerbung europäischer Fördermittel gegründet wurde. Zunächst noch dem Amt für Statistik und Einwohnerwesen zugehörig, wurde es 1999 direkt beim Oberbürgermeister angesiedelt (was dem Querschnittscharakter europäischer Regulierungen Rechnung tragen sowie die Wichtigkeit des Themas herausstellen sollte). Im Jahr 2004 erfolgt dann eine Verschmelzung mit dem Büro für Städtepartnerschaften, um auf diese Weise auch Lobbying- und politische Aktivitäten mit den städtischen Partnern abzustimmen und einen Wissenstransfer anzuregen (vgl. Eckert et al. 2013: 64). Neben dieser zentralen Ansiedlung „wird auch der dezentrale Aspekt in der Praxis der Europaarbeit der Stadt Köln" betont, wobei hier einige Dezernate bzw. Ämter selbstverständlich aktiver als andere sind (Eckert et al. 2013: 72). Hierbei erscheint insbesondere das Umweltamt im Vergleich gut vernetzt, da es direkt Kontakte zur

Europäischen Kommission pflegt und auch über EUROCITIES in Arbeitsgruppen involviert ist (vgl. Eckert et al. 2013: 113; siehe im Überblick Abbildung 11).

Abbildung 11: Europaarbeit der Stadt Köln

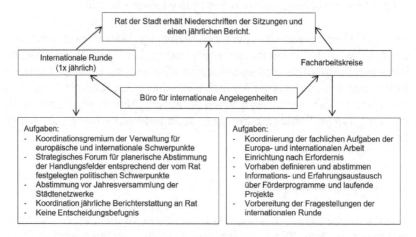

Quelle: Eigene Darstellung nach Eckert et al. 2013: 85.

Im Ergebnis stellte eine Studie allerdings fest, dass sich die Stadtverwaltung in Köln mit europäischen Themen „nur in geringem Maße auseinandersetzt. Die Akteure tauschen sich im Durchschnitt lediglich alle ein bis drei Monate über europäische Themen aus; das spricht ebenfalls für eine eher mäßige Beschäftigung mit dem Thema Europa" (Eckert et al. 2013: 160). So kommt auch eine weitere Studie zu dem Schluss, dass die Rolle von Köln in der EU nur teilweise bzw. vereinzelt ein wichtiges Thema in der Stadtverwaltung sei und „es häufig an der notwendigen Sensibilität für dieses Thema" fehle (Schubert/Wessels 2013: 8). Weiter führten auch sprachliche Probleme zum mangelnden Austausch mit EU-Akteuren.

> „Diejenigen Akteure, die sich mit europäischen Themen auseinandersetzen, tun dies allerdings sehr engagiert und haben eigenständige Kontakte zu europäischen Themen – auch direkt in Brüssel – knüpfen können. Die Stadt Köln als kommunaler Akteur im europäischen Mehrebenensystem verfügt sogar über eine recht gelungene außenstrategische Vernetzung. Sie ist mit den einflussreichsten Akteuren des untersuchten Pfadnetzwerks verbunden, was ihr eine strategisch wichtige Position sichert. Bis auf einige selbstständig nach außen vernetzte

Fachabteilungen ist die binnenstrategische Vernetzung der Stadt Köln auf das Büro für internationale Angelegenheiten ausgerichtet, welches als Gatekeeper die Europaarbeit und die Vernetzung zu diesem Thema kontrolliert" (ebd.).

Von Seiten der Regimeakteure wird die generelle Europabetroffenheit eigentlich durchaus hoch eingeschätzt:

„Ich glaube schon, dass die EU eine große Rolle spielt. Sowohl beim Deponierungsverbot als auch bei der Abfallhierarchie. Die geben schon Ziele vor und wir versuchen die einzuhalten. Von daher spielt die EU schon eine positive Rolle" (Interview K4).

„Neben den gesetzlichen Vorgaben des Bundes und der Länder ist zwischenzeitlich das Abfallrecht auch auf europäischer Ebene umfassend geregelt. Besondere Bedeutung hat in diesem Zusammenhang die novellierte Abfallrahmenrichtlinie [AbfRRL] vom 12. Dezember 2008" (Stadt Köln 2012b: 7).

Die Interessenvermittlung nach Europa sowie die Einbindung in europäische Netzwerke scheint trotzdem eher außerhalb der AWB angesiedelt zu sein. Im Bereich Daseinsvorsorge sind beispielsweise eher die Stadtwerke (als Holding der AWB) aktiv, die das Thema Abfallwirtschaft dann gemeinsam mit anderen Infrastruktursektoren bearbeitet (vgl. Interview K4). Die Stadt Köln und die Stadtwerke haben hierfür im Jahr 2012 auch das „Kölner Netzwerk der Daseinsvorsorge" ins Leben gerufen:

„Das Kölner Netzwerk der Daseinsvorsorge setzt sich für die Daseinsvorsorge in Köln und der Umgebung und damit für die Stärkung der Attraktivität und den Stellenwert der hiesigen Metropolregion ein. Angesichts des fortschreitenden Wandels der Rahmenbedingungen der kommunalen Daseinsvorsorge soll hierdurch auch auf europäischer Ebene Einfluss genommen werden. Durch einen direkten Austausch mit der EU-Kommission hat das Netzwerk beispielsweise dazu beigetragen, dass im Zuge der Debatte um eine neue EU-Richtlinie zur Konzessionsvergabe eine mögliche Wasserprivatisierung ausgeschlossen werden konnte" (Stadt Köln 2017c).

Bei EUROCITIES ist die Stadt Köln zwar auch Mitglied der Arbeitsgruppe zu Abfall, ist hier aber deutlich weniger aktiv als beispielsweise München (EUROCITIES 2016). Insgesamt bekomme man die notwendigen Informationen zu europäischen Initiativen oftmals über den VKU – zum einen über den dortigen Fachausschuss Europa, zum anderen auch über die anderen Informationskanäle des Verbandes (vgl. Interview K1). Weitere Impulse würden vom deutschen Städtetag über die Stadtverwaltung an die AWB herangetragen (vgl. ebd.). Auch was die Interesseneinspeisung in den europäischen Prozess angeht, sehen sich die AWB nicht in einer stark treibenden Rolle, sondern möchten „pragmatischen, sinnvollen Input" in die Fachausschüsse der Verbände einspeisen – beispielsweise arbeitet man immer wieder an europäischen Stellungnahmen des VKU mit (ebd.).

4.4.3.2 Impuls I: Die novellierte Abfallrahmenrichtlinie (2008/98/EG)

Bereits ein Dokument aus dem Jahr 2009 zeigt, dass man sich damals schon mit den möglichen Folgen der ARRL für Köln im Betriebsausschuss Abfallwirtschaftsbetrieb beschäftigte. Die grundlegenden Informationen kamen hierbei über eine Mitteilung des Deutschen Städtetages von der europäischen auf die kommunale Ebene:

> „Die Bundesvereinigung empfiehlt, die Vorschriften zur Abfallvermeidung im Wege der Übernahme des Richtlinientextes im Verhältnis 1:1 in nationales Recht zu übernehmen. Zugleich empfiehlt die Bundesvereinigung den Mitgliedern, im Beschaffungsbereich und bei sonstigen Ausschreibungen Anforderungen an die Abfallvermeidung zu konzipieren, sie umzusetzen und zu dokumentieren. Ein solches Vorgehen bietet nach Einschätzung der Bundesvereinigung den größten Schutz davor, mit weiteren überbordenden Präzisierungen und bürokratischen Anforderungen zur Abfallvermeidung überzogen zu werden" (Deutscher Städtetag 2009).

Im Betriebsausschuss sorgte dies für keine größeren Diskussionen – man nahm „die Mitteilung ohne weitere Aussprache zur Kenntnis" (Betriebsausschuss Abfallwirtschaftsbetrieb Köln 2009). Im Juni 2011 gab es im Betriebsausschuss Abfallwirtschaftsbetrieb der Stadt Köln dann eine Information der Verwaltung mit dem Titel „Aktueller Sachstand zur Novellierung des Kreislaufwirtschaftsgesetzes". Hierbei wurde die ARRL zwar kurz genannt und die darin enthaltenen Recyclingquoten wurden spezifiziert, doch auf die Abfallvermeidungsprogramme, das Thema Abfallvermeidung und Wiederverwendung i. e. S. gab es keine Hinweise. Vielmehr wurden die allgemeinen, organisatorischen Novellierungen des KrWG diskutiert und damit insbesondere aktuelle Entwicklungen zur Wertstofftonne (vgl. Betriebsausschuss Abfallwirtschaftsbetrieb Köln 2011).

4.4 Fallstudie Köln

Das Abfallwirtschaftskonzept der Stadt, das im Jahr 2012 fortgeschrieben wurde, weist in seinem ersten Kapitel dann auch auf die gestiegene Bedeutung der europäischen Ebene hin und erkennt die zwischenzeitlich stattgefundene umfassende europäische Regelungsdichte:

> „Besondere Bedeutung hat in diesem Zusammenhang die novellierte Abfallrahmenrichtlinie [...]. Unter anderem wird hier eine neue Abfallhierarchie verankert, in der die (1) Vermeidung, (2) die Wiederverwendung und (3) das stoffliche Recycling von Abfällen als höherwertig definiert werden als deren (4) energetische Verwertung und Verfüllung oder (5) Beseitigung. In dem derzeit vorliegenden Entwurf eines ‚Gesetzes zur Neuordnung des Kreislaufwirtschafts- und Abfallrechts' (Stand: 30. März 2011) übernimmt die Bundesregierung vollständig die europäischen Forderungen" (Stadt Köln 2012b: 7).

Die europäische Betroffenheit wird aufgrund der Bezugnahme auf die folgende Implementation der Abfallrahmenrichtlinie in deutsches Recht somit wahrgenommen. In Kapitel 4 des Konzeptes wird unter dem Punkt „Ökologische Ziele" zudem festgestellt, dass die Stadt Köln bereits seit 1988 der Zielsetzung „Vermeidung vor Verwertung" folgt und dies aufgrund der neuen Abfallrahmenrichtlinie künftig nun noch stärker der Fall sein wird: „Durch die wahrscheinliche gesetzliche Einführung einer neuen 5-stufigen Abfallhierarchie [...] wird auch in Köln der Stellenwert der Wiederverwendung [...] weiter gestärkt" (Stadt Köln 2012b: 14). In Kapitel 7 erfolgt dann schließlich die Darstellung der „Maßnahmen zur Abfallvermeidung und -verwertung" – man beachte hierbei allerdings die Verknüpfung gleich dreier Stufen der neuen Abfallhierarchie. Hier wird dann – analog zu 2005 – wieder insbesondere auf das abfallwirtschaftliche Bildungskonzept der Stadt bzw. der AWB abgestellt, welches online, am Telefon und persönlich in Bürgersprechstunden stattfindet. Auffällig ist hierbei, dass gerade bei Sensibilisierungskampagnen in Kindergärten und Schulen wieder der stadthygienische Gesichtspunkt sowie konventionelle Abfallbehandlungsthemen im Vordergrund stehen.[107] Hinzu kommt, dass

---

107 „Das abfallwirtschaftliche Bildungskonzept verfolgt auch das Ziel, den eigenverantwortlichen Umgang mit Abfällen (präventiv) zu schulen. Beispielsweise werden mit dem Projekt ‚Sauberkeit in Köln – Beratung in Kindertagesstätten', das im Mai 2010 gestartet wurde, bereits Kinder in Kindergärten und Grundschulen für die Themen Stadtsauberkeit und -hygiene, Abfallvermeidung sowie Abfalltrennung sensibilisiert. Umweltgerechtes Verhalten wird den Kindern z. B. mit Hilfe des AWB Köln Bilderbuchs, der Handpuppe ‚Rabe Hugo' oder dem AWB Köln Spiel ‚Unser Köln soll sauber bleiben' vermittelt. Darüber hinaus wird den

4. Analyse der Auswirkungen der europäischen Impulse im Fallstudienvergleich

sich unter Maßnahmen zur Abfallvermeidung auch der Verwarnungs- und Bußgeldkatalog der Stadt „gegen Umweltsünder" wiederfindet (Stadt Köln 2012b: 60). Verwarngelder gegen Hinterlassen von Umweltkot und Urinieren in der Öffentlichkeit, der Einsatz von Mülldetektiven und sogenannten Grill-Scouts sowie die Installation von geeigneten Abfallbehältern werden hier als effektive Maßnahmen der Abfallvermeidung dargestellt – eine Interpretationsweise, die zwar aus Kölner Sicht nachvollziehbar, aber gerade unter Berücksichtigung der in Kapitel 3 dieser Arbeit gewonnenen Erkenntnisse zu Abfallvermeidungsmaßnahmen als durchaus zweifelhaft zu bewerten ist. Auch aus dem 2012 fortgeschriebenen Abfallwirtschaftskonzept geht insgesamt klar hervor, dass das Thema Stadtsauberkeit gegenüber der Abfallvermeidung immer noch Priorität besitzt.[108]

In Bezug auf das Thema Vorbereitung zur Wiederverwendung ist im gesamten Abfallwirtschaftskonzept lediglich ein einziger Passus zu finden, nämlich zur Wiederaufbereitung von Sperrmüll. Hierin bekräftigt die Stadt, dass

„die Kooperation mit Gesellschaften weiter ausgebaut werden [soll], die Möbel und andere Gegenstände aus dem Abfall aufbereiten und an interessierte Personen verkaufen. Auf diesem Weg lässt sich die Gebrauchszeit von Gegenständen erheblich verlängern. Hierfür soll die Erfassung von gut erhaltenem Sperrmüll sowohl bei der Sperrmüll-Sammlung (Tandem-Abfuhr mit einem Pressfahrzeug und einem weiteren Fahrzeug) als auch auf den Wertstoff-Centern geprüft und wenn möglich ausgeweitet werden" (Stadt Köln 2012b: 66f.).

Trotz dieser überschaubaren Maßnahmen geht die Stadt im Abfallwirtschaftskonzept davon aus, dass alleine „aufgrund der geplanten Maßnahmen zur Abfallvermeidung [...] davon auszugehen [ist], dass langfristig die Abfallmenge leicht abnimmt" (Stadt Köln 2012b: 75; siehe Tabelle 7).

Kindern, wie auch weiteren interessierten Personen, das Thema Entsorgung in Führungen über das AWB Köln Betriebsgelände Maarweg sowie die Müllumladestation näher gebracht" (Stadt Köln 2012b: 60).

108 Ein weiteres Indiz hierfür ist in der Beschlussvorlage des Rates der Stadt Köln für die Vertragsverlängerung mit den AWB aus dem Jahr 2015 zu finden. Hier gibt es keinen konkreten Hinweis in Richtung AWB, in Sachen Abfallvermeidung künftig mehr tun zu müssen, allerdings einen Bezug zur Stadtsauberkeit: „Darüber hinaus wird die Verwaltung beauftragt, im Rahmen der anstehenden Vertragsverlängerung mit der AWB Maßnahmen zu vereinbaren, die zur Verbesserung der Stadtsauberkeit beitragen" (Stadt Köln 2015a: 49).

Welche Vermeidungsmaßnahmen dies allerdings genau sein sollen, wird nicht näher beschrieben.

Tabelle 7: *Einflussfaktoren auf die Abfallmenge in Köln 2020*

	Einflussfaktor		Entwicklung in Köln	Einfluss auf Abfallmenge 2020
(a)	Abfallmengen der vergangenen Jahre	=	Fluktuiert konstant um 500.000 t	→
(b)	Anzahl der Einwohner	+	Moderater Anstieg (+1,5 %) auf 1.032.000 Einwohner in 2020	↗
(c)	Durchschnittliche Haushaltsgröße	–	Durchschnittliche Haushaltsgröße nimmt von aktuell 1,87 auf 1,86 in 2020 leicht ab; die Anzahl der Single-Haushalte steigt verhältnismäßig deutlich (+0,8 %)	↗ (Hypothese)
(d)	Altersstruktur der Einwohner	+	Vor allem die Zahl der über 70-Jährigen wird überdurchschnittlich wachsen	↗ (Hypothese)
(e)	Kaufkraft	=	Kaufkraft bleibt stabil	→
(f)	Nutzungsdauer von Produkten	–	Durch den technischen Fortschritt und das Konsumverhalten der Kölner wird die Nutzungsdauer von Produkten kontinuierlich weiter abnehmen	↗
(g)	Wirtschaftswachstum	=	Anzahl der Gewerbebetriebe, Bruttowertschöpfung und die Erwerbsbevölkerung bleibt relativ stabil	→
(h)	Anzahl der Touristen	+	Steigende Anzahl von Übernachtungen	↗
(i)	Maßnahmen zur Abfallvermeidung	+	Die umgesetzten Maßnahmen zur Abfallvermeidung führen langfristig zu einer Reduktion der Abfallmenge	↓
Insgesamt			2020 fallen geringfügig weniger Siedlungsabfälle an als 2010	↘

Quelle: Stadt Köln 2012b: 74.

Zwar gibt eine Interviewpartnerin an, man habe sich auch bereits vor 2012 mit den Inhalten der ARRL'2008 intensiv auseinandergesetzt[109], doch der

---

[109] „Und da haben wir uns angeguckt: Was ist die Abfallrahmenrichtlinie, wie wirkt sie und wie wird sie im Kreislaufwirtschaftsgesetz wahrscheinlich umgesetzt? Und was heißt das dann für Köln? […] Da haben wir gesagt: Okay, wir nehmen die Grundelemente von der Abfallrahmenrichtlinie, dass wir dem auch genügen und Dinge antizipieren können, denen man dann später genügen

4. Analyse der Auswirkungen der europäischen Impulse im Fallstudienvergleich

zuvor getätigte Blick in das Abfallwirtschaftskonzept 2012 zeigt relativ deutlich, dass in Sachen Vermeidung und Wiederverwendung keine nennenswerte Weiterentwicklung stattfand. Trotzdem wird betont, dass – gerade weil das KrWG erst vier Jahre nach der ARRL'2008 novelliert wurde – man sich an den Inhalten der ARRL relativ stark abgearbeitet habe:

> „Also uns hat es [beeinflusst], als wir uns 2010/2011 [...] mit dem Abfallwirtschaftskonzept insofern auseinandergesetzt [haben], dass wir es fast neu geschrieben haben. Keine Fortschreibung gemacht haben, sondern es neu aufgesetzt haben, und da war die Rahmenrichtlinie in der Tat einer der maßgeblichen Faktoren. Aber damals war es ja so, dass das gerade dabei war, ins Kreislaufwirtschaftsgesetz übersetzt zu werden, und das hat ja relativ lange gedauert. Und das war der Hintergrund, dass wir gesagt haben: Okay, dann lass doch mal den Grundgedanken dahinter verstehen. Weil egal, wie das auch nachher umgeschrieben wird, den Grundgedanken wird man ja weiter verfolgen. Insofern ist das in der Tat so gewesen, dass wir uns im Abfallwirtschaftskonzept sehr stark davon leiten gelassen haben" (Interview K1).

Im ersten Sachstandsbericht zum 2012er Abfallwirtschaftskonzept zeigt sich dann auch eine Entwicklung: Durch die Implementation der ARRL in deutsches Recht stehen die Themen Abfallvermeidung und Wiederverwendung nun stärker im Fokus des Berichts als dies noch zuvor der Fall war. So wird betont, dass „2012 und 2013 [...] verschiedene Maßnahmen und Projekte im Stadtgebiet umgesetzt [wurden], um den weiteren Anforderungen und Vorgaben des Kreislaufwirtschaftsgesetzes Rechnung zu tragen" (Stadt Köln 2013b: 3). Folglich wurde im Dezember 2013, unter direkter Bezugnahme auf die Anforderungen durch das novellierte KrWG, eine Online-Gebrauchtwarenbörse auf der AWB-Homepage eingerichtet. Auch die bereits seit 2009 existierende EWAV wurde von der Kölner Abfallwirtschaft erstmals im Jahr 2012 als mitwirkenswert erkannt und taucht neu im Konzept mit auf. Auch die Einführung der kommunalen Altkleidersammlung kann, wenn auch nicht unter primär ökologischen Gesichtspunkten, auf diese Entwicklung zurückgeführt werden (vgl. Sachstandsbericht 2013: 4ff.). Im zweiten Sachstandsbericht aus dem Jahr 2014 wird diesbezüglich auch darauf hingewiesen, dass „neben der Abgabe der

---

muss. Aber das Entscheidende für uns ist, das dann auch mit klaren Linien im Abfallwirtschaftskonzept zu hinterlegen. Weil das auch vielleicht direkt der Kritik [vorbeugt bezüglich der Fragen:] Wie wird was übersetzt? Und was kommt letztendlich noch an?" (Interview K1).

Altkleider in die Altkleiderbehälter {...] insbesondere die Nutzung der Kölner Kleiderkammern empfohlen" wird (Stadt Köln 2014: 10). Auf einer von den AWB geführten Homepage konnten sich gemeinnützige Einrichtungen mit ihren Standorten registrieren lassen. Im dritten Sachstandsbericht (2016) sind keine wesentlichen Neuerungen zu den Vorjahren zu verzeichnen. Ersichtlich wird hierin allerdings, dass die Nutzungszahlen der AWB-Tauschbörse relativ gering sind und rein quantitativ gesehen die vermiedene Abfallmenge marginal erscheint: Im Jahr 2016 wurden lediglich 182 Gegenstände eingestellt – wie hoch die Zahl erfolgreicher Tausches bzw. Schenkungen war, ist nicht bekannt. In 2016 wurden sonst lediglich noch zwei Flyer konzipiert – ein Flyer zum Thema „Tipps und Hinweise zur Abfallvermeidung" sowie ein Flyer zum sensiblen Umgang mit Coffee-to-go-Bechern (vgl. Stadt Köln 2016b). Im Folgenden wird zwar noch von „Aufbereitung des Sperrmülls" gesprochen, dies ist in diesem Fall aber nicht mit Vorbereitung zur Wiederverwendung gleichzusetzen: Zwar wird der Sperrmüll von der AVG aufbereitet, aber unter „den verwertbaren Bestandteilen des Sperrmülls" versteht man in diesem „in erster Linie [...] Holz und Metallanteile", die in die stoffliche oder energetische Verwertung gehen (Stadt Köln 2016b: 11).

Im abermals aktualisierten Abfallwirtschaftskonzept aus dem Jahr 2018 wird zunächst wieder auf die hohe Bedeutung der EU im Politikfeld hingewiesen. Gleichzeitig ist als Weiterentwicklung zu 2012 aber erkennbar, dass der stattgefundene Diskurs seit 2008 auf europäischer Ebene mittlerweile auch in Köln seinen Niederschlag gefunden hat:

> „Unter anderem wurde über die AbfRRL eine neue Abfallhierarchie verankert [...]. Die Anforderungen der Europäischen Union gehen jedoch darüber hinaus. Das Ziel ist es, zu einer echten Kreislaufwirtschaft im Sinne von Circular Economy (zu Deutsch Kreislaufwirtschaft) zu kommen. Hierbei wird der gesamte Produktionszyklus einer Ware in den Fokus genommen mit dem Ziel, einen sparsamen und umweltfreundlichen Umgang mit Ressourcen auf allen Wertschöpfungsstufen zu erreichen. In der Kreislaufwirtschaft wird angestrebt, Kapital immer wieder zu nutzen und zu erneuern – unabhängig davon, ob es sich um finanzielle, menschliche, soziale oder natürliche Ressourcen handelt. Dies soll zu einem effizienten Strom von Waren und Dienstleistungen führen. Die Idee der Circular Economy geht somit weit über die bloße Ressourcenschonung und das Recycling hinaus" (Stadt Köln 2018e: 7).

4. Analyse der Auswirkungen der europäischen Impulse im Fallstudienvergleich

Im Vergleich zu den beiden zuvor veröffentlichten Abfallwirtschaftskonzepten (von 2005 und 2012), werden die kommunikationsbezogenen Aktivitäten im 2018er-Konzept, die sich vorwiegend nicht auf Abfallvermeidung beziehen, nun auch nicht mehr unter den Abfallvermeidungsmaßnahmen beschrieben, sondern haben ein eigenes Kapitel, in welchem auch Sensibilisierungsaktionen und Stadtsauberkeitsthemen aufgegriffen werden. In Kapitel 8, „Umgesetzte Maßnahmen seit 2012", werden schließlich die durchgeführten Vermeidungsmaßnahmen angeführt und erläutert: Die Teilnahme an der EWAV, Tipps zur Abfallvermeidung auf der AWB-Homepage, eine Broschüre mit Rezepten zur Eindämmung der Lebensmittelverschwendung, das Installieren einer Online-Tausch-Börse auf der AWB Homepage sowie die Coffee-to-go-Initiative werden hier genannt (Stadt Köln 2018e: 48f.). Im Gegensatz zum Abfallwirtschaftskonzept 2012 handelt es sich also um Maßnahmen, die sich auch aus kritischer Perspektive als Vermeidungsmaßnahmen klassifizieren lassen. Im weiteren Verlauf des Konzeptes wird auch auf den Umstand verwiesen, dass die AWB sich aktiv am Projekt „REdUSE" (Multivision e.V.) beteiligen, das sich für eine Sensibilisierung in den Bereichen Ressourcenschutz, Vermeidung und Recycling einsetzt. In diesem Rahmen fanden 2016 und 2017 Veranstaltungen an Kölner Schulen statt (Stadt Köln 2018e: 53). Schließlich werden in Kapitel 9 des Konzeptes dann auch noch Überlegungen angestellt, wie die Abfallvermeidung künftig noch stärker gefördert werden könnte. Auf die zentrale Bedeutung einer „echten Kreislaufwirtschaft" hinweisend, ist hier nun auch davon die Rede, dass die Stadt künftig zivilgesellschaftliche Initiativen stärker unterstützen möchte:

> „Repair Cafés oder Secondhand-Läden in Köln sind ein guter Ansatz. Sinnvolle Aktionen und Initiativen, die sich für Abfallvermeidung in Köln einsetzen, sollen zukünftig noch zielgerichteter bei der Ausübung ihrer Tätigkeit unterstützt werden. So sollen beispielsweise die Kommunikationskanäle der Stadt und AWB genutzt werden, um auf diese Unternehmungen sowie auf nützliche Tipps für mehr Abfallvermeidung hinzuweisen" (Stadt Köln 2018e: 57).

In diesem Zusammenhang möchte man künftig auch eine Karte erarbeiten und online bereitstellen, auf der die stadtweiten Reparatur- und Secondhand-Angebote sowie Gebrauchtwarenkaufhäuser verzeichnet sind (ebd.: 58). Auch wird eine Förderung von Unverpackt-Läden und anderen Möglichkeiten der Verpackungsreduktion angedacht (allerdings ohne konkrete Zahlen oder Maßnahmen zu nennen). Auf eine umgesetzte Coffee-to-go-

Becher-Kampagne bezugnehmend wird darüber hinaus angedacht, auch andere Mehrwegsysteme noch stärker zu fördern:

> „Die Stadt Köln wird [...] als Vorbild fungieren und, wo sinnvoll und möglich, stadtintern Mehrweg-Gebote umsetzen. Sich bei dem Thema jedoch nur auf Heißgetränke to go zu konzentrieren, wird der Problematik nicht gerecht. Auch andere Getränke und Speisen werden unterwegs oder bei Veranstaltungen konsumiert und deren Einwegverpackungen nach nur kurzer Nutzung entsorgt. Die Stadt möchte dazu beitragen, nachhaltige Lösungen zu fördern" (Stadt Köln 2018e: 58).

Ob dieser nun qualitativ deutlich intensiveren Auseinandersetzung mit dem Thema Vermeidung ist es erstaunlich, dass die Verantwortlichen ein Spannungsfeld zwischen Vermeidung und Stadtsauberkeit sehen – es wird befürchtet, dass Abfallvermeidungsmaßnahmen einen negativen Effekt auf die Stadtsauberkeit haben könnten: „Im Sinne der Stadtsauberkeit ist es wichtig, dass nicht durch fehlgeleitete Anreize zur Abfallvermeidung Abfälle in den öffentlichen Raum verlagert werden und beispielsweise in den Straßenpapierkörben oder als Littering wieder auftauchen" (Stadt Köln 2018e: 61). Eine Erläuterung dieser gesehenen Gefahr erfolgt nicht – gemeint sein kann hier aber eigentlich nur, dass Personen aufgrund ökonomischer Anreize versuchen könnten, die eigenen Abfallmengen gering zu halten und ihren Abfall dann im öffentlichen Raum zu entsorgen.

Insgesamt zeigt die Betrachtung der Abfallwirtschaftskonzepte sowie der Sachstandsberichte, dass mit der ARRL-Implementation in deutsches Recht die Themen Abfallvermeidung und Wiederverwendung nun deutlich stärker im Fokus stehen als dies zuvor der Fall war und auch ein paar neue Maßnahmen initiiert wurden (Online-Gebrauchtwarenbörse auf der AWB-Homepage; Teilnahme EWAV).

> „[Abfallvermeidung] ein bisschen stärker [im Fokus] würde ich auf jeden Fall sagen, aber nicht so stark, wie es Ende der 90er Jahre gewesen ist. Also ein bisschen stärker auf jeden Fall, ja, weil eben auch z.B. die europäische Vermeidungswoche und solche Geschichten Einfluss bekommen haben, da ist es wieder mehr auf die Agenda gerückt" (Interview K2).

Bezugnehmend auf die dem Abfallwirtschaftskonzept 2012 folgenden Sachstandsberichte macht eine Interviewpartnerin aber auch klar, dass den AWB durchaus bewusst war, hier keine ganz innovativen Maßnahmen umzusetzen:

> „Aber sie sehen dann auch nochmal gerade bei den Sachstandsberichten, dass wir da noch einmal Wert auf Abfallvermeidung, Wiederverwendung gelegt haben, was da früher vielleicht noch nicht so stark ausgeprägt war. [...] Was uns aber nochmal wichtig war, dass wir gesagt haben, das Eine sind Maßnahmen und da ist es, glaube ich, in der Republik sehr, sehr ähnlich, was gemacht wird. Da gibt es jetzt nicht das supertolle Neue. Was wir aber für wichtig halten, das auch im gesamten Kommunikationskontext zu haben, also dass es viel mit Sensibilisierung zu tun hat und dass es uns einfach darum geht, möglichst viele Multiplikatoren zu finden" (Interview K1).

Dass sich die Bedeutungsverschiebung hin zu einem Mehr an Abfallvermeidung hauptsächlich auf dem Papier und weniger in der Realität abgespielt hat, betont auch ein weiterer Interviewpartner:

> „[Durch die neue Hierarchie hat sich] nicht wirklich [etwas verändert]. Also wir haben auch etwa in dem gleichen Zeitraum ein neues Abfallwirtschaftskonzept geschrieben, was dann auch über den Rat der Stadt Köln verabschiedet wird. Wo wir auch dann nochmal reingeschrieben haben, dass wir eben den Fokus stärker auf Abfallvermeidung legen wollen, aber auch auf den Fokus auf mehr Verwertung. Ich glaube, da ist ja Papier geduldig. Also es ist immer schön, wenn man sowas in so ein Konzept rein schreibt, aber es fehlt letztendlich dann am Ende an der praktischen Umsetzung. Es scheitert oft an der praktischen Umsetzung" (Interview K3).

Zudem scheint das Thema Abfallvermeidung bei den kommunalen Politikern (auch solchen, die im Betriebsausschuss Abfallwirtschaft sitzen) keine besonders wichtige Rolle zu spielen. Auch würde die EU als rechtssetzende Instanz im Bereich Abfallvermeidung in der kommunalen Politik überhaupt nicht wahrgenommen.

> „Abfallvermeidung ist jetzt kein großes Thema. Leider. [...] Also die [AWB] müssen da nah dran sein, wenn eine neue Richtlinie oder Verordnung kommt oder der Bund ein Papier von sich gibt. Dann müssten die das ja lesen und die müssen das auch in die Politik einbringen. Man kann ja vom Politiker nicht verlangen, dass er jetzt die Speerspitze wäre bei der Rechtsumsetzung. Das brauche ich Ihnen jetzt nicht zu erzählen, das ist also eine riesige Palette an Aufgaben und Themen, sagen wir es so. Das müsste also [...] [der städtische Eigenbetrieb] machen. Meine Aufgabe [als Politiker] ist es ja dann zu fragen ‚Was ist denn da neu?'. Und wenn wir das nächste Mal

im Ausschuss sitzen, werde ich auf jeden Fall fragen. Ich nehme hier aus unserem Gespräch also auch einiges mit. Dann werde ich [...] mal fragen, wie die Umsetzung dieses nationalen Abfallvermeidungsprogramms laufen soll" (Interview K5).

Hervorzuheben bezüglich weiterer Policy-Initiativen ist darüber hinaus außerdem, dass ein Antrag der SPD-Fraktion aus dem Jahr 2018 („Ideen für weniger Abfall in Köln entwickeln, bündeln und umsetzen!") beim Ausschuss für Umwelt und Grün der Stadt abgelehnt wurde. Der Antrag sah die Erarbeitung eines umfassenden kommunalen Abfallvermeidungskonzeptes vor und verwies hierbei auch explizit auf die europäische ARRL und die sich hieraus ergebenden bundesdeutschen, aber auch kommunalen Zuständigkeiten:

> „In der EU-Abfallrahmenrichtlinie, den nationalen Gesetzen und Regeln zur Abfallwirtschaft sowie dem Abfallwirtschaftskonzept der Stadt Köln wird die Vermeidung von Abfällen vor allen anderen Maßnahmen in der Abfallwirtschaft verlangt und muss auch in unserer Stadt mit hoher Priorität erfolgen. [...] Neben den bisherigen Maßnahmen zur Abfallvermeidung soll hierbei z. B. Folgendes mit aufgenommen werden:
> – Vermeidung von Abfällen in Stadtverwaltung, stadteigenen und stadtnahen Gesellschaften und Unternehmen in der Stadt (Gewerbebetriebe, Einzelhandel etc.) z. B. als Kriterium bei der Beschaffung, bei Baustellen, durch die Digitalisierung von Verwaltungsprozessen, durch das papierarme Büro sowie die Nutzung von Mehrwegbechern bei Veranstaltungen etc.
> – Vermeidung von Abfällen durch Bürgerinnen und Bürger der Stadt (z. B. Verbraucher-informationen zur generellen Abfallvermeidung, Aufzeigen von Alternativen zum ‚Wegwerfen von Nahrungsmitteln')
> Zielsetzung ist die Erarbeitung von geeigneten Maßnahmen zur Öffentlichkeitsarbeit, Selbstverpflichtungen, Abschluss von Vereinbarungen/Kooperationen und die Bekanntmachung von ‚Best Practice'-Beispielen. Die Entwicklung eines Abfallvermeidungsleitfadens soll bei Aktualisierung des Abfallwirtschaftskonzeptes bereits Berücksichtigung finden" (Ausschuss für Umwelt und Grün Köln 2018: 14).

Am Ende stimmten aber sowohl
– die CDU („[...] in den nächsten Wochen stünden neue Verträge mit den AWB und Abfallwirtschaftskonzepte an. Daher plädiere die CDU-

4. Analyse der Auswirkungen der europäischen Impulse im Fallstudienvergleich

Fraktion dafür, zunächst diese Dinge abzuwarten. Wenn dann tatsächlich noch etwas nachreguliert werden müsse, sei immer noch Zeit"),
- sowie die Grünen („[…] schließt sich seiner Vorrednerin an. Oberstes Ziel müsse […] Abfallvermeidung sein und das Abfallwirtschaftskonzept müsse diesen Punkt auch berücksichtigen. Er sei allerdings dagegen, parallel den Leitfaden zu erstellen. Man brauche ein Konzept, in dem alles stehe. Er empfehle daher den Antrag zurückzustellen, bis das Abfallwirtschaftskonzept vorliegt")
- und die FDP („Für die FDP-Fraktion stehe nicht Abfallvermeidung, sondern Sauberkeit im Vordergrund.")

gegen den Antrag (ebd.: 13ff.).

Zudem ist als eine der zentralen, im Betrachtungszeitraum erarbeiteten und implementierten Abfallvermeidungsmaßnahmen die zuvor bereits schon einmal erwähnte Coffee-to-go-Becher Initiative zu nennen. Der Ausgangspunkt der Initiative liegt im Dezember 2016, als der Ausschuss für Umwelt und Grün der Stadt Köln die Verwaltung und die AWB Köln offiziell beauftragt hat, „eine Initiative zu initiieren, um die Möglichkeiten zur Einführung eines Pfandsystems für Coffee-to-go-Mehrwegbecher in Köln auszuloten bzw. zu prüfen" (Ausschuss für Umwelt und Grün Köln 2016: 13). Erwähnenswert ist an dieser Stelle, dass die ursprüngliche Initiative in diesem Bereich nicht von den AWB oder den etablierten Stadtratsparteien ausging, sondern auf die Piratenpartei zurückgeht: Diese brachte im November 2016 einen entsprechenden Antrag beim Ausschuss für Umwelt und Grün ein. Einen Monat später entschlossen sich dann Grüne und CDU, gemeinsam mit den Piraten einen Änderungsantrag hierzu einzureichen und die AWB sowie die Verwaltung mit der Initiierung einer Initiative zu beauftragen, um die Möglichkeiten zur Einführung eines Pfandsystems für Coffee-to-go-Mehrwegbecher in Köln auszuloten. Auch SPD und Linke stimmten diesem Antrag zu, bei dem neben dem Abfallvermeidungsgedanken aber auch ein deutlicher Stadtsauberkeitsgedanke dominierte: So sagt selbst der Grünen-Vertreter im Ausschuss, dass es ansonsten „letztendlich an den AWB hängenbleibe, den herumliegenden Abfall, konkret die Becher, zu beseitigen. Daher müsse die Stadt eingreifen, um der Vermüllung entgegenzuwirken" (ebd.).

Gemeinsam mit der Industrie- und Handelskammer Köln, die aufgrund ihrer Wirtschafts- und Handelsnähe am Projekt beteiligt wurde, wurde im Jahr 2017 dann ein Zwischenbericht veröffentlicht:

> „Unterschiedliche Konzepte und Lösungsansätze wurden von Akteuren aus Stadt, AWB Köln GmbH und Kölner Wirtschaft diskutiert und ausgearbeitet. Im Austausch stellten alle Teilnehmenden fest, dass

sich gemeinsame Bemühungen zur Bewältigung dieser speziellen Abfallproblematik lohnen. Die Schwerpunkte der identifizierten Umsetzungsmöglichkeiten liegen dabei zum einen beim Ausbau des Systems ‚Befüllung von Kundenbechern' für interne Großverbraucher und im öffentlichen Raum. Zum anderen wurde eine genaue Prüfung bereits umgesetzter Maßnahmen in anderen Städten empfohlen. Dies betrifft sowohl Pilotversuche und Untersuchungen in städtischen Einrichtungen, Ministerien als auch in bundesweit agierenden Unternehmen" (IHK Köln 2020).

Dass man auf Seiten der Stadt die Notwendigkeit gesehen hat, neben den bereits existierenden Vermeidungsmaßnahmen noch eine weitere, spezifische Kampagne umzusetzen, kann hierbei insgesamt auch auf den durch europäische Impulse ausgelösten Wandel zurückgeführt werden – die städtischen Akteure sind sich darüber im Klaren, dass in diesem Bereich künftig etwas mehr gemacht werden muss. Auch deshalb hielt man bereits im Zwischenbericht fest, dass die „Schaffung eines übergeordneten Kontextes" für die Initiative im Rahmen des Themas Abfallvermeidung im Abfallwirtschaftskonzept erfolgen soll (vgl. AWB 2017b: 11). Gleichzeitig ist die Flut an Coffee-to-go-Bechern im öffentlichen Raum aber auch ein Stadtsauberkeitsthema, das im Gegensatz zum zuvor erläuterten SPD-Vorschlag eines übergreifenden kommunalen Vermeidungskonzeptes eine breite Akzeptanz unter allen Regimeakteuren innehat. Hinzu kommt, dass sich auch zahlreiche andere Städte in Deutschland zur gleichen Zeit mit ähnlichen Fragestellungen beschäftigten. Es bestand hier als auch eine Art „peer pressure", tätig zu werden. Tatsächlich verweisen die AWB in diesem Zusammenhang auch oftmals auf die Aktivitäten anderer Städte, an denen man sich orientieren wolle. Insbesondere der Austausch mit München, Berlin, Hamburg und Freiburg wird hier genannt (vgl. ebd.)[110]. Auch auf

---

110 Diese Anlehnung an andere Städte ist in der Kölner Abfallwirtschaft an zahlreichen Beispielen zu beobachten. Hier ist insbesondere ersichtlich, dass die Stadt in hohem Maße versucht, beim Formulieren von Politiken und administrativen Entscheidungen von anderen Städten zu lernen: Bei einem Projekt zur Anbringung von Pfandringen (die es Bedürftigen ermöglichen, Pfandflaschen zu bekommen, ohne dafür in den Abfallbehälter greifen zu müssen) an öffentlichen Mülleimern griff man beispielsweise auf die Erfahrungen der Berliner Stadtreinigung zurück (Betriebsausschuss Abfallwirtschaftsbetrieb Köln 2015a). Die Erfahrungen aus anderen Städten flossen auch beim Design von Mülleimern im öffentlichen Raum (Betriebsausschuss Abfallwirtschaftsbetrieb Köln 2015b) sowie beim ganzheitlichen Kölner Umweltbildungskonzept mit ein (Stadt Köln 2016c).

4. Analyse der Auswirkungen der europäischen Impulse im Fallstudienvergleich

der im Rahmen der Kampagne entstandenen Website wird darauf verwiesen, dass man sich an anderen Beispielen orientiert:

> „Wir sind eine Initiative aus Stadt Köln, AWB Köln, IHK Köln sowie Vertretern aus Wirtschaft und Verbänden. Uns liegt Köln am Herzen und wir möchten zur Sauberkeit und zum Umweltschutz in unserer Stadt beitragen. Die wachsende Flut an Coffee to go Bechern ist ein Problem, aber in Köln gibt es bereits Mehrweglösungen, die dem entgegenwirken. Daher möchten wir ‚das Rad' nicht neu erfinden, sondern zum Beispiel mit der Website und anderen Kommunikationsmaßnahmen unseren Beitrag leisten, um Einwegbecher zu reduzieren" (AWB 2019).

Im Rahmen der Kampagne wurde dann schließlich auch zunächst innerhalb der Stadtverwaltung gehandelt, die mit gutem Beispiel als Vorbild vorangehen sollte:

> „Seit dem 6. Oktober 2017 haben Beschäftigte und Besucher des Stadthauses beim Kauf eines Heißgetränkes im Backshop in der Magistrale des Stadthauses die Möglichkeit, einen Mehrwegbecher käuflich zu erwerben oder ihren eigenen Becher befüllen zu lassen. Auf Initiative des Eigenbetriebs Abfallwirtschaftsbetrieb der Stadt Köln (V/6) wird in diesem Pilotversuch getestet, welchen Anklang das Angebot, Heißgetränke in Mehrwegbechern zu konsumieren, findet. Die Stadtverwaltung möchte zudem mit dem vorwiegend an die städtischen Beschäftigten gerichteten Pilotversuch bereits zu einem frühen Zeitpunkt des Prozesses Vorbildfunktion übernehmen" (Betriebsausschuss Abfallwirtschaftsbetrieb Köln 2018: 2).

Im Rahmen der Initiative wurden (auf Basis einer in Auftrag gegebenen Studie) dann ein Kommunikationskonzept erarbeitet sowie den teilnehmenden Geschäften Werbemittel kostenlos zur Verfügung gestellt. Kernstück der Aktion ist darüber hinaus die Projekt-Webseite: Diese verfügt über „eine Kartenfunktion, über die die Nutzer Ausgabestellen finden können, die Mehrwegbecher für Heißgetränke ausgeben bzw. befüllen. Hierbei werden die in Köln bereits aktiven Mehrwegsysteme mit Zustimmung der Unternehmen in der Karte eingebunden" (ebd.: 3f.).

Von den Technikstrukturen des Regimes her gesehen ist auffällig, dass die MVA als zentrales technisches Artefakt des Abfallwirtschaftsregimes aufgrund der europäischen Abfallvermeidungsimpulse nun nicht etwa stärker in Frage gestellt wird als zuvor:

4.4 Fallstudie Köln

„Wir sind ja seit 1984 im Rat als Grüne und in der ersten Zeit spielte das eine große Rolle, weil da ging es um den Bau der Müllverbrennungsanlage. Und nachdem die gebaut ist, gibt's auch keine Bürgerinitiativen dagegen. Das [...] spielt keine Rolle mehr. [...] Ich bin in der Partei auch der Einzige, der sich mehr damit beschäftigt. Die anderen interessiert es nicht so" (Interview K4).

Obwohl die infolge des Kölner Müllskandals deutlich überdimensionierte MVA in der Vergangenheit auch immer wieder für hohe Kölner Müllgebühren gesorgt hat, haben die neuen europäischen Impulse keinerlei Einfluss auf eine Diskussion um die Technik an sich. Viel mehr wird ersichtlich, dass die Diskussionen um eine Auslastung der bestehenden Kapazitäten nicht abreißen:

„Im Bereich der Restmüllverbrennung bleibt der durch den Mengenrückgang bedingte Preisverfall im Gewerbeabfallbereich weiterhin ein Problem, auch wenn der entsprechende Umsatzrückgang in 2013 bei der AVG eher moderat war. Die auf dem deutschen Markt zusätzlich geschaffenen Verarbeitungskapazitäten (Ersatzbrennstoff-Kraftwerke (EBS), MBA's und Mitverbrennung in anderen Kraftwerken) drücken weiter auf die Preise für die thermische Abfallbehandlung. Durch verstärkte Akquisitionsbemühungen der Tochtergesellschaft GVG, auch im europäischen Ausland, konnte die Anliefermenge für die RMVA gesichert werden" (Stadt Köln 2013a: 22).

„In Folge der Überarbeitung des Abfallwirtschaftskonzeptes der Stadt Köln wird die getrennte Sammlung von biogenen Abfällen und weiteren Wertstoffen intensiviert. Damit sollte sich die Auslastungssituation für die Kompostierungsanlage weiter verbessern. Bei der thermischen Verwertung müssen die sinkenden Hausmüllmengen noch stärker durch zusätzliche andere Abfälle kompensiert werden. Dies wird die AVG-Gruppe im Bereich der Akquisition von Abfallmengen, auch im europäischen Ausland zusätzlich fordern" (ebd.: 99).

Der Betreiber der Kölner MVA, die AVG, sieht sich in der Diskussion um ein Mehr an Abfallvermeidung aber auch ohnehin nicht zuständig: „Das Ziel Abfallvermeidung liegt in der Hand der Verbraucher und Produzenten von Produkten" (AVG 2017: 9). Zwar wird darauf verwiesen, dass die AVG durch Öffentlichkeitsarbeit einen Beitrag zur Aufklärung Kölner Bürger leiste (vgl. ebd.), doch Maßnahmen, die tatsächlich der Abfallvermeidung zugeordnet werden können, konnten an dieser Stelle

4. Analyse der Auswirkungen der europäischen Impulse im Fallstudienvergleich

nicht identifiziert werden. Stattdessen sorgt man sich auf Seiten der AVG eher um die künftige Kapazität der Deponie Vereinigte Ville:

> „Deponien sind seit der intensiven Diskussion um das Recycling und die thermische Verwertung aus dem Blickfeld geraten. Nach dem Motto: Durch intensive Kreislaufwirtschaft sind Deponien überflüssig. Dies jedoch ist ein Trugschluss. Sie sind ein unverzichtbarer Bestandteil einer modernen Abfallwirtschaft. In der Zwischenzeit sind deren Kapazitäten stark geschrumpft und in einigen Regionen bald ausgeschöpft. Zeit zum Gegensteuern" (AVG 2020a).

Trotz dieser starken Entsorgungsrationalität scheint auch die AVG sich darüber bewusst zu sein, dass ein Bezug zur nun fünfstufigen Abfallhierarchie in der Außendarstellung nicht fehlen darf. So wird betont, dass man auch als AVG auf allen Ebenen der Abfallhierarchie tätig ist und im Bereich Abfallvermeidung interne Vermeidungsprozesse umsetze und eine entsprechende Öffentlichkeitsarbeit durchführe. Im Bereich Vorbereitung zur Wiederverwendung sei man über die Altholzaufbereitungsanlage aktiv (vgl. AVG 2020b). Neben den bereits angemerkten, in der Realität fehlenden Vermeidungsmaßnahmen, ist auch die vorgenommene Zuordnung der Altholzaufbereitungsanlage als Vorbereitung zur Wiederverwendung zumindest zweifelhaft. Denn laut Aussagen der AVG kommen „zwei Drittel der erzeugten Altholzprodukte […] ins stoffliche Recycling, vornehmlich in die Spanplattenindustrie" und „ein Drittel dient der thermischen Verwertung" (ebd.).

Interessant im Zusammenhang mit den technischen Anlagen ist auch, dass die zivilgesellschaftliche Initiative KIMM, die sich bislang für Abfallvermeidung und gegen Müllverbrennung in Köln eingesetzt hatte, aus den europäischen Impulsen nicht gestärkt hervorging. Während KIMM in den Jahrzehnten zuvor eigentlich sehr aktiv war, regelmäßig Stellung im politischen Prozess bezogen hat und auch immer wieder Schriftverkehr mit der Kölner Abfallwirtschafts- und Umweltverwaltung hatte, ist nach 2008 fast eine komplette Einstellung aller Aktivitäten erkennbar. In einem Brief an den Beschwerdeausschuss der Stadt Köln mit dem Titel „Weiterentwicklung des Kölner Müllkonzeptes und der Kölner Müllgebührenpolitik – ökologisch nachhaltig, Klima schützend, Rohstoffe sparend, für die Gebührenzahler kostengünstiger!" forderte KIMM Anfang 2008 u. a. noch, dass „weitaus mehr Aufklärungs- und Öffentlichkeitsarbeit" geleistet werden müsse, „um das getrennte Sammeln zu intensivieren" (KIMM 2008). Zudem wurden bürgernahe Recyclinghöfe, ein Secondhand-Kaufhaus nach Münchner Vorbild und „eine Reform der Kölner Müllgebührenstruktur, indem drastische finanzielle Anreize für Müllvermeidung durch die Einführung einer verursachergerechten Müllgebühr mittels Volumenerfassung per Ultraschall geschaffen werden", gefordert (ebd.). Hier hätte die Interessengemeinschaft argumentativ eigentlich sehr gut an die europäischen Impulse andocken können und sich, mit europäischen Argumenten gestärkt, weiter in den politischen Prozess einbringen können. Jedoch kam es nicht dazu, da die Initiative sehr stark vom Engagement einer einzelnen Person abhing, die sich – aus nicht bekannten Gründen – nicht mehr weiter in diesem Bereich engagieren konnte.[111] Die tatsächlichen Auswirkungen der europäischen Impulse sind also schwierig zu beurteilen, wobei jedoch offensichtlich ist, dass auch keine andere zivilgesellschaftlich organisierte Gruppe durch die europäischen Impulse wirklich Auftrieb bekommen hat.

Bezüglich der Wirkung der europäischen Impulse über die verschiedenen Stufen des Mehrebenensystems (beispielsweise über die Ebene des Bundes oder des Landes NRW) ist Folgendes anzumerken: Die Ausarbeitung und Veröffentlichung des NAP scheint insgesamt zwar nur wenig Einfluss auf die Gestaltung der Kölner Abfallvermeidungspolitik genommen zu haben, jedoch wurde es innerbetrieblich bei den AWB durchaus registriert und als Impulsgeber wahrgenommen.

> „Sagen wir so: Als die Diskussion darum aufkam und auch noch einmal aufgezeigt wurde, was es denn alles [an Maßnahmen] gibt – das war mit Sicherheit auch etwas, was wir zu [...] unserer Ideenliste [hinzugefügt haben]. Auch nach dem Motto: Lass uns doch mal nach Best-Practice-Beispielen woanders schauen. Und dann sind auch durchaus nochmal neue Impulse dazugekommen. Also wie zum Beispiel ein ‚Secondhand-Kaufhaus' oder so etwas. Das war zum Beispiel nochmal ein klassischer Impuls, den wir für uns nicht hatten. Den haben wir dann nochmal rausgenommen und haben dann auch uns das in Hamburg anguckt, wie das da läuft, haben für uns die Rahmenbedingungen verstanden und haben uns das jetzt auch in der Diskussion mit der Stadt Köln für die Zukunft uns vorgenommen" (Interview K1).

Explizit verneint wird von den Interviewpartnern allerdings, dass durch das NAP eine Art Drucksituation entstanden sei, zügig in diesem Bereich tätig werden zu müssen: „Nein, überhaupt nicht. Wir nehmen das eher

---

111 So wurde auch ein Experteninterview im Rahmen dieser Arbeit von der betroffenen Person mit dem Hinweis abgelehnt, dass sie in dieser Sache nicht mehr aktiv sei.

als Impulsgeber wahr und dass man sich auch das nochmal bewusster macht, aber auf keinen Fall als Druck" (Interview K1). Insgesamt wird der praktische Einfluss des nationalen Programms auch von Verwaltungsseite als relativ begrenzt eingeschätzt (vgl. Interviews K1 und K2). Auch im Betriebsausschuss Abfallwirtschaftsbetrieb wurde es nicht dezidiert besprochen, was wiederum zur Folge hat, dass einzelne Ratspolitiker das Programm überhaupt nicht kennen (vgl. Interview K5 und K2).

In NRW beschäftigte man sich bei der Neuaufstellung des 2016 veröffentlichten landesweiten Abfallwirtschaftsplans intensiv mit den neuen Politikimpulsen aus EU und Bund.

> „Nordrhein-Westfalen hat sich zum Ziel gesetzt, die Kreislaufwirtschaft und die Abfallpolitik weiter zu entwickeln. Dabei soll die ökologische Abfallwirtschaft durch abfallarme Produktion, durch verstärkte Wiederverwendung, Recycling und sonstige Verwertung sowie eine entstehungsortnahe Beseitigung auch ein wichtiger Teil der Umweltwirtschafts- und Klimaschutzstrategie werden. [...] Der Abfallwirtschaftsplan für Siedlungsabfälle [...] dient der Umsetzung der 5-stufigen Abfallhierarchie und enthält anspruchsvolle Vorgaben zur Abfallvermeidung, zur Wiederverwendung und zum Recycling. Insbesondere bei der getrennten Erfassung und Verwertung von Bio- und Grünabfällen bestehen noch relevante Potenziale. [...] In Nordrhein-Westfalen werden bereits seit vielen Jahren Projekte und Aktivitäten auf dem Gebiet der Abfallvermeidung und Wiederverwendung erfolgreich praktiziert. Diese sollen intensiviert und weiterentwickelt werden. Darüber hinaus sollen neue zukunftsorientierte Strategien zur Förderung der Abfallvermeidung und Wiederverwendung entwickelt werden" (Both/Reppold 2016).

Im neuen Plan wurden nicht nur die zentralen Kategorien aus ARRL'2008 und KrWG'2012 übernommen, es wurde u. a. auch eine Abfrage bei den nordrhein-westfälischen Kommunen durchgeführt, um den aktuellen Stand an Abfallvermeidungsmaßnahmen zu erfassen, das NAP erläutert, sehr viele Beispielmaßnahmen dargelegt sowie Empfehlungen zur Weiterentwicklung der Abfallvermeidungsmaßnahmen in Nordrhein-Westfalen gegeben (u. a. Aufstellung von Abfallvermeidungskonzepten, Erweiterung bestehender Umweltmanagementsysteme um Aspekte der Abfallvermeidung, Förderung der Wiederverwendung oder Mehrfachnutzung von Produkten usw.) (vgl. Ministerium für Klimaschutz, Umwelt, Landwirtschaft, Natur- und Verbraucherschutz des Landes Nordrhein-Westfalen 2016). Insgesamt lässt dies im Vergleich zum früheren Abfallwirtschaftsplan aus dem Jahr 2009 eine deutliche Aufwertung der Thematik erkennen.[112]

Gerade vor 2016 (also vor Neuaufstellung des Abfallwirtschaftsplanes) sind die Abfallvermeidungsimpulse der NRW-Ebene auf Köln wenig ausgeprägt (vgl. Interview K1). Das liegt u. a. auch daran, dass die nordrhein-westfälische Landesregierung in Sachen Abfallvermeidung auch viel mit der Verbraucherzentrale NRW kooperiert. Diese hat zwar ein umfassendes Beratungsangebot und übernimmt auch für viele Kommunen die vorgeschriebene Abfallberatung, ist aber in Köln in dieser Hinsicht nicht aktiv (vgl. Interview K6). Erst mit dem neuen Abfallwirtschaftsplan sind Impulse für Köln zu erkennen, wobei in den städtischen Sitzungsdokumenten zu erkennen ist, dass dort hauptsächlich Veränderungen durch den Abfallwirtschaftsplan diskutiert wurden, die mit der Auslastungssicherheit der Kölner MVA zusammenhängen.

4.4.3.3 Impuls II: Die Europäische Woche der Abfallvermeidung

An der EWAV nehmen die AWB seit 2012 regelmäßig mit verschiedenen Informationsangeboten und Mitmachaktionen teil. Das folgende Beispiel aus dem Jahr 2014 zeigt, dass die AWB hierbei auch versuchen, das Jahresmotto der EWAV aufzugreifen:

„In 2014 beteiligt sich die AWB bereits zum dritten Mal an der Aktionswoche. Bisherige Themen waren ‚Aus Alt mach Neu' (2013) und ‚Abfallarmes Einkaufen in Europa' (2012). Die Themenwoche [...] in diesem Jahr [...] hat den Fokus ‚Lebensmittelabfälle und -verschwendung'. Zur Aktionswoche beteiligt sich die AWB mit verschiedenen Maßnahmen, über die sowohl hausintern als auch medial berichtet wird. Für Interessierte (städtische Tageseinrichtungen für Kinder, städtische Schulen und Erwachsene) werden folgende Aktionen und Informationen [...] angeboten: Info-Tafeln (Lebensmittelabfälle und -verschwendung sowie Wertstoff-Trennung), Verteilung der Broschüren ‚Die besten Re(st)zepte', Gestaltung von Trennplakaten, Quiz zum Thema: Was kann ich aus Lebensmittelresten noch zubereiten?, Wurfspiel zum Thema sortenreine Wertstoff-Trennung, Betriebshof-

---

112 „Da gabs 'ne politische Vorgabe, dass da ein Schwerpunkt auf Vermeidung und Bioabfallverwertung gelegt werden sollte im Abfallwirtschaftsplan" (Interview K7).

führungen auf dem Gelände Maarweg mit Erläuterung der Wertstoff-Trennung in Köln, Filmvorführung (‚Zu schade für die Tonne von Valentin Thurn'). Darüber hinaus wird auch das Thema ‚Plastiktüte' aufgegriffen und mit einer Kampagne zum Umdenken angeregt. Um [auf das Abfallproblem durch Plastiktüten] aufmerksam zu machen, werden in der Aktionswoche [...] Baumwolltaschen, die von Auszubildenden der AWB gestaltet wurden, unter anderem auf Wochenmärkten, in Einkaufsstraßen und auf unseren Wertstoff-Centern verteilt" (Betriebsausschuss Abfallwirtschaftsbetrieb Köln 2014).

Trotz der Maßnahmenvielfalt wird in obigem Zitat deutlich, dass einige der im Rahmen der EWAV durchgeführten Maßnahmen eindeutig nicht in Richtung Vermeidung und Wiederverwendung gehen, sondern eher dem Themenfeld Recycling zuzuordnen sind. Nichtsdestotrotz werden auch einige Maßnahmen mit Vermeidungsbezug durchgeführt, und am Beispiel der Baumwolltaschen-Aktion wird hierbei auch deutlich, dass man sich im Rahmen der EWAV auch durchaus Gedanken bzgl. neuer Maßnahmen gemacht hat und nicht nur bereits Bestehendes umsetzt. Letzteres wird auch für das Jahr 2015 deutlich, in dem die AWB während der EWAV auch mit mehreren zivilgesellschaftlichen Akteuren kooperierten, um Angebote „zu den Themen Tauschen, Teilen, Leihen, Schenken und Reparieren" bekannt zu machen:

„Nutzen statt Besitzen ist das diesjährige Motto der Europäischen Woche der Abfallvermeidung. [...] Vor Ort in den Kölner Stadtteilen sensibilisieren die pädagogischen Fachkräfte der AWB Schüler und Vorschulkinder für das Thema mit einer Tausch- und Schenkaktion und mit AWB Spielen zum Thema Wertstoffe. Am Donnerstag, 26.11.2015 [...] sind bei der AWB Köln [...] die DingFabrik Köln e.V., das Repair Café Köln Porz und der Ali Baba Spieleclub e.V. zu Gast. Sie präsentieren den Besuchern ihre Angebote zum Leihen, Teilen und Reparieren. Defekte Geräte der Gäste werden vor Ort repariert und die Besucher können mitgebrachte Dinge, die sie nicht mehr nutzen, tauschen oder verschenken" (AWB 2015).

Zudem wurde auch gemeinsam mit dem Umweltzentrum Köln die eigentlich nur online etablierte Tauschbörse der AWB in die Stadtteile hineingetragen: „Ähnlich wie bei einem Bücherregal auf vier Rädern können Kölner Bürger während der Abfallvermeidungswoche ihre nicht mehr gebrauchten Gegenstände mitbringen und an verschiedenen Standorten in Köln tauschen und/oder verschenken" (ebd.).

4.4 Fallstudie Köln

Insgesamt wird auch in den geführten Experteninterviews deutlich, dass die EWAV innerhalb des abfallwirtschaftlichen Regimes durchaus positiv gesehen wird und die etablierten Akteure es für sinnvoll erachten, an dieser teilzunehmen:

> „Das ist auch so, wo ich merke, da geht es wirklich mal eine Woche lang wirklich um das Thema Abfallvermeidung. [...] Insbesondere unsere Azubis sind dann immer gefragt und werden dann auch eingesetzt und eingespannt, sich dann auch in die Öffentlichkeit zu begeben und Leute anzusprechen, entweder zu Tausch- oder Verschenkbörsen oder sie verteilen dann Mehrwegtaschen, also ‚Jute statt Plastik' und irgendwelche Mottos da drauf. Also das wird dann schon etwas stärker praktiziert. Und es gibt dann auch eine entsprechende Öffentlichkeitsarbeit dazu" (Interview K3).

Zudem heben Experten der AWB die EWAV als europäische Aktion auch deshalb positiv hervor, weil die lokale Presse dann eher geneigt sei, über die Maßnahmen zu berichten, und dies insgesamt zu mehr öffentlicher Aufmerksamkeit führe (vgl. Interview K1). Hier zeigt sich aber in der Analyse von Kölnischer Rundschau und Kölner Stadt-Anzeiger recht deutlich, dass die positive Berichterstattung seitens der AWB etwas überschätzt wird. Es gibt nur vereinzelt Artikel zur EWAV (vgl. z. B. Kölnische Rundschau 2012), doch Stadtsauberkeit ist nach wie vor das dominierende Thema (vgl. Kölner Stadt-Anzeiger 2014, Kölnische Rundschau 2015, Kölner Stadt-Anzeiger 2016 und Kölnische Rundschau 2016). Insgesamt kann nicht davon gesprochen werden, dass Abfallvermeidung und Wiederverwendung aufgrund der EWAV deutlich mehr medial diskutiert werden. Eine ähnliche Einschätzung kommt auch aus der Verwaltung der Stadt Köln sowie von einem ehemaligen Abfallberater:

> „Ja, eine Aktionswoche ist besser als gar nichts. Aber da muss man sagen, da hätte ich zum Beispiel den Wunsch, das sowas von der Presse auch mehr aufgenommen wird. Ich habe nicht so wirklich das Gefühl, dass das für die Presse jetzt so ein Thema ist. Und daran kann man ja oft auch ablesen, was die Presse meint, was der Bürger gerne haben möchte. Da könnte ein bisschen mehr die Trommel gerührt werden, meine ich" (Interview K2).

> „Aber ich finde immer, dass die Resonanz ... okay, wenn man den Bürger dabei anspricht, ist immer ganz positiv, aber insgesamt ist das wirklich ein Tropfen auf den heißen Stein. Also mehr ist das wirklich nicht. Von den meisten wird das wirklich nicht wahrgenommen und

4. Analyse der Auswirkungen der europäischen Impulse im Fallstudienvergleich

es wirkt eher so im Hintergrund. Es ist ein Schattendasein" (Interview K3).

Hier wird auch deutlich, dass, obwohl die EWAV grundsätzlich durchaus positiv bewertet wird, sich die abfallwirtschaftlichen Akteure darüber im Klaren sind, dass dem tatsächlichen Impact einer solchen Woche durchaus Grenzen gesetzt sind. Auch für die strategische Gesamtausrichtung der AWB werden eher keine positiven Impulse gesehen (vgl. Interview K1). So auch ein Ratspolitiker: „[...] das wird in Köln gemacht, aber das ist eher symbolisch. Der AWB macht immer so ein paar Aktionen, also lädt Kinder ein. Also es wird gemacht, aber ich glaube, die Masse der Bevölkerung bekommt davon nichts mit" (Interview K4).

Innerbetrieblich habe die EWAV aber dazu beigetragen, dass die Beratungsaktivitäten insgesamt wieder etwas mehr in den Fokus gerückt sind. Denn vor der Existenz der europäischen Impulse hätte die Bedeutung der Abfallberatung – gerade im Vergleich zu den 1980er/1990er Jahren – stark abgenommen. Mit der EWAV und der ARRL'2008 habe sich das aber wieder gewandelt und gerade Mitte der 2010er Jahre professionalisiert:

> „Wenn man so überlegt, seit 2008 haben, glaube ich, alle Kommunen panisch Abfallberater eingestellt. Seit 2008 wurden, glaube ich, hier 25 Abfallberater eingestellt [...]. Wir haben eine Person, die zuständig ist für Vereine, um da dann halt Aktionen zu machen. Dann haben wir zwei, die gehen auf Märkte oder gehen in Bezirke rein für die direkte Ansprache, ob es jetzt am Wochenmarkt oder sonstwo ist, also direkte Kommunikation. Und auf der anderen Seite haben wir dann natürlich in der Telefonhotline unsere Abfallberatung. [...] Dann haben wir Leute, die in der Wohnungswirtschaft mit dem Umweltpass, die gezielte Beratung machen. Und dann haben wir welche, die im Gewerbe [...] die Beratung machen. Also insofern ist das sehr zielgruppenspezifisch gemacht. Und dann haben wir natürlich noch die Kindergärtnerinnen und Schullehrer bei uns, die in Schulen und Kindergärten gehen, um das wirklich für jede Zielgruppe vernünftig zu Gehör zu bringen. Und das ist der Unterschied, finde ich, zu 2008" (Interview K1).

4.5 Vergleichende Analyse der Fallstudien

Bevor eine zusammenfassende Interpretation der empirischen Ergebnisse im Lichte des theoretischen Bezugsrahmens erfolgen kann, soll an dieser

4.5 Vergleichende Analyse der Fallstudien

Stelle noch einmal deutlich gemacht werden, dass mit dem Vergleich der Fallstudien und dem Benennen von unterschiedlichen Anpassungsreaktionen in beiden Städten keine Wertung impliziert werden soll. Die kontrastierende Gegenüberstellung beider Fallstudien dient somit nicht dem Ziel ein vermeintliches Best-Practice-Beispiel bezüglich der Umsetzung europäischer Politik oder der Intensität städtischer Abfallvermeidungsstrategien zu identifizieren. Vielmehr soll den grundlegenden Fragen nachgegangen werden, wie die Anpassungsreaktionen in beiden Untersuchungsstädten verlaufen sind, welche Europäisierungsmuster sich stadtspezifisch ergeben haben und auf welche Weise sich die kommunalen sozio-technischen Regime aufgrund des europäischen Einflusses verändert haben. Auf Basis des Theorie-Kapitels und der im Kapitel 2.3.2 formulierten Forschungsheuristik werden die Auswirkungen der Europäisierung hierbei in den folgenden Kategorien des Wandels berücksichtigt:
- Politikinhalte und regulatives Institutionengefüge
- Akteurskonstellationen und Machtbeziehungen
- Normatives und kognitives Institutionengefüge
- Technische Strukturen und Artefakte

In Kapitel 4.5.5 erfolgt dann die abschließende Einordnung der Europäisierungsprozesse in die Europäisierungskategorien des theoretischen Rahmens sowie die zusammenfassende Analyse unter Bezugnahme auf das Konzept der graduellen Transformation.

4.5.1 Wandel der städtischen Politikinhalte und regulativen Institutionen

In beiden Fallstudien konnte – trotz der unterschiedlichen Startbedingungen – eine Neuformulierung und Weiterentwicklung von Abfallvermeidungspolitiken und -maßnahmen innerhalb der kommunalen soziotechnischen Regime beobachtet werden. Wie weitreichend diese Veränderungsprozesse waren und ob diese auch tatsächlich auf europäische Impulse zurückzuführen sind, wird im Folgenden diskutiert.

4.5.1.1 München

So konnte in München, wo das Thema Abfallvermeidung bereits vor der ARRL im Vergleich zu anderen Städten relativ intensiv bearbeitet wurde und gleichzeitig die europäische Ebene eher als Nachzügler in Sachen

4. Analyse der Auswirkungen der europäischen Impulse im Fallstudienvergleich

Abfallvermeidung angesehen wird, trotz des eher geringeren Anpassungsdrucks (vgl. Kapitel 4.3.2) eine leichte Intensivierung der Maßnahmen beobachtet werden. Teilweise konnte dies auch direkt auf europäische Impulse zurückgeführt werden. Hierzu gehört beispielsweise der Ausbau der Online-Services zwischen 2010 und 2012. Zwar gab es den Münchner Reparaturführer und den Secondhandführer schon seit längerem (1997 bzw. 2000), aber die Entscheidung, diese und weitere Angebote nun auch online und in einer neuen Version verfügbar zu machen, wird im 2012er Geschäftsbericht des AWM direkt in Zusammenhang mit der ARRL sowie dem damals neuen Kreislaufwirtschaftsgesetz von 2012 gebracht (vgl. AWM 2012a: 17ff.).

Auch was die stetige Weiterentwicklung des kommunalen Abfallwirtschaftskonzeptes angeht, so erfolgt dieses auf dem Papier unter konkreter Bezugnahme auf die Abfallvermeidungsimpulse der ARRL. So wurde in der Sitzung des Kommunalausschusses (als Werksausschuss für den Abfallwirtschaftsbetrieb München) im Mai 2017, in welcher das Abfallwirtschaftskonzept für die Jahr 2017–2026 beschlossen wurde, die Notwendigkeit einer Überarbeitung des alten Konzeptes auch klar auf europäische Vorgaben zurückgeführt. Insbesondere wird hier auf die neue 5-stufige Abfallhierarchie der Abfallrahmenrichtlinie sowie europäische Vorgaben für die Recyclingquote im Bereich Siedlungsabfälle verwiesen (vgl. Kommunalreferat München 2017b: 3). Gleichzeitig macht die Stadt in Bezug auf das neue Abfallwirtschaftskonzept aber auch klar, dass es sich hierbei nicht um eine grundlegend neue Herangehensweise handelt, sondern aufgrund der ohnehin positiven Entwicklung des Münchner Entsorgungssystems nur pfadbeibehaltende Änderungen sinnvoll seien (vgl. AWM 2017b: 9). Im weiteren Verlauf wird dann auch konstatiert, dass der AWM ohnehin viele Angebote zur Abfallvermeidung zur Verfügung stelle, und als konkrete neue Ziele werden die Erhöhung der wiederverwendeten Gegenstände im Gebrauchtwarenkaufhaus „Halle 2" von 1000 auf 2000 Tonnen sowie die Senkung der Restmüllmenge auf 150 kg pro Kopf pro Jahr genannt (ebd.). Zudem wolle der AWM prüfen, ob die Menge an ehrenamtlichen Abfallberatern erhöht werden könne (vgl. AWM 2017a: 51).

Im neuen Abfallwirtschaftskonzept werden auch die Münchner Bemühungen um mehr Abfallvermeidung und Abfallvermeidungsmaßnahmen in einem Mehrebenen-Kontext (EU–Bund–Land) betrachtet (vgl. AWM 2017a: 52). Ein wichtiges Beispiel ist hier sicherlich die Teilnahme Münchens an der Initiative des bayerischen LfU zur Erstellung eines Leitfadens für das Konzipieren von kommunalen Abfallvermeidungskonzepten.

4.5 Vergleichende Analyse der Fallstudien

Diese Initiative wurde 2008 anlässlich der Verabschiedung der ARRL im Oktober des gleichen Jahres initiiert. Hieraus wurden für München zwar nicht direkt neue Maßnahmen konzipiert (dies war auch nicht Ziel, weil es hier vielmehr darum ging, bereits existierende Münchner Maßnahmen in Bayern zu verbreiten), allerdings hat das Engagement doch zu zwei erwähnenswerten Umständen geführt: Zum einen zeigt sich, dass die europäischen Policy-Impulse bereits im Jahr 2008, also deutlich vor der Implementierung in deutsches Recht, auf der bayerischen Ebene verarbeitet wurden und infolgedessen auch die Stadt München intensiv in den Prozess einbezogen wurde. Wie in der Fallstudie zuvor verdeutlicht, war dies für München aber natürlich nicht der erste Berührungspunkt mit den neuen europäischen Impulsen – durch die enge Verwobenheit mit der europäischen Ebene insgesamt und der Einspeisung Münchner Interessen in das europäische Politiksystem (über Lobbying- und/oder Verbände-Aktivitäten) waren die Münchner über die anstehenden Politikveränderungen bereits gut informiert. Zudem hatten sie schon für sich selbst abgesteckt, was diese neuerlichen Impulse für die Abfallwirtschaft der Stadt bedeuteten, und sahen sich insbesondere in den Bereichen Vermeidung und Wiederverwendung gut aufgestellt. Der Impuls wird auf bayerischer Ebene auch deshalb direkt aufgegriffen, da insbesondere das Bayerische Landesamt für Umwelt ohnehin relativ aktiv im Bereich Abfallvermeidung war und einen Anlass dafür gesucht hat, um noch aktiver zu werden (vgl. Interview M8). Hier waren die Verabschiedung der ARRL und der neuerliche Fokus auf Abfallvermeidung und Wiederverwendung genau der richtige Bezugspunkt und in diesem Sinne auch ein „window of opportunity" für das Landesamt. Obwohl der Anpassungsdruck in Bayern zu diesem Zeitpunkt als noch sehr gering einzustufen ist, kommt der Impuls über solch weichere Mechanismen trotzdem an. Die Stadt München, für die ein noch geringerer Anpassungsdruck als für die gesamtbayerische Ebene herrschte, konnte sich in diesen Prozess wiederum als Vorzeigebeispiel einbringen und erhielt durch den europäischen Impuls die Möglichkeit, das eigene Tun in eine fortschrittliche Agenda einzubinden und zu demonstrieren, dass künftige Anforderungen an eine nachhaltige Abfallwirtschaft bereits heute in München umgesetzt werden. Nicht nur durch das zuvor angesprochene Projekt, sondern auch gerade durch die vielen Interaktionspunkte Münchens mit dem System der EU (z. B. über EUROCITIES) wirkten die europäischen Impulse der ARRL schon deutlich vor der Implementation in deutsches Recht auf die Stadt ein.

Zudem hat die Analyse der Fallstudie gezeigt, dass in München sehr aktiv und frühzeitig an der Europäischen Woche der Abfallvermeidung teilgenommen wurde. Die EWAV hat in München insgesamt zwar nicht dazu geführt, dass man sich grundlegend neu mit dem Thema beschäftigt hat („Das war bei uns immer schon ein Thema." – Interview M1). Es wurden durch die EWAV aber keine grundlegend neuen Abfallvermeidungsmaßnahmen initiiert[113] – vielmehr wurden bestehende Maßnahmen nun mit dem neuen europäischen Kontext beworben bzw. in Szene gesetzt. Trotzdem waren Experten des AWM darüber „erstaunt, in welchem Umfang dort Akteure dabei waren, die versuchen, die Bürger aufzuklären" (Interview M3). Auch die Analyse der Berichterstattung in der Münchner Zeitungslandschaft lässt feststellen, dass das Thema „Abfallvermeidung" durch die europäische Aktionswoche etwas mehr Aufmerksamkeit in der Öffentlichkeit bekommen hat (vgl. Kapitel 4.3.3.3).

Gleichzeitig zeigt die Analyse der Fallstudie München aber auch Folgendes: Obwohl in zahlreichen abfallplanerischen und -politischen Dokumenten auf die Relevanz der EU für die Stadt München verwiesen wird und hieraus folgend auch eine durch europäische Impulse ausgelöste Weiterentwicklung der Policy-Inhalte festzustellen ist, zeigt die Analyse des Interviewmaterials dennoch, dass die meisten Interviewpartner der Auffassung sind, dass die europäischen Impulse zu keiner radikalen Neuformulierung von Politiken beigetragen haben. Ganz im Gegenteil: Die interviewten Akteure betonen eher, dass die europäischen Impulse nicht zu weitreichenden, sondern eher inkrementellen Veränderungen geführt haben und dass europäische Impulse in der Münchner Abfallwirtschaft generell auch eher als Einschränkung der kommunalen Handlungsfreiheit wahrgenommen werden (vgl. Interviews M1, M5 und M6).

Es zeigt sich, wie theoretisch erwartet, dass der sehr geringe Anpassungsdruck und das Vorhandensein vieler bestehender Maßnahmen dazu geführt haben, dass sich die Regimeakteure nun unter Zugzwang sehen, in diesem Bereich substanziell mehr zu machen:

> „Durch die Tatsache, dass wir schon ein Gebrauchtwarenkaufhaus hatten und über die Kooperation mit Sozialprojekten schon im großen Stil betrieben haben, haben wir das nur weitergeführt. Wir geben ja Elektroaltgeräte und Möbel zum Teil an Sozialprojekte, Fahrräder auch. Also da wo es sich angeboten hat und wo leicht reparierbare Teile der Wiederverwendung zugeführt werden konnten, haben wir das praktiziert. [...] Das war für uns nichts Neues" (Interview M3).

---

113 Bis auf die Taschen-Tausch-Aktion (vgl. Kapitel 4.3.3.3).

4.5 Vergleichende Analyse der Fallstudien

Von daher erscheint es zunächst überraschend, dass die europäischen Vorstellungen und Impulse im Bereich Abfallvermeidung in München aber trotzdem die Formulierung neuer Politiken und Initiativen beeinflusst haben. Ursache hierfür ist, dass man die europäische Ebene als wichtigen Bezugsraum und eine Art Bühne begreift, auf der man sich auch international mit anderen Städten vergleichen und gut abschneiden kann: Bestes Beispiel ist hier die Teilnahme am EUROCITIES-Award 2017 mit dem Münchner Gebrauchtwarenkaufhaus „Halle 2". Der AWM, der im EUROCITIES-Netzwerk ohnehin sehr aktiv ist, sah durch die Teilnahme die Chance, einen Marketingeffekt für die „Halle 2" zu erzielen, sich als Vorbild der Kreislaufwirtschaft zu positionieren und dadurch als Vorbild für andere Kommunen zu wirken, sowie dass sich ein Gewinn des Awards positiv auf die Lobbyarbeit in Brüssel auswirken und dort der Münchner Stimme noch mehr Gewicht in Sachen Abfallwirtschaft verschaffen werde (vgl. Kommunalreferat München 2017a: 4f.). Insgesamt lässt sich am Beispiel der „Halle 2" auch ablesen, dass die verstärkten Diskussionen rund um die Vorbereitung zur Wiederverwendung auf europäischer Ebene trotz des bereits existierenden Gebrauchtwarenkaufhauses nochmals Schwung und neue Ambitionen in die Münchner Diskussionen gebracht haben. Dazu gehört, dass ab 2015 eine Diskussion um konkrete Wiederverwendungsziele bzw. eine Erhöhung der Wiederverwendungsquote begann (u. a. auch durch Anträge von Oppositionsparteien im Stadtrat), an der sich der AWM auch selbst beteiligte.

Hierbei zeigt sich, dass sich die Stadt nicht auf dem existierenden Gebrauchtwarenkaufhaus ausgeruht hat, sondern im Rahmen einer Neukonzeption auch grundlegend die ökologische Effektivität der Einrichtung erhöhen wollte:

> „Die neue Halle 2 soll [...] ein Vorzeigeobjekt des AWM und der Landeshauptstadt München werden und ein Beispiel gelebter Verantwortung für Umwelt und Gesellschaft sein – ganz unter der Maxime: hohe Wiederverwendungsquote bei größtmöglicher Wirtschaftlichkeit. [...] Nach einer quantitativen Schätzung der vorhandenen Wiederverwendungspotenziale auf den Münchner Wertstoffhöfen rechnet der AWM mit einer Steigerung der zur Wiederverwendung angebotenen Gewichtsmengen um 100 % von derzeit rund 1.000 Mg auf rund 2.000 Mg. Das Steigerungspotenzial ergibt sich insbesondere durch eine angestrebte Mengenerhöhung über die Wertstoffhöfe von circa 500 Mg, die mittels entsprechender Marketingkampagnen erreicht werden soll, sowie durch die Erschließung zusätzlicher Potenziale über die Direktanlieferungen der Kunden" (Kommunalreferat München 2016: 1ff.).

4. Analyse der Auswirkungen der europäischen Impulse im Fallstudienvergleich

Insgesamt zeigt sich, dass auch wenn die europäischen Policy-Impulse nicht immer ursächlich für das tatsächliche Ergreifen von neuen Maßnahmen oder das Formulieren neuer Politiken war, doch immer eine Rückbeziehung und Evaluation der Inhalte unter Berücksichtigung europäischer Entwicklungen stattfindet. Auch wenn sich die abfallwirtschaftlichen Akteure in München teilweise von den europäischen und bundesdeutschen Vorgaben bzw. Empfehlungen nahezu unterfordert fühlen, so werden sie doch als relevante Bezugsgröße gesehen und intensiv bearbeitet. Dies spiegelt die zuvor in der Fallstudie durchgeführte Analyse der Geschäftsberichte von 2006 bis 2017 des AWM wider: Durch die europäischen Impulse fühlt man sich über die Zeit hinweg deutlich verstärkt dazu veranlasst, die Bemühungen um Abfallvermeidung in den Mittelpunkt zu rücken. So verweist der AWM in seinem Geschäftsbericht 2012 zwar darauf, dass die von der EU vorgeschriebene, fünfstufige Abfallhierarchie in München eigentlich schon seit den 1990er Jahren praktiziert wird, aber im Vergleich zu den Jahren vor der Abfallrahmenrichtlinie fällt auf, dass man textlich deutlich stärker versucht, die Wichtigkeit des Themas in den Vordergrund zu stellen. Zudem machte gerade der Vergleich der Geschäftsberichte vor und nach 2008 deutlich, dass sich der AWM aufgrund der neuen europäischen Impulse durchaus genötigt sah, den Themen Abfallvermeidung und Wiederverwendung deutlich mehr Aufmerksamkeit zu schenken.

Gleichzeitig ist einschränkend aber zu nennen, dass nicht alle Bemühungen um mehr Abfallvermeidung auf konkrete europäische Impulse zurückzuführen waren. Ein Beispiel hierfür sind die großen, öffentlichkeitswirksamen Kampagnen rund um Coffee-to-go-Becher und Plastikmüll (vgl. Kapitel 4.3.3.2). Auch wenn die europäischen Impulse über das Kreislaufwirtschaftsgesetz hier durchaus zu einem Meinungsklima beigetragen haben, das solche Abfallvermeidungsmaßnahmen eher möglich als unmöglich macht, hat sich auf empirischer Basis in der Fallstudie gezeigt, dass die Wahl der Maßnahmen an sich nicht direkt auf europäische Impulse zurückzuführen ist.

4.5.1.2 Köln

In Köln, wo der Anpassungsdruck im Vergleich zu München etwas höher war (vgl. Kapitel 4.4.2), konnte ebenso eine leichte Zunahme an Abfallvermeidungsmaßnahmen sowie eine intensivere Auseinandersetzung mit dem Thema Abfallvermeidung als vor den europäischen Impulsen festgestellt werden. Dass dies zumindest teilweise auch auf die europäischen Policy-Impulse zurückzuführen ist, wird dieses Kapitel weiter beleuchten.

Die Einschätzung, dass das Thema Abfallvermeidung in Folge der europäischen Impulse nun stärker als zuvor von der Stadt Köln bearbeitet wird, spiegelt auch die Aussagen einer Mitarbeiterin der städtischen AWB sowie eines Stadtratsmitglieds im Betriebsausschuss der AWB wider:

> „Ein bisschen stärker würde ich auf jeden Fall sagen, aber nicht so stark, wie es Ende der 90er Jahre gewesen ist. Also ein bisschen stärker auf jeden Fall, ja, weil eben auch wie z. B. die europäische Vermeidungswoche und solche Geschichten Einfluss bekommen haben, da ist es wieder mehr auf die Agenda gerückt" (Interview K2).

> „Ich glaube schon, dass die EU schon eine große Rolle spielt. Sowohl beim Deponierungsverbot als auch bei der Abfallhierarchie. Die geben schon Ziele vor und wir versuchen die einzuhalten. Von daher spielt die EU schon eine positive Rolle" (Interview K4).

Interessant ist hier vor allem, dass der Einfluss der ARRL zumindest innerbetrieblich bei den AWB auch schon vor der Implementierung in deutsches Recht wirkte, obwohl das Abfallwirtschaftsregime auf europäischer Ebene im Vergleich zu München deutlich weniger Interaktionspunkte hat. So betont eine Führungskraft der AWB, dass man sich bereits vor der Novelle des Kreislaufwirtschaftsgesetzes (2012) detailliert mit den Inhalten der Rahmenrichtlinie befasst und hieraus auch konkreten Änderungsbedarf für Köln abgeleitet habe:

> „Und da haben wir uns angeguckt: Was ist die Abfallrahmenrichtlinie, wie wirkt sie und wie wird sie im Kreislaufwirtschaftsgesetz wahrscheinlich umgesetzt? Und was heißt das dann für Köln? […] Da haben wir gesagt: Okay, wir nehmen die Grundelemente von der Abfallrahmenrichtlinie, dass wir dem auch genügen und Dinge antizipieren können, denen man dann später genügen muss. […] Weil, egal wie, das [KrWG] auch nachher umgeschrieben wird. Den Grundgedanken [der Abfallrahmenrichtlinie] wird man ja weiter verfolgen. Insofern ist das in der Tat so gewesen, dass wir uns im Abfallwirtschaftskonzept sehr stark davon leiten gelassen haben" (Interview K1).

Betont wird darüber hinaus, dass die folgende Überarbeitung des Abfallwirtschaftskonzeptes dann auch sehr intensiv ausfiel und man es nicht einfach fortgeschrieben habe, sondern aufgrund der Auseinandersetzung mit der Rahmenrichtlinie grundlegende Neuerungen aufgenommen wurden (vgl. Interview K1):

„Aber Sie sehen dann auch nochmal gerade bei den Sachstandsberichten, dass wir da noch einmal Wert auf Abfallvermeidung, Wiederverwendung gelegt haben, was da früher vielleicht noch nicht so stark ausgeprägt war. [...] Was uns aber nochmal wichtig war, dass wir gesagt haben, das Eine sind Maßnahmen und da ist es, glaube ich, in der Republik sehr, sehr ähnlich, was gemacht wird. Da gibt es jetzt nicht das supertolle Neue. Was wir aber für wichtig halten, das auch im gesamten Kommunikationskontext zu haben, also dass es viel mit Sensibilisierung zu tun hat und dass es uns einfach darum geht, möglichst viele Multiplikatoren zu finden" (Interview K1).

Durch die Implementation der ARRL in deutsches Recht stehen die Themen Abfallvermeidung und Wiederverwendung nun deutlich stärker im Fokus der Sachstandsberichte zum Abfallwirtschaftskonzept, als dies zuvor der Fall war. So wird betont, dass „2012 und 2013 [...] verschiedene Maßnahmen und Projekte im Stadtgebiet umgesetzt [wurden], um den weiteren Anforderungen und Vorgaben des Kreislaufwirtschaftsgesetzes Rechnung zu tragen" (Stadt Köln 2013b). Folglich wurde beispielsweise im Dezember 2013 unter direkter Bezugnahme auf die neuen Anforderungen durch das novellierte KrWG'2012 eine Online-Gebrauchtwarenbörse auf der AWB-Homepage eingerichtet. Auch die bereits seit 2009 existierende EWAV wurde von der Kölner Abfallwirtschaft erstmals im Jahr 2012 als mitwirkenswert erkannt.

Bis auf die zuvor erwähnte Online-Gebrauchtwarenbörse gab es im Bereich „Vorbereitung zur Wiederverwendung" im Untersuchungszeitraum jedoch keine nennenswerten Maßnahmen, die aufgrund europäischer Impulse eingeführt worden wären. Zwar hatten die AWB bereits seit 2008 eine Pilotphase zur Aufbereitung von Sperrmüllmöbeln mit dem gemeinnützigen Kölner Möbellager e.V. laufen, die 2009 auch für ein weiteres Jahr verlängert wurde. Wie ernsthaft dieses Projekt über die folgende Zeit hinweg jedoch verfolgt wurde, ist fraglich. Zwar steht im Abfallwirtschaftskonzept 2012 der Stadt, dass „die Kooperation mit Gesellschaften weiter ausgebaut werden [soll], die Möbel und andere Gegenstände aus dem Abfall aufbereiten und an interessierte Personen verkaufen", sich so „die Gebrauchszeit von Gegenständen erheblich verlängern [lässt]" und dass „hierfür [...] die Erfassung von gut erhaltenem Sperrmüll sowohl bei der Sperrmüll-Sammlung (Tandem-Abfuhr mit einem Pressfahrzeug und einem weiteren Fahrzeug) als auch auf den Wertstoff-Centern geprüft und wenn möglich ausgeweitet werden [soll]" (Stadt Köln 2012b: 66f.). Der Verbund gemeinnütziger Möbellager e.V. wurde mit der Vorbehandlung von Sperrmüll auch tatsächlich beauftragt, musste jedoch 2013 Insolvenz anmelden. Daraufhin wurde das Projekt eingestellt und kein anderweitiger Auftragnehmer beauftragt. Hieran konnten auch die europäischen Policy-Impulse nichts ändern.

Im aktuellen Abfallwirtschaftskonzept von 2018 wird – wie bereits im Abfallwirtschaftskonzept 2012 – auf die hohe Bedeutung der EU im Politikfeld Abfall hingewiesen. Gleichzeitig ist als Weiterentwicklung zu 2012 aber erkennbar, dass der auf europäischer Ebene stattgefundene Diskurs um ein Mehr an Abfallvermeidung auch in Köln seinen Niederschlag gefunden hat:

> „Unter anderem wurde über die AbfRRL eine neue Abfallhierarchie verankert [...]. Die Anforderungen der Europäischen Union gehen jedoch darüber hinaus. Das Ziel ist es, zu einer echten Kreislaufwirtschaft im Sinne von Circular Economy (zu Deutsch Kreislaufwirtschaft) zu kommen. Hierbei wird der gesamte Produktionszyklus einer Ware in den Fokus genommen mit dem Ziel, einen sparsamen und umweltfreundlichen Umgang mit Ressourcen auf allen Wertschöpfungsstufen zu erreichen. In der Kreislaufwirtschaft wird angestrebt, Kapital immer wieder zu nutzen und zu erneuern – unabhängig davon, ob es sich um finanzielle, menschliche, soziale oder natürliche Ressourcen handelt. Dies soll zu einem effizienten Strom von Waren und Dienstleistungen führen. Die Idee der Circular Economy geht somit weit über die bloße Ressourcenschonung und das Recycling hinaus" (Stadt Köln 2018e: 7).

Schließlich werden Überlegungen angestellt, wie die Abfallvermeidung in Köln künftig noch stärker gefördert werden könnte. Auf die zentrale Bedeutung einer „echten Kreislaufwirtschaft" hinweisend, ist hier nun auch davon die Rede, dass die Stadt künftig zivilgesellschaftliche Initiativen stärker unterstützen möchte:

> „Repair Cafés oder Secondhand-Läden in Köln sind ein guter Ansatz. Sinnvolle Aktionen und Initiativen, die sich für Abfallvermeidung in Köln einsetzen, sollen zukünftig noch zielgerichteter bei der Ausübung ihrer Tätigkeit unterstützt werden. So sollen beispielsweise die Kommunikationskanäle der Stadt und AWB genutzt werden, um auf diese Unternehmungen sowie auf nützliche Tipps für mehr Abfallvermeidung hinzuweisen" (Stadt Köln 2018e: 57).

In diesem Zusammenhang möchte man künftig auch eine Karte erarbeiten und online bereitstellen, auf der die stadtweiten Reparatur- und Secondhand-Angebote sowie Gebrauchtwarenkaufhäuser verzeichnet sind (Stadt

Köln 2018e: 58). Auch wird eine Förderung von Unverpackt-Läden und anderen Möglichkeiten der Verpackungsreduktion angedacht (allerdings ohne konkrete Zahlen oder Maßnahmen zu nennen). Auf die bisher umgesetzte Coffee-to-go-Kampagne bezugnehmend ist darüber hinaus geplant, auch andere Mehrwegsysteme noch stärker zu fördern:

> „Die Stadt Köln wird [...] als Vorbild fungieren und, wo sinnvoll und möglich, stadtintern Mehrweg-Gebote umsetzen. Sich bei dem Thema jedoch nur auf Heißgetränke To-Go zu konzentrieren, wird der Problematik nicht gerecht. Auch andere Getränke und Speisen werden unterwegs oder bei Veranstaltungen konsumiert und deren Einwegverpackungen nach nur kurzer Nutzung entsorgt. Die Stadt möchte dazu beitragen, nachhaltige Lösungen zu fördern" (Stadt Köln 2018e: 58).

Aufgrund der nun qualitativ intensivierten Auseinandersetzung mit dem Thema Vermeidung ist es erstaunlich, dass nach wie vor ein deutliches Spannungsfeld zwischen Vermeidung und Stadtsauberkeit vorherrscht und dies so auch in den planerischen und politischen Dokumenten zum Ausdruck kommt – hier wird insbesondere befürchtet, dass Abfallvermeidungsmaßnahmen einen negativen Effekt auf die Stadtsauberkeit haben könnten (beispielsweise durch verursacherbezogene Abfallgebührensysteme, die Individuen dazu verleiten könnten, ihren Müll im öffentlichen Raum zu entsorgen): „Im Sinne der Stadtsauberkeit ist es wichtig, dass nicht durch fehlgeleitete Anreize zur Abfallvermeidung Abfälle in den öffentlichen Raum verlagert werden und beispielsweise in den Straßenpapierkörben oder als Littering wieder auftauchen" (Stadt Köln 2018e: 61).

Auch wenn auf dem Papier insgesamt eine leichte Weiterentwicklung und eine verstärkte Abarbeitung am Thema Abfallvermeidung erkennbar ist und auch insgesamt die Maßnahmendichte etwas zugenommen hat, so weisen die Interviews der Fallstudie Köln darauf hin, dass dies insgesamt trotzdem nicht zu einer grundlegenden Neuausrichtung tradierter Denk- und Handlungsmuster geführt hat:

> „[Durch die neue Hierarchie hat sich] nicht wirklich [etwas geändert]. [...] In das [neue Abfallwirtschaftskonzept haben] wir auch dann nochmal reingeschrieben, dass wir eben den Fokus stärker auf Abfallvermeidung legen wollen, aber auch auf den Fokus auf mehr Verwertung. Aber ich glaube, da ist ja Papier geduldig. Also es ist immer schön, wenn man sowas in so ein Konzept reinschreibt, aber es fehlt letztendlich dann am Ende an der praktischen Umsetzung" (Interview K3).

Bezüglich der EWAV hat die Fallstudienbetrachtung aber gezeigt, dass sich die Stadt seit 2012 hieran beteiligt und hierfür sogar teilweise neue Maßnahmen konzipiert wurden (vgl. Kapitel 4.4.3.3):

> „Das ist auch so, wo ich merke, da geht es wirklich mal eine Woche lang wirklich um das Thema Abfallvermeidung. [...] Also das wird dann schon etwas stärker praktiziert. Und es gibt dann auch eine entsprechende Öffentlichkeitsarbeit dazu" (Interview K3).

Insgesamt nutzen die Regimeakteure den europäischen Kontext gerade auch deswegen, weil die lokale Presse dann eher geneigt sei, über die Maßnahmen zu berichten, und dies insgesamt zu mehr öffentlicher Aufmerksamkeit führe (vgl. Interview K1).[114] Auf die strategische Gesamtausrichtung der AWB werden allerdings keine positiven Impulse gesehen (vgl. ebd.). So auch ein Ratspolitiker:

> „[...] das wird in Köln gemacht, aber das ist eher symbolisch. Der AWB macht immer so ein paar Aktionen, also lädt Kinder ein. Also es wird gemacht, aber ich glaube, die Masse der Bevölkerung bekommt davon nichts mit" (Interview K4).

Obwohl also insgesamt durch die europäischen Impulse nur geringfügige Wandlungsprozesse in Gang gesetzt wurden, verweist ein politischer Akteur trotzdem darauf, dass diese – wenn auch marginalen – Anpassungen definitiv nicht erfolgt wären, hätte es nicht die europäischen Impulse und die hierauf folgende Implementation in deutsches Recht bzw. die Übernahme der Inhalte in den nordrhein-westfälischen Abfallwirtschaftsplan gegeben:

> „Also ich glaube nicht, [dass es ohne die europäischen Abfallvermeidungsimpulse eine ähnliche Entwicklung gegeben hätte]. [...] In den letzten Jahren mit der Abfallhierarchie. Die Vorgaben auch im Landesabfallwirtschaftsplan, die zwingen halt die Kommunen dann zu versuchen, diese Ziele einzuhalten. Ohne diese würde da gar nichts passieren" (Interview K4).

Auch wenn, wie oben bereits erläutert, die Auseinandersetzung bei den AWB mit den Inhalten der ARRL'2008 bereits vor der eigentlichen Umsetzung in deutsches Recht stattfand, fällt auf, dass der Stadtrat und selbst

---

114 Empirisch hatte sich in Kapitel 4.4.3.3 aber gezeigt, dass dieser Effekt etwas überschätzt wird. Es konnten sowohl im Stadt-Anzeiger als auch in der Rundschau kaum Artikel gefunden werden, die über die EWAV berichteten.

4. Analyse der Auswirkungen der europäischen Impulse im Fallstudienvergleich

die im Betriebsausschuss Abfallwirtschaft vertretenen Politiker über die europäischen Vorgaben und Ansichten bezüglich Abfallvermeidung eher weniger informiert bzw. die Diskussionen hiervon nicht tangiert sind. So wurden mehrere im Rahmen dieser Arbeit interviewten Kölner Politiker trotz ihrer Mitgliedschaft im Betriebsausschuss erstmalig mit dem Nationalen Abfallvermeidungsprogramm konfrontiert. Grund hierfür ist, dass die europäischen Impulse, aber auch die bundesdeutschen Umsetzungen hiervon, von den AWB stark vorgefiltert werden und dann jeweils im nächsten Ausschuss besprochen werden (vgl. hierzu auch Interview K5).

> „Nein, [von der Umsetzung eines nationalen Abfallvermeidungsprogramms haben wir in Köln nichts gespürt und es wurde in den Gremien auch nicht diskutiert]. […] Ich hab es schon mal gehört, aber es spielt in der Diskussion keine Rolle. […] Es ist ja auch nicht Aufgabe der Ratspolitiker, das umzusetzen. Das ist ja mit allen Politikbereichen so […]. Die Politiker hören sich das an und beschließen das, aber umgesetzt werden muss das von den Firmen (Interview K3).

Insgesamt werde die EU als rechtssetzende und/oder impulsgebende Instanz in Sachen Abfallvermeidungspolitik von den Politikern eher weniger wahrgenommen (vgl. Interview K5). Bei den AWB hingegen ist man sich sehr bewusst, dass die relevanten Policy-Impulse heutzutage fast alle ihren Ursprung auf europäischer Ebene haben (vgl. Interview K1).

Dies spiegeln auch die in Kapitel 4.4.3.1 beschriebenen, etwas weniger stark vorhandenen EU-Interaktionspunkte des abfallwirtschaftlichen Regimes im Vergleich zu München wider. Dieser Umstand hat zumindest teilweise auch direkten Einfluss auf die Formulierung neuer Abfallvermeidungsmaßnahmen. Diese finden in der Stadt Köln nämlich weniger unter Bezugnahme auf europäische Impulse statt. Vielmehr wird versucht, möglichst auf andere deutsche Städte Bezug zu nehmen, die im Bereich Abfallvermeidung aktiver sind als man selbst. Zudem ist der beispielsweise in Bezug auf die neuen Maßnahmen im Bereich Vermeidung von Coffee-to-go-Bechern der Policy-Wandel trotz externer Bezugnahme auf andere deutsche Kommunen als stark pfadabhängig zu bezeichnen. Im direkten Gegensatz zu München versucht man in Köln nicht als Vorbild für andere zu wirken, sondern ist gerne bereit, sich in bereits existierende Diskussionen und Nachhaltigkeits-Vorstellungen zu fügen. So ist explizit davon die Sprache, dass andere Städte im Bereich von Vermeidung von Einwegbechern bereits sinnvolle Ansätze gefunden haben und man „das Rad nicht neu erfinden" wolle, sondern mit einer Website und weiteren Kommunikationsmaßnahmen einfach einen Beitrag leisten wolle, um die Becherflut

4.5 Vergleichende Analyse der Fallstudien

zu reduzieren (vgl. AWB 2019). Im Vergleich zur Konzeption anderer Abfallvermeidungsmaßnahmen und/oder -kampagnen wurden hier von den AWB vergleichsweise viel Aufwand und Ressourcen hineingesteckt (vgl. Betriebsausschuss Abfallwirtschaftsbetrieb Köln 2018 und AWB 2017b). Der Grund hierfür ist in der Passfähigkeit zum städtischen Diskurs um Stadtsauberkeit zu sehen und auch, dass bundesweit zahlreiche Initiativen gestartet wurden und man hier nicht als Nachzügler angesehen werden wollte. Europäisierung durch die ARRL oder die EWAV ist also hier nur insofern relevant, als dass durch diese Impulse sowieso ein leicht erhöhtes Bewusstsein in der Kölner Verwaltung und bei den AWB bestand, in Sachen Abfallvermeidung etwas mehr machen zu müssen. Gerade bei der Maßnahme gegen die Coffee-to-go-Becher muss bezüglich Europäisierung also konstatiert werden, dass diese nur im weiteren Sinne als Einführungsgrund herangezogen werden kann. Entscheidender waren hier eher der bundesdeutsche Diskurs und bereits existierende Initiativen anderer deutscher Kommunen (insb. München, Berlin, Freiburg und Hamburg), die zur damaligen Zeit eine extrem hohe Medienaufmerksamkeit erfuhren, sowie die Passfähigkeit zum existierenden Stadtsauberkeitsdiskurs in Köln (siehe hierzu auch die folgenden Kapitel 4.5.3 und 4.5.4).

Hervorzuheben bezüglich weiterer Policy-Initiativen ist darüber hinaus außerdem, dass der Antrag „Ideen für weniger Abfall in Köln entwickeln, bündeln und umsetzen!" der SPD-Fraktion beim Ausschuss für Umwelt und Grün der Stadt im Jahr 2018 abgelehnt wurde. Dieser sah die Erarbeitung eines umfassenden kommunalen Abfallvermeidungskonzeptes vor und verwies hierbei auch explizit auf die europäische ARRL und die sich hieraus ergebenden bundesdeutschen, aber auch kommunalen Zuständigkeiten. Sowohl CDU, Grüne und FDP stimmten letztendlich aber gegen die Ausarbeitung eines separaten Abfallvermeidungskonzeptes (Ausschuss für Umwelt und Grün Köln 2018; vgl. Kapitel 4.4.3.2).

Insgesamt kam es in der Fallstudie Köln zu einer Weiterentwicklung der bestehenden Politiken und Maßnahmen – allerdings auf recht niedrigem Niveau. Häufig, aber nicht immer konnten Veränderungen auf europäische Impulse zurückgeführt werden. Die Intensität dieses Europäisierungsprozesses wird in Kapitel 4.5.5 weiter charakterisiert. Festzuhalten bleibt an dieser Stelle noch: Im Vergleich zu München wird die ARRL in Köln eher als äußerlich definierter Sachzwang wahrgenommen, den man nicht beeinflussen kann. Dies führt aber nicht zu einer Überforderung des Regimes, da sich die Akteure – insbesondere aufgrund der Weichheit und teilweise auch Unbestimmtheit der Impulse – leicht anpassen konnten. Es geht im Vergleich zu München aber nicht so sehr darum, proaktive und innovative Strategien und Maßnahmen in den Bereichen Vermeidung und Wiederverwendung zu entwickeln, sondern darum, möglichst geringfügige und moderate Anpassungen am Status quo vorzunehmen. Im Gegensatz zu München sieht sich Köln stärker als Objekt europäischer Policy-Vorstellungen, das sich diesen anpassen muss. München hingegen kann eher als handelndes Subjekt kategorisiert werden, dass sich innerhalb der europäischen Impulse bewegt und selbst entscheidet bzw. antizipiert, was es aus den Impulsen macht.

4.5.2 Wandel der städtischen Akteursstruktur und Machtverhältnisse

Dieses Kapitel untersucht nun, welchen Einfluss die europäischen Impulse auf die Akteursstruktur der beiden städtischen Abfallregime hatten.

Für München ist zunächst einmal festzustellen, dass im Vergleich zu den bewegten 1980er/90er Jahren die europäischen Impulse nicht zu einer ähnlich hohen Politisierung wie damals beigetragen haben:

„Es war mal wirklich eine Phase ab 86 bis 94/95, wo das wirklich ein zentrales Thema war. Wo da wirklich in der Gesellschaft drauf rumgeritten wurde. Bei den Bürgerversammlungen merkt man ja, was die Bürger bewegt. […] Und so war diese Abfallvermeidung bis Mitte der 90er Jahre, da war das ein riesiges Thema. Zwischenzeitlich ist das bei den einen, ja, akzeptiert. Aber es ist kein riesiges gesellschaftspolitisches Thema mehr" (Interview M4).

„Es war damals, wie gesagt, ein riesiges Thema bei uns. Wir hatten dieses Aktionsbüro ‚Besseres Müllkonzept', das war auch im Grünen-Büro angesiedelt. Und da war das ein riesiges Thema bei den Landtags-Grünen, bei den Münchner-Grünen. Diesen Stellenwert hat man bei weitem nicht mehr. Sondern das ist jetzt eigentlich auf uns Leute im Kommunalausschuss reduziert und spielt mittlerweile auf Münchner Ebene eigentlich eine eher geringere Rolle" (Interview M5).

Die Initiative „Besseres Müllkonzept Bayern", die damals auch den Bau einer weiteren MVA in München verhinderte, ist zwar auch heute noch sporadisch aktiv, hat aber durch die europäischen Impulse keinen nennenswerten Aufwind erhalten. Sie sei nach wie vor nur noch eingeschränkt tätig und habe keinen großen Einfluss mehr (vgl. Interviews M5 und M7). Der AWM nimmt trotz der europäischen Impulse insgesamt relativ wenig Druck aus der Zivilgesellschaft und der Politik wahr – was

4.5 Vergleichende Analyse der Fallstudien

laut AWM auch damit zu tun habe, dass der AWM „seine Hausaufgaben" kontinuierlich erfülle:

> „Wir haben einen ziemlichen hohen Vertrauensbonus, das heißt die meisten unserer Vorlagen gehen durch, eigentlich alle. Und wir haben ja ein regelmäßiges Gremium, das Kommunalreferat, unser Betreuungsreferat. Und der Kommunalreferent ist unser erster Werkleiter, das heißt bei allen Gesprächen mit dem Stadtrat oder Teilen des Stadtrats sind wir mit dabei, wenn es irgendwelche Themen gibt. Und dann kann man das auch offen diskutieren, deshalb gehen unsere Sachen eigentlich ganz gut durch. Und wir sind auch ganz gut gelitten beim Stadtrat, weil die sagen ‚Mit denen kann man ganz gut arbeiten'" (Interview M1).

Weiterhin betont der AWM-Werkleiter, dass über 90 % der AWM-Stadtratsvorlagen einstimmig beschlossen werden und es insgesamt eine sehr breite Zustimmung gebe:

> „Man schätzt die Arbeit des AWM sehr. Es gibt schon mal kritische Äußerungen, wenn es um das Budget für Öffentlichkeitsarbeit geht. Das sind aber eher politische Geplänkel, weniger fachlich Aussagen. Jetzt haben wir die große Koalition und da gibt es im Prinzip nur sachlich konstruktive Diskussionen im Stadtrat und auch eine breite Unterstützung seitens der Grünen und ÖDP" (Interview M3).

Neue zivilgesellschaftliche Akteure, die sich im Münchner Abfallwirtschaftsregime aufgrund der europäischen Impulse als Alternative zu den bisherigen Regimeakteuren etabliert bzw. positioniert hätten, sind hingegen nicht zu erkennen. Dennoch arbeitet der AWM zumindest seit der Neukonzeption der „Halle 2" mit Münchner Repair Cafés zusammen und stellt hierfür teilweise auch seine Räumlichkeiten bereit: „Des Weiteren kooperiert die Halle 2 mit Initiativen der Stadtgesellschaft. Ein wichtiger Partner ist hier beispielsweise das im Stadtteil ansässige Repair Café Menzing. Bürgerinnen und Bürger lernen dabei, wie sie defekte Geräte auch selbst reparieren können" (Kommunalreferat München 2017a).

Auch wenn der soeben beschriebene, geringe Druck aus Zivilgesellschaft und Politik dafür sorgt, dass sich die Akteursstruktur des Regimes trotz der europäischen Impulse sehr stabil zeigt und durch die Impulse nicht maßgeblich verändert wurde, so können doch zumindest auch ein paar kleine Veränderungen hervorgehoben werden: So ist bei einem Blick in die Dokumente durchaus zu erkennen, dass die ARRL bereits ab 2010 dafür sorgte, dass zumindest aus Richtung SPD und ÖDP (zusammen mit

4. Analyse der Auswirkungen der europäischen Impulse im Fallstudienvergleich

den Linken) vereinzelt Anfragen kamen, die die dominierenden Regimestrukturen an sich zwar nicht in Frage stellten, aber dennoch zumindest leichten Veränderungsdruck gegenüber dem AWM aufgebaut haben. So forderte beispielsweise ein SPD-Antrag aus dem Jahr 2010 eine Steigerung der Sammlung gut erhaltener Gegenstände für die „Halle 2" (hierfür sollten auch die Wertstoffhöfe sowie kooperierende Sozialbetriebe für die Reparatur stärker einbezogen werden). Zudem gab es im selben Jahr den Antrag „Auswirkungen des geplanten Kreislaufwirtschaftsgesetzes", der dazu führte, dass die Vertreter des Kommunalausschusses intensiv vom AWM zu den Neuerungen informiert wurden. Auch im Jahr 2014 brachte die SPD-Fraktion unter Bezugnahme auf die neuen Impulse verschiedene Anträge, beispielsweise zur Steigerung der Wiederverwendungsquote in München allgemein und in der „Halle 2" im Speziellen sowie zur Einführung einer Direktanlieferung von Gebrauchtwaren in der neu konzipierten „Halle 2" des AWM (und nicht mehr wie bislang nur über die Wertstoffhöfe) ein (SPD-Stadtratsfraktion 2014). Beides Forderungen, die später vom AWM auch tatsächlich umgesetzt wurden (vgl. Kommunalreferat München 2016). Ebenfalls unter direkter Bezugnahme auf europäische Abfallvermeidungsimpulse brachten ÖDP und Linke im Jahr 2016 mehrere Anträge ein, die unter dem Slogan „Kreislaufwirtschaft als Chance begreifen" konkrete Verbesserungen für München forderten, und auch, dass sich München künftig für „bessere Bundesgesetze" einsetzen solle. Unter anderem wurde ein großes Stadtratshearing zum Thema Kreislaufwirtschaft gefordert, da „auf EU-Ebene derzeit die gesetzlichen Weichen für die Weiterentwicklung der Kreislaufwirtschaft gestellt werden", in Deutschland aber „unter Kreislaufwirtschaft [...] hauptsächlich Mülltrennung und Recycling" verstanden wird (Kommunalreferat München 2017c). Außerdem führte eine weitere Anfrage dazu (ÖDP und Linke wollten ursprünglich, dass die Termine der Repair Cafés an den Münchner Wertstoffhöfen bekannt gemacht werden), dass „die Repair Cafés über einen eigenen, neu zu erstellenden Bereich auf der AWM-Internetseite" beworben werden und dort auch auf das jeweilige Veranstaltungsformat verlinkt wird: „Dieses Vorgehen hat den Vorteil, dass eine erheblich größere Zielgruppe die Möglichkeit hat, sich über die Repair Cafés zu informieren – ganz unabhängig von einem Wertstoffhofbesuch. Damit stellen wir den Bürgerinnen und Bürgern ein bequemes und vor allem auch aktuelles Informationsmedium zu den Reparaturinitiativen zur Verfügung" (Kommunalreferat München 2017d). Die Beispiele zeigen also, dass sich Parteien die europäischen Impulse durchaus zu Nutze gemacht haben. Auch wenn dies, wie oben erläutert, beim AWM nicht unbedingt als „Drucksituation" wahrgenommen wurde, zeigt sich doch, dass politische Akteure des Regimes die europäischen Impulse aufgegriffen und verarbeitet haben.

Darüber hinaus zeigte die Fallstudie auch, dass das Bayerische Landesamt für Umwelt durch die europäischen Impulse im existierenden Regime eine gestärkte Position erhielt. Auch wenn das LfU nicht direkt auf städtischer Ebene agiert, so wurden durch die Veranstaltungen und den Informationsaustausch Impulse zu den kommunalen Akteuren und auch zum Abfallwirtschaftsregime München weitergegeben. Das LfU, das bereits vor den europäischen Impulsen in Sachen Vermeidung und Wiederverwendung von Abfällen aktiv war, ging insgesamt gestärkt aus der neuen Policy-Situation hervor und konnte sich infolgedessen entsprechend gegenüber Abfallwirtschaftsbetrieben und Kommunen als wichtiger Ideengeber positionieren.

Auch in der Fallstudie Köln fällt auf, dass es durch die europäischen Impulse bislang zu keiner deutlichen Aufwertung weiterer zivilgesellschaftlicher Akteure kam. Innerhalb der kommunalen Parteien ist nicht ersichtlich, dass es zu einer verstärkten Betonung des Themas im politischen Prozess kommt: So verneinten die Interview-Partner der Fallstudie Köln nahezu allesamt, dass es aus der Zivilgesellschaft oder aus der kommunalen Politik einen stark erhöhten Druck aufgrund der europäischen Impulse gibt:

> „Nein. Wie gesagt, die erste Bewegung in dieser Richtung ist jetzt zum Thema Ernährung. Und wir unterstützen das auch sehr stark in der SPD. Aber ansonsten ... also ich sehe das jetzt auch nicht bei den Grünen. [...] Ich wüsste auch nicht, dass die da riesig programmatisch in der Umsetzung unterwegs sind. Das ist mir dann noch nicht über den Tisch gekommen" (Interview K5).

Dieser fehlende Druck aus Politik und Zivilgesellschaft, sich mehr in Richtung Vermeidung und Wiederverwendung zu orientieren, wird auch bei den AWB wahrgenommen:

> „Aber ansonsten lokale Verbände oder Vereine hier in Köln sind mir eigentlich nicht bekannt. In der Politik sind es höchstens einige wenige Politiker der Grünen, die da vielleicht mal solche Themen ansprechen, aber dabei bleibt es auch. Also der Druck aus der Politik, der ist relativ klein, muss ich sagen" (Interview K3).

In der kommunalen Politik und insbesondere auch bei den Stadtratsmitgliedern, die im Betriebsausschuss für Abfallwirtschaft vertreten sind, ist sowohl in den Interviews als auch bei der Dokumentenanalyse eine gewisse Lethargie und teilweise nicht vorhandenes Wissen erkennbar. Insgesamt habe das Thema Abfallvermeidung bei den politischen Parteien im Stadtrat keinen hohen Stellenwert und konnte auch durch die europäischen Impulse nicht maßgeblich erhöht werden (vgl. Interviews K1, K4 und K5):

„Ich sehe das ja auch im Aufsichtsrat, dass das Wissen über die Dinge relativ gering ist. Man hört sich den Bericht des Vorstandes an und dann gibt es ein paar Nachfragen, aber viel läuft da nicht. Es ist ja auch recht eingespielt seit 15 Jahren, da ändert sich nicht mehr viel" (Interview K4).

„Selten [wird im Betriebsausschuss über Abfallvermeidung gesprochen]. Ich sagte ja, das ist ein Thema, das müsste man auch von politischer Seite aus stärker nach vorne schieben. [...] Das ist kein Thema, das ganz oben auf der Agenda steht" (Interview K5).

Im Betriebsausschuss Abfallwirtschaft komme man nur selten auf das Thema Abfallvermeidung zu sprechen. Im Mittelpunkt stünden hier eher Diskussionen um die Sauberkeit der Stadt (vgl. Interview K4). Dies lassen auch die zahlreichen analysierten Niederschriften des Ausschusses erkennen. Leichter Druck aus der Politik in Sachen Wiederverwendung sei nur dann bei den AWB spürbar, wenn es um die Einbindung karitativer Einrichtungen gehe (bspw. im Rahmen der städtischen Altkleidersammlung) (vgl. Interview K1). Ein weiteres Beispiel ist der Wunsch eines Politikers im AWB-Aufsichtsrat, das Thema Wiederverwendung im Rahmen des städtischen Abfallkalenders stärker zu betonen (ebd.). Insgesamt wurde aber deutlich, dass fehlendes Wissen in den Bereichen Abfallvermeidung und Wiederverwendung auch dazu geführt hat, dass politische Akteure in Köln sich durch die europäischen Impulse nicht umfassend befähigt fühlen konnten, gegenüber dem zentralen Regimeakteure AWB konkrete Forderungen zu stellen.

Hervorzuheben ist zudem, dass sich die einzige stadtübergreifende zivilgesellschaftliche Gruppe, die sich bislang für Abfallvermeidung und gegen Müllverbrennung in Köln eingesetzt hatte (KIMM), durch die europäischen Impulse nicht gestärkt wurde. Während KIMM in den Jahrzehnten zuvor sehr aktiv war, regelmäßig Stellung im politischen Prozess bezogen hat und auch immer wieder Schriftverkehr mit der Kölner Abfallwirtschafts- und Umweltverwaltung hatte, ist nach 2008 eine fast komplette Einstellung aller Aktivitäten erkennbar. An die aufkommenden europäischen Impulse hätte die Interessengemeinschaft argumentativ eigentlich sehr gut andocken können und sich, mit europäischen Argumenten gestärkt, weiter in den politischen Prozess einbringen können. Jedoch kam es nicht dazu, da die Initiative sehr stark vom Engagement einer einzelnen Person abhing, die sich – aus nicht bekannten Gründen – nicht mehr weiter in diesem Bereich engagieren konnte. Die tatsächlichen Auswirkungen der europäischen Impulse sind also schwierig zu beurteilen, wobei jedoch offensichtlich ist, dass auch keine andere zivilgesellschaftlich organisierte Gruppe durch die europäischen Impulse wirklich Auftrieb bekommen hat.

Lediglich im Bereich Vermeidung von Lebensmittelabfällen hat sich mit dem Ernährungsrat Köln eine neue Initiative und Leitung des gemeinnützigen Vereins „Taste of Heimat" gebildet, die 2016 ihre Arbeit aufnahm (vgl. Interview K4).[115] Die Vermeidung von Lebensmittelabfällen ist hierbei ebenfalls ein wichtiges Thema, steht allerdings nicht im Zentrum der Bemühungen. Die Gründung des Ernährungsrats ist auch nicht auf europäische Impulse, sondern auf das Wirken einer einzelnen, sehr engagierten Person zurückzuführen.[116] Auch wenn der Ernährungsrat Köln ein durchaus sichtbarer Akteur in Köln geworden ist (der auch jährlich eine finanzielle Förderung der Stadt erhält), so ist das Wirken innerhalb des abfallwirtschaftlichen Regimes durchaus beschränkt und bei den AWB sah man sich bislang auch noch nicht unter Druck gesetzt, sich stärker in diesen bereits geschaffenen Rahmen einzubringen.

Auch die bis 2013 existierende Kooperation mit dem Verbund Kölner Möbellager e.V. kam nach dessen Insolvenz zum Erliegen und wurde trotz der europäischen Impulse nicht durch neue Akteure wiederbelebt. Ebenso haben alternative Ansätze wie Repair Cafés durch die europäischen Impulse in Köln noch keinen deutlichen Aufwind erfahren. Ein Beispiel ist das Reparatur Café Riehl, das eigentlich nicht im engeren Sinne öko-

---

115 Ziel ist es, „die Ernährungspolitik zurück [...] auf die kommunale Ebene" zu holen und „einen aktiven Dialog zwischen Politik, Verwaltung, Erzeugern, Vertrieben und dem Verbraucher" zu führen, „um so langfristig und nachhaltig die Strukturen einer regionalen Lebensmittelversorgung zu stärken" (Ernährungsrat Köln 2018). Der Ernährungsrat besteht aus Mitgliedern der Zivilgesellschaft, der Stadtpolitik und -verwaltung sowie der Wirtschaft (Landwirte, Erzeuger, Lebensmittelverarbeiter oder -vertriebler, Gastronomen etc.).

116 Impulsgeber und Vorsitzender des Ernährungsrates ist der Filmemacher Valentin Thurn, der es u. a. mit seinem Dokumentarfilm „Taste the Waste" (2011), zu großer Bekanntheit brachte (er gewann hierfür u. a. den Umwelt-Medienpreis der Deutschen Umwelthilfe sowie 15 weitere Preise im In- und Ausland). „Zum Thema Lebensmittelverschwendung hat Thurn 2011 das Buch ‚Die Essensvernichter' geschrieben, 2012 das ‚Taste the Waste'-Kochbuch sowie 2013 den Nachfolgefilm ‚Die Essensretter' gedreht, der ebenfalls zahlreiche internationale Preise gewann, darunter den Econsense Journalistenpreis" (Reflecta.Network o.J.).

4. Analyse der Auswirkungen der europäischen Impulse im Fallstudienvergleich

logische Ziele verfolgt, sondern handwerklich begabten Rentnern eine sinnvolle Beschäftigung bieten soll (vgl. Interview K8). Einen Kontakt zu bzw. eine offizielle Kooperation mit den AWB gibt es hier nicht, obwohl es durch das dort aktive Quartiersmanagement sogar städtische Ansprechpartner geben würde, mit denen die AWB sich ggfs. leichter als mit rein zivilgesellschaftlichen Akteuren koordinieren könnte. Trotzdem sind in diesem Bereich kleine funktionale Veränderungen erkennbar, denn eine Zusammenarbeit im Rahmen einer EWAV-Aktion aus dem Jahr 2015 zeigt, dass sich die Kölner Abfallwirtschaft im Rahmen europäischer Impulse durchaus bemüht hat, auch zivilgesellschaftliche Initiativen zur Förderung von Abfallvermeidung und Wiederverwendung künftig stärker innerhalb des Regimes zu positionieren und einzubeziehen. So waren im November 2015 die DingFabrik Köln e.V., das Repair Café Köln Porz und der Ali Baba Spieleclub e.V. in den Räumlichkeiten der AWB zu Gast und präsentieren dort „ihre Angebote zum Leihen, Teilen und Reparieren" (AWB 2015). Zudem konnten die Besucher vor Ort ihre nicht mehr funktionstüchtigen Geräte reparieren lassen und mitgebrachte Gegenstände tauschen und verschenken. Auch im neuen Abfallwirtschaftskonzept von 2018 wird, wie zuvor bereits erwähnt, betont, dass die Stadt und die AWB zivilgesellschaftliche Initiativen künftig stärker unterstützen bzw. mit ihnen kooperieren möchten (Stadt Köln 2018e: 57). Dafür, dass Repair Cafés bereits seit 2012 in Köln etabliert und aktiv sind (vgl. Kölner Stadt-Anzeiger 2012 und Kölnische Rundschau 2013), ist die Relevanz innerhalb des abfallwirtschaftlichen Regimes aber bislang als sehr gering zu bezeichnen.

Auch im Rahmen der Coffee-to-go-Becher-Initiative kooperieren die AWB mit weiteren Akteuren im Bereich Abfallvermeidung, hier insbesondere mit der IHK Köln. Wie zuvor aber bereits angemerkt wurde, kann das Wirken in diesem Bereich nicht nur auf europäische Impulse zurückgeführt werden. Es kann hier zwar ein Mehr an Kooperation gesehen werden, diese Veränderung ist aber eben nur teilweise aufgrund von Europäisierung entstanden.

Zudem ist an einer weiteren Stelle ersichtlich, dass es zumindest eine leichte Verschiebung innerhalb des Regimes gab: So weisen die Interviewergebnisse der Fallstudie Köln darauf hin, dass sich durch die Teilnahme an der EWAV zumindest die innerbetriebliche Relevanz des Themas Abfallvermeidung und somit auch der Stellenwert der Abfallberater etwas erhöht hat. Da die Bedeutung der Abfallberater vor den europäischen Impulsen sehr gering war, ist diese Aufwertung umso ersichtlicher (auch wenn der tatsächliche Umfang der Abfallberatung im Vergleich zu München immer noch gering ist). Vor der Existenz der europäischen Impulse sei die Abfallberatung im Vergleich zu den 1980er/1990er Jahren stark in den Hintergrund gerückt:

> „Die Beratung ist ja insgesamt sehr stark zurückgeschraubt worden. Mit dem Eigenbetrieb und der GmbH ist das Thema ziemlich in den Hintergrund geraten. Die ganzen Abfallberater sind damals dann auch entweder umgeschult worden oder sie haben heute andere Aufgaben bekommen. Heute sieht unsere Beratung eher so aus: Wir haben unsere Servicetelefone, wo die Leute anrufen können. Aber da gehts dann eigentlich mehr um die Frage, wie und wo entsorge ich welchen Abfall. Das ist das heutige Beratungsgeschäft, wenn man so will" (Interview K3).

Zwar wird der EWAV insgesamt kein großes Veränderungspotenzial zugeschrieben (vgl. Interviews K1 und K3), aber durch die Woche sei insgesamt doch feststellbar, dass die Abfallberatung innerhalb des Unternehmens wieder etwas mehr Gewicht bekommen habe.

Insgesamt ist für beide untersuchten abfallwirtschaftlichen Regime festzustellen, dass es durch die europäischen Impulse keine maßgeblichen Machtverschiebungen gab. Die dominierenden Akteure hatten keine Schwierigkeiten, ihre Einflusssphäre zu wahren, und die Regime weisen eine hohe Stabilität auf. Zwar sind am Rande der Regime neue Initiativen erkennbar, diese stellen jedoch keine Alternative dar, sondern sind als Erweiterung des bestehenden Systems zu verstehen. Dass beispielsweise der AWM nun mit Repair Cafés kooperiert bzw. die AWB dies zukünftig auch stärker machen möchte, kann als Beispiel hierfür gesehen werden. Zu einer grundlegenden Ressourcenum- bzw. -neuverteilung (vgl. Kapitel 2.1.4) kam es im Rahmen des Europäisierungsprozesses aber nicht. Im Ergebnis zeigt sich, dass beide Abfallregime in der Lage waren, auf die europäischen Impulse mit inkrementellen Anpassungsstrategien innerhalb der bestehenden Regimestrukturen zu reagieren, ohne dass die etablierten Akteurskonstellationen grundlegend destabilisiert wurden. Klar wurde zudem, dass sowohl in München als auch in Köln die Themen Abfallvermeidung und Vorbereitung zur Wiederverwendung eher innerbetrieblich umgesetzt werden: Zwar wird in den städtischen Ausschüssen hin und wieder Bezug auf aktuelle Maßnahmen und Konzepte genommen (in München deutlich häufiger als in Köln), aber die europäischen Impulse haben insgesamt nur begrenzt dazu beigetragen, die Themen im politischen Kontext stärker zu problematisieren und neuen Akteuren Anknüpfungspunkte für eine verstärkte Teilhabe zu geben. Sowohl in Köln als auch in München hat sich gezeigt, dass existierende zivilgesellschaftliche

4. Analyse der Auswirkungen der europäischen Impulse im Fallstudienvergleich

Gruppen wie KIMM oder die „Initiative besseres Müllkonzept" durch die europäischen Impulse keinen Bedeutungszugewinn erfahren haben. Trotzdem hat die Analyse hervorgebracht, dass kleinere Veränderungen innerhalb der Regime trotzdem zu erkennen sind. Beispielhaft sind hier die angesprochenen Anträge von SPD und ÖDP/Linke in München zu nennen. In beiden Fallstudien hat sich gezeigt, dass sich durch die europäischen Impulse sich zumindest die Ressourcenverteilung innerhalb der Regime leicht verändert darstellt (beispielsweise haben die Abfallberater in Köln durch die EWAV wieder etwas mehr Gewicht erhalten – wenn auch nur in begrenztem Umfang).

4.5.3 Kognitiver und normativer Wandel der städtischen Regime

Das nun folgende Unterkapitel untersucht, welchen Einfluss die europäischen Impulse auf das kognitive und normative Institutionengefüge der beiden sozio-technischen Regime hatten. Im Mittelpunkt stehen also veränderte Werte, Rollen und Verhaltensnormen (normativer Wandel) sowie veränderte Leitbilder, Problemdefinitionen, Ziel- und Innovationsperspektiven und Wissensbestände (kognitiver Wandel).

In München zeigt sich, dass insbesondere der stadtspezifische EU-Diskurs und die allgemeine Wahrnehmung der europäischen Ebene im kommunalen Abfallregime einen hohen Einfluss auf die Impuls-Empfänglichkeit des Regimes haben. So wird die europäische Ebene in München als maßgeblicher, aber gleichzeitig auch beeinflussbarer Entscheider über abfallwirtschaftliche Rahmenbedingungen gesehen. Die Akteure des soziotechnischen Systems, allen voran der AWM, wissen sehr genau, dass die entscheidenden abfallwirtschaftlichen Spielregeln auf europäischer Ebene festgelegt werden. Die Entscheidungsträger in München sind sich ihrer Europabetroffenheit und der Relevanz der europäischen Ebene in der Abfallpolitik bewusst und haben deshalb auch die Einführung neuer Koordinationsmuster zur Verarbeitung des gestiegenen Einflusses umgesetzt: So stellt sich die Interessenvermittlung auf europäischer Ebene – mit dem AWM-eigenen Europabeauftragten und der hohen Präsenz in europäischen Ausschüssen – als stark professionalisiert dar. Auch in Policy-Netzwerken zum intrastädtischen Austausch wie EUROCITIES ist der AWM stark aktiv und bringt hier seine abfallwirtschaftliche Expertise ein. Insgesamt wird die europäische Ebene somit nicht als rein handlungsbeschränkend angesehen, vielmehr betonen die städtischen Akteure ihre Handlungsfähigkeit und ihre Optionen, auf die Politikformulierung übergeordneter Ebenen

Einfluss zu nehmen (vgl. Interviews M1, M3 und M4). So betont ein Interviewpartner auch offensiv, dass der AWM mit seinen Positionen zu abfallwirtschaftlichen Themen durchaus Gehör bei europäischen Akteuren findet:

> „Es gibt auf europäischer Ebene [...] schon eine Tendenz zur Liberalisierung. Im Abfallbereich hat [...] [unser Europabeauftragter] einen super Job gemacht. Wir haben maßgebliche Sachbearbeiter der Direktion Umwelt aufgeklärt und die vertreten jetzt Thesen und Theorien, die unserer Philosophie entsprechen. Und zwar wollen wir am ehesten stärker auf Effizienzsteigerung und Output-Qualitäten abstellen" (Interview M3).

Trotz dieses Umstandes wird die europäische Ebene von den Münchner Akteuren auch als Bedrohung angesehen, da aufgrund der europäischen Liberalisierungs- und Privatisierungsdiskussionen die Gefahr gesehen wird, dass die kommunalen Akteure künftig in der Abfallwirtschaft in ihrer Autonomie eingeschränkt und ihnen Zuständigkeiten entzogen werden. So schreibt der AWM bereits im Jahr 1999, dass es fraglich sei, „ob durch die Entwicklung bei EU-Normen und der europäischen Rechtsprechung weitere Abfallmengen dem öffentlich-rechtlichen Abfallregime entzogen werden" (AWM 1999: 65). Folgerichtig wird auch der Fachausschuss Europa des VKU, in dem der AWM aktiv mitarbeitet, als „Frühwarnsystem" bezeichnet, das mögliche negative Entwicklungen für die kommunale Abfallwirtschaft antizipieren soll (AWM 2012a: 50). An dieser grundlegenden Sichtweise hat sich über den Betrachtungszeitraum der vorliegenden Arbeit auch nicht viel verändert: Die Grundtendenzen europäischer Abfall- und Wettbewerbspolitik werden aufgrund der möglichen Beschneidung kommunaler Kompetenzen kritisch gesehen (vgl. Interviews M1, M3 und M6). Das Thema „Stärkung der kommunalen Abfallwirtschaft" ist nach wie vor der zentrale Diskussionspunkt innerhalb der Abfallpolitik (siehe hierzu bspw. auch die Forderungen des AWM und des Münchner Stadtrats im Rahmen des Münchner Appells zum geplanten Wertstoff-Gesetz aus dem Jahr 2015; vgl. Kommunalreferat München 2015). An dieser grundlegenden Sichtweise und dem Stellenwert des Themas im politischen Prozess konnten auch die europäischen Abfallvermeidungsimpulse nichts ändern: Zwar wird der Abfallvermeidungsdiskurs auf europäischer Ebene von den Münchner Akteuren wahrgenommen und bearbeitet, aber die Themen Liberalisierung und Privatisierung werden als wichtiger (da bedrohlicher) betrachtet und stärker innerstädtisch verarbeitet. So antwortet der AWM im Jahr 2010 auf eine Anfrage der SPD nach

4. Analyse der Auswirkungen der europäischen Impulse im Fallstudienvergleich

den Auswirkungen des geplanten Kreislaufwirtschaftsgesetzes zwar auch, dass eine neue fünfstufige Abfallhierarchie kommen werde, diese aber bezüglich ihrer Durchschlagskraft in Frage zu stellen sei.[117] Im Zentrum der Münchner Betrachtungsweise steht eher die Sorge, dass den kommunalen Entsorgern womöglich Kompetenzen entzogen werden:

> „Ziel der Gesetzesnovellierung müsste es sein, für mehr Rechtsklarheit zu sorgen, die hohen ökologischen Standards zu sichern und zu verbessern sowie Investitionssicherheit für kommunale wie auch für private Entsorgungsunternehmen zu schaffen. Am elegantesten könnte dies erreicht werden, wenn die Zuständigkeit für die Entsorgung sämtlicher Haushaltsabfälle und hausmüllähnlicher Gewerbeabfälle wieder in der Zuständigkeit der Kommunen liegen würde. [...] Die bisherigen Liberalisierungsschritte in der Abfallwirtschaft haben jedenfalls gezeigt, dass hier – ähnlich wie bei der Energieversorgung – die Liberalisierung zu einer weiteren Oligopolisierung in der Abfallwirtschaft führt mit der Folge, dass es für die Bürger zu einer höheren Gebührenbelastung kommt. Gleichzeitig werden unter dem ökonomischen Druck die sozialen Standards für die Mitarbeiter und die ökologischen Standards zum Nachteil der Umwelt reduziert" (Kommunalreferat München 2010: 8).

Diese zentrale Problemheuristik des Regimes (kommunale vs. private bzw. liberalisierte Abfallwirtschaft) bleibt auch über die Jahre des Betrachtungszeitraums hinweg stabil (vgl. Interviews M1 und M3). Trotzdem kann festgehalten werden, dass die neuen europäischen Abfallvermeidungsimpulse hier zu einer geringfügigen Veränderung geführt haben: Denn München, mit seiner vergleichsweisen guten Performance bei Abfallvermeidungsmaßnahmen, zieht diesen Umstand nun als weiteren Grund heran, warum eine weitere Liberalisierung zu unterlassen sei. Wer auf europäischer Ebene ein Mehr an Abfallvermeidung realisieren wolle, müsse berücksichtigen, dass es gerade die kommunalen Akteure seien, die dies

---

117 „Bedauerlicherweise finden sich im Arbeitsentwurf zur Novellierung des Kreislaufwirtschafts- und Abfallgesetzes keinerlei Ansätze, mit denen die oben beschriebenen Fehlentwicklungen gestoppt und in geordnete Bahnen gelenkt werden können. Die im Gesetz vorgesehene 5-stufige Abfallhierarchie folgt 1:1 der Europäischen Abfallrahmenrichtlinie und ist zwar dem Grunde nach richtig. Abfallvermeidung hat die höchste Priorität, gefolgt von Wiederverwendung, Recycling, energetischer Verwertung und Beseitigung. Ohne ergänzende Regelungen können hier jedoch wiederum gravierende Fehlentwicklungen in die Wege geleitet werden" (Kommunalreferat München 2010: 7).

4.5 Vergleichende Analyse der Fallstudien

auf der unteren Ebene umsetzen würden (siehe hierzu auch den „Münchner Appell zum Wertstoffgesetz"; vgl. Kommunalreferat München 2015). Aus Sicht der Münchner Regimeakteure bedingen die ökologischen Ziele also geradezu eine starke kommunale Abfallwirtschaft – und hier kann sich München mit seinen existierenden Maßnahmen entsprechend gut als Vorreiter und Positivbeispiel auf europäischer Ebene positionieren.

Denn die dominierenden Akteure des Münchner Abfallwirtschaftsregimes waren und sind sich sehr bewusst darüber, dass in München im Vergleich zu anderen Städten bereits vor der Abfallrahmenrichtlinie zahlreiche Abfallvermeidungs- und Wiederverwendungsmaßnahmen institutionalisiert waren. Insgesamt hat sich der Eindruck im abfallwirtschaftlichen Regime verfestigt, dass man in diesem Bereich keinen bzw. nur wenig Nachholbedarf habe (München in der Vorreiterrolle). Insbesondere die hitzig geführten Diskussionen um das „Bessere Müllkonzept" (Ende der 1980er bzw. Anfang der 1990er Jahre) haben dazu geführt, dass sich die Abfallpolitik in München sehr intensiv und früh mit der ökologischen Abfallbewirtschaftung und Abfallvermeidungsmaßnahmen befasst hat. Die – wenngleich hauptsächlich aus ökonomischen Gründen getroffene – Entscheidung zur Stilllegung der MVA Süd Mitte der 1990er Jahre passt gut in dieses Bild. Dementsprechend wird die europäische Ebene in abfallwirtschaftlichen Dokumenten, aber auch in den geführten Interviews oftmals sogar als Nachzügler porträtiert. Erkennbar ist dies u. a. an den folgenden Zitaten, die über einen Zeitraum von elf Jahren hinweg zeigen, dass sich die dominierenden Regimeakteure in München sehr sicher sind, bei Abfallvermeidungsmaßnahmen Vorreiter zu sein und die europäischen Politikimpulse für München deshalb eigentlich zu spät kommen:

- „Der kleinste gemeinsame europäische Nenner ist uns für München nicht gut genug" (AWM 2005).
- „Beispiel Abfallvermeidung: Hier zeigt sich das BMU, wie übrigens auch die EU-Kommission, nach wie vor relativ hilflos. Deshalb sollen große Abfallvermeidungsprogramme aufgestellt werden, die neben viel bedrucktem Papier kaum etwas bewirken werden. Wirkliche Abfallvermeidung kann letztendlich nur über eine integrierte Produktpolitik erreicht werden, wie sie ansatzweise bereits vom BMU formuliert worden ist" (Kommunalreferat München 2010).
- „Der AWM entwickelt sich zum modernen Dienstleister und sieht sich in der Pflicht, den Wandel von der Abfallwirtschaft hin zur Wertstoffwirtschaft einzuleiten. Damit entspricht er der europäischen und deutschen Gesetzgebung – und geht sogar noch ein Stück darüber hinaus" (AWM 2014b: 15).

4. Analyse der Auswirkungen der europäischen Impulse im Fallstudienvergleich

- „[Durch die Abfallrahmenrichtlinie] hat sich nichts verändert. Ich glaube eher, dass die EU da ein bisschen bei uns abgeguckt hat " (Interview M1).

Die neuen europäischen Impulse haben dennoch einen Einfluss auf die existierenden Problemdefinitionen innerhalb des abfallwirtschaftlichen Regimes. Denn um sich auch künftig als Vorreiter porträtieren zu können, erscheint es für die Abfallwirtschaftsakteure und insbesondere für den AWM trotzdem wichtig, die europäischen Entwicklungen zu antizipieren und teilweise auch mitzugestalten. Aufgrund des eigenen Vorreiter-Anspruches und des Wunsches danach, dass dies auch von anderen Akteuren wahrgenommen wird, nutzt das kommunale Regime die europäische Ebene auch als Bühne, um sich hier als abfallwirtschaftliches Vorbild für andere Städte zu positionieren. Besonders gelingt dies über das Städtenetzwerk EUROCITIES, in dem der Europabeauftragte des AWM auch gleichzeitig den Vorsitz in der Untergruppe „Waste" innehat. Hier konnte man im Jahr 2017 auch schließlich den EUROCITIES-Award für Circular Economy gewinnen, für den sich die Stadt München unter Federführung des AWM mit dem Konzept des Gebrauchtwarenkaufhauses „Halle 2" beworben hatte. Bezüglich der Bedeutung des Preisgewinns machte der AWM im Kommunalreferat auch deutlich, dass München nun auch offiziell auf europäischer Ebene als vorbildliche Stadt in der Kreislaufwirtschaft und als Referenzobjekt für andere Kommunen gelte. Zudem vermuteten die Entscheidungsträger innerhalb des AWM auch, dass sich der Gewinn des Awards positiv auf die gesamte Lobby-Arbeit (insb. gegen eine weitere Liberalisierung der Abfallwirtschaft) in Brüssel auswirken werde (Kommunalreferat München 2017a). Somit kann hierdurch auch eine Brücke zum anderen bestimmenden Diskurs des Regimes geschlagen werden.

Insgesamt zeigt sich: Obwohl sich die kognitiven und normativen Institutionen als sehr stabil erweisen, kam es dennoch zu kleinen Veränderungsprozessen und zu einer Verarbeitung der europäischen Impulse. Gleichzeitig zeigt sich, dass dieser Prozess stark pfadabhängig verlief. Die stadtspezifischen Wissensbestände im Bereich Abfallvermeidung und Vorbereitung zur Wiederverwendung waren zum Zeitpunkt der europäischen Impulse bereits umfassend vorhanden, sodass man an dieser Stelle relativ leicht anknüpfen konnte.

Wie bereits ansatzweise beschrieben, spielt in Köln der Stadtsauberkeitsdiskurs eine große und dominante Rolle bei der Erklärung des Europäisierungsverlaufs. Wie zuvor bereits festgestellt, ist die Diskussion um Stadtsauberkeit auch in der lokalen Presse das bestimmende abfallwirtschaftliche Thema (vgl. Kapitel 4.4). So überrascht es nicht, dass sich Köln unter allen möglichen Abfallvermeidungsmaßnahmen insbesondere auf das Thema Coffee-to-go-Becher-Vermeidung fokussiert und in diesem Bereich die erste große öffentlichkeitsrelevante Kampagne startete: Der städtische Diskurs um Stadtsauberkeit[118] dominiert in hohem Maße das gesamte abfallwirtschaftliche Regime und aufgrund der sichtbaren Auswirkungen einer Vermüllung mit Coffee-to-go-Bechern im öffentlichen Raum konnte hier ein direkter Bezug hergestellt werden. Die Maßnahme weist also eine hohe Passfähigkeit zu den kognitiven Institutionen des sozio-technischen Regimes auf, worüber die Wahl der entsprechenden Maßnahme erklärt werden kann.

Die Entscheidung, eine solche Maßnahme zu ergreifen, kann hierbei also nur teilweise auf Europäisierung zurückgeführt werden: Die abfallwirtschaftlichen Akteure waren durch die ARRL'2008, das KrWG'2012 und den neuen Landesabfallplan sicherlich einem erhöhten Druck ausgesetzt, im Bereich Abfallvermeidung tätig zu werden. Die Auswahl der Maßnahme selbst wiederum ist nicht auf einen direkten europäischen Impuls zurückzuführen, sie erklärt sich über das vorhandene kognitive Institutionengefüge. Wie es in der Fallstudie Köln in diversen Feldern der Fall ist, erfolgt hier eher die Anlehnung an andere deutsche Städte (München, Hamburg, Berlin, Freiburg), die der Stadt Köln als Referenzobjekt dienten. Lernprozesse spielen hier also durchaus eine große Rolle: Die Interviews und auch zahlreiche Verweise in Dokumenten der AWB zeigen, dass sich sozio-technischer Wandel in Köln sehr stark an die Erfahrungen anderer deutscher Städte anlehnt und die EU als solche teilweise eine eher untergeordnete Rolle spielt. Hierbei zeigt sich auch ein deutlicher Unterschied zur Fallstudie München, wo die Beschäftigung mit dem Thema Abfallvermeidung gerade in Abgrenzung zu anderen Städten geschieht: München will sich gerade deshalb um das Thema Abfallvermeidung bemühen, um anderen Städten ein Vorbild zu sein. Die städtischen Akteure betonen ihre Handlungskompetenz in den Bereichen Vermeidung und Wiederverwendung (allerdings bei gleichzeitigem Verweis auf die geringe Problemlösungskompetenz dieser Handlungen, da hier insbesondere industrielle Akteure und höhere politische Ebenen tätig werden müssten), was nahtlos in das Selbstbild des fortschrittlichen Akteurs der Umweltpolitik passt. Die Stadt München beansprucht für sich selbst hierbei eine Vorreiterrolle und das Entwickeln neuer Politiken und Maßnahmen erfolgt

---

118 „[…] wenn Sie über Stadtsauberkeit reden, dann sagt jeder zweite Kölner ‚Das ist uns hier zu dreckig, das ist nicht gut'. Da ist die AWB für zuständig, das ist also auch ständig ein Thema" (Interview K5).

4. Analyse der Auswirkungen der europäischen Impulse im Fallstudienvergleich

geradezu mit kompetitivem Charakter: Durch die eigene umweltpolitische Performanz, die die Abfallwirtschaftsakteure durch das kontinuierliche Weiterentwickeln von bestehenden Maßnahmen auch langfristig gesichert sehen, möchte sich München von anderen Städten eher abheben und sich der eigenen Fortschrittlichkeit versichert wissen.[119] Beispielhaft kann hier die stadtweite Initiative gegen Coffee-to-go-Becher herangezogen werden: München agierte hier relativ früh und als bundesdeutscher Vorreiter und investierte eine beachtliche Summe zur Umsetzung der Kampagne. Köln hingegen reagierte deutlich später und verzagter und verwies darauf, „das Rad nicht neu erfinden" zu wollen. Auch ist man bei den Kölner AWB der Auffassung, dass die ARRL zwar zu einer erhöhten Beschäftigung mit dem Thema in Köln geführt hat, aber dass dadurch keine innovativen Maßnahmen für ein Mehr an Abfallvermeidung entstanden sind: „[...] das Eine sind Maßnahmen und da ist es, glaube ich, in der Republik sehr, sehr ähnlich, was gemacht wird. Da gibt es jetzt nicht das supertolle Neue" (Interview K1).

Die generelle Aktivität der EU im Bereich Abfallwirtschaft wird in Köln deutlich weniger kritisch gesehen als in München:

> „Ich glaube schon, dass die EU schon eine große Rolle spielt. Sowohl beim Deponierungsverbot als auch bei der Abfallhierarchie. Die geben schon Ziele vor, und wir versuchen, die einzuhalten. Von daher spielt die EU schon eine positive Rolle" (Interview K4).

Auch wird von Seiten der AWB betont, dass die EU insgesamt eher nicht als Bedrohung zu sehen sei (vgl. Interview K1). Natürlich werden die Diskussionen um ein Mehr an Liberalisierung in der Abfallwirtschaft auch in Köln beobachtet (insbesondere da ökologische Gesichtspunkte in der ganzen Diskussion zu kurz kommen würden) und als Herausforderung anerkannt. Allerdings wird auch betont, dass selbst, wenn es zu einer weiteren Liberalisierung kommen würde, die AWB hierauf reagieren und eigene Strukturen bzw. Ressourcen anpassen könne (vgl. Interview K1).

Abfallvermeidung und Wiederverwendung sind in Köln auch nach den europäischen Impulsen noch als Nischenthemen zu sehen. Ein tiefgreifender Wandel des kognitiven und normativen Institutionengefüges kann nicht festgestellt werden. Die zugrunde liegenden Ziel- und Innovationsperspektiven sowie die zentralen Wertevorstellungen sind von den europäischen Impulsen nicht maßgeblich verändert worden. Trotzdem sind auch

---

119 Zu ähnlichen Schlüssen kommt Barbehön für die Stadt Frankfurt im Bereich der Klimapolitik (2015: 386).

hier kleinere funktionale Veränderungen zu erkennen. Zwar bleibt die Problemstellung „Stadtsauberkeit" über den gesamten Untersuchungszeitraum hinweg als zentrale Herausforderung des abfallwirtschaftlichen Regimes stabil bestehen, aber dennoch lässt sich aus der Dokumentenanalyse eine leichte Weiterentwicklung des abfallwirtschaftlichen Leitbildes hin zu einem Mehr an Abfallvermeidung feststellen (vgl. Abfallwirtschaftskonzepte und Sachstandsberichte der Stadt vor und nach der ARRL bzw. dem KrWG'2012). Auch in den geführten Interviews ist diese Weiterentwicklung zumindest in ersten Zügen festzustellen. Durch die europäischen Impulse wurde insgesamt zumindest ein Bewusstsein dafür geschaffen, dass sich auch kommunale Abfallwirtschaftsakteure um Abfallvermeidung zu kümmern haben. Außerdem zeigt das Interviewmaterial auch, dass die kommunalen Wissensbestände durch ARRL und KrWG leicht erhöht wurden. So sei beispielsweise das NAP „als Impulsgeber" anzusehen, so „dass man sich das auch nochmal bewusster macht", welche Maßnahmen es gebe, und dass Abfallvermeidung ein wichtiges Thema sei (Interview K1). Gleichzeitig hat dies aber auch nichts daran geändert, dass an vielerlei Stellen immer wieder betont wird, dass der Handlungsspielraum für kommunale Akteure bei der Abfallvermeidung nur sehr gering sei. Einerseits kommt man dem Gedanken also nach, will aber für sich selbst keine zu hohen Ansprüche definieren und nutzt daher jede Gelegenheit, auf die Grenzen und die Komplexität des Themas hinzuweisen (vgl. Interviews K1 und K4; Stadt Köln 2005; Kölner Stadt-Anzeiger 2019).[120]

4.5.4 Wandel der technischen Strukturen und Artefakte

Das folgende Kapitel beleuchtet nun, ob durch die europäischen Abfallvermeidungsimpulse auch Veränderungen bei den technischen Strukturen bzw. Artefakten (bspw. europäischer Einfluss auf die existierenden technischen Regimestrukturen bzw. auf die Fähigkeit, neue, pfadabweichende sozio-technische Innovationen zu integrieren) in den untersuchten Fallstädten aufgetreten sind.

Sowohl für Köln als auch für München kann konstatiert werden, dass sich durch die untersuchten europäischen Impulse keine bedeutenden Veränderungen in der technischen Regimestruktur ergeben haben. Es existierte durch die Art der Impulse aber auch kein Druck, das technische Design

---

120 Eine ähnliche Tendenz ist aber auch für die Fallstudie München festzustellen (vgl. Interviews M1 und M3).

4. Analyse der Auswirkungen der europäischen Impulse im Fallstudienvergleich

insgesamt anzupassen. Selbstverständlich ist es im Untersuchungszeitraum durchaus zu Verschiebungen innerhalb der verschiedenen Abfallarten gekommen. Diese sind jedoch nicht auf die in der vorliegenden Arbeit untersuchten europäischen Vermeidungsimpulse zurückzuführen, sondern auf andere europäische und bundesdeutsche Gesetze (z. B. getrennte Sammlung von Bio-Abfällen), die insgesamt dem Recycling-Bereich zuzuordnen sind. Auch Verschiebungen zwischen den verschiedenen Abfallbehandlungsmethoden auf den unteren Abfallhierarchie-Ebenen (Deponierung, thermische Verwertung, Recycling) haben über den Zeitverlauf hinweg sicherlich stattgefunden, werden von der vorliegenden Arbeit aber nicht betrachtet und sind ebenfalls auf andere Impulse zurückzuführen. Eine deutliche Verschiebung von thermischer Verwertung und Recycling hin zu Vorbereitung zur Wiederverwendung und Vermeidung kann in beiden Untersuchungsregionen nicht festgestellt werden – weder auf dem Papier noch in der tatsächlichen technischen Ausgestaltung.

So wurde in München im Jahr 2012 festgestellt, dass das „neue Kreislaufwirtschaftsgesetz [...] zunächst keine unmittelbaren Auswirkungen auf das in München installierte Entsorgungssystem" hat und die etablierten technischen und organisatorischen Standards so wie bisher beibehalten werden können (Kommunalreferat München 2012b: 6). Auch in den Jahren danach entstand durch die europäischen Impulse beispielsweise keine größere Diskussion um die MVA Nord. Insgesamt herrscht bei den Regimeakteuren eher der Eindruck, dass durch die Schließung der MVA Süd und die Verhinderung des Baus einer dritten MVA das Thema Müllverbrennung in München als gelöstes Problem betrachtet werden kann. Bereits im Jahr 2004 berichtete das Kommunalreferat der Stadt:

> „Die Auswirkungen des KrW-/AbfG lassen sich natürlich auch an der Situation im HKW Nord ablesen. Die verbrannten Abfallmengen aus dem eigenen Entsorgungsgebiet gehen hier seit dem Jahr 1992, in dem der Block 1 in Betrieb genommen wurde, stetig zurück. Vor allem der dramatische Rückgang der Mengen an gewerblichen Abfällen zur Beseitigung ist für den massiven Rückgang verantwortlich" (Kommunalreferat München 2004: 3).

Gerade deshalb wurde auch bereits Ende der 1990er Jahre die MVA Süd stillgelegt. Bei der bis heute verbleibenden Anlage, der MVA Nord, sehen die Verantwortlichen beim AWM keinen Zielkonflikt zwischen Vermeidung und Verbrennung, obwohl die Anlage aus heutiger Sicht durchaus eine (zu) hohe Kapazität aufweist. Gleichzeitig sei klar, dass künftig –

nach der Lebensdauer der aktuellen Anlage – eine neue Lösung erarbeitet werden muss:

> „Wir machen Abfallvermeidung, ganz klar. Und die Mengen, die im Kraftwerk übrig bleiben, werden vermarktet, das funktioniert ganz gut. [...] Vermutlich so um 2030/35 ist das Kraftwerk am Ende der Lebensdauer. Dann müssen wir in den nächsten Jahren irgendwann mal entscheiden, was machen wir eigentlich weiter. Und eins ist klar: Die Verbrennung in der Größe soll es in Zukunft nicht mehr geben, weil wir mit 600.000 Tonnen Kapazität – das ist riesig viel, weil wir nur noch 300.000 Tonnen Hausmüll haben und man macht es auf jeden Fall kleiner – aber die Frage ist: Wie viel kleiner? Andere Technologie? Mit anderen Kommunen zusammen? Keine Ahnung, das müssen wir uns überlegen. Und deswegen ist es natürlich schlau, möglichst wenig Abfall zu haben. Deswegen leisten wir uns einfach den Luxus, dass wir tatsächlich am Ast sägen, auf dem wir sitzen. Das macht ein privates Unternehmen natürlich nicht, das wird in der Abfallvermeidung nicht viel machen, außer sie kriegen das bezahlt. Und das ist bei uns der Vorteil, dadurch dass es über die Gebühr bezahlt ist, können wir es uns leisten, und das ist auch das Ziel: Es geht nicht darum, den Ofen voll zu machen, sondern im Endeffekt für die Zukunft zu schauen, dass wir so ihn so klein wie möglich machen. Denn Verbrennung ist immer noch die teuerste Technologie" (Interview M1).

Insgesamt ist aber trotz dieser Überlegungen festzuhalten, dass die europäischen Abfallvermeidungsimpulse diesbezüglich lediglich zu einem Gesamtklima beigetragen haben, in dem ein Mehr an Abfallvermeidung und eine Verschiebung von unteren hin zu oberen Stufen der Abfallhierarchie erstrebenswert sind. Die grundsätzliche Denk- und Herangehensweise existierte in München bereits zuvor – insofern können die europäischen Impulse nicht als ursächlich für kleine Veränderungen in diesem Bereich angesehen werden. Deutlich wird für den Fall München aber, dass durch die in der Vergangenheit getroffenen Entscheidungen (Verhinderung des Baus einer dritten Anlage; Schließen der zweiten Anlage) insgesamt wenig Bedarf bestand, die technischen Strukturen aufgrund der europäischen Abfallvermeidungsimpulse grundlegend zu überdenken.

Wie die Kapitel zuvor allerdings gezeigt haben, ist beispielsweise auch die Diskussion um die Neukonzeption der „Halle 2" teilweise auf europäische Impulse zurückzuführen. So wurde die „Halle 2", die hier auch als technisches Artefakt gelten kann, bei der Neuplanung deutlich größer dimensioniert, um die Wiederverwendungskapazitäten zu erhöhen. Zusätzlich zu dieser Neudimensionierung wurde, wie bereits zuvor besprochen, auch die ökologische Zielsetzung verbessert: Man strebt eine Erhöhung der wiederverwendeten Güter von 1.000 auf 2.000 Tonnen an. Hier zeigt sich also, dass zumindest eine kleine Weiterentwicklung im Bereich der technischen Strukturen erkennbar ist.

Auch in Köln wurden die grundlegenden Techniken, wie etwa die MVA als zentrales technisches Artefakt des Regimes, aufgrund der europäischen Abfallvermeidungsimpulse nicht in Frage gestellt:

> „Wir sind ja seit 1984 im Rat als Grüne und in der ersten Zeit spielte das eine große Rolle, weil da ging es um den Bau der Müllverbrennungsanlage. Und nachdem die gebaut ist, gibt's auch keine Bürgerinitiativen dagegen. Das [...] spielt keine Rolle mehr. [...] Ich bin in der Partei auch der Einzige, der sich mehr damit beschäftigt. Die anderen interessiert es nicht so" (Interview K4).

Obwohl die infolge des Kölner Müllskandals deutlich überdimensionierte MVA (siehe Kapitel 4.4) auch immer wieder für hohe Kölner Müllgebühren gesorgt hat, hatten die neuen europäischen Impulse keinerlei Einfluss auf eine Diskussion über die Technik an sich.

Auch die Strukturen im Bereich Vorbereitung zur Wiederverwendung wurden durch die europäischen Impulse nicht angepasst. Es wurde, wie in Kapitel 4.5.1.2 beschrieben, lediglich die AWB-Online-Tauschbörse eingerichtet. Hier ist allerdings ersichtlich, dass die Nutzungszahlen der Tauschbörse sehr gering sind und – rein quantitativ gesehen – die vermiedene Abfallmenge marginal erscheint: Im Jahr 2016 wurden lediglich 182 Gegenstände eingestellt – wie hoch die Zahl erfolgreicher Tausche bzw. Schenkungen war, ist dabei nicht einmal bekannt (Stadt Köln 2016b: 6). Auch was die Aufbereitung von gut erhaltenem Sperrmüll angeht, haben sich die Strukturen durch die europäischen Impulse nicht verändert. Zwar wird Sperrmüll von der AVG „aufbereitet", aber hierunter verstehen AWB und AVG die Nutzung der verwertbaren Bestandteile des Sperrmülls, also in erster Linie die stoffliche oder energetische Verwertung der Holz- und Metallanteile – mit Vorbereitung zur Wiederverwendung und höheren Stufen der Abfallhierarchie hat dieses Vorgehen also nichts zu tun (Stadt Köln 2016b: 11). Zwar wird in einem für diese Arbeit geführten Interview noch betont, dass über das NAP (und somit letztlich über europäische Impulse) grundsätzlich die Idee geboren sei, ein kommunales Gebrauchtwarenkaufhaus zu initiieren (vgl. Interview K1) – doch eine mögliche Umsetzung oder Planung ist hier auch einige Jahre später noch nicht ersichtlich.

In beiden Städten zeigt sich, dass die technischen Strukturen weitestgehend unberührt von den europäischen Impulsen weiterbestehen. Um einen Wandel in dieser Dimension auszulösen, waren die europäischen Impulse aber auch nicht ausreichend konzipiert (bzw. wurde durch die Minimal-Umsetzung der ARRL'2008 auf Bundesebene zunächst auch nicht einmal die neue Abfallhierarchie gemäß den eigentlichen europäischen Vorgaben umgesetzt; siehe Kapitel 4.2). Lediglich die Neukonzeption der „Halle 2" in München kann als Beispiel für eine Weiterentwicklung in dieser Dimension herangezogen werden.

4.5.5 Kommunaler Regimewandel durch Europäisierung? Graduelle Transformation der kommunalen Abfallwirtschaft in München und Köln

In beiden Städten wurde in allen untersuchten Dimensionen insgesamt deutlich, dass die Anpassungsprozesse an die europäischen Impulse sowie die Implementierung neuer Politiken und Maßnahmen stark pfadabhängig verlief und genau solche Maßnahmen ergriffen wurden, die eine erhöhte Passfähigkeit mit den generellen Regimestrukturen sowie den dominierenden Themen innerhalb der Regime aufwiesen. Sozio-technischer Wandel durch Europäisierung war – wenn auch auf sehr niedrigem Niveau – in allen untersuchten Dimensionen zumindest teilweise feststellbar. Die europäische Ebene wird hierbei in beiden Städten als Impulsgeber wahrgenommen, aber sie kann nicht immer zur Erklärung herbei gezogen werden, wenn es darum geht zu erklären, warum bestimmte Maßnahmen nun neu verfolgt werden – dafür gibt die ARRL aber auch zu wenig Konkretes vor. Vielmehr ist durch die novellierte ARRL und die EWAV in beiden Städten ein neuer Bezugsrahmen geschaffen worden, an dem sich die Abfallwirtschaftsakteure nun mit ihren gesamten Konzepten messen lassen müssen. Abfallvermeidung und Vorbereitung zur Wiederverwendung stehen nun stärker als zuvor auf der administrativen und politischen Agenda – das zeigen trotz der insgesamt sehr pfadabhängigen Anpassungsprozesse beide Fallstudien. Bei der Formulierung spezifischer Politiken und Maßnahmen – zu der es ja auch unter Bezugnahme auf europäische Impulse immer wieder kam – zeigte sich, wie stark die pfadbeeinflussenden Institutionen auf kommunaler Ebene den durch Europäisierung induzierten sozio-technischen Wandlungsprozess beeinflussten.

4. Analyse der Auswirkungen der europäischen Impulse im Fallstudienvergleich

4.5.5.1 München

Die Beschäftigung mit dem Fall München zeigt, dass man sich an den Themen Abfallvermeidung und (Vorbereitung zur) Wiederverwendung nach der Abfallrahmenrichtlinie wieder stärker abarbeitete als noch in den Jahren zuvor. Zahlreiche Dokumente (insb. Geschäftsberichte und Unterlagen aus dem Kommunalreferat) können dies belegen – gerade auch, dass die intensivere Bearbeitung auch ursächlich vor dem Hintergrund der europäischen Initiativen bzw. der Implementierung der ARRL in deutsches Recht geschah. So wird zwar beispielsweise betont, dass man die neue Abfallhierarchie in München sowieso schon längst lebe und das Ganze für die Stadt eigentlich nichts Neues sei, doch ist augenscheinlich auch ersichtlich, dass man sich durch die neue ARRL dazu genötigt sah, deutlich mehr in offiziellen Berichten und Unterlagen auf die europäischen Impulse zu verweisen. Zumindest auf dem Papier wird das Thema deutlich stärker angegangen. Teilweise wurden auch bereits bestehende Maßnahmen unter neuen europäischen Gesichtspunkten geframed (z. B. die Aktionen im Rahmen der EWAV). Die Themen Abfallvermeidung und Wiederverwendung werden aber nicht so stark wie Ende der 1980er Jahre bearbeitet, als der „Müllnotstand" drohte: „Diesen Stellenwert hat man bei weitem nicht mehr. Sondern das ist jetzt eigentlich auf uns Leute im Kommunalausschuss reduziert und spielt auf Münchner Ebene eigentlich mittlerweile eine eher geringere Rolle" (Interview M5). Dennoch ist durch die europäischen Impulse in den letzten Jahren eine Weiterentwicklung erkennbar.

Gleichzeitig war es aber eben auch so, dass die Stadt München mit ihren bereits etablierten Abfallvermeidungsinitiativen schon einiges vorzuweisen hatte und viele „Forderungen" im Kern bereits erfüllte. Hier spricht gerade das Interviewmaterial eine klare Sprache: Im Vergleich zur europäischen Ebene sieht man sich in München, was dieses Thema angeht, seit jeher gut aufgestellt (Interview M1 und M3). Die Passfähigkeit der europäischen Impulse war damit im bundesdeutschen Vergleich relativ hoch. Dies war auch ein zentraler Grund dafür, dass man sich 2017 für den EUROCITIES-Award im Bereich Abfallwirtschaft bewarb: Die Einschätzung eines europäischen Akteurs, dass die Stadt München im Bereich Abfallwirtschaft eine Vorreiterrolle annimmt, wollte man seitens des AWM dafür nutzen, um sich von anderen Städten sowie der privaten Abfallwirtschaft abzugrenzen. Gleichzeitig wollte der AWM damit aber auch eine Botschaft in Richtung der städtischen Politik senden, dass ein Gebrauchtwarenkaufhaus wichtig sei, seine Daseinsberechtigung habe und weiterhin unterstützt werden müsse.

4.5 Vergleichende Analyse der Fallstudien

Aus Sicht des AWM wird durch europäische Impulse generell aber nicht etwa die Problemlösungsperformanz auf kommunaler Ebene gesteigert, sondern vielmehr werden sie teilweise sogar als zusätzliches Hindernis wahrgenommen, das eine noch bessere ökologische Leistungsfähigkeit der Münchner Abfallwirtschaft beschränke (vgl. Interviews M1 und M3). Die dominierenden Regimeakteure sehen die Münchner Abfallwirtschaft mit ihren Bemühungen in den Bereichen Abfallvermeidung und Vorbereitung zur Wiederverwendung quasi als *primus inter pares* (Erster unter Gleichen) und betonen die Fortschrittlichkeit und Handlungsfähigkeit der Stadt. Insofern scheint es nicht verwunderlich, dass Argumente für ein Mehr an Abfallvermeidung, die in dieses generelle Denk- und Handlungsmuster passen, als passfähig angesehen wurden. Dadurch war das Regime trotz aller Kritik an der europäischen Ebene relativ offen und empfänglich für die neuen Impulse – und das, obwohl nur ein sehr geringer Anpassungsdruck herrschte. Dieser städtische Abfallwirtschaftsdiskurs sorgt auch dafür, dass Abfallvermeidung als städtisches Anliegen in Symbiose mit der traditionell fortschrittlichen Umweltpolitik der Stadt gebracht wird. Insgesamt wird aber auch deutlich, dass der lokale Diskurs und das Selbstverständnis der dominierenden Regimeakteure äußerst ambivalent durch die europäische Ebene beeinflusst werden: Während insbesondere in den durchgeführten Experteninterviews deutlich wurde, dass teilweise sogar eine innere Abkehr von europäischen Inhalten stattfindet, ist trotzdem eine Anpassung an europäische Politik sowie ein ständiges Einbeziehen der europäischen Ebene bei der Bewertung neuer Abfallwirtschafts- und -vermeidungspolitiken festzustellen.

Es lässt sich also für die Fallstudie München feststellen, dass es trotz des geringen Anpassungsdrucks, insgesamt zu einer Absorption europäischer Vorstellungen kommt. Grund hierfür waren die sehr hohen Selbstansprüche, das Vorhandensein zahlreicher europäischer Interaktionspunkte sowie der Wunsch nach einer europäischen Vorreiterrolle in der Abfallwirtschaft (letztere u. a. mit dem Hintergrund, diese Vorreiterrolle dann strategisch im Rahmen der städtischen Lobby-Aktivitäten nutzen zu können und die Wichtigkeit einer kommunalen Abfallwirtschaft zu unterstreichen). Die vielen direkten Interaktionspunkte mit der EU (regelmäßige Fahrten des AWM nach Brüssel, viele Lobby-Aktivitäten, Einbindung in zahlreiche Netzwerke) können auch erklären, dass die über „soft framing" wirkenden Impulse vergleichsweise gut in München ankommen. Die vom Bund vorgefilterten Impulse (z. B. über das nationale Abfallvermeidungsprogramm, welches aufgrund seiner Unverbindlichkeit letztlich auch über „soft framing" auf München hätte wirken können) sind hierbei eher zu vernachlässigen. Man hat beim AWM zwar durchaus wahrgenommen, dass ein solches Programm existiert, fühlt sich aber als abfallwirtschaftliche Vorreiter in Deutschland nicht dadurch angesprochen (vgl. Interview M1). Lediglich die aufgrund der novellierten ARRL gestartete Abfallvermeidungskampagne des Bayerischen Landesamts für Umwelt hat dazu beigetragen, dass man auch in München wieder verstärkt über das Thema reflektierte (Mehrebenendynamik).

Betrachtet man den Europäisierungsprozess nun mit den im theoretischen Teil eingeführten Formen des graduellen Wandels, so kann der sozio-technische Wandelprozess in München am besten als die Variante „dynamische Reproduktion und selektive Modernisierung" (vgl. Dolata 2011: 281; siehe Kapitel 2.3 und Abbildung 2 dieser Arbeit) beschrieben werden. Es handelt sich insgesamt um einen reformorientierten Prozess, in welchem bereits vorhandene Institutionen selektiv modernisiert und dynamisch reproduziert werden. Im Ergebnis ist ein inkrementeller Wandel festzustellen. Die dominierenden Regimeakteure waren der Ansicht, dass es in München bereits ein sehr gut funktionierendes und ökologisches Abfallbewirtschaftungskonzept gibt, und sehen sich durch die europäischen Abfallvermeidungsimpulse lediglich genötigt, an einigen wenigen Stellschrauben zu drehen:

> „1988/89 verabschiedete der Münchner Stadtrat das erste ökologische Abfallwirtschaftskonzept, das erstmals auf Abfallvermeidung, Recycling und eine strikte Getrenntsammlung von Wertstoffen bei möglichst hoher Sortenreinheit setzte. Somit war der Grundstein für das Münchner Entsorgungssystem geschaffen, das bis heute nur geringfügig modifiziert wurde und immer noch erfolgreich ist" (AWM 2017a: 7).

Dies bestätigt auch ein Interviewpartner, der beschreibt, dass die Wandlungsprozesse innerhalb der städtischen Abfallpolitik seit der Abfallrahmenrichtlinie nicht revolutionär, sondern evolutionär abgelaufen sind:

> „Sagen wir mal so. Ein weiterer Quantensprung ist dann natürlich etwas schwierig […]. Ich kann jetzt andere Kommunen natürlich nicht so gut beurteilen, aber was damals eher revolutionär war, ist halt so in evolutionäre, kleinere Schritte übergelaufen. Das ist meine Wahrnehmung. Wir haben natürlich an dem Konzept weitergearbeitet" (Interview M5).

Wie zuvor schon erläutert, wurden auch keine grundlegenden Modifikationen technischer oder organisatorischer Art aufgrund der europäischen

Abfallvermeidungsimpulse vorgenommen. Kleinere Anpassungen waren aber auch hier feststellbar.

Die dominierende Form graduellen Wandels in München kann als Mix aus „Conversion" und „Layering" identifiziert werden. Die Ziele, Funktionen und Zwecksetzungen der vorhandenen Institutionen wurden minimal an die neuen Herausforderungen und veränderte Interessenlagen angepasst. Typisch für „Conversion" ist hierbei auch, dass sich der institutionelle Wandel eher endogen abspielt: Die kommunalen Regimeakteure reagieren zwar auf die neuen europäischen Impulse, indem sie bereits existierende Institutionen leicht anpassen, sie müssen aber nicht auf den Druck externer Regimeakteure (wie z. B. neuen zivilgesellschaftlichen Gruppen) oder neuer Technologien reagieren. Gleichzeitig vollzieht sich der institutionelle Wandel insbesondere über die Erweiterung und Anreicherung bestehender Institutionen um neue Elemente, was charakteristisch für ein „Layering" – also ein moderates Erweitern – ist. Dem abfallwirtschaftlichen Regime wurden trotz stabiler bestehender Institutionen einige Erweiterungen hinzugefügt, die nicht im Widerspruch zu diesen bereits vorhandenen Institutionen standen. Ein solches „Layering" kann zwar, wie im theoretischen Teil dieser Arbeit bereits deutlich wurde, durchaus langfristig dazu beitragen, dass sich Machtverhältnisse langsam verschieben, doch für den Fall München kann dies bislang nicht festgestellt werden. Der Wandel ist deshalb trotzdem nur als inkrementell zu klassifizieren und in keinem Falle als architektonisch (vgl. Abbildung 2 dieser Arbeit).

4.5.5.2 Köln

Die Ausgangssituation in der Fallstudie Köln gestaltete sich etwas anders als in München: Das gesamte abfallwirtschaftliche Regime war vor den europäischen Impulsen als klassisches Entsorgungsregime zu klassifizieren. Abfallvermeidung spielte im abfallwirtschaftlichen Regime vor 2008 nur eine sehr untergeordnete bis gar keine Rolle und insofern wurde für Köln aufgrund der europäischen Impulse auch ein größerer Handlungsdruck identifiziert.

In Folge der europäischen Impulse hat sich dann auch in der Fallstudie Köln gezeigt, dass Abfallvermeidung einen Bedeutungszugewinn erfahren hat – dies ließ sich unter anderem an den Sachstandsberichten zum Abfallwirtschaftskonzept 2012 deutlich ablesen. Man sah sich durch die europäischen Policies und in Folge des bundesdeutschen Filterprozesses verpflichtet, in diesem Bereich nun mehr zu machen als dies früher der Fall war. Folglich wurde 2013 unter direkter Bezugnahme auf die neuen Anforderungen durch das novellierte KrWG'2012 zum Beispiel eine Online-Gebrauchtwarenbörse auf der AWB-Homepage eingerichtet. Auch an der EWAV beteiligen sich die AWB seit 2012 mit verschiedenen Informationsangeboten und Mitmachaktionen. Dies hat auch dazu geführt, dass die Abfallberater innerhalb der AWB etwas an Relevanz hinzugewonnen haben.

Doch auch wenn hier eine leichte Weiterentwicklung und eine verstärkte Abarbeitung am Thema Abfallvermeidung erkennbar ist bzw. die Maßnahmendichte etwas zugenommen hat, so hat dies insgesamt trotzdem nicht zu einer grundlegenden Neuausrichtung tradierter Denk- und Handlungsmuster geführt. Es kam zwar zu einer leichten Anpassung bestehender Politiken, aber ohne dass hierbei Veränderungen an grundlegenden Strukturen und Logiken vorgenommen wurde. Ähnlich wie in München wird auch in Köln betont, dass Abfallvermeidung und Wiederverwendung zwar etwas stärker als unmittelbar vor den europäischen Impulsen bearbeitet werden, aber noch lange nicht so stark wie es Ende der 1980er Jahre der Fall war.

Zudem fiel auf, dass es innerhalb des politischen Spektrums auch grundsätzlich an Wissen über Abfallvermeidung und Wiederverwendung mangelt. Die europäischen Impulse waren größtenteils nicht bekannt und auch in der Verwaltung fanden sie nur spärlich Aufmerksamkeit. Somit haben die AWB ihre Ausrichtung zwar minimal den Impulsen folgend angepasst, konnten aber ohne größere politische Diskussionen ihre eigenen Vorstellungen umsetzen und wurden nur wenig von den Vorstellungen politischer Akteure tangiert. Hieraus resultierte ein sehr geringer Druck auf kommunaler Ebene, der die AWB nicht weiter dazu veranlasst hat, neue Zielvorstellungen zu entwickeln.

Im Vergleich zu München war das NAP von größerer Relevanz für Köln, da hier einige kommunale Maßnahmen vorgeschlagen wurden, die es so in Köln noch nicht gab. Das NAP wurde hierbei zwar nicht als Druck zu handeln wahrgenommen, aber dennoch als Impulsgeber – insofern wurden hier durchaus auch Lernprozesse angestoßen (z. B. wurde im Interview K1 darauf verwiesen, dass man die Idee eines kommunalen Gebrauchtwarenkaufhauses nochmals für Köln reflektiert hätte). Dennoch ist es in Folge des NAP aber nicht in direkter Verbindung zu weiterführenden Maßnahmen gekommen. Hierfür waren weder genug Druck noch andere begünstigende Faktoren vorhanden.

Auch in Köln spielte der stadtspezifische, abfallwirtschaftliche Diskurs um Stadtsauberkeit eine große Rolle. Hierüber kann im Vergleich zu München zwar weniger die generelle Motivation des Aufgreifens von europäischen Impulsen erklärt werden, allerdings zeigte sich, dass die hinter dem Diskurs stehenden kognitiven und normativen Institutionen so stabil waren, dass die neuen Impulse in das bestehende Setting zwar aufgenommen wurden, aber genau auf die Art und Weise, dass sie passgenau und relativ widerspruchsfrei in den bestehenden Diskurs integriert werden konnten. Es ist somit kein Zufall, dass sich die Stadt und die AWB die letzten Jahre auf die Vermeidung von To-go-Bechern konzentriert haben und in Zukunft auch weitere Einwegverpackungen reduzieren möchten (vgl. Stadt Köln 2018e). Die direkte Anbindung an das Thema „Sauberkeit im öffentlichen Raum", das über Jahrzehnte hinweg ein zentral diskutiertes Problem der Kölner Abfallwirtschaft darstellte, machte dies möglich.

Insgesamt kann man also auch für Köln von einer Absorption europäischer Policy-Inhalte sprechen. Diese Europäisierung ist allerdings weniger unmittelbar als in München, sondern läuft stärker über nationale Lernprozesse ab. Der gesamte Europäisierungsprozess scheint auch stärker exogen getrieben als in München. Zudem ist teilweise auch ein „Patching up" festzustellen, bei dem neue Vermeidungsimpulse an bestehende Denkmuster angeschlossen wurden. Diese Denkmuster wurden dadurch aber nicht verändert, sondern haben nur eine leichte Erweiterung erfahren. Ein Beispiel hierfür ist die gerade angesprochene Coffee-to-go-Initiative der Stadt, die bislang die erste und einzige größere Abfallvermeidungskampagne der Stadt und der AWB darstellt. Hier wird sehr gut deutlich, dass die europäischen Impulse zwar dazu geführt hatten, dass innerhalb des abfallwirtschaftlichen Regimes eine grundsätzliche Offenheit gegenüber möglichen Vermeidungsmaßnahmen bestand, dass aber bei der konkreten Umsetzung das Narrativ bzw. das Ziel der „sauberen Stadt" nach wie vor im Vordergrund stand. Es wurde genau die Abfallvermeidungsmaßnahme ausgesucht, die auch zum dominierenden abfallwirtschaftlichen Diskurs passte. Es fand also durchaus eine Veränderung und Erweiterung statt, aber eben ohne die dahinterstehende Philosophie zu verändern. Ein solches „Patching up" könnte insgesamt auch für den Europäisierungsgrad „Accomodation" sprechen. Diese Wandelform nach Börzel/Risse (2003) ist etwas weitergehender als „Absorption", da Prozesse, Politiken und Institutionen zwar angepasst werden, allerdings ohne die wirklich zentralen Eigenschaften zu ändern bzw. ohne dass das zugrunde liegende kollektive Verständnis geändert werden würde (vgl. ebd.: 70). Da dies aber nur bei wenigen Vorgängen in der Fallstudie Köln zutrifft und der Grad des Wandels insgesamt eher gering bleibt, ist auch für die Fallstudie Köln insgesamt das Europäisierungsniveau „Absorption" festzuhalten.

4. Analyse der Auswirkungen der europäischen Impulse im Fallstudienvergleich

Betrachtet man den Europäisierungsprozess nun mit den im theoretischen Teil eingeführten Formen des graduellen Wandels (vgl. Kapitel 2.3), so kann der sozio-technische Wandelprozess in Köln ebenfalls als die Variante „dynamische Reproduktion und selektive Modernisierung sowie moderate Erweiterung" (vgl. Dolata 2011: 281; siehe Kapitel 2.3 und Abbildung 2 dieser Arbeit) beschrieben werden. Ähnlich wie in München bestimmen die beiden Wandelformen „Conversion" und „Layering" den Wandlungsprozess. Während in München aber das „Layering" im Vergleich zu „Conversion" etwas stärker ausgeprägt ist, zeigt sich das Bild in Köln genau anders herum. „Conversion" bedeutet in diesem Fall, dass die vorhandenen Institutionen (z. B. der Stadtsauberkeitsdiskurs) zwar beibehalten werden, aber „an neue Herausforderungen und veränderte Interessenlagen angepasst und entsprechend neu justiert" wurden (Dolata 2011: 274). In Köln konnte neben einem dynamischen Reproduzieren bestehender Institutionen aber auch eine moderate Erweiterung bzw. Entfernung vom Status quo vor den europäischen Impulsen festgestellt werden. Denn auch wenn insgesamt die Anzahl an Abfallvermeidungsmaßnahmen und der Stellenwert des Themas in München natürlich nach wie vor deutlich höher ist als in Köln, ist in Köln – vom Ausgangspunkt her gemessen – insgesamt die größere Veränderung durch die europäischen Impulse feststellbar. Denn obwohl die zentralen, bereits etablierten Institutionen nicht maßgeblich verändert wurden, ist durch das oben angesprochene „Patching up" auch die Wandelform „Layering" hinzugekommen. Dem abfallwirtschaftlichen Regime wurden trotz stabiler bestehender Institutionen einige Erweiterungen hinzugefügt, die nicht in direktem Widerspruch zu diesen bereits vorhandenen Institutionen standen. Eine solch „seichte", widerspruchsfreie Integration war nur möglich, da der direkte Druck bzw. der institutionelle „misfit" relativ gering war und die Impulse größtenteils über „soft framing" auf Köln gewirkt haben. Insgesamt ist auch die Fallstudie Köln ein Beispiel für einen Veränderungsprozess, der maßgeblich „von den etablierten Akteuren des Sektors" getragen wird und „weitgehend im Rahmen der bestehenden Institutionen und Strukturen" des etablierten Regimes erfolgt (Dolata 2011: 282f.).

4.5.5.3 Zwischenfazit

Zunächst ist an dieser Stelle noch einmal festzuhalten, dass sich die Ausgangslage in beiden Städten unterschieden hat: Während für Köln ein geringer bis mittlerer Anpassungsdruck festgestellt wurde (vgl. Kapitel

4.4.2), stimmten die Voraussetzungen in München schon eher mit den europäischen Impulsen überein und es wurde ein vergleichsweise niedriger Anpassungsdruck diagnostiziert (vgl. Kapitel 4.3.2). Trotzdem ist im Ergebnis nun für beide Fallstudien ein Europäisierungsergebnis festzustellen, das sich am besten mit der Kategorie „Absorption" umschreiben lässt – wenn auch aus unterschiedlichen Gründen. In beiden abfallwirtschaftlichen Regimen kam es zu einer leichten Anpassung bestehender Politiken und Handlungsmuster, ohne dass hierbei Veränderungen an grundlegenden Strukturen und Logiken vorgenommen wurden. Hierbei hat sich auch eine gewisse Lernfähigkeit der kommunalen Regimeakteure gezeigt: Die Akteure haben gelernt, mit den neuen Policy-Herausforderungen umzugehen, und waren in der Lage, diese mit „altbekannten Mitteln" und kleineren funktionalen Anpassungen zu bewältigen. In beiden Untersuchungskommunen kommt es in keiner der untersuchten Dimensionen zu wirklich transformativen bzw. tiefgreifenden Veränderungen der Handlungslogiken.

Die Variante gradueller Transformation ließ sich in beiden Fallstädten als Prozess dynamischer Reproduktion und inkrementellen Wandels beschreiben, „der sich wesentlich unter Kontrolle der etablierten Akteure und im Rahmen bestehender und in ihrer Grundstruktur weitgehend stabil bleibender soziotechnischer Arrangements vollzieht" (Dolata 2011: 283). Die Kombination der Wandelformen „Layering" und „Conversion", die in beiden Fallstudien maßgeblich den inkrementellen Wandelprozess bestimmten, führten zu einer reformorientierten (und nicht radikalen) Variante gradueller Transformation. Dass der Wandlungsprozess nicht tiefgreifender war und sich keine weiterreichenden architektonischen Veränderungen ergeben haben, lag insbesondere auch daran, dass die Eingriffstiefe der europäischen Politiken sehr gering war. Für die kommunalen Regime stellten die Impulse keine unlösbare Herausforderung dar – sie konnten vergleichsweise einfach aufgegriffen und verarbeitet werden. Damit vollzieht sich der Transformationsprozess in erster Linie über strategische Neuorientierungen der etablierten Akteure, die über Reproduktion sowie moderate Erweiterungen und Umgestaltung vorhandener Organisationsmuster, Institutionen und Strukturen die neuen Elemente einfügen und mit den bestehenden Institutionen kombinieren konnten (vgl. Dolata 2011: 288).

In Tabelle 8 sind die gewonnenen Erkenntnisse noch einmal zusammengefasst dargestellt:

Tabelle 8: Ergebnisse der Fallstudienbetrachtung im Vergleich

	München	Köln
EU-induzierter Anpassungsdruck	Sehr gering	Gering bis mittel
Wahrnehmung der Europabetroffenheit	Sehr hoch	Hoch
Impulsverarbeitung	Sowohl direkt als auch gefiltert, insgesamt aber stärker direkt (Vorhandensein zahlreicher europäischer Interaktionspunkte)	Eher indirekt und gefiltert (zudem auch Lernen von anderen deutschen Städten)
Zentrale pfadbeeinflussende Institutionen	Dominierender Diskurs: München als abfallpolitisches Vorbild in Deutschland und Europa Übergreifendes Ziel: Kommunale Abfallwirtschaft stärken → Liberalisierung und Privatisierung verhindern Sich von anderen Städten abheben → Wunsch nach Vorreiterrolle Policy-Tradition (Etablierung zahlreicher Vermeidungsmaßnahmen vor ARRL'2008)	Dominierender Diskurs: Stadtsauberkeit Von anderen Städten lernen Selbstverständnis: Klassisches Entsorgungsregime Geringer kommunaler Wissensbestand bzgl. Vermeidungsmaßnahmen
Form graduellen Wandels	„Layering" und „Conversion"	„Conversion" und „Layering"
Variante gradueller Transformation	Inkrementeller Wandel → dynamische Reproduktion und selektive Modernisierung sowie moderate Erweiterung	Inkrementeller Wandel → dynamische Reproduktion und selektive Modernisierung sowie moderate Erweiterung

Quelle: Eigene Darstellung.

5. Schlussfolgerungen

Ziel der vorliegenden Arbeit war es, zu erforschen, welche Auswirkungen europäische Abfallvermeidungsimpulse auf kommunale Abfallwirtschaftsregime haben und welche Anpassungsprozesse hierdurch ausgelöst werden. Im folgenden Kapitel werden die wesentlichen Ergebnisse dieser Arbeit zusammengefasst und diskutiert. Dabei werden in Kapitel 5.1 zunächst die zentralen Erkenntnisse anhand der eingangs formulierten Leitfragen zusammengefasst. In Kapitel 5.2 werden unter Bezugnahme auf die in Kapitel 2.3.2 aufgestellten Thesen die in dieser Arbeit verwendeten theoretischen Debatten noch einmal kritisch reflektiert und die Thesen teilweise erweitert. Die praktischen Implikationen und Reformoptionen, die sich aus dieser Arbeit ergeben, werden in Kapitel 5.3 diskutiert. Schließlich wird in Kapitel 5.4 der weitere Forschungsbedarf skizziert und in Kapitel 5.5 ein Ausblick gegeben.

5.1 Zusammenfassung der zentralen Erkenntnisse

Bezugnehmend auf die in Kapitel 1.3 zentralen Fragestellungen der Arbeit werden im Folgenden die gewonnenen Erkenntnisse kurz zusammengefasst. Lediglich für die Frage, wie kommunale und rahmensetzende Akteure künftig wirksamere Impulse für die Vermeidung von Abfällen setzen können, wird an dieser Stelle auf das Kapitel 5.3 „Handlungsempfehlungen" verwiesen.

In beiden Fallstädten wurde in allen untersuchten Dimensionen (Politikinhalte und regulatives Institutionengefüge, Akteurskonstellationen und Machtbeziehungen, normatives und kognitives Institutionengefüge sowie technische Strukturen und Artefakte) deutlich, dass die Anpassungsprozesse an die europäischen Impulse sowie die Implementierung neuer Politiken und Maßnahmen stark pfadabhängig verliefen. In der Regel wurden genau solche Maßnahmen ergriffen, die eine erhöhte Passfähigkeit mit den generellen Regimestrukturen sowie den dominierenden Diskursen innerhalb der Regime aufwiesen. Sozio-technischer Wandel durch Europäisierung war aber – wenn auch auf sehr niedrigem Niveau – in allen untersuchten Dimensionen zumindest teilweise feststellbar. Eine besondere Rolle spielten sowohl in Köln als auch in München die abfallwirtschaft-

5. Schlussfolgerungen

lichen Diskurse, die einen sehr großen Einfluss auf die Impulsverarbeitung hatten und dazu führten, dass jeweils zu diesen Diskursen passende Politiken und Maßnahmen eingesetzt wurden.

Was die vorgeschalteten Filterprozesse der europäischen Impulse und die Implementation abfallvermeidender Politiken im Mehrebenensystem angeht, so zeigte die Analyse der bundesdeutschen Situation, dass die Implementation der europäischen Vorgaben bzw. die Impulsverarbeitung auf übergeordneter Ebene zwar stattfand, diese aber ebenfalls deutlich pfadabhängige Tendenzen aufwies. Das KrWG'2012 stellt in Sachen Abfallvermeidung lediglich eine Umsetzung der Mindestanforderungen der ARRL'2008 dar. Von einem Paradigmenwechsel in der deutschen Abfallwirtschaft kann deshalb nicht gesprochen werden: „Trotz des paradigmatisch klingenden Namenswechsels erhebt das Kreislaufwirtschaftsgesetz nicht wirklich den Anspruch, für eine neue Abfallpolitik zu stehen" (Ormond 2012: 3). Trotzdem: Mit der erstmaligen Ausarbeitung eines nationalen Abfallvermeidungsprogramms (prozedurale Vorgabe aus der ARRL'2008) wurde durch den europäischen Impuls definitiv eine Europäisierung nationaler Abfallpolitik ausgelöst. Ohne diesen europäischen Impuls hätte es ein solches Programm nicht bzw. nicht zu diesem Zeitpunkt gegeben („Deutschland wäre nie auf die Idee gekommen, eigenständig ein Abfallvermeidungsprogramm aufzustellen"; Interview K7). Ausschlaggebend war hier insbesondere der herrschende Anpassungsdruck – die Richtlinie musste zwingend umgesetzt und das Abfallvermeidungsprogramm auf Basis der ARRL'2008 verpflichtend aufgestellt werden. Da sich hieraus nachfolgend aber keine direkten Zwänge für die Kommunen ergaben (auch nicht über nachgelagerte prozedurale Instrumente), war die Eingriffstiefe der Impulse als sehr gering zu bewerten.

Die Tiefe des Wandels auf kommunaler Ebene war in den beiden untersuchten Fallstädten München und Köln dann auch, wie bereits beschrieben, als gering zu bewerten. Die europäischen Abfallvermeidungsimpulse lösten einen pfadabhängigen Wandlungsprozess aus – keinen transformativen. Es kam hierbei trotzdem zu gewissen funktionalen Anpassungen in verschiedenen Regimedimensionen, beispielsweise was die Neuformulierung und Weiterentwicklung bestehender Politiken und Pläne angeht (vgl. hierzu und zu den anderen Dimensionen Kapitel 4.5.1 bis 4.5.4). Insgesamt kam es durch die europäischen Impulse aber nicht zu einer grundlegenden Neuausrichtung tradierter Denk- und Handlungsmuster. Beide Fallstudien zeigen, wie langsam und inkrementell sich der durch europäische Impulse erzeugte Wandel auf kommunaler Ebene entfaltet. Dies kann sowohl mit der fehlenden transformativen bzw. substitutiven Kapazität der

5.1 Zusammenfassung der zentralen Erkenntnisse

europäischen Impulse als auch mit den sehr stabilen Regimestrukturen auf kommunaler Ebene erklärt werden. Die Diagnose fehlender EU-bedingter Wandlungsprozesse aufgrund der Pfadabhängigkeit wäre jedoch deutlich verkürzt. Auch wenn auf bundesdeutscher Ebene nur die Mindestanforderungen der ARRL'2008 umgesetzt wurden, haben sich die kommunalen Abfallwirtschaftsregime infolgedessen verändert. Beide Städte haben die EU als zentrale Entscheidungsinstanz in Sachen Abfallwirtschaft identifiziert und arbeiten sich an den vorgegebenen Policy-Inhalten ab. Insgesamt sind auf kommunaler Ebene aber nur sehr weiche Impulse angekommen, die von den städtischen Akteuren problemlos in die bestehenden Strukturen integriert werden konnten.

Die explizit vergleichende Betrachtung der kommunalen Ebene war hierbei überaus erkenntnisreich. Denn obwohl die untersuchten europäischen Impulse grundsätzlich universal für alle deutschen Kommunen galten, hat sich gezeigt, dass die Anpassungsprozesse in den beiden Untersuchungskommunen durchaus unterschiedlich verliefen – abhängig von der jeweiligen Sicht auf die EU, von den bisherigen Berührungspunkten mit dem Thema Abfallvermeidung und von den dominierenden Diskursen innerhalb der Abfallwirtschaftsregime. Auch wenn nicht alle Veränderungsprozesse im Bereich Abfallvermeidung ursächlich auf eine Europäisierung zurückzuführen waren, haben die europäischen Impulse in beiden Städten bestimmte Policy-Optionen wahrscheinlicher gemacht. In jedem Falle haben die europäischen Abfallvermeidungsimpulse zu einer Gesamtsituation beigetragen, in dem ein Mehr an Abfallvermeidung und eine Verschiebung von unteren hin zu oberen Stufen der Abfallhierarchie erstrebenswert bzw. notwendig erschienen.

Bezüglich der Möglichkeiten und Handlungsspielräume von Kommunen bei der Förderung von Abfallvermeidung und Wiederverwendung hat die vorliegende Arbeit gezeigt, dass theoretisch eine ganze Reihe von Maßnahmen ergriffen werden können. Sicherlich ist die Abfallwirtschaft hier nicht alleinige Ansprechpartnerin, denn es wird größtenteils bereits in den frühen Phasen des Produktlebenszyklus entschieden, wie langlebig bzw. abfallvermeidend ein Produkt bzw. Produktionsprozess ist. Trotzdem wurde gezeigt, dass Handlungsspielräume bestehen und Kommunen bei der Förderung der Abfallvermeidung als Planer und Regulierer, Verbraucher und Vorbild, Entsorger und Anbieter sowie als Berater und Promoter auftreten können. Im Sinne eines ganzheitlichen Ansatzes hat sich erwiesen, dass Kommunen durch ihre Funktionen in der Abfallwirtschaft und der öffentlichen Daseinsvorsorge wichtige Stakeholder sein können, wenn es um Abfallvermeidung und Wiederverwendung geht.

5. Schlussfolgerungen

Trotz der theoretisch bestehenden Möglichkeiten hat sich bereits in Kapitel 3 dieser Arbeit gezeigt, dass die Akteursvielfalt und der Querschnittscharakter der Abfallvermeidungspolitik, das Fehlen von einfachen technischen Lösungen, die vorherrschende Konsumgesellschaft sowie weitere Hemmnisse in der Vergangenheit dazu geführt haben, dass sich Abfallvermeidung als ökologisches Konzept trotz ambitionierter Zielvorstellungen bis Mitte der 2000er Jahre kaum durchsetzen konnte. Obwohl die deutsche Abfallwirtschaft in den letzten Jahrzehnten eine deutliche Entwicklung hin zu einer nachhaltigeren Bewirtschaftung von Abfällen vollzogen hat (insbesondere weg von der Deponierung unbehandelter Abfälle), hat dies nicht zu einer deutlichen Stärkung der Abfallvermeidung geführt. Es lässt sich konstatieren, dass das Volumen der deponierten Abfälle zwar abgenommen hat, dies jedoch kaum zu einer Steigerung der abfallvermeidenden Praktiken geführt hat. Thermische Verwertung und Recycling bestimmten die abfallwirtschaftliche Praxis, woran auch die in dieser Arbeit untersuchten europäischen Impulse wenig ändern konnten: Die Umsetzung lediglich der Mindestanforderungen der ARRL'2008 auf Bundesebene mitsamt dem deutschen Versuch, thermische Verwertung und Recycling entgegen den europäischen Vorgaben unter bestimmten Bedingungen auf eine gemeinsame Verwertungsstufe zu stellen, sprechen hier Bände. Dennoch haben die Fallstudien gezeigt, dass es trotz der weichen Impulse zu kleineren, funktionalen Wandlungsprozessen auf kommunaler Ebene gekommen ist. So wurden die Bemühungen um Vermeidungsmaßnahmen und die Vorbereitung zur Wiederverwendung gesteigert, was zumindest teilweise direkt auf die untersuchten europäischen Impulse zurückzuführen ist. Zudem ist an dieser Stelle zu ergänzen, dass es neben den hier untersuchten europäischen Impulsen selbstverständlich zwischenzeitlich auch noch weitere europäische und bundesdeutsche Initiativen für ein Mehr an Abfallvermeidung sowie eine nachhaltige Abfallwirtschaft und Ressourcenpolitik gab, die ggfs. künftig dazu führen werden, dass die in Kapitel 3.4 genannten Hemmnisse stärker als bislang überwunden werden können. Beispielsweise könnten von der im Juli 2018 in Kraft getretenen, abermals novellierten ARRL oder dem Aktionsplan „Kreislaufwirtschaft" des European Green Deal aus dem Jahr 2020 weitere wichtige Impulse für Abfallvermeidung und Ressourcenschutz ausgehen (siehe hierzu auch konkret die Kapitel 5.4 und 5.5).

5.2 Reflexion der theoretischen Debatten und Thesen

Insgesamt konnten mit der hier verwendeten Kombination aus Europäisierungsansatz und einer sozio-technischen Infrastrukturanalyse wesentliche Elemente des auf kommunaler Ebene festgestellten, pfad-abhängigen Wandels erklärt werden. Es hat sich gezeigt, dass die europäischen Impulse trotz ihrer geringen Eingriffstiefe zu einem Wandel innerhalb der kommunalen Regime beigetragen haben. Durch das KrWG'2012, die neue Abfallhierarchie und die europäische Woche der Abfallvermeidung wurde ein neuer Bezugsrahmen geschaffen, an dem sich die Performanz abfallwirtschaftlicher Strukturen messen lassen muss. Dass dieser neue Bezugsrahmen in den beiden untersuchten städtischen Kommunen wahrgenommen wurde und zu funktionalen Anpassungen führte, zeigt, wie bereits in Kapitel 2 theoretisch argumentiert, dass europäischer Policy-Wandel in kommunalen Infrastrukturregimen zu Veränderungen führen kann.

Auch wenn die Reichweite der analysierten Veränderungen insgesamt überschaubar war, so hat die vorliegende Untersuchung gezeigt, dass eine verstärkte Einbeziehung des Europäisierungsansatzes in der sozio-technischen Infrastrukturforschung sinnvoll und auch notwendig ist. Grund hierfür ist zum einen die zunehmende europäische Regelungsdichte. Die Vernachlässigung europäischer Einflüsse bei der Untersuchung von Wandlungsprozessen in sozio-technischen Regimen läuft Gefahr, wichtige Einflussvariablen auf sozio-technischen Wandel unzureichend zu erklären. Auch wenn in Folgestudien die Europäisierung kommunaler sozio-technischen Regime nicht zwingend im Mittelpunkt stehen muss, zeigt die vorliegende Analyse, dass zur Erklärung infrastruktureller Wandlungsprozesse der Einfluss supranationaler Politik zwingend zu berücksichtigen ist (vgl. hierzu auch Kapitel 2.1.3). Umgekehrt ist gleichzeitig aber auch zu betonen, dass der sozio-technische Blickwinkel gerade auch Europäisierungsstudien konzeptionell voranbringen kann. Politikwissenschaftliche Arbeiten der Europäisierungs- bzw. Implementationsforschung müssen die Existenz sozio-technischer Arrangements stärker berücksichtigen – denn gerade in der Infrastrukturpolitik sind die vorfindbaren materiellen Strukturen (z. B. vorhandene Technik, aber auch die physische Geographie und gebaute Umwelt) wichtige Einflussvariablen, um pfadabhängige Wandlungsprozesse erklären und analysieren zu können.

Insgesamt ist die vorliegende Arbeit auch als Plädoyer dafür zu verstehen, dass die Analyse des Einflusses politischer Reforminitiativen generell (unabhängig von welcher politischen Ebene kommend) mehr Aufmerksamkeit verdient, wenn es darum geht, die teilweise über Jahrzehnte

5. Schlussfolgerungen

hinweg andauernden Wandlungsprozesse in Infrastruktursektoren zu analysieren. Die oftmals stark auf einzelne sozio-technische Innovationen zentrierte Herangehensweise vieler Vertreter der sozialwissenschaftlichen Technikforschung ist zwar teilweise nachvollziehbar,[121] wenn es um die Analyse von bahnbrechenden, transformativen sozio-technischen Innovationen geht, die das Potenzial haben, einen Infrastruktursektor komplett zu modernisieren. Hier hat die vorliegende Analyse aber gezeigt, dass eine solch enge Betrachtungsweise Blindstellen aufweisen würde, da die festgestellten Veränderungsprozesse in den beiden kommunalen Abfallwirtschaftsregimen nicht erfasst worden wären. Denn versteht man die Transition von Infrastrukturregimen als Prozess gradueller Transformation, der sich ggfs. auch inkrementell über mehrere Jahrzehnte entfaltet, gewinnt die Betrachtung der andauernden politischen Einflussnahme auf Infrastruktursektoren bzw. sozio-technische Regime deutlich an Bedeutung – auch wenn diese in ihren Strukturen zunächst verfestigt und stabil erscheinen mögen. Gleichzeitig hat eine solche Betrachtungsweise im vorliegenden Fall auch deutlich gemacht, dass der Gedanke, lediglich radikaler Wandel könnte Regime verändern, unterkomplex ist und aus neo-institutioneller Perspektive eine undifferenzierte Sicht auf Wandel darstellt.

Ein wichtiger Beitrag der durchgeführten Analyse zu dem in Kapitel 2 rezipierten Forschungsstand ist zudem, dass das zuvor angesprochene Konzept der graduellen Transformation sich in der empirischen Analyse als Mehrwert erwiesen hat und die empirisch aufgetretenen Phänomene damit theoretisch fundiert eingeordnet werden konnten. Dies ist ein konzeptioneller Mehrwert, denn bislang gibt es in der sozio-technischen Literatur einen sehr starken Fokus darauf, wie und unter welchen Voraussetzungen besonders potente und durchsetzungsfähige Nischen Regime ablösen können, während kleinere und inkrementelle Veränderungen innerhalb bestehender und relativ stabiler Regime eher vernachlässigt werden. Durch die möglich gewordene Fokussierung auf Veränderungsprozesse mit geringfügiger Tiefe konnte die vorliegende Arbeit diese Forschungslücke bespielen: Es wurde unter anderem gezeigt, dass durch Policy induzierte Wandelprozesse in sozio-technischen Regimen nicht zwingend die Machtverhältnisse zwischen etablierten Firmen auf der einen und neuen Akteuren beeinflussen, sondern dass es auch innerhalb bestehender Unternehmen, innerhalb von Stadtregierungen oder anderen Organisationen zu Akzentverschiebungen kommen kann. Es hat sich also gezeigt, dass bei

---

121 Insbesondere auch, wenn es um eine forschungspraktische Begrenzung des Variablensets geht.

5.2 Reflexion der theoretischen Debatten und Thesen

inkrementellen Veränderungsprozessen gerade die regime-interne Perspektive interessant sein kann. Die Wandlungsprozesse spielen sich hierbei eher endogen im Regime selbst ab und es kommt nicht zwingend zu einer Situation, in der Nische und Regime um Einfluss konkurrieren. Wenn ein bestehendes Regime also in der Lage ist, einigermaßen koordiniert auf die Policy-Dynamiken zu reagieren, und es dabei über hinreichende Ressourcen verfügt, wird es in der Regel zu einer endogenen Erneuerung kommen. Insgesamt tragen diese Einsichten damit auch zur Diskussion um die Rolle von Politics in sozio-technischen Veränderungsprozessen bei (siehe hierzu Kapitel 2.1.4). Hierbei wurden mit der vorliegenden Arbeit auch aktuelle Forschungsergebnisse bestätigt, die herausstellen, dass

> „[…] political processes of power redistribution not only operate between stakeholder organisations, between groups in urban societies or between incumbents and newcomers, but also within incumbent organisations: local or state administrations, public organisations, private firms. Taken together, […] politics are ubiquitous in infra-structure interfacing processes. They may take many diverse forms and operate on multiple scales" (Monstadt/Coutard 2019: 2200).

Die vorliegende Arbeit hat darüber hinaus gezeigt, dass eine explizit kommunale Betrachtungsweise sozio-technischer Wandlungsprozesse wichtig ist. Die durchgeführten Fallstudien bestätigen, dass die kommunalen Regime in hohem Maße ein Produkt ihrer historisch individuell gewachsenen Strukturen sind und die lokalen Spezifika bei der Impulsverarbeitung eine wichtige Rolle spielen. Obwohl die europäischen Impulse grundsätzlich gleichsam auf die beiden untersuchten Kommunen einwirken, zeigt sich, dass die Anpassungsprozesse in den beiden Untersuchungskommunen unterschiedlich verlaufen – abhängig von der jeweiligen Sicht auf die EU, von den bisherigen Berührungspunkten mit dem Thema Abfallvermeidung und von den dominierenden Diskursen innerhalb der Abfallwirtschaftsregime. Zwar gab es innerhalb des letzten Jahrzehnts bereits vermehrt Studien, die sich mit einer solch lokalen Dimension sozio-technischen Wandels auseinandergesetzt haben (vgl. z. B. Späth/Rohracher 2012, Monstadt/Wolff 2015 und Schramm 2014), jedoch konnte die vorliegende Arbeit hier einen neuen Fokus auf einen bislang wenig belichteten Untersuchungsgegenstand legen, nämlich auf die lokale Dimension potenziell regime-verändernder Politiken im europäischen Mehrebenensystem (vgl. Kapitel 2.1.3). Hierbei hat sich insgesamt gezeigt, dass der europäisch induzierte Handlungsdruck zu funktionalen Veränderungen innerhalb der

5. Schlussfolgerungen

kommunalen Regime geführt hat und die europäische Ebene als relevante Bezugsgröße und Impulsgeber innerhalb der Regime wirkt.

Gleichzeitig hat sich am Beispiel der ARRL'2008 und der EWAV in dieser Arbeit auch gezeigt, dass es bei Betrachtung von policy-induziertem Wandel in einem Mehrebenensystem wie der EU unerlässlich ist, auch vorangeschaltete Filterprozesse auf nationaler Ebene mitzuberücksichtigen und diese in die kommunale Analyse miteinzubeziehen. Die Betrachtung der verschiedenen räumlichen Ebenen (und nicht nur funktionalen Ebenen, wie es beispielsweise beim MLP-Ansatz der Fall ist) kann zur Erklärung der Impulsverarbeitung auf kommunaler Ebene maßgeblich beitragen. Wie sich der sozio-technische Wandel dann konkret entfaltet, basiert auf einem komplexen Zusammenspiel verschiedener Faktoren, die nicht nur kommunaler Natur sind. Welche Steuerungswirkung beispielsweise europäische Policy-Impulse hinsichtlich der Beeinflussung kommunaler Regime entwickeln, ist auch von der Impulsverarbeitung auf nationaler Ebene abhängig. Durch diese Impulsverarbeitung kann der Druck zu handeln verstärkt oder abgeschwächt werden.

Im Folgenden werden nun die Ergebnisse der empirischen Untersuchung im Hinblick auf den Erklärungsgehalt der in Kapitel 2.3 formulierten Hypothesen zusammengefasst.

These 1: *Wenn europäische Policy-Impulse aufgrund von institutionellem „misfit" einen Anpassungsdruck bzw. einen „Druck zu lernen" innerhalb kommunaler Abfallwirtschaftsregime erzeugen, dann sind aufgrund regime-interner, etablierter Institutionen* **pfadabhängige Wandel- und Anpassungsprozesse zu erwarten**. *Radikale Neuerungen sind hingegen nicht zu vermuten.*

Die These 1 konnte in der vorliegenden Arbeit verifiziert werden. Die durch die ARRL und die EWAV ausgelösten Veränderungsprozesse wurden in Kapitel 4.5 als höchst pfadabhängig charakterisiert. Der durch die europäischen Impulse geschaffene institutionelle „misfit" beschränkte sich hierbei nicht nur auf einen formalen Anpassungsdruck, sondern entfaltete sich insbesondere durch weichere Mechanismen, die auf die kommunalen Akteure einen „Druck zu lernen" ausübten. Dieser Druck war aber lediglich gering, sodass im Ergebnis auch nur geringe Veränderungsprozesse festzustellen sind. In beiden untersuchten Städten wurde in allen untersuchten Dimensionen (regulativ, kognitiv, normativ und technisch) deutlich, dass die Anpassungsprozesse an die europäischen Impulse sowie die Implementierung neuer Politiken und Maßnahmen stark pfadabhängig verliefen und genau solche Maßnahmen ergriffen wurden,

5.2 Reflexion der theoretischen Debatten und Thesen

die eine erhöhte Passfähigkeit mit den generellen Regimestrukturen, den etablierten Institutionen sowie den dominierenden Diskursen innerhalb der Regime aufwiesen. Im Ergebnis zeigt sich, dass beide Abfallregime in der Lage waren, auf die europäischen Impulse mit inkrementellen Anpassungsstrategien innerhalb bestehender Regimestrukturen zu reagieren, ohne dass die grundlegendenden Strukturen destabilisiert wurden. Die etablierten Akteure konnten Neuerungen so in das bestehende Regime integrieren, dass sie keinen Macht- bzw. Ressourcenverlust erfahren haben. Die festgestellten, kleinen funktionalen Veränderungen im Münchner Abfallwirtschaftsregime zeigen darüber hinaus, dass selbst bei sehr geringem institutionellem „misfit" und geringem Lerndruck ein Wandel feststellbar ist. Dies liegt insbesondere am stadtspezifischen Abfallwirtschaftsdiskurs und den dahinterstehenden Normen und Werten (normative Institutionen) (siehe These 2).

Letztere Erkenntnis kann schließlich auch zu einer Erweiterung der These 1 beitragen. Denn herauszufinden, warum und unter welchen Voraussetzungen kommunale Regime gewillt sind, sich Policy-Impulsen anzupassen, obwohl auf sie ein nur geringer Druck wirkt, ist gerade aus praktischer Perspektive eine relevante Fragestellung. In Erweiterung zur These 1 könnte beispielsweise untersucht werden, ob auch in weiteren städtischen Fallstudien die stadtspezifischen Abfallwirtschafts- oder auch EU-Diskurse die Impulsempfänglichkeit des Regimes positiv beeinflussen. Dies würde der Implementationsforschung insgesamt zuträglich sein, da so lokal spezifische Faktoren definiert werden könnten, die eine Policy-Folgebereitschaft erhöhen oder verringern.

These 2: *In den beiden Untersuchungsstädten sind trotz des konstanten nationalen Kontextes keine konvergenten Europäisierungseffekte zu erwarten. Der europäische Anpassungsdruck wird* **stadtspezifisch unterschiedlich verarbeitet.** *Das Ergebnis des städtischen Verarbeitungsprozesses ist hierbei abhängig von den lokal spezifischen Regimekontexten sowie dem Verarbeitungsprozess auf den vorangeschalteten räumlichen Ebenen.*

Auch die These 2 wurde in der vorliegenden Arbeit verifiziert. Auch wenn das Europäisierungsergebnis in beiden Städten grundsätzlich ähnlich ausfiel, war ein stadtspezifischer Verarbeitungsprozess klar ersichtlich. Zwar wurde bezüglich der vorgeschalteten Filterprozesse in beiden Untersuchungskommunen gleichsam deutlich, dass die bundesdeutsche Umsetzung der ARRL'2008 eher eine impulsabschwächende Funktion hatte und auch das NAP kaum neue Impulse setzen konnte. Gleichzeitig zeigte

5. Schlussfolgerungen

sich beispielsweise aber auch, dass durch die Aktivitäten des Bayerischen Landesamts für Umwelt in Bayern ein etwas tiefgreifenderer und auch frühzeitigerer Erfahrungsaustausch bzgl. Abfallvermeidung und Wiederverwendung stattfand als es in Nordrhein-Westfalen der Fall war. Zudem spielte auch die direkte Anbindung an die EU-Ebene eine Rolle: In München, wo zwischen dem lokalen Abfallwirtschaftsunternehmen und den europäischen Ebenen bereits vor der ARRL'2008 eine Vielzahl an Interaktionspunkten vorlag, spielte die bundesdeutsche Implementation eine etwas geringfügigere Rolle als in Köln – man orientiert sich lieber direkt an der europäischen Ebene.

Die Europäisierungsergebnisse konnten in beiden Fallstudien durch die etablierten lokal spezifischen regulativen, kognitiven und normativen Institutionen sowie den technischen Strukturen der Abfallwirtschaftsregime erklärt werden. Diese erwiesen sich insgesamt als äußerst stabil und sorgten in beiden Fallstudien dafür, dass der sozio-technische, EU-induzierte Wandel in festen Bahnen verlief. Als wichtige Einflussvariable haben sich außerdem auch die stadtspezifischen Abfallwirtschaftsdiskurse erwiesen, welche sich wiederum aus den kognitiven und normativen Institutionen (Wissen, Ideen, Normen, Werte) des Regimes konstituierten. Dabei kommt es in der Fallstudie München hauptsächlich zu einem Wandel, weil die Abfallvermeidungsimpulse kompatibel mit dem abfallwirtschaftlichen Selbstverständnis und dem Anspruch einer Vorreiterposition in diesem Bereich sind. Zwar ist der Anpassungsdruck aufgrund einer Vielzahl bereits etablierter Maßnahmen und Konzepte (bestehende regulative Institutionen) eher gering, doch aufgrund des lokal-spezifischen Diskurses kommt es trotzdem zu kleinen Anpassungen. Die stadtspezifischen Wissensbestände (kognitive Institutionen) im Bereich Abfallvermeidung und Vorbereitung zur Wiederverwendung waren zum Zeitpunkt der europäischen Impulse bereits umfassend vorhanden, sodass man an dieser Stelle relativ leicht anknüpfen konnte. In der Fallstudie Köln hingegen war der institutionelle „misfit" zu Beginn des Wandlungsprozesses etwas höher als in München. Die bisherige Ausrichtung des Regimes konnte als klassisches Entsorgungsregime verstanden werden – Abfallvermeidung und Wiederverwendung standen nicht im Fokus der kommunalen Abfallwirtschaft. Viel stärker dominierte das Thema Stadtsauberkeit den abfallwirtschaftlichen Diskurs. Diese Priorisierung hatte auch einen großen Einfluss auf die stadtspezifische Verarbeitung der europäischen Policy-Impulse und konnte erklären, warum gewisse Maßnahmen gegenüber anderen bevorzugt wurden. Insgesamt wurden die lokalen Pläne und Programme sowie die kommunalen Wissensbestände durch den europäischen Einfluss zwar etwas erweitert, es fand aber keine transformative Veränderung der bestehenden Institutionen statt. Aufgrund der größeren Divergenz gegenüber dem vorgegebenen europäischen Modell sind die Anpassungen gerade im Bereich der regulativen Institutionen insgesamt aber etwas umfassender als in der Fallstudie München. Einfluss auf die technische Regimestruktur hatten die untersuchten europäischen Impulse in Köln nicht. Im Gegenteil – es lässt sich vielmehr konstatieren, dass die vorhandene Technik und das hiermit verbundene Selbstverständnis die Art und Weise der Problembearbeitung und Impulsverarbeitung stark beeinflusst hat. Die neuen Abfallvermeidungsimpulse wurden nur als eine Art „Add-on" wahrgenommen, welches die grundlegende Regimestruktur nicht in Frage stellte und somit auch keinen großen Einfluss auf die Diskurse, Techniken und Werte des Regimes hatte.

Insgesamt hat der städtische Vergleich damit gezeigt, dass auch innerhalb eines Nationalstaates auf lokaler Ebene unterschiedliche Wissensbestände, Techniken, Werte und regulative Umsetzungsprozesse existieren. Sowohl für die Analyse von Prozessen europäischer Integration als auch von Wandel in sozio-technischen Infrastrukturregimen erscheint eine Analyse des Besonderen im Städtischen damit notwendig zu sein:

> „The fact that distinct stocks of knowledge exist even within a member state indicates the enduring significance of cities as distinct spaces for making sense of political reality, even in times of seemingly de-localising tendencies like European integration. This finding is of central significance for the integration process more generally as cities take a decisive role within the multi-level system – not only in terms of policy implementation but also in terms of anchoring the very idea of a united Europe within the life-worlds of urban citizenries" (Barbehön 2016: 172).

In Erweiterung zur bisherigen These 2 wäre für künftige Fallstudien darüber nachzudenken, ob nicht eine noch deutlichere Fokussierung auf die innerhalb der Regime existierenden Diskurse Sinn ergeben könnte. Da sich die basierenden kognitiven und normativen Institutionen sowie die hierauf basierenden Diskurse in beiden Fallstudien als wichtige Einflussvariablen gezeigt haben, könnten Folgestudien die städtischen Problemdiskurse noch stärker, als es in der vorliegenden Arbeit geschehen ist, untersuchen. Auf diese Weise könnten die stadtspezifische Verarbeitung europäischer Impulse und die dabei relevanten Deutungsmuster und lokalen Problemkonstruktionen noch intensiver als erklärende Variablen herangezogen werden. Damit einhergehen müsste selbstverständlich die

5. Schlussfolgerungen

Einbeziehung grundlegender diskurstheoretischer und konstruktivistischer Annahmen in den theoretischen Gesamtrahmen. In der Europäisierungsforschung gibt es hierzu zwar bereits einige theoretisch wie empirisch fundierte Arbeiten (vgl. beispielsweise Barbehön et al. 2015), jedoch wird hier die sozio-technische Perspektive regelmäßig außer Acht gelassen. Auch in der Literatur zu nachhaltigen Transitions wird die Bedeutung von Diskursen in den letzten Jahren verstärkt berücksichtigt (vgl. zum Beispiel Späth 2012, Kern 2012 und Bosman et al. 2014) – ohne jedoch den spezifisch europäischen Einfluss auf die Diskurse zu evaluieren. Eine These, die sich explizit mit EU-induziertem, sozio-technischem Wandel und den städtischen Diskursen beschäftigt, könnte diese Forschungslücke schließen.

These 3: *Es wird erwartet, dass die durch die europäischen Abfallvermeidungsimpulse ausgelösten,* **inkrementellen Wandlungsprozesse als graduelle Transformation verstanden werden können.** *Die Prozesse können hierbei mit den Wandelformen Exhaustion, Drift, Layering, Conversion, Expansion, Displacement oder einer Kombination dieser umschrieben werden.*

Auch die These 3 konnte in der vorliegenden Arbeit verifiziert werden. Ob dies allerdings bedeutet, dass sich die kommunalen Regime durch diese begonnene Entwicklung auch in Zukunft ggfs. offener für weitere Impulse zeigen, die in eine ähnliche Richtung wirken und am Ende somit radikalerem Wandel den Weg bereiten könnten, ist an dieser Stelle noch nicht zu beantworten.

In beiden Fallstudien ist die Variante gradueller Transformation als inkrementell zu bezeichnen. Der Wandel entfaltet sich als dynamische Reproduktion bestehender Strukturen und selektiver Modernisierung. Die Variante gradueller Transformation ließ sich als Prozess dynamischer Reproduktion und inkrementellen Wandels beschreiben, „der sich wesentlich unter Kontrolle der etablierten Akteure und im Rahmen bestehender und in ihrer Grundstruktur weitgehend stabil bleibender sozio-technischer Arrangements vollzieht" (Dolata 2011: 283). Die Kombination der Wandelformen „Layering" und „Conversion", die in beiden Fallstudien maßgeblich den inkrementellen Wandelprozess bestimmten, führte zu einer reformorientierten (und nicht radikalen) Variante gradueller Transformation.

Dass der Wandlungsprozess nicht tiefgreifender war und sich keine weitreichenderen architektonischen Veränderungen ergeben haben, lag – neben den generell sehr stabilen Regimestrukturen – insbesondere auch daran, dass die Eingriffstiefe der europäischen Politiken nur sehr gering war. Für die kommunalen Regime stellten die Impulse keine unlösbare Herausforderung dar – sie konnten vergleichsweise einfach aufgegriffen und verarbeitet werden. Damit vollzieht sich der Transformationsprozess in erster Linie über strategische Neuorientierungen der etablierten Akteure, die über Reproduktion sowie moderate Erweiterungen und Umgestaltung vorhandener Organisationsmuster, Institutionen und Strukturen die neuen Elemente einfügen und mit den bestehenden Institutionen kombinieren konnten (vgl. Dolata 2011: 288).

Insgesamt waren die in den Fallstudien festgestellten Veränderungen so marginal, dass aktuell noch nicht abzuschätzen ist, ob die beschriebenen Entwicklungen tatsächlich dazu beitragen können, zukünftigen nachhaltigen Wandel in den Abfallwirtschaftsregimen zu erleichtern. Wird die umweltpolitische Performanz und die Offenheit des Regimes gegenüber Vermeidungsimpulsen berücksichtigt, scheinen in München hierfür bessere Voraussetzungen zu herrschen als in Köln. Unabhängig hiervon müssten zukünftige Policy-Impulse übergeordneter Ebenen aber deutlich mehr Eingriffstiefe aufweisen, um grundlegendere Änderungen in den Abfallwirtschaftsregimen anzustoßen. Denkbar wären beispielsweise verbindliche Vermeidungsziele für bestimmte Abfallfraktionen oder ein separates Ziel für Vorbereitung zur Wiederverwendung. Doch nicht nur substanzielle, sondern auch prozedurale Vorgaben könnten einen entsprechenden Wandel auslösen: Wären die kommunalen Regime beispielsweise über ein prozedurales Instrument gezwungen gewesen, ein kommunales Abfallvermeidungsprogramm auszuarbeiten, oder wären ihnen bestimmte Berichtspflichten im Bereich Abfallvermeidung auferlegt worden, hätte durch die hiermit angestoßenen Lern- und Aushandlungsprozesse ggfs. ein umfassenderer Wandel festgestellt werden können (siehe hierzu auch die entsprechende Handlungsempfehlung in Kapitel 5.3).

5.3 Handlungsempfehlungen

Ziel der vorliegenden Arbeit war es auch, herauszufinden, wie die unterschiedlichen politischen Ebenen künftig wirksamere Impulse für die Vermeidung von Abfällen auf kommunaler Ebene setzen können. Die im Kapitel 3.3 („Abfallvermeidung und die Relevanz der kommunalen Ebene") sowie in den städtischen Fallstudien (Kapitel 4.3 und 4.4) vorgestellten Maßnahmen zur Förderung der Abfallvermeidung und Wiederverwendung zeigen, dass den kommunalen Akteuren eine breite Palette an

5. Schlussfolgerungen

ordnungsrechtlichen, planerischen, ökonomischen, informationellen und kooperativen Maßnahmen bereitsteht, um Abfallvermeidung und Vorbereitung zur Wiederverwendung zu fördern. Ohne an dieser Stelle nochmals vereinzelt auf die bereits vorgestellten Maßnahmen einzugehen, soll nun überlegt werden, welche weiteren Erkenntnisse zur Initiierung von Politiken und Durchführung von Maßnahmen im Rahmen dieser Arbeit noch gewonnen werden konnten.

Bevor konkret auf kommunale Handlungsmöglichkeit eingegangen wird, gilt es aber zunächst einmal, den national und europäisch vorgegebenen Handlungsrahmen in den Blick zu nehmen: Denn damit die Transformation weg von einer linearen hin zu einer Kreislaufwirtschaft gelingt, muss ein kohärenter Rechts- und Politikrahmen geschaffen werden, der dazu führt, dass Rohstoffbedarfe verringert, Materialkreisläufe geschlossen und Abfallvermeidung entlang des gesamten Produktlebenszyklus realisiert wird. Erst in diesen Rahmen fügen sich später dann auch mögliche Aktivitäten kommunaler Akteure ein. Hierzu wäre es beispielsweise wünschenswert, dass eine stringente und einheitliche Strategie zur Kreislaufwirtschaft auf den Weg gebracht wird, die die bisherigen Einzelstrategien (Rohstoffstrategie, Abfallvermeidungsprogramm, Ressourceneffizienzprogramm und das Programm für nachhaltigen Konsum) unter einem Dach zusammenführt: „Genauso wie beim Klimaschutzgesetz braucht es ein umfassendes produktpolitisches Maßnahmenbündel, das die Kreislaufführung von Rohstoffen und Produkten für alle Sektoren vorsieht" (NABU 2021). Innerhalb eines ambitionierten Rechtsrahmens müsste dann sichergestellt werden, dass quantitative Abfallvermeidungsziele festgeschrieben werden, Primärrohstoffsteuern erhoben werden (für einen absolut verringerten Rohstoffeinsatz und zum vermehrten Einsatz von umweltfreundlicheren Recyclingmaterialien) und Reparatur entlang der gesamten Wertschöpfungskette gestärkt wird (bspw. durch „Vorschriften zum reparaturfreundlichen Produktdesign, den Zugang zu erschwinglichen Ersatzteilen und die finanzielle Förderung von Reparaturen durch niedrigere Mehrwertsteuersätze"[122]) (ebd.). Da die aktuell hohen Müllverbrennungsquoten

---

[122] Um günstige Rahmenbedingungen für ein Mehr an Wiederverwendung zu schaffen, können Reparaturen gegenüber Neukäufen gefördert werden. Denkbar wäre hier beispielsweise ein reduzierter Mehrwertsteuersatz: Eine ermäßigte Mehrwertsteuer auf Reparaturen als ökonomisches Instrument würde die Reparaturbranche stärken und wäre ein wichtiges Signal für die Verbraucher, die dadurch zu nachhaltigerem Konsum und umweltfreundlicherem Verhalten motiviert würden (Schulze/Sydow 2017). Europarechtlich gesehen wäre diese Maßnahme kein Problem, da durch die EU-Richtlinie zu ermäßigten Mehrwert-

5.3 Handlungsempfehlungen

in Deutschland weder mit Abfallvermeidung noch mit ehrgeizigen Recyclingzielen vereinbar sind, besteht auch in diesem Bereich lenkungstechnischer Handlungsbedarf. Beispielsweise könnte über die Einführung einer Verbrennungssteuer nachgedacht werden. Zudem könnte die erweiterte Herstellerverantwortung auf weitere Produktgruppen ausgedehnt werden (um sicherzustellen, dass umwelt- und recyclingfreundliches Design gefördert und Inverkehrbringer nicht recyclingfähiger Produkte höhere Entsorgungskosten zahlen müssen) und es könnten bundesweite Abgaben auf To-go-Einwegverpackungen eingeführt werden. Gleichzeitig müsste durch Informationskampagnen und Beteiligungskonzepte sichergestellt werden, dass die dahinterstehenden Werte und Normen auch in die breite Gesellschaft hineingetragen werden. Nur mit solch einem **ambitionierten Policy-Mix** werden sich auch auf kommunaler Ebene die notwendigen Voraussetzungen dafür ergeben, dass die von der EU vorgegebene Abfallhierarchie auch wirklich gelebt wird. Diese Maßnahmen würden dem Umstand Rechnung tragen, dass Abfallvermeidung als Querschnittsproblem eine Gemeinschaftsaufgabe ist, „die ein ganzes Bündel von kohärenten Maßnahmen erfordert. [...] Dementsprechend sind nicht nur Maßnahmen gefragt, die auf einzelne Produkte oder Bereiche abzielen, sondern auch übergreifende Konzepte, die möglichst umfassend angewendet werden können" (Deutscher Bundestag 2021).

Da sich die vorliegende Arbeit maßgeblich auf die Rolle der kommunalen Ebene und kommunalen Abfallwirtschaft konzentriert hat, sind die nachfolgenden Handlungsempfehlungen nun größtenteils auf diese Akteure zugeschnitten. Aber auch hierbei spielen übergeordnete politische

---

steuersätzen (2009/47/EG) die Mehrwertsteuer von Dienstleistungen, die keine wettbewerbsverzerrenden Auswirkungen im Binnenmarkt haben, gesenkt werden könnte. Hierunter fallen alle kleineren Reparaturdienstleistungen an Fahrrädern, Schuhen, Lederwaren, Kleidung und Haushaltswäsche (ausgenommen sind allerdings Elektroprodukte) (ebd.). Eine solche Anpassung wurde bereits in einigen EU-Mitgliedsstaaten durchgeführt. Um Reparaturen auch im Bereich von Elektro(nik)produkten zu stärken, gibt es in Schweden beispielsweise noch eine weitere Maßnahme, nämlich Steuergutschriften. Um die arbeitsintensive Reparaturdienstleistung günstiger zu machen, besteht für Verbraucher die Möglichkeit, 50 % der Arbeitskosten bei der Reparatur von Haushaltsgeräten wie Kühlschränken, Mikrowellen, Geschirrspülern und Waschmaschinen einzusparen. Hierfür muss bei der Reparatur einfach angegeben werden, dass Einkommensteuern bezahlt werden. Die Handwerker bieten die Reparatur dann für weniger Arbeitskosten an und können sich „am Ende des Jahres die den Kunden nicht in Rechnung gestellten Kosten über deren Einkommensteuer auszahlen lassen" (ebd.).

Ebenen selbstverständlich eine gewichtige Rolle, da sie den Handlungsrahmen vorgeben, in dem die kommunalen Akteure tätig werden. Hierbei ist nicht von der Hand zu weisen, dass die bisher erzielten Erfolge in der Abfallwirtschaft „bisher maßgeblich durch konkrete und ambitionierte politische Vorgaben erreicht [wurden]. Recyclingquoten oder das Verbot der Deponierung unbehandelter Abfälle haben sowohl Investitionen als auch Innovationen hervorgebracht" (Wilts et al. 2017: 5). Während die Einhaltung der Abfallgesetze jedoch streng überprüft und nachverfolgt wird, gibt es im Bereich der Abfallvermeidung in Deutschland immer noch keine allgemeingültig festgelegten Indikatoren, mit denen mögliche Vorgaben überprüft werden könnten (ebd.). Das Aufstellen **von messbaren Zielen und die regelmäßige Evaluierung des Zielerreichungsgrades** erscheint hier zentral, um mehr Verbindlichkeit in die teilweise recht beliebig erscheinenden Maßnahmenbündel hineinzutragen. Insofern sollten EU, Bund und Länder wirksamere Policies und Impulse formulieren und insbesondere „langfristige, klar definierte und quantifizierbare Indikatoren und Ziele setzen" (Wilts et al. 2017: 6; vgl. hierzu auch NABU 2013b). Diese Ziele sollten sowohl für abfallverursachende Sektoren wie auch für die (kommunale) Abfallwirtschaft definiert werden – also entlang des gesamten Produktlebenszyklus wirken. Auch die notwendige Forschung rund um sinnvolle und kommunal passgenaue Indikatoren sollte weiter gefördert werden (vgl. hierzu auch Kapitel 5.4). Das Schließen von Wissenslücken muss dazu führen, dass die Auswirkungen von Abfallvermeidungszielen und -maßnahmen messbar sind und mögliche Rebound-Effekte verstanden werden (vgl. DNR 2017). Wichtig ist hier aber auch, endlich in die Umsetzung zu kommen: Zwar ist sicherlich noch weitere Forschung notwendig, jedoch wurden gerade im vergangenen Jahrzehnt umfangreiche Studien angestellt (vgl. hierzu beispielsweise Dehoust et al. 2013, Wilts et al. 2019 und Wilts et al. 2020), die konkret für den deutschen Fall für verschiedene Sektoren und Abfallströme Indikatoren zur Messung von Abfallvermeidung und Wiederverwendung definieren. Diese gilt es nun in Anwendung zu bringen.

Bei der zuvor angesprochenen Aufstellung von messbaren Zielen muss auch ein besonderes Augenmerk auf die Vorbereitung zur Wiederverwendung gelegt werden. Um künftig Maßnahmen in diesem Bereich auf kommunaler Ebene zu forcieren, erscheint es zentral, hier bereits auf europäischer Ebene quantitative Ziele aufzustellen und diese nicht wie bisher unter den Recyclingzielen zu subsumieren (vgl. DNR 2017: 4). Solche Wiederverwendungsziele könnten sich dann beispielsweise konkret in sektorspezifischen Zielen äußern, beispielsweise bei Möbeln und Textilien.

„Wo es zweckmäßig erscheint, könnten diese auf Prozentsätzen aufbauen, um die unterschiedlichen Ausgangsszenarien in den verschiedenen Mitgliedsstaaten zu berücksichtigen" (BUND 2016: 16). Dies würde zwangsläufig dazu führen, dass sich die Mitgliedsstaaten ernsthaft mit der Vorbereitung zur Wiederverwendung auseinandersetzen müssten und diese nicht als nachrangig betrachtet wird. Getrennt ausgegebene Ziele würden insgesamt dazu beitragen, „dass zumindest einige der wiederverwendbaren Güter erhalten, repariert oder weiterverkauft werden, anstatt anderweitig verwertet, deponiert oder verbrannt zu werden" (RepaNet 2017). Voneinander getrennte Ziele könnten, beim Ausbleiben entsprechender europäischer Handlungen, selbstverständlich auch auf Ebene der Mitgliedsstaaten initiiert werden – wie beispielsweise Spanien es bereits getan hat:

> „Spain has recently set a national preparation for re-use target as part of their National Framework Plan for Waste Management (2016–2022) which sets to achieve 50 % preparing for re-use and recycling by 2020 of which 2 % will be prepared for re-use deriving mainly from textiles, WEEE and furniture and from other waste streams that can be prepared for re-use. This is in addition to the new Spanish Royal Decree on WEEE that requires 2 % of large household appliances and 3 % of IT equipment to be prepared for re-use from 2017. The targets will rise to 3 % and 4 % respectively from 2018. The main reason for the setting of this target for WEEE was the potential to create 4.700 jobs" (RREUSE 2016).

Einen Schritt in diese Richtung hat die 2018 abermals novellierte ARRL der EU bereits getan (siehe Kapitel 5.5).

Neben substanziellen Vorgaben sollte auch über den verstärkten Einsatz **prozeduraler Instrumente,** bei denen im engeren Sinne keine Quoten oder Ziele festgelegt werden, sondern nur bestimmte Umsetzungserfahren vorgeben werden, nachgedacht werden. Gerade weil sich bei der Umsetzung und Eingriffstiefe des nationalen Abfallvermeidungsprogramms gezeigt hat, dass die untersuchten Kommunen hiervon weitestgehend unbeeinflusst agierten, sollte überlegt werden, eine **kommunale Pflicht für das Aufstellen eines Abfallvermeidungskonzeptes** einzuführen. Das Aufstellen eines solchen Konzeptes könnte dabei helfen, „Eingeschliffenes in der Verwaltung zu hinterfragen, Schwachstellen aufzudecken und allerseits Bewusstsein zu schaffen" (Lottner 2010: 8). Kommunale Akteure wären gezwungen, sich mit möglichen Vermeidungs- und Wiederverwendungsmaßnahmen auseinanderzusetzen, und müssten diese für die jeweilige Stadt priorisieren und bewerten. Zudem fiel sowohl in München als

5. Schlussfolgerungen

auch in Köln auf, dass Abfallvermeidung als Thema hauptsächlich von den beiden Abfallwirtschaftsunternehmen inhaltlich bearbeitet wird. Eine breiter geführte Diskussion mit zahlreichen weiteren administrativen (z. B. aus der Umweltverwaltung), zivilgesellschaftlichen und privatwirtschaftlichen (insb. auch aus den abfallproduzierenden Sektoren) Akteuren, wie sie bei der Aufstellung eines stadtweiten Abfallvermeidungskonzeptes erforderlich wäre, könnte zahlreiche bislang nicht beachtete Potenziale und Synergieeffekte transparent machen. Nur bei einer solchen Einbeziehung möglichst vieler relevanter Akteure kann dem Querschnittscharakter der Abfallvermeidung Rechnung getragen werden.

Ziel eines solchen lokalen Abfallvermeidungskonzeptes müsste auch sein, das Potenzial für Wiederverwendungsmaßnahmen kommunalpolitisch zu erkennen und aktiv zu fördern, „um größere Mengenströme in bestmöglicher Qualität zu erreichen" (NABU 2013b). Insgesamt benötige es mehr lokal angepasste Lösungen, um beispielsweise noch nutzbare Gegenstände vor dem Sperrmüll zu bewahren, aber auch „um mögliche Kooperationspartner zu finden" (ebd.). Hierfür sollten kommunale Statusquo- und Potenzialanalysen durchgeführt werden. Auf Basis der kommunalen Potenzialanalysen wäre es für die Akteure dann auch einfacher, sich im Bereich Abfallvermeidung qualitative und quantitative Zielsetzungen zu stecken und diese dann nachzuverfolgen – insofern könnte ein solches prozedurales Instrument am Ende auch dafür sorgen, dass sich Kommunen ggfs. eigeninitiativ substanziellen Zielsetzungen verschreiben. Das Beispiel des Gebrauchtwarenkaufhauses in München mit den neuen Zielvorstellungen (Verdopplung der Menge der wiederverwerteten Gegenstände) hat hier gezeigt, dass ein kommunales Gebrauchtwarenkaufhaus durchaus erfolgreich und ein wichtiger Bestandteil des kommunalen soziotechnischen Regimes sein kann. Insgesamt wäre es mit dem Wissen, das durch eine Status-quo- und Potenzialanalyse generiert wird, möglich, Abfallvermeidungspolitik in Zukunft stärker lokal spezifisch zu priorisieren und Maßnahmen zu identifizieren, die „das Abfallaufkommen reduzieren und gleichzeitig Kosten einsparen" oder sich nicht rechnen, aber aufgrund ihrer ökologischen Vorteile trotzdem sinnvoll wären (Wilts et al. 2017: 6).

Gleichzeitig würde der Aufstellungsprozess eines Vermeidungsprogramms auf kommunaler Ebene auch ein weiteres in den Fallstudien erkanntes Problem zumindest teilweise mitbeheben können: das **Wissensdefizit** kommunaler Akteure bzw. Politiker. Denn überraschenderweise haben die in den Fallstudien geführten Interviews teilweise zu Tage gefördert, dass es insbesondere unter den lokalen Politikern eine hohe Unwissenheit über grundlegende Begrifflichkeiten im Abfallbereich gibt.

5.3 Handlungsempfehlungen

So war beispielsweise festzustellen, dass Mitglieder der beiden Stadträte offensichtlich nicht den Unterschied zwischen Recycling, Vorbereitung zur Wiederverwendung und Abfallvermeidung kannten. Auch waren beispielsweise das Nationale Abfallvermeidungsprogramm oder die EWAV vielen Akteuren gänzlich unbekannt. Das Erarbeiten eines kommunalen Vermeidungskonzeptes hätte hier durchaus das Potenzial, mehr Akteure für eine aktive Thementeilhabe zu qualifizieren und das Wissensniveau in diesem Bereich gesamtstädtisch zu erhöhen. Letzteres betrifft auch die abfallproduzierenden Sektoren, die neben den Impulsen der übergeordneten Ebenen auch durch die kommunalen Akteure weiter sensibilisiert werden sollten und in kommunale Konzepte einbezogen werden müssten.

Das Wissensdefizit sollte auch durch die übergeordneten Ebenen sowie durch die Verbände (bspw. VKU oder Städtetag) angegangen werden. Dies umfasst auch, Qualifizierungsmaßnahmen bei den Abfall- und Umweltexperten in den städtischen Verwaltungen einzuleiten. Insgesamt muss sichergestellt sein, dass beispielsweise auch kleinere Kommunen und Kreise neue Policy-Impulse im Bereich der Abfallvermeidung wahrnehmen und auf diese dann mit einem Repertoire an Maßnahmen adäquat reagieren können. Durch den Bund, die Länder und die Verbände muss sichergestellt werden, dass innovative und fortschrittliche Ansätze in alle Kommunen hineingetragen werden. Helfen hierbei könnten zum Beispiel auch vergleichende Datenbanken, in denen Best-Practice-Beispiele erläutert und bei denen Abfallvermeidungsmaßnahmen miteinander vergleichen werden können (vgl. hierzu auch Wilts et al. 2017). Gleichzeitig ersetzt eine solche, rund um Best-Practice-Beispiele orientierte Vorgehensweise aber nicht das Aufstellen eines kommunalen Abfallvermeidungskonzeptes und das Ausloten lokal spezifischer Vermeidungskapazitäten. Denn hier hat die vorliegende Arbeit gezeigt, dass die Problemverarbeitungskapazität im Wesentlichen durch die lokalen Kontexte (Institutionen, Technik und Diskurse) vorgegeben wird und einer universellen Übertragung von Best-Practice-Beispielen daher enge Grenzen gesetzt sind. Trotzdem könnten solche Datenbanken für kommunale Akteure hilfreich sein, mögliche Maßnahmen kennenzulernen, um dann eine informierte und lokal angepasste Entscheidung darüber treffen zu können, welche hiervon weiterverfolgt werden sollten.

Bezugnehmend auf diese lokal angepassten Maßnahmen wurde in der zuvor durchgeführten Fallstudienanalyse deutlich, dass Maßnahmen auf breiter Basis innerhalb der Städte eher akzeptiert werden, wenn sie eine **Anbindung an den dominierenden abfallwirtschaftlichen Diskurs** bieten – auch wenn der finanzielle Rahmen und das inhaltliche Interesse

5. Schlussfolgerungen

sonst eigentlich begrenzt sind. Insbesondere das Beispiel der Coffee-to-go-Becher-Vermeidung in der Stadt Köln zeigt somit, dass es für Städte, die neue Maßnahmen entwickeln möchten und noch relativ am Anfang ihrer Bemühungen stehen, zunächst darauf ankommen könnte, Maßnahmen zu identifizieren, die eine hohe Passfähigkeit zum sozio-technischen Regime aufweisen („No-regret-Maßnahmen"). Auf diese Weise lässt sich relativ schnell politischer Rückhalt und eine Befürworter-Koalition bestehend aus verschiedenen Akteuren generieren. Wenn Abfallvermeidungsmaßnahmen generell das Potenzial haben, auch Lösungen zu weiteren Problemen innerhalb des abfallwirtschaftlichen Systems (wie z. B. Stadtsauberkeit) bieten zu können, sind auch kritische Stimmen eher bereit, hierfür zusätzliche finanzielle Mittel freizugeben. Gleichzeitig hat das Fallbeispiel aber auch gezeigt, dass es den städtischen Akteuren hier noch nicht vollkommen gelingt, die Themen Abfallvermeidung und Stadtsauberkeit sinnvoll zu koppeln, obwohl hier über das Beispiel Coffee-to-go-Becher hinausgehende Synergieeffekte zu erzielen wären. So gibt es beispielsweise keine übergreifende Kommunikationsstrategie, die versuchen würde, die hohe Aufmerksamkeit für das Thema Stadtsauberkeit in Richtung Vermeidung umzulenken. Gleichzeitig ist an dieser Stelle auch kritisch anzumerken, dass solche „No-regret-Maßnahmen" und gerade das Beispiel Coffee-to-go-Becher nicht das Ende der städtischen Bemühungen um Abfallvermeidung sein dürfen, sondern maximal einen Anfang darstellen, da es sich bei dieser Art von Maßnahme größtenteils doch eher um umweltpolitische Symbolpolitik handelt und die kommunale Ebene hier auch ohnehin keine verbindlichen Vorgaben machen kann (im Gegensatz zum Bund, der Abgaben auf To-go-Verpackungen einführen könnte). Eine städtische Informationskampagne gegen To-go-Becher kann Bestandteil der kommunalen Abfallvermeidungspolitik sein, sie muss aber eingebettet in einem größeren Kontext wirken, der insgesamt auf die Reduzierung von Abfällen aus Haushalten, Industrie und Gewerbe abzielt.

Eine ähnliche „low-hanging fruit" wie die eben angesprochenen „no-regret"-Maßnahmen ist die **Anbindung der Thematik Abfallvermeidung an andere wichtige städtische Umweltprobleme, wie beispielsweise der Klimaschutzpolitik.** Da das Thema Klimaschutz in der kommunalen Politik mittlerweile einen sehr hohen Stellenwert genießt, wird u. a. auch vom Bayerischen Landesamt für Umwelt empfohlen, die Bemühungen um Abfallvermeidung auch kommunikativ stärker in Richtung Klimaschutz zu positionieren (vgl. Interview M8). Die Klimarelevanz von Abfallvermeidungsmaßnahmen ist durch die Einsparung von CO_2-Äquivalenten nicht von der Hand zu weisen und daher sollte Abfallvermeidung auch „politisch als Beitrag zur Klimaschutzpolitik behandelt werden und entsprechend Bedeutung zugemessen bekommen" (Lottner 2008).

„[...] Abfallvermeidung ist direkte CO_2-Reduktion. Beide Komplexe sind nur effizient zu lösen, wenn wir dem Bürger einerseits offen sagen, dass Abfallvermeidung und CO_2-Reduktion nicht umsonst und nicht ohne Verzicht zu haben sind, und dass andererseits spürbare Anreize für ein Umwelt bewusstes Handeln geboten werden. Es kann die Hoffnung aufkeimen, dass im Kontext der Klimadiskussion die Abfallvermeidung doch noch zur Nummer eins der Hierarchie wird" (Bidlingmaier 2007: 465).

Ein weiterer Punkt, an dem es anzusetzen gilt, ist die **finanzielle Unterstützung** für kommunale Wiederverwendungsmaßnahmen. Denn gerade das europäische Ausland zeigt, dass Abfallvermeidung besonders da erfolgreich ist, „wo den Verantwortlichen auch finanzielle Ressourcen zugewiesen werden: Abfallvermeidung kann hoch rentabel sein, aber sie erfordert Investitionen" (Wilts et al. 2017: 5). Bund und Länder müssten die Kommunen, aber auch die Entsorgungsträger, soziale Initiativen und Reparaturbetriebe deutlich stärker als bislang unterstützen, um Wiederverwendung effektiv voranzutreiben. Ein stärkerer politischer Handlungsrahmen für den Wiederverwendungssektor entlang der gesamten Wertschöpfungskette gilt als fundamental, um Wiederverwendung effektiv voranzutreiben. So ist das bisherige Fehlen eines Rechtsrahmens für die Einrichtung, die Entwicklung und das Betreiben von Wiederverwendungszentren trotz bedeutender Mengen wiederverwendbarer Produkte und Materialien im Abfallstrom ein Hindernis für Wiederverwendungsaktivitäten (vgl. RREUSE 2014).[123] Nicht nur durch das Setzen eines Rechtsrahmens für die Ein-

---

123 Ein Blick nach Irland zeigt beispielsweise, dass dort etwa ein Drittel des Abfallstroms Potenzial zur Wiederverwendung hat. Bestehende Wiederverwendungszentren „haben [aber] oft Schwierigkeiten, Zugang zum Abfallstrom zu erlangen, um potenziell wiederverwendbare Waren und Materialien herauszusortieren" (BUND 2016: 16). Ein regulierter, verbesserter und priorisierter Zugang für Wiederverwendungszentren zum Abfallstrom ist ein Weg, den Wiederverwendungskreislauf zu stärken, und erhöht gleichzeitig Planungssicherheit für Betreiber von Abfallsammelsystemen, -zentren und -anlagen. Eine weitere Möglichkeit, den Wiederverwendungskreislauf gezielt zu stärken ist die Einrichtung von dezidierten Reparatur-Sammelstellen. Dort hätten Endnutzer von Produkten eine unkomplizierte Entsorgungsmöglichkeit für wiederverwendbare Güter, zu welchen Wiederverwendungszentren dann durch priorisierten Zugang Zugriff auf den bereits vorselektierten Abfallstrom haben. Solch eine Möglichkeit ermöglicht Bürgern überdies, selbst aktiv und bewusst zur Wiederverwendung

5. Schlussfolgerungen

richtung, Entwicklung und Betreibung von Wiederverwendungszentren, sondern auch durch die finanzielle „Förderung von Pilotprojekten, einer zentralen Qualitätssicherung und Vernetzung, kompetenter rechtlicher Beratung sowie der Vermittlung von Ideen und Kooperationsmodellen" (NABU 2013b, vgl. hierzu auch RREUSE 2014). Ein weiterer Punkt, der sich aus der Fallstudienbetrachtung ergab, ist, dass zivilgesellschaftliche Initiativen auf kommunaler Ebene zwar aktiv sind, sich aber nur am Rande des abfallwirtschaftlichen Regimes bewegen und von den etablierten Akteuren nur zögerlich eingebunden werden. Wenn übergeordnete Ebenen diesen Umstand angehen möchten, wäre beispielsweise zu überlegen, die lokalen Strukturen durch den „europäischen Fonds für regionale Entwicklung (EFRE), den Kohäsionsfonds sowie den europäischen Sozialfonds für sozio-technische Innovation im Abfallvermeidungsbereich, wie zum Beispiel Repair Cafés" zu unterstützen (DNR 2017: 4). Eine finanzielle Förderung nachhaltiger Konsummuster (vgl. Scholl/Gossen 2017) könnte langfristig dazu führen, dass solche Alternativen zur bisherigen abfallwirtschaftlichen Praxis stärker in den Fokus rücken und einen Gegenentwurf bieten.

Neben den bereits genannten Handlungsempfehlungen ergibt sich aus der vorliegenden Arbeit auch die Notwendigkeit nach weiterer Forschung, auf die im folgenden Kapitel näher eingegangen wird.

5.4 Weiterer Forschungsbedarf

Im Rahmen dieser Arbeit wurden wichtige Erkenntnisse zu kommunalen Europäisierungsprozessen in sozio-technischen Infrastrukturregimen gewonnen. Basierend auf diesen Ergebnissen und der vorliegenden Arbeit insgesamt kann nun der weitere Forschungsbedarf skizziert werden. Hierbei sind grundsätzlich drei verschiedene Bereiche anzusprechen: ein verändertes bzw. erweitertes Forschungsdesign, weitere theoriebezogene Forschung im Bereich der Europäisierungsforschung und sozio-technischen Infrastrukturanalyse sowie praxisorientierte Studien in den Bereichen Abfallvermeidung, Kreislaufwirtschaft und Ressourceneffizienz.

---

beizutragen. Diese konkreten Maßnahmen würden zu einer verbesserten Abfallsammelinfrastruktur beitragen, welche ein vorzeitiges Recycling oder Entsorgung potenziell wiederverwendbarer Produkte vermeidet und im Ergebnis spürbar reduziert (vgl. ebd.).

5.4 Weiterer Forschungsbedarf

Bezüglich des in dieser Arbeit verwendeten **Forschungsdesigns** ist an dieser Stelle zunächst einschränkend anzumerken, dass sich die empirische Analyse nur auf zwei Fallstudien beschränken konnte und somit hinsichtlich einer möglichen Verallgemeinerbarkeit der Ergebnisse noch weiterer Forschungsbedarf besteht. So wäre es daher zunächst wünschenswert, die gewonnenen Erkenntnisse an weiteren städtischen Fallstudien[124] im nationalen und vor allem auch europäischen Vergleich zu überprüfen und weiterzuentwickeln. Um aus einem europäischen Vergleich möglichst viel lernen zu können, sollten die EU-Mitgliedsstaaten hierbei zunächst in verschiedene Länderkategorien aufgeteilt werden. Entscheidender Faktor könnte beispielsweise die ökologische Entwicklung der Abfallwirtschaft (gemessen an Deponierungsgrad, dem Anteil thermischer Verwertung oder den Recyclingquoten) sein. Auf diese Weise könnte untersucht werden, ob zum Beispiel bei Nationalstaaten mit einem höheren Deponierungsgrad die europäischen Impulse einen höheren Handlungsdruck und am Ende auch einen tiefergreifenden Wandel der kommunalen Regime ausgelöst haben. Um ein vollständiges Bild, der Europäisierungsprozesse im Bereich Abfallvermeidung europäischer Kommunen zu bekommen, wäre es darüber hinaus ratsam, Faktoren wie die institutionelle Stellung der Kommunen (Kompetenzverteilung in der Abfallwirtschaft) sowie die generelle Struktur der Abfallwirtschaft (z. B. Grad der Privatisierung bzw. Liberalisierung) zu berücksichtigen.

Ebenso wäre es bei europäisch vergleichend durchgeführten Fallstudien auch relevant, Kommunen in Nationalstaaten zu untersuchen, die bei der Implementation der Abfallrahmenrichtlinie, der neuen Abfallhierarchie und der Ausarbeitung des nationalen Abfallvermeidungsprogramms ambitioniertere Vorgaben als Deutschland formuliert und rechtsverbindlich gemacht haben. Denn der im Vergleich zum deutschen Fall damit intensiver wirkende Anpassungsdruck könnte beispielsweise dafür sorgen, dass sich die für die Abfallvermeidung zuständigen Akteure stärker durch die Impulse angesprochen fühlen und sich infolgedessen auch stärker architektonischer oder substitutiver Wandel ereignet. Zudem könnte konkret analysiert werden, welchen Einfluss der Filterprozess auf nationaler Ebene in vergleichender Perspektive hatte. Weitere forschungsrelevante Erkenntnis-

---

124 Neben weiteren städtischen „in-depth"-Fallstudien könnte darüber hinaus ein stärker quantitatives Forschungsdesign helfen, allgemeingültigere Schlüsse zu generieren. Methodisch könnte man sich hierbei beispielsweise auf Fragebögen stützen, die an die Gesamtheit der Städte eines Nationalstaats (oder z. B. an Städte ab einer bestimmten Größe) verteilt werden könnten.

5. Schlussfolgerungen

se könnte auch die Untersuchung von kleinen und mittelgroßen Kommunen mit sich bringen. Denn da diese oftmals weniger direkte Berührungspunkte mit der EU haben, stellt sich die Frage, wie die europäischen Impulse dort ankommen und ob durch die ggfs. weniger professionalisierten Verarbeitungsstrukturen auch die Impulsverarbeitung beeinflusst wird.

Zudem ergibt sich aus den konzeptionellen Ergebnissen der vorliegenden Arbeit **weiterer theoriebezogener Forschungsbedarf**. Um soziotechnische Transformationsprozesse auf lokaler Ebene in ihrer Gesamtheit besser erfassen zu können, wäre es aufbauend auf dieser Arbeit auch wünschenswert, wenn zukünftige Studien neben der Europäisierung weitere wandelauslösende Faktoren parallel hierzu untersuchen würden. So könnte beispielsweise der Einfluss weiterer supra- oder internationaler Vereinbarungen (z. B. aus der OECD-Umgebung), nationaler Regulierung (z. B. die deutschen Ressourceneffizienzprogramme) sowie zivilgesellschaftlicher Einflüsse (z. B. die Bewegungen zu Repair Cafés oder Transition Towns) systematisch untersucht werden. Durch dieses Vorgehen könnte eine konkretere Aussage dazu getroffen werden, wie stark diese weiteren wandelauslösenden Faktoren im Vergleich zur Europäisierung wirken.

Gleichzeitig wäre es aber auch sinnvoll, mit derselben theoretischen Perspektive und demselben inhaltlichen Ziel die Europäisierung weiterer kommunaler Infrastrukturregime in anderen Sektoren zu untersuchen. Denkbar wären hier zum Beispiel vergleichende Untersuchungen in den Bereichen Wasserversorgung, Abwasserentsorgung, Energieversorgung und Verkehr. So könnten Gemeinsamkeiten und Unterschiede in Bezug auf die Anpassungsprozesse der verschiedenen Regime herausgefunden und diskutiert werden, was wiederum insgesamt die Theoriebildung im Bereich der Infrastruktur- und Europäisierungsforschung voranbringen könnte. Beispielsweise könnte untersucht werden, ob stadtübergreifende EU-Diskurse gleichsam auf alle städtischen Infrastruktursektoren wirken (oder ob es hier sektorspezifische Unterschiede gibt), ob bestimmte kommunale Infrastrukturregime sich besonders offen für europäische Einflüsse erweisen (und was die Gründe hierfür sind) und ob sich aus dem Vergleich der verschiedenen Sektoren auch Rückschlüsse für die transformative Kapazität der EU-Impulse ziehen lassen.

Wie zuvor bereits erläutert, sollten Folgestudien im Bereich der Europäisierung sozio-technischer Regime auch städtische Fallstudien aus anderen europäischen Ländern untersuchen, um einerseits den Einfluss nationaler Filterprozesse und andererseits den Einfluss verschiedener Formen der institutionellen Stellung von Kommunen und den generellen abfallwirtschaftlichen Strukturen vergleichend analysieren zu können. Gleichzeitig

5.4 Weiterer Forschungsbedarf

ergibt es sich aus theoretischer Perspektive aber auch weiterer Forschungsbedarf, was den europäischen Einfluss auf EU-Beitrittskandidaten angeht. So haben bereits durchgeführte Europäisierungsstudien gezeigt, dass sich Europäisierung nicht nur auf EU-Mitgliedsländer erstreckt, sondern dass durch die vorlaufenden Beitrittsgespräche und -prozesse bereits die Beitrittskandidaten in hohem Maße von den Regelungen und Normen der EU beeinflusst werden. So zeigen beispielsweise Forschungsergebnisse zum langjährigen Beitrittskandidaten Türkei, dass eine Europäisierung der nationalen Strukturen auftritt (vgl. hierzu Börzel/Soyaltin 2012 und Tekin/Güney 2015), wobei der Fokus hier stark auf der Europäisierung der Verfassung, des Parteiensystems, der Zivilgesellschaft, des Justizsystems und weiteren strukturellen wie institutionellen Elementen basiert. Konkrete Policy-Felder, geschweige denn die Umwelt- und Abfallpolitik, werden hingegen weniger betrachtet. Diesbezüglich wäre es auf Basis der in dieser Arbeit gewonnenen Forschungsergebnisse wünschenswert, auch Analysen zu einer möglichen Europäisierung der Abfallpolitik im Allgemeinen und der Abfallvermeidungspolitik im Speziellen durchzuführen. Aus theoretischer Perspektive wäre hierbei insbesondere relevant zu sehen, zu welcher Art und Intensität von sozio-technischem Wandel die größere Distanz zwischen angestrebtem EU-Modell und der Abfallpolitik des Beitrittskandidaten (die im Falle der Türkei beispielsweise auch auf informellen Strukturen beruht; siehe hierzu z. B. Dinler 2016 und Tuçaltan 2019) führt.

Des Weiteren sollte auch das Konzept der graduellen Transformation, welches sich für die Konzeptionalisierung sozio-technischen Wandels als Mehrwert erwiesen hat, in Folgestudien stärker angewendet und auch weiterentwickelt werden. Gerade für den Bereich der Infrastrukturforschung, für den die vorliegende Arbeit gezeigt hat, dass Wandlungsprozesse pfadabhängig, inkrementell und nur sehr langsam ablaufen, wäre es zielführend, das Modell bezüglich der verschiedenen Wandel-Varianten noch weiter auszudifferenzieren. Aktuell werden drei verschiedene Varianten gradueller Transformation gesehen: inkrementeller, architektonischer und substitutiver Wandel (vgl. Abbildung 2). Für diese Varianten – und unter diesen insbesondere für die Variante „inkrementeller Wandel" – könnten basierend auf weiteren Studien noch Unterkategorien gebildet werden, die mehr Vergleichsmöglichkeiten schaffen. Dies ist wünschenswert, weil bereits die beiden hier untersuchten Fälle München und Köln, die beide als „inkrementell" eingestuft wurden, funktionale Unterschiede im Wandlungsprozess aufgewiesen haben. Weitere Fallstudien, die dieses forschungspragmatische Modell anwenden, sollten für Infrastrukturregime außerdem untersuchen, wann und unter welchen Voraussetzungen die

5. Schlussfolgerungen

zahlreichen kleinen inkrementellen Wandlungsprozesse tatsächlich eine neue Qualität erreichen und somit insgesamt zu substitutivem Wandel führen. Die offene Frage ist also: „Wann werden die vielen [...] Veränderungen tatsächlich substanziell und lösen jene ‚cumulative commitments' [...] ab, die den Sektor bis dahin geprägt, seine Stabilität und Reproduktion garantiert haben?" (Dolata 2011: 289). Gerade weil es das Kennzeichen gradueller Transformation ist, dass sich Wandel nicht in Schüben und kurzer Frist ereignet, sondern sukzessive durch eine Vielzahl an Veränderungsprozessen manifestiert, könnten weitere Studien hier dazu beitragen, konkrete Übergänge von der einen zur nächsten Phase zu identifizieren und diese konzeptionell zu fassen.

Auch für die **Abfall- und Kreislaufwirtschaft** wird an dieser Stelle weiterer Forschungsbedarf gesehen. So sind, wie bereits im Kapitel 5.3 angesprochen, weitere Studien notwendig, die sich in den Bereichen Performanz bestehender Abfallvermeidungsmaßnahmen sowie Indikatorbildung und ökonomische Bewertung konkreter Maßnahmen bewegen. So zeigt sich gerade in Bezug auf die ökonomische Bewertung, dass Abfallvermeidungsmaßnahmen nach wie vor eher als Kostentreiber wahrgenommen werden, obwohl dies im Einzelnen finanziell überhaupt nicht quantifiziert wurde (vgl. auch Interview A6). Zu einer ähnlichen Feststellung kommt auch eine Studie des Umweltbundesamts (2020), die feststellt, dass „beim aktuellen Wissensstand kaum abschätzbar [ist], welche Kosten mit den einzelnen Maßnahmen verbunden wären" (Wilts et al. 2020: 230). Zudem könnten Kosteneinsparpotenziale, die mit einem geringeren Abfallaufkommen einhergehen würden, aktuell noch nicht verlässlich abgeschätzt werden (vgl. ebd.). Um diese Wissenslücken zu füllen, muss bezüglich der Effizienz und Vergleichbarkeit einzelner Abfallvermeidungsmaßnahmen weiter geforscht werden, da sich langfristig sinnvolle Abfallvermeidungspläne nur so aufstellen und durchsetzen lassen.

Weiterer Forschungsbedarf ergibt sich auch aus dem Umstand, dass die kommunalen Akteure sich aktuell offensichtlich nur begrenzt durch das bundesdeutsche Abfallvermeidungsprogramm angesprochen fühlen. Ohnehin stellt sich die Frage, ob in einem Staat mit föderalistischer Struktur und einer starken Stellung der kommunalen Ebene in der Abfallwirtschaft ein alleinig nationales Vermeidungsprogramm überhaupt sinnstiftend sein kann. Die Einbindung kommunaler Akteure in den Aufstellungsprozess eines solchen Programms ist hierbei die eine Herausforderung, die rechtliche Verbindlichkeit und Akzeptanz innerhalb der Kommunen eine andere. Zu überlegen wäre hier, ob nicht eine prozedurale Pflicht für das Aufstellen eines kommunalen Abfallvermeidungskonzeptes in den Kommunen zu Lern- und Synergieeffekten führen könnte (siehe Kapitel 5.3). Hier könnten vorlaufende Studien untersuchen, ob und wie kommunale Vermeidungskonzepte einen Mehrwert schaffen könnten, wie der Aufstellungsprozess idealtypisch aussehen könnte (zum Beispiel könnte hier auch evaluiert werden, ob das Programm in die bestehenden Abfallwirtschaftskonzepte aufgenommen werden oder besser für sich alleine und somit eher sektorübergreifend stehen sollte) und ob sich hieraus finanzielle Verantwortlichkeiten des Bundes oder der Länder gegenüber den Kommunen ergeben würden (siehe hierzu auch Wilts et al. 2020: 229).

Insgesamt stellt sich auch die Frage, wie das Querschnittsthema Abfallvermeidung noch effektiver mit anderen politischen Programmen, die ähnliche Zielsetzungen haben, koordiniert und abgestimmt werden kann. So gibt es beispielsweise im Ressourceneffizienzprogramm der Bundesregierung (ProgRess I, II und III), dem Energieverbrauchsrelevante-Produkte-Gesetz (der deutschen Umsetzung der EU-Ökodesign-Richtlinie) oder dem Nationalen Programm für nachhaltigen Konsum durchaus ähnliche Ansätze wie im Abfallvermeidungsprogramm des Bundes. Hier scheint es klare Synergiepotenziale bei der Entwicklung und Umsetzung der Programme zu geben, die aktuell allerdings noch nicht ausgelotet werden (vgl. hierzu auch Wilts et al. 2020). Gleichzeitig könnte eine bessere Verzahnung der Programme auch dazu beitragen, dass Abfallvermeidung und Ressourceneffizienz künftig noch stärker zusammengedacht werden. Denn die hier durchgeführte empirische Analyse zeigt unter anderem, dass die kommunalen Akteure dem nationalen Abfallvermeidungsprogramm auch deshalb kritisch gegenüberstehen, weil sie sich im Gegensatz zu den abfallverursachenden Sektoren dort besonders in die Verpflichtung genommen sehen – und das, obwohl sie z. B. keinen direkten Einfluss auf das Design, die Reparierbarkeit und Rezyklierbarkeit von Produkten haben. Wie ein kohärenter Policy-Rahmen zukünftig aussehen sollte und wie Synergien zwischen einzelnen Programmen und Gesetzen künftig besser genutzt werden können, muss die weitere anwendungsorientierte Forschung in diesem Bereich zeigen. In jedem Falle sollte dafür gesorgt sein, dass Maßnahmen im Sinne der Abfallvermeidung nicht nur am Ende des Produktlebenszyklus von der Abfallwirtschaft umgesetzt werden, sondern dass für alle ersichtlich ist, dass jeder Akteur – egal ob zu Beginn, in der Mitte oder am Ende des Produktlebenszyklus – adäquate Maßnahmen umsetzen muss, um das Ziel eines verringerten Abfallaufkommens zu erreichen.

5. Schlussfolgerungen

5.5 Ausblick

Abschließend ist im Sinne eines kurzen Ausblicks noch einmal anzumerken, dass die Europäische Union mit der im Juli 2018 in Kraft getretenen, abermals novellierten ARRL einen weiteren Schritt in Richtung Kreislaufwirtschaft und Abfallvermeidung gegangen ist, der wiederum Auswirkungen auf die in den Mitgliedsländern etablierten sozio-technischen Abfallwirtschaftsregime haben wird. Gemeinsam mit anderen novellierten Richtlinien aus dem Abfallbereich (EU-Richtlinien über Verpackungen und Verpackungsabfälle, über Abfalldeponien, über Altfahrzeuge, über (Alt-)Batterien und (Alt-)Akkumulatoren sowie über Elektro- und Elektronik-Altgeräte) wird das EU-Abfallpaket aus ökologischer Perspektive betrachtet sehr wahrscheinlich zu einem größeren Wandel beitragen, da deutlich mehr Wert auf die tatsächliche Umsetzung der Abfallhierarchie gelegt wurde:

> „Die neuen Rechtsvorschriften stärken die ‚Abfallhierarchie', d. h. sie verpflichten die Mitgliedstaaten, spezifische Maßnahmen zu ergreifen, die den Schwerpunkt statt auf Deponierung und Verbrennung auf Vermeidung, Wiederverwendung und Recycling legen und damit die Kreislaufwirtschaft Wirklichkeit werden lassen. [...] Mit den neuen Rechtsvorschriften wird ein besonderer Schwerpunkt auf die Abfallvermeidung gelegt, und es werden wichtige Ziele für die Lebensmittelverschwendung in der EU und die Vermeidung von Abfällen im Meer eingeführt, um zur Erreichung der Ziele der Vereinten Nationen für eine nachhaltige Entwicklung in diesen Bereichen beizutragen" (Europäische Kommission 2018).

Artikel 9 mit den Regelungen zur Abfallvermeidung wurde hierbei komplett neu gefasst und konkretisiert. Zudem nennt nun der Anhang IVa der Richtlinie wirtschaftliche Instrumente und weitere Maßnahmen, die dazu beitragen sollen, die Anwendung der Abfallhierarchie zu fördern. Genannt werden hier u. a. verursacherbezogene Gebührensysteme in der Abfallwirtschaft („pay as you throw"), Gebühren für die Ablagerung von Abfällen auf Deponien und Verbrennung von Abfällen als Anreiz für Vermeidung und Recycling, Einsatz von Pfandsystemen, Kampagnen zur Sensibilisierung der Öffentlichkeit sowie steuerliche Maßnahmen zur Förderung des Absatzes von Produkten, die zur Wiederverwendung vorbereitet wurden (vgl. ARRL'2018, Anhang IVa). Ein Schritt in die richtige Richtung ist mit Sicherheit auch der Umstand, dass die Mitgliedsstaaten in den Bereichen Wiederverwendung und Lebensmittelabfallvermeidung nun konkrete Erfolgskontrollen, also Messungen, durchführen sollen. So soll der Umfang an Wiederverwendung mit einer noch „festzulegenden gemeinsamen Methode gemessen werden", wobei die Festlegung der Methode noch „per Erlass von delegierten Rechtsakten erfolgen" wird (Umweltbundesamt 2018b: 3). Hierbei wird für die nationalen Abfallvermeidungsprogramme also vorgegeben, dass bis 2024 quantitative Benchmarks festzulegen sind, „insbesondere mit Bezug zur Wiederverwendung von Produkten und die Schaffung von Systemen zur Förderung von Aktivitäten zur Wiederverwendung (z. B. von Elektro- und Elektronikgeräten, Textilien und Möbeln, Verpackungs- sowie Baumaterialien und -produkten)" (Bahn-Walkowiak/Wilts 2020: 20). Substanzielle Vorgaben wie konkret messbare Ziele für die Vermeidung von Abfällen wurden allerdings nach wie vor nicht festgelegt und zudem wurde auch darauf verzichtet, ein von den Recyclingquoten separiertes Ziel zur Vorbereitung zur Wiederverwendung auszugeben – beides sind Umstände, die von Umweltverbänden scharf kritisiert wurden (vgl. DNR 2018 und EEB 2018). Trotzdem sind durch die zuvor genannten prozeduralen Vorgaben weitere Wandelprozesse auch auf kommunaler Ebene zu erwarten.

Daneben könnte zum Beispiel auch der European Green Deal mit dem dazugehörigen Aktionsplan „Circular Economy" dazu beitragen, dass sich Wirtschaft und Gesellschaft hin zu mehr Abfallvermeidung, Wiederverwendung und Recycling entwickeln. Das Programm verfolgt dabei einen ganzheitlichen Ansatz der Kreislaufwirtschaft und bezieht den „gesamten Lebenszyklus von der Produktgestaltung über Produktionsprozesse und nachhaltigen Konsum bis hin zur Abfallwirtschaft einschließlich der erweiterten Herstellerverantwortung" mit ein (Umweltbundesamt 2020). Der Aktionsplan verspricht eine ganze Reihe an geplanten Maßnahmen, unter anderem die Halbierung des Hausrestmüllaufkommens bis 2030, Abfallvermeidungsziele für spezifische Abfallfraktionen, die Etablierung eines „Rechts auf Reparatur" bei Elektrogeräten, die weitere Entwicklung von Ökodesign-Vorgaben sowie weitere Maßnahmen in den Bereichen Textilien, Mikroplastik, Kunststoffrecycling, Plastiksteuer und Abfallexporte.[125] Das Veränderungspotenzial dieser begrüßenswerten Maßnahmen ist

---

125 Kritisiert wird am Aktionsplan jedoch insbesondere, dass kein absolutes Reduktionsziel für den europäischen Rohstoffverbrauch gesetzt wurde: „In einem ersten Entwurf des Aktionsplans hatte die Kommission die Idee formuliert, den materiellen Fußabdruck der EU, also die Rohstoffnutzung pro Kopf, bis 2030 zu halbieren. Dieses Ziel ist aber aus der finalen Version gestrichen worden. Damit der Aktionsplan einen langfristigen ökologischen Effekt erzielt, muss dieser Punkt dringend wieder auf die Agenda. Analog zu den CO_2-Reduktions-

5. Schlussfolgerungen

nun abhängig davon, wie schnell die angekündigten Vorschläge konkretisiert, umgesetzt und dann wiederum in den Mitgliedsstaaten implementiert werden (vgl. NABU 2020b).

Auch wurde zwischenzeitlich die Fortschreibung des deutschen Abfallvermeidungsprogramms initiiert. Basierend auf einer umfassenden wissenschaftlichen Expertise („Fortschreibung Abfallvermeidungsprogramm: Erarbeitung der Grundlagen für die Fortschreibung des Abfallvermeidungsprogramms auf Basis einer Analyse und Bewertung des Umsetzungsstandes"; Wilts et al. 2020) existiert bislang aber nur ein Entwurf der Fortschreibung (vgl. BMU 2020b). Zwar wurde Anfang 2021 der Deutsche Bundestag von der Bundesregierung über die Fertigstellung des Programms unterrichtet (vgl. Deutscher Bundestag 2021), offiziell veröffentlicht wurde dieses aber noch nicht. Positiv hervorzuheben ist aber schon einmal, dass das Programm mit dem Titel „Wertschätzen statt Wegwerfen" einen stärkeren Fokus auf die Beteiligung der Öffentlichkeit legt, als dies bei der ersten Version von 2013 der Fall war. So sind für 2021 verschiedene Dialogformate vorgesehen, um die Inhalte des Programms stärker in die Gesellschaft hineinzutragen (vgl. Deutscher Fachverlag Umweltwirtschaft 2021). Bereits in der vorbereitenden wissenschaftlichen Expertise legten die Forschenden von Wuppertal Institut, Ökopol, INTECUS und des Instituts für Energie- und Umweltforschung Heidelberg unter anderem Wert darauf, „prioritäre Abfallströme für das zukünftige Abfallvermeidungsprogramm, wie Verpackungsabfälle aus Kunststoff, Lebensmittelabfälle, Elektro- und Elektronikaltgeräte und Bau- und Abbruchabfälle" zu identifizieren (Wuppertal Institut 2020). „Weiterhin entwarfen sie Vorschläge für konkrete Abfallvermeidungskonzepte [, die …] die öffentliche Beschaffung, Reparatur und Vorbereitung zur Wiederverwendung und die Förderung von Produkt-Dienstleistungssystemen" umfassten (ebd.). Diese Erkenntnisse sind auch in den neuen Entwurf des Programms eingeflossen, was schon einmal einen Mehrwert im Vergleich zur Version aus dem Jahr 2013 darstellt. In vielerlei Hinsicht erscheint das neue Programm etwas detaillierter und umsetzungsnaher als das alte gestaltet zu sein. Konkrete und verbindliche (quantitative) Zielsetzungen sucht man indes auch im neuen Programm vergeblich. Ob das neue NAP in der Zukunft zu einem

---

zielen in der Klimapolitik wünscht sich der NABU absolute Reduktionsziele für den zukünftigen europäischen Rohstoffverbrauch. Die Ziele würden als klare Orientierungshilfen für Wirtschaft und Gesellschaft dienen, an denen gemessen werden kann, ob die Maßnahmen ausreichen oder ob nachjustiert werden muss" (NABU 2020a).

5.5 Ausblick

Mehr an Abfallvermeidung in den Kommunen führen werden, wird sich zeigen – zur Etablierung einer richtigen „Circular Economy" wäre dies auf alle Fälle wünschenswert und notwendig.

6. Literatur- und Quellenverzeichnis

6.1 Literatur & schriftliche Quellen

Abfallbeseitigungsgesetz (AbfG) (1972): Gesetz über die Beseitigung von Abfällen, Ausfertigungsdatum 10.06.1972 (Bundesgesetzblatt Jahrgang 1972 Teil I Nr. 49, Seite 873).

Abfallgesetz (AbfG) (1986): Gesetz über die Vermeidung und Entsorgung von Abfällen, Ausfertigungsdatum 30.08.1986 (Bundesgesetzblatt Jahrgang 1986 Teil I Nr. 44, Seite 1410).

Abfallrahmenrichtlinie (ARRL) (2018): Richtlinie (EU) 2018/851 des Europäischen Parlaments und des Rates vom 30. Mai 2018 zur Änderung der Richtlinie 2008/98/EG über Abfälle.

Abfallrahmenrichtlinie (ARRL) (2008): Richtlinie 2008/98/EG des europäischen Parlaments und des Rates vom 19. November 2008 über Abfälle und zur Aufhebung bestimmter Richtlinien.

Abfallrahmenrichtlinie (ARRL) (1991): Richtlinie 91/156/EWG des Rates vom 18. März 1991 zur Änderung der Richtlinie 75/442/EWG über Abfälle.

Abfallrahmenrichtlinie (ARRL) (1975): Richtlinie 75/442/EWG des Rates vom 15. Juli 1975 über Abfälle.

Abromeit, H./ Stoiber, M. (2006): Demokratien im Vergleich. Einführung in die vergleichende Analyse politischer Systeme, VS Verlag für Sozialwissenschaften, Wiesbaden.

ACR+ (Association of Cities and Regions for sustainable Resource management) (2020): European Week for Waste Reduction, URL: www.acrplus.org/en/2-content/771-european-week-for-waste-reduction-project (zuletzt abgerufen am: 12.07.2020).

ACR+ (Association of Cities and Regions for sustainable Resource management) (2017a): The European Week for Waste Reduction. The continuation of a success story, Brüssel.

ACR+ (Association of Cities and Regions for sustainable Resource management) (2017b): European Week for Waste Reduction, Life EWWR+ on LIFE PUBLIC DATABASE, URL: www.ec.europa.eu/environment/life/project/Projects/index.cfm?fuseaction=search.dspPage&n_proj_id=4609.0 (zuletzt abgerufen am 24.10.2020).

ADEME (Agence de l'Environnement et de la Maîtrise de l'Energie) (2012): European Week for Waste Reduction, EWWR on Life Public Database, URL: www.ec.europa.eu/environment/life/project/Projects/index.cfm?fuseaction=search.dspPage&n_proj_id=3317#PD (zuletzt abgerufen am 15.08.2020).

6. Literatur- und Quellenverzeichnis

Atkinson, R./ Rossignolo, C. (2010): Cities and the 'soft side' of Europeanization: The role of urban networks, in: Hamedinger, A./ Wolffhardt, A. (Hrsg.): The Europeanization of Cities: Policies, Urban Change & Urban Networks, Techne Press, Amsterdam, 197–210.

Auel, K. (2006): Europäisierung nationaler Politik, in: Bieling, H./ Lerch, M. (Hrsg.): Theorien der europäischen Integration, VS Verlag für Sozialwissenschaften, Wiesbaden, 293–320.

Augsburger Allgemeine (2014): Das Ende einer Ära: Rot-Schwarz folgt auf Rot-Grün, Stefan Drescher, 15.05.2014, URL: https://www.augsburger-allgemeine.de/bayern/Das-Ende-einer-Aera-Rot-Schwarz-folgt-auf-Rot-Gruen-id29852617.html (zuletzt abgerufen am 21.04.2019).

Ausschuss für Umwelt und Grün Köln (2018): Niederschrift über die Sitzung des Ausschusses Umwelt und Grün in der Wahlperiode 2014/2020, Sitzung am 18.01.2018, Köln.

Ausschuss für Umwelt und Grün Köln (2016): Niederschrift über die Sitzung des Ausschusses Umwelt und Grün in der Wahlperiode 2014/2020, Sitzung am 08.12.2016, Köln.

AWB (2019): Coffee to go Köln. Die Initiative – Wer sind wir und warum gibt es uns überhaupt?, URL: https://coffee-to-go.koeln/die-aktion/ (zuletzt abgerufen am 18.04.2021).

AWB (2017a): Daten und Fakten zur AWB, URL: www.awbkoeln.de/die-awb/daten-und-fakten/ (zuletzt abgerufen am 01.12.2017).

AWB (2017b): Initiative Coffee-to-go für Köln, Präsentation, AN/2076/2016 Zwischenbericht, Ausschusssitzung 07.07.2017, Köln.

AWB (2016a): Geschäftsbericht 2016, Köln.

AWB (2016b): Die häufigsten Fragen zur stadtweiten Altkleidersammlung in Köln, URL: www.altkleiderkoeln.de/faq.html (zuletzt abgerufen am 18.04.2021).

AWB (2015): Europäische Woche der Abfallvermeidung, Presseinformation 19. November 2015, Köln.

AWM (2021): Zero Waste München, Workshop 1: Betriebliche Abfallvermeidung in Handel und Gewerbe, URL: www.awm-muenchen.de/fileadmin/Bilder_gesammelt/ 02_Privathaushalte/08_Abfallvermeidung/Zero_Waste_City/AWM_ZeoWasteCity_Workshop_Handel_und_Gewerbe_Dokumentation.pdf (zuletzt abgerufen am 22.05.2021).

AWM (2020): 20 Jahre vorbildliche Abfalltrennung in München, URL: www.awm-muenchen.de/ueber-uns/chronik-muenchner-abfallwirtschaft/20-jahre-abfalltrennung.html?text=0#c10476 (zuletzt abgerufen am 20.04.2021).

AWM (2019a): München hat's satt!, URL: www.awm-muenchen.de/abfallvermeidung/abfallvermeidungskampagnen/pappbecher.html#c9400 (zuletzt abgerufen am 21.04.2021).

AWM (2019b): Für München ist Einwegplastik nicht tragbar!, URL: https://www.awm-muenchen.de/abfallvermeidung/abfallvermeidungskampagnen/plastik.html (zuletzt abgerufen am 21.04.2021).

AWM (2018a): Geschäftsbericht 2018, Stand: Oktober 2019, München.

AWM (2018b): Müllverbrennungsanlage: Heizkraftwerk München Nord (HKW), URL: https://www.awm-muenchen.de/gewerbe/anlieferung-beim-awm/heizkraftwerk.html (zuletzt abgerufen am 15.06.2016).

AWM (2018c): Aktuelle Kampagnenmotive, URL: www.awm-muenchen.de/ueber-uns/kampagnen/abfallvermeidung-2018.html (zuletzt abgerufen am 01.08.2019).

AWM (2017a): Abfallwirtschaftskonzept 2017–2026 Landeshauptstadt München, München.

AWM (2017b): Geschäftsbericht 2017, Stand: Juli 2018, München.

AWM (2016a): Die AWM Werkleitung, URL: http://www.awm-muenchen.de/wir-ueber-uns/struktur/werkleitung.html (zuletzt abgerufen am 15.06.2016).

AWM (2016b): Die Wertstoffinseln, URL: www.awm-muenchen.de/privathaushalte/verpackungsmuell/wertstoffinseln.html (zuletzt abgerufen am 15.06.2016).

AWM (2016c): Kompostierung von Gartenabfällen, URL: www.awm-muenchen.de/hausverwaltungen/sonstige-abfaelle/gartenabfaelle/kompostierung.html (zuletzt abgerufen am 15.06.2016).

AWM (2015): Geschäfts- und Nachhaltigkeitsbericht 2015, Stand: November 2016, München.

AWM (2014a): Geschäftsbericht 2014, Stand: Oktober 2015, München.

AWM (2014b): Nachhaltigkeitsbericht 2014, Stand: Dezember 2013, München.

AWM (2013): Geschäftsbericht 2013, Stand: Oktober 2014, München.

AWM (2012a): Geschäftsbericht 2012, Stand: Oktober 2013, München.

AWM (2012b): Taschentausch mit dem AWM: Plastik gegen Stoff!, URL: www.awm-muenchen.de/fileadmin/news_import/PM_AWM_EWAV.pdf (zuletzt abgerufen am 27.04.2021).

AWM (2011a): Geschäftsbericht 2011, München.

AWM (2011b): Taschentausch mit dem AWM: Plastik gegen Stoff!, URL: www.awm-muenchen.de/fileadmin/PDF-Dokumente/presse/presse2011/PM_2011_11_21_Taschentausch.pdf (zuletzt abgerufen am 27.04.2021).

AWM (2010): Geschäftsbericht 2010, München.

AWM (2009): Geschäftsbericht 2009, München.

AWM (2008): Geschäftsbericht 2008, München.

AWM (2007): Geschäftsbericht 2007, München.

AWM (2006): Geschäftsbericht 2006, München.

AWM (2005): Abfallwirtschaftsbetrieb München – Im Dienst der kommunalen Daseinsvorsorge, München.

AWM (1999): Das Münchner Abfallwirtschaftskonzept, Stand: Januar 1999 (2. Nachdruck: Januar 2005), München.

Avelino, F./ Rotmans, J. (2009): Power in Transition. An Interdisciplinary Framework to Study Power in Relation to Structural Change, in: European Journal of Social Theory, 12:4, 543–569.

AVG (2020a): Deponierung, URL: www.avgkoeln.de/die-anlagen/deponierung (zuletzt abgerufen am 21.04.2021).

6. Literatur- und Quellenverzeichnis

AVG (2020b): Stoffliche Verwertung, URL: www.avgkoeln.de/die-anlagen/stoffliche-verwertung (zuletzt abgerufen am 21.04.2021).

AVG (2017): Nachhaltigkeitsbericht 2017, Köln.

Bache, I./ Marshall, A. (2004): Europeanisation and Domestic Change: A Governance Approach to Institutional Adaptation in Britain, Queen's Papers on Europeanisation No. 5/2004, Sheffield.

Bahn-Walkowiak, B./ Wilts, H. (2020): Circular Economy. Leitbild und Vision, Projekt: Umsetzungserfahrungen mit Landesnachhaltigkeitsstrategien – Fallstudie Nachhaltigkeitsstrategie NRW, Wuppertal Institut für Klima, Umwelt, Energie gGmbH, Wuppertal.

Bailey, I. (2003): New Environmental Policy Instruments in the European Union: Politics, Economics and the Implementation of the Packaging Waste Directive, Ashgate, Aldershot.

Bandelow, N. (2003): Lerntheoretische Ansätze in der Policy-Forschung, in: Maier, M. L./ Nullmeier, F./ Pritzlaff, T./ Wiesner, A. (Hrsg.): Politik als Lernprozess. Wissenszentrierte Ansätze der Politikanalyse, Springer Fachmedien, Wiesbaden, 98–121.

Barbehön, M. (2016): Europeanisation as Discursive Process: Urban Constructions of Europe and the Local Implementation of EU Directives, in: Journal of European Integration, 38:2, 163–177.

Barbehön, M. (2015): Die Europäisierung von Städten als diskursiver Prozess. Urbane Konstruktionen des Mehrebenensystems und die lokale Umsetzung europäischer Politik, Nomos, Baden-Baden.

Barbehön, M./ Münch, S./ Haus, M./ Heinelt, H. (2015): Städtische Problemdiskurse. Lokalpolitische Sinnhorizonte im Vergleich, Nomos, Baden-Baden.

Bartl, A. (2014a): Moving from recycling to waste prevention: a review of barriers and enables, in: Waste Management & Research, 32:9, 3–18.

Bartl, A. (2014b): Ways and entanglements of the waste hierarchy, in: Waste Management, 34, 1–2.

Bayerischer Rundfunk (2020): Münchner Wertstoffinseln: Ein umstrittenes Müll-System, Monika Sarre-Mock, URL: www.br.de/nachrichten/bayern/muenchner-wertstoffinseln-ein-umstrittenes-muell-system,S37BxcJ (zuletzt abgerufen am 21.04.2021).

Bayerisches Landesamt für Umwelt (2016): Kommunale Konzepte zur Vermeidung von Abfällen, URL: www.lfu.bayern.de/abfall/abfallvermeidung/kkonzepte/index.htm (zuletzt abgerufen am 16.11.2016).

Bayerisches Landesamt für Umwelt (2010): Kommunale Konzepte zur Vermeidung von Abfällen. Kampagne des LfU zur Vermeidung von Siedlungsabfällen 2010, Augsburg.

Bayerisches Landesamt für Umwelt (2008): Grundlagen für Abfallvermeidungskonzepte in den Kommunen. Workshop zum Kampagnenauftakt, Fachtagung am 14. Oktober 2008, Augsburg.

Bayerisches Staatsministerium für Umwelt und Verbraucherschutz (2016): Leitfaden zur Erstellung kommunaler Abfallvermeidungskonzepte, München.

6.1 Literatur & schriftliche Quellen

BDE (Bundesverband der Deutschen Entsorgungs-, Wasser- und Rohstoffwirtschaft e.V.)/ ITAD (Interessengemeinschaft der thermischen Abfallbehandlungsanlagen in Deutschland e.V.)/ VDMA (Verband Deutscher Maschinen- und Anlagenbau e.V.) (2016): Branchenbild der deutschen Kreislaufwirtschaft, Berlin/Düsseldorf/Frankfurt am Main.

Becker, S. T. (2012): Europäisierung der regionalen und lokalen Ebene am Beispiel der Umsetzung der EU-Wasserrahmenrichtlinie im Bearbeitungsgebiet Deltarhein, Universität Osnabrück JMCE Award Series Nr. 04/2012, Osnabrück.

Benz, A. (2009): Politik in Mehrebenensystemen, VS Verlag für Sozialwissenschaften, Wiesbaden.

Benz, A. (2003): Mehrebenenverflechtung in der Europäischen Union, in: Jachtenfuchs, M./ Kohler-Koch, B. (Hrsg.): Europäische Integration, 2. Auflage, Leske + Budrich, Opladen, 317–351.

Benz, A./ Kemmerzell, J./ Knodt, M./ Tews, A. (2015): The trans-local dimension of local climate policy. Sustaining and transforming local knowledge orders through trans-local action in three German cities, in: Urban Research & Practice, 8:3, 319–335.

Berkhout, F./ Smith, A./ Stirling, A. (2004): Socio-technological regimes and transition contexts, in: Elzen, B./ Geels, F.W./ Green, K. (Hrsg.): System Innovation and the Transition to Sustainability: Theory, Evidence and Policy, Edward Elgar, Cheltenham, 48–75.

Berking, H./ Löw, M. (2008) (Hrsg.): Die Eigenlogik der Städte. Neue Wege für die Stadtforschung, Campus Verlag, Frankfurt a. M./New York.

Bernstad Saraiva Schott, A./ Vukicevic, S./ Bohn, I./ Andersson, T. (2013): Potentials for food waste minimization and effects on potential biogas production through anaerobic digestion, in: Waste Management & Research, 31:8, 811–819.

Betriebsausschuss Abfallwirtschaftsbetrieb Köln (2018): Initiative Coffee to go für Köln – Sachstandsbericht Januar 2018, Vorlage 0123/2018, Sitzung am 18.01.2018, Köln.

Betriebsausschuss Abfallwirtschaftsbetrieb Köln (2015a): Niederschrift über die Sitzung Betriebsausschuss Abfallwirtschaftsbetrieb der Stadt Köln in der Wahlperiode 2014/2020, Sitzung am 03.03.2015, Köln.

Betriebsausschuss Abfallwirtschaftsbetrieb Köln (2015b): Niederschrift über die Sitzung Betriebsausschuss Abfallwirtschaftsbetrieb der Stadt Köln in der Wahlperiode 2014/2020, Sitzung am 24.11.2015, Köln.

Betriebsausschuss Abfallwirtschaftsbetrieb Köln (2014): EU-Abfallvermeidungswoche 2014, Vorlage 3031/2014, Sitzung am 21.10.2014, Köln.

Betriebsausschuss Abfallwirtschaftsbetrieb Köln (2011): Aktueller Sachstand zur Novellierung des Kreislaufwirtschaftsgesetzes, Vorlage 1664/2011, Sitzung am 30.06.2011, Köln.

Betriebsausschuss Abfallwirtschaftsbetrieb Köln (2009): Niederschrift über die Sitzung des Betriebsausschusses der Abfallwirtschaftsbetriebe der Stadt Köln in der Wahlperiode 2004/2009 am Donnerstag, dem 27.08.2009, Köln.

6. Literatur- und Quellenverzeichnis

Betriebsausschuss Abfallwirtschaftsbetrieb Köln (2008a): Ergebnisse des Arbeitskreises Abfallgebühren/ Einsparungspotentiale bei der Abfallentsorgung und Straßenreinigung, Vorlage 5148/2008, Sitzung am 04.12.2008, Köln.

Betriebsausschuss Abfallwirtschaftsbetrieb Köln (2008b): Schriftverkehr mit der KIMM zu abfallwirtschaftlichen Themen, Vorlage 2285/2008, Unterlage zur Sitzung im öffentlichen Teil, Köln.

Beucker, P. (2004): MVA-Gegner müssen Übergröße schlucken, URL: www.beucker.de/2004/tk04-01-07.htm (zuletzt abgerufen am 03.05.2021).

Beyer, J. (2006): Pfadabhängigkeit. Über institutionelle Kontinuität, anfällige Stabilität und fundamentalen Wandel, Campus Verlag, Frankfurt/ New York.

Beyer, J. (2005): Pfadabhängigkeit ist nicht gleich Pfadabhängigkeit! Wider den impliziten Konservatismus eines gängigen Konzepts, in: Zeitschrift für Soziologie, 34: 1, 5–21.

bfub (Bundesverband für Umweltberatung e.V.) (2013): Aktuelle Stellungnahme zum Abfallvermeidungsprogramm des Bundes, URL: www.umweltberatung-info.de/Aktuelles-Stellungnahmen.html?news=322 (zuletzt abgerufen am 13.10.2016).

Bidlingmaier, W. (2007): Die vergessene Hierarchie, in: Müll und Abfall, Ausgabe 10/2007, 465.

Bidlingmaier, W./ Kranert, M. (2010): Abfallvermeidung, in: Kranert, M./ Cord-Landwehr, K. (Hrsg.): Einführung in die Abfallwirtschaft, 4. Auflage, Vieweg+Teubner, Wiesbaden, 73–90.

Bilitewski, B./ Härdtle, G. (2013): Abfallwirtschaft. Handbuch für Praxis und Lehre, 4. Auflage, Springer Vieweg, Berlin/Heidelberg.

Blatter, J. K./ Janning, F./ Wagemann, C. (2007): Qualitative Politikanalyse. Eine Einführung in Forschungsansätze und Methoden, VS Verlag für Sozialwissenschaften, Wiesbaden.

Bleicher, R. (2016): Abfallrecht, Kommunal- und Schul-Verlag, Wiesbaden.

BMU (2021): Umweltaktionsprogramme, URL: www.bmu.de/themen/nachhaltigkeit-internationales/europa-und-umwelt/umweltaktionsprogramme/ (zuletzt abgerufen am 24.04.2021).

BMU (2020a): LIFE – Das EU-Finanzierungsinstrument für die Umwelt, URL: hwww.bmu.de/themen/nachhaltigkeit-internationales/europa-und-umwelt/life/ (zuletzt abgerufen am 24.04.2021).

BMU (2020b): Wertschätzen statt wegwerfen. Abfallvermeidungsprogramm des Bundes unter Beteiligung der Länder, Entwurf der Fortschreibung, URL: www.bmu.de/fileadmin/Daten_BMU/Download_PDF/Abfallwirtschaft/fortschreibung_abfallvermeidungsprogramm_bf.pdf (zuletzt abgerufen 15.03.2021).

BMU (2013): Abfallvermeidungsprogramm des Bundes unter Beteiligung der Länder, Bonn.

BMU (2005): Siedlungsabfallentsorgung 2005. Stand – Handlungsbedarf – Perspektiven, Bonn.

BMUB (2016a): Abfallvermeidungs- und Recyclingstrategie, URL: www.bmu.de/themen/wasser-abfall-boden/abfallwirtschaft/abfallpolitik/abfallvermeidung/abfallvermeidungs-und-recyclingstrategie/ (zuletzt abgerufen am 03.04.2021).

BMUB (2016b): Eckpunkte des neuen Kreislaufwirtschaftsgesetzes, URL: www.bmub.bund.de/themen/wasser-abfall-boden/abfallwirtschaft/abfallpolitik/kreislaufwirtschaft/eckpunkte-des-neuen-kreislaufwirtschaftsgesetzes/ (zuletzt abgerufen am 03.03.2017).

BMWi (Bundesministerium für Wirtschaft und Energie) (2018): EU-Kohäsions- und Strukturpolitik, URL: www.bmwi.de/Redaktion/DE/Artikel/Europa/eu-kohaesions-und-strukturpolitik.html (zuletzt abgerufen am 14.04.2020).

Bogumil, J./ Pielow, J./ Ebbinghaus, J./ Gerber, S. / Kohrsmeyer, M. (2010): Die Gestaltung kommunaler Daseinsvorsorge im Europäischen Binnenmarkt – empirische Untersuchung zu den Auswirkungen des europäischen Beihilfe- und Vergaberechts insbesondere im Abwasser- und Krankenhaussektor sowie in der Abfallentsorgung, Studie im Auftrag des Ministers für Bundesangelegenheiten, Europa und Medien des Landes Nordrhein-Westfalen, Düsseldorf.

Bollmann, G. (2009): Zwischen Ressourcenwirtschaft und Daseinsvorsorge, in: Müll und Abfall, Ausgabe 04/2009, 172–175.

Borchardt, A./ Göthlich, S. E. (2007): Erkenntnisgewinnung durch Fallstudien, in: Albers, S./ Klapper. D./ Konradt, U./ Walter, A./ Wolf, J. (Hrsg.): Methodik der empirischen Forschung, Gabler, Wiesbaden, 33–48.

Bortoleto, A. P. (2015): Driving forces and barriers for waste prevention behaviour, in: Bortoleto, A. P. (Hrsg.): Waste Prevention Policy and Behaviour. New approaches to reducing waste generation and its environmental impacts, Routledge, London/New York, 71–84.

Bortoleto, A. P./ Otto, S. (2015): The effect of improved waste management. Material rebound and its courses, in: Bortoleto, A. P. (Hrsg.): Waste Prevention Policy and Behaviour. New approaches to reducing waste generation and its environmental impacts, Routledge, London/New York, 155–187.

Bosman, R./ Loorbach, D./ Frantzeskaki, N./ Pistorius, T. (2014): Discursive regime dynamics in the Dutch energy transition, in: Environmental Innovation and Societal Transitions, 13, 45–59.

Both, G./ Reppold, V. (2016): Weichenstellung für die Abfallströme in Nordrhein-Westfalen, Düsseldorf.

Böcher, M./ Töller, A. E. (2012): Umweltpolitik in Deutschland. Eine politikfeldanalytische Einführung, Springer VS, Wiesbaden.

Börzel, T. A. (2007): Environmental Policy, in: Graziano, P./ Vink, M. P. (Hrsg.): Europeanization. New Research Agendas, Palgrave Macmillan, Basingstoke/New York, 226–238.

Börzel, T. A. (2002): Pace-Setting, Foot-Dragging, and Fence-Sitting: Member State Responses to Europeanization, in: Journal of Common Market Studies, 40:2, 193–214.

Börzel, T. A. (1999): Towards Convergence in Europe? Institutional Adaptation to Europeanization in Germany and Spain, in: Journal of Common Market Studies, 37:4, 573–596.

Börzel, T. A./ Risse, T. (2003): Conceptualizing the Domestic Impact of Europe, in: Featherstone, K./ Radaelli, C. M. (Hrsg.): The Politics of Europeanization, Oxford University Press, Oxford et al., 57–80.

Börzel, T. A./ Risse, T. (2000): When Europe Hits Home: Europeanization and Domestic Change, in: European Integration online Papers, 4:15; 1–20.

Börzel, T. A./ Soyaltin, D. (2012): Europeanization in Turkey: stretching a concept to its limits?, KFG Working Paper Series, Nr. 36, Kolleg-Forschergruppe "The Transformative Power of Europe", Otto-Suhr-Institut für Politikwissenschaft der Freien Universität Berlin, Berlin.

Brunnengräber, A./ Di Nucci, M. R./ Häfner, D./ Isidoro Losada, A. M. (2014): Nuclear Waste Governance – ein *wicked problem* der Energiewende, in: Brunnengräber, A./ Di Nucci, M. R. (Hrsg.): Im Hürdenlauf zur Energiewende. Von Transformationen, Reformen und Innovationen, Springer Fachmedien, Wiesbaden, 389–399.

Bulmer, S. (2007): Theorizing Europeanization, in: Graziano, P./ Vink, M. P. (Hrsg.): Europeanization. New Research Agendas, Palgrave Macmillan, Basingstoke/ New York, 46–58.

BUND (Bund für Umwelt- und Naturschutz Deutschland) (2016): Abfälle vermeiden. Für eine optimale Kreislaufwirtschaft reicht Recycling nicht aus, Berlin.

BUND (Bund für Umwelt- und Naturschutz Deutschland) (2013): Stellungnahme zum Abfallvermeidungsprogramm des Bundes unter Beteiligung der Länder, Stand: 21. Juni 2013, Berlin.

Bundesarbeitsgemeinschaft „Das bessere Müllkonzept" (2018): Über uns. Rückblick, URL: www.muellkonzept-bayern.de/index.php?option=com_content&view=article&id=54&Itemid=79 (zuletzt abgerufen am 12.06.2018).

Charter, M./ Keiller, S. (2014): Grassroots Innovation and the Circular Economy. A Global Survey of Repair Cafés and Hackerspaces, The Centre for Sustainable Design at the University for the Creative Arts, Farnham, Surrey.

Clark, G./ Moonen, T. (2014): Munich: A globally fluent metropolitan economy. A case study for the Global Cities Initiative: A Joint Project of Brookings and JPMorgan Chase, Washington, D.C./London.

Collier, D. (2011): Understanding Process Tracing, in: PS: Political Science and Politics, 44:4, 823–830.

Corvellec, H./ Zapata Campos, M. J./ Zapata, P. (2013): Infrastructures, lock-in, and sustainable urban development: the case of waste incineration in the Göteborg Metropolitan Area, in: Journal of Cleaner Production, 50, 32–39.

Coutard, O./ Hanley, R./ Zimmerman, R. (2005): Networks systems revisited. The confounding nature of universal systems, in: Coutard, O./ Hanley, R./ Zimmerman, R. (Hrsg.): Sustaining urban networks: The social diffusion of large technical systems, Routledge, London/New York, 1–12.

Cowles, M. G. (2001): The Transatlantic Business Dialogue and Domestic Business-Government Relations, in: Cowles, M. G./ Caporaso, J./ Risse, T. (Hrsg.): Transforming Europe. Europeanization and Domestic Change, Cornell University Press, Ithaca/London, 159–179.

Cowles, M. G./ Caporaso, J./ Risse, T. (Hrsg.) (2001): Transforming Europe. Europeanization and Domestic Change, Cornell University Press, Ithaca/London.

Cox, J./ Giorgi, S./ Sharp, V./ Strange, K./ Wilson, D. C./ Blakey, N. (2010): Household waste prevention – A review of evidence, in: Waste Management and Research, 28:3, 193–219.

Danne, M. (2016): Die Europäische Woche der Abfallvermeidung, in: Müll und Abfall, Ausgabe 08/2016, 403–409.

Danne, M. (2015): Die Europäische Woche der Abfallvermeidung, in: Müll und Abfall, Ausgabe 08/2015, 432–437.

Danne, M. (2014): Europäische Woche der Abfallvermeidung 2014 – Ergebnis der Akquisephase, Verband kommunaler Unternehmen e.V., Berlin.

Dehoust, G./ Jepsen, D./ Knappe, F./ Wilts, H. (2013): Inhaltliche Umsetzung von Art. 29 der Richtlinie 2008/98/EG. Wissenschaftlich-technische Grundlagen für ein bundesweites Abfallvermeidungsprogramm, Umweltforschungsplan des Bundesministeriums für Umwelt, Naturschutz und Reaktorsicherheit, Texte 38/2013, Dessau-Roßlau.

Der Spiegel (1991): Revolution aus der Mülltonne, Der Spiegel, 7/1991, URL: www.spiegel.de/politik/revolution-aus-der-muelltonne-a-295d3902-0002-0001-0000-000013488249 (zuletzt abgerufen am 26.04.2021).

Derenbach, R. (2006): Die stärkere Einbindung der lokalen Gebietskörperschaften in das europäische Aufbauwerk: Partnerschaft im Modell der "multilevel governance" statt zunehmender Entfremdung, in: von Alemann, U. / Münch, C. (Hrsg.): Europafähigkeit der Kommunen. Die lokale Ebene in der Europäischen Union, VS Verlag für Sozialwissenschaften, Wiesbaden, 77–101.

Deutscher Bundesrat (2011): Beschluss des Deutschen Bundestages zu Drucksache 682/11, Gesetz zur Neuordnung des Kreislaufwirtschafts- und Abfallrechts, Köln.

Deutscher Bundestag (2021): Drucksache 19/26160, Unterrichtung durch die Bundesregierung, Abfallvermeidungsprogramm des Bundes unter Beteiligung der Länder. Fortschreibung. Wertschätzen statt Wegwerfen, 07.01.2021, Berlin.

Deutscher Bundestag (2016): Drucksache 18/10026, Gesetzentwurf der Bundesregierung, Entwurf eines Zweiten Gesetzes zur Änderung des Kreislaufwirtschaftsgesetzes, 19.10.2016, Berlin.

Deutscher Bundestag (2011a): Drucksache 17/7505 (neu), Beschlussempfehlung und Bericht des Ausschusses für Umwelt, Naturschutz und Reaktorsicherheit (16. Ausschuss) zu dem Gesetzentwurf der Bundesregierung, Drucksachen 17/6052 und 17/6645, Entwurf eines Gesetzes zur Neuordnung des Kreislaufwirtschafts- und Abfallrechts, 27.10.2011, Berlin.

Deutscher Bundestag (2011b): Plenarprotokoll 17/137, Stenografischer Bericht, 137. Sitzung, 28. Oktober 2011, Berlin.

6. Literatur- und Quellenverzeichnis

Deutscher Fachverlag Umweltwirtschaft (2021): Wertschätzen statt Wegwerfen. Fortschreibung des Abfallvermeidungsprogramms, URL: www.umweltwirtschaft.com/news/abfallwirtschaft-und-recycling/Fortschreibung-des-Abfallvermeidungsprogramms-Wertschaetzen-statt-Wegwerfen-22952 (zuletzt abgerufen am 13.04.2021).

Deutscher Städtetag (2009): Umsetzung der EU-Abfallrahmenrichtlinie in nationales Recht, Vorbericht für die 39. Sitzung des Umweltausschusses des Deutschen Städtetages am 2./3. Juli 2009 in Hamburg, Berlin.

Die Welt (2004): Der Kölner Müll-Skandal, Die Welt, 13.05.2004, URL: www.welt.de/politik/article313538/Der-Koelner-Muell-Skandal.html (zuletzt abgerufen am 23.04.2021).

Die Zeit (2004): Köln, wie es stinkt und kracht, Eva-Maria Thoms, Die Zeit, Nr. 21/2004, 13.05.2004.

Die Zeit (1990): Volksbegehren in Bayern: Bürger streiten für ein besseres Müllkonzept. Hochmut nach dem Fall, Die Zeit, Nr. 28/1990, 06.06.1990.

Dinler, D. Ş. (2016): New forms of wage labour and struggle in the informal sector: the case of waste pickers in Turkey, in: Third World Quarterly, 37:10, 1834–1854.

DNR – Deutscher Naturschutzring (2018): Das neue EU-Abfallpaket – Auf dem Weg in eine Kreislaufwirtschaft?, Steckbrief DNR EU-Koordination, Berlin.

DNR – Deutscher Naturschutzring (2017): Abfallvermeidung in der EU – Unbeachtete Potenziale, DNR EU-Koordination, Dezember 2017, Berlin.

Dolata, U. (2013): The Transformative Capacity of New Technologies. A Theory of Sociotechnical Change, Routledge, Abingdon/New York.

Dolata, U. (2011): Soziotechnischer Wandel als graduelle Transformation, in: Berliner Journal für Soziologie, 21:2, 265–294.

Dolata, U. (2008): Soziotechnischer Wandel, Nachhaltigkeit und politische Gestaltungsfähigkeit, in: Lange, H. (Hrsg.): Nachhaltigkeit als radikaler Wandel. Die Quadratur des Kreises? VS Verlag für Sozialwissenschaften, Wiesbaden, 261–286.

Dolata, U. (2007): Technik und sektoraler Wandel. Technologische Eingriffstiefe, sektorale Adaptionsfähigkeit und soziotechnische Transformationsmuster, MPIfG Discussion Paper 07/3, Max-Planck-Institut für Gesellschaftsforschung, Köln.

Dolata, U. (2005): Soziotechnischer Wandel, Nachhaltigkeit und politische Gestaltungsfähigkeit, artec-paper Nr. 124, Bremen.

Dossi, S. (2017): Cities and the European Union. Mechanisms and Modes of Europeanisation, ECPR Press, Colchester.

Dumuscheid, T. (2008): Die Restmüllverbrennungsanlage Köln (RMVA). Müllwelten: Fakten, Hintergründe, Beispiele; Materialien für Schule und Unterricht, Umwelt- und Verbraucherschutzamt Köln, Köln.

Dyson, K./ Goetz, K. H. (2003): Germany, Europa and the Politics of Constraint, Oxford University Press, Oxford/New York.

Eckert, K./ Heuer, C./ Schubert, H./ Spieckermann, H./ Wessels, W. (2013): Die Stadt Köln als kommunaler Akteur im EU-Mehrebenensystem: Veränderte Opportunitätsstrukturen und Netzwerkpfade zur europäischen Politikgestaltung, Verlag Sozial-Raum-Management, Köln.

EEB – European Environmental Bureau (2018): Waste no more: Introducing Europe's new waste laws, URL: www.eeb.org/waste-no-more-introducing-europes-new-waste-laws/ (zuletzt abgerufen am 19.08.2019).

EEB – European Environmental Bureau (o.J.): Waste Prevention, Factsheet, Brüssel.

Einig, K. (2008): Regulierung der Daseinsvorsorge als Aufgabe der Raumordnung im Gewährleistungsstaat, in: Informationen zur Raumentwicklung, 2008 (1/2), 17–40.

Eisele, G. (2004): Gender Mainstreaming in den Bundesländern. Die EU als effektive Impulsgeberin, in: Bauer, P./ Voelzkow, H. (Hrsg.): Die Europäische Union — Marionette oder Regisseur? Festschrift für Ingeborg Tömmel, VS Verlag für Sozialwissenschaften, Wiesbaden, 153–173.

Eising, R. (2003): Europäisierung und Integration. Konzepte in der EU-Forschung, in: Jachtenfuchs, M./ Kohler-Koch, B. (Hrsg.): Europäische Integration, 2. Auflage, Leske + Budrich, Opladen, 387–416.

Ernährungsrat Köln (2018): Über den Ernährungsrat, URL: www.ernaehrungsrat-koeln.de/ (zuletzt abgerufen am 03.03.2018).

Epiney, A./ Heuck, J. (2011): RL 2008/98/EG vom 19. November 2008 (Abfallrahmenrichtlinie), Kommentar, in: Fluck, J. et al. (Hrsg.): Kreislaufwirtschafts-, Abfall- und Bodenschutzrecht, Kommentar, 9313, Heidelberg.

EUROCITIES (2016): Cologne, URL: http://wsdomino.eurocities.eu/v2/members/member&id=28 (zuletzt abgerufen am 01.05.2021).

Europäische Kommission (2018): Kreislaufwirtschaft: Neue Vorschriften – EU übernimmt globale Vorreiterrolle in Abfallbewirtschaftung und Recycling, Pressemitteilung IP/18/3846, 22. Mai 2018, Brüssel.

Europäische Kommission (2017): Der Beitrag der energetischen Verwertung von Abfällen zur Kreislaufwirtschaft, URL: www.eur-lex.europa.eu/legal-content/DE/TXT/HTML/?uri=CELEX:52017DC0034&from=PL (zuletzt abgerufen am 20.04.2021).

Europäische Kommission (2012): Preparing a Waste Prevention Programme. Guidance document, Generaldirektion Umwelt, drafted by BioIntelligence Service S.A.S. in association with the Copenhagen Resource Institute and the Regional Environmental Center.

Europäische Kommission (2010): Being wise with waste: the EU's approach to waste management, Luxemburg.

Europäische Kommission (2005): Mitteilung der Kommission an den Rat, das Europäische Parlament, den Europäischen Wirtschafts- und Sozialausschuss und den Ausschuss der Regionen: Weiterentwicklung der nachhaltigen Ressourcennutzung: Eine thematische Strategie für Abfallvermeidung und -recycling, KOM(2005) 666.

6. Literatur- und Quellenverzeichnis

Europäische Kommission (2003): Partnerschaft mit Städten. Die Gemeinschaftsinitiative URBAN, Amt für amtliche Veröffentlichungen der Europäischen Gemeinschaften, Luxemburg.

Europäisches Parlament (2018): Abfallwirtschaft in der EU: Zahlen und Fakten, URL: www.europarl.europa.eu/news/de/headlines/society/20180328STO00751/abfallwirtschaft-in-der-eu-zahlen-und-fakten (zuletzt abgerufen am 01.12.2018).

Europäische Umweltagentur (2015): Waste prevention in Europe – the status in 2014, EEA Report, Nr. 6/2015, Amt für Veröffentlichungen der Europäischen Union, Luxemburg.

Exadaktylos, T./ Radaelli, C. M. (2012): Looking for Causality in the Literature on Europeanization, in: Exadaktylos, T./ Radaelli, C. M. (Hrsg.): Research Design in European Studies. Establishing Causality in Europeanization, Palgrave Macmillan, Basingstoke/ New York, 17–43.

Fackler, R. (2008): Vorwort, in: Bayerisches Landesamt für Umwelt (Hrsg.): Grundlagen für Abfallvermeidungskonzepte in den Kommunen. Workshop zum Kampagnenauftakt, Fachtagung am 14. Oktober 2008, Augsburg, 6–7.

Farmer, A. M. (2012): Manual of European Environmental Policy, IEEP.

FDP Köln (2004): Breite: Große Koalition für Gewerbesteuererhöhung, URL: www.fdp-koeln.de/politik/breite-gro%C3%9Fe-koalition-f%C3%BCr-gewerbesteuererh%C3%B6hung/reden (zuletzt abgerufen am 28.04.2021).

Franco, A. (2016): Politik in Köln: Grundlagen, Personen, Geschichten, Stadt Köln, Bezirke, Books on Demand, Norderstedt.

Frangenberg, H. (2018): Klüngel-Vorwürfe. Strippenzieher der Stadtwerke-Affäre in der Kritik, URL: www.ksta.de/koeln/kluengel-vorwuerfe-strippenzieher-der-stadtwerke-affaere-in-der-kritik-30118004 (zuletzt abgerufen am 24.04.2021).

Frank, S. (2012): Eigenlogik der Städte, in: Eckardt, F. (Hrsg.): Handbuch Stadtsoziologie, Springer VS, Wiesbaden, 289–309.

Frank, S./ Holm, A./ Kreinsen, H./ Birkholz, T. (2006): The European URBAN Experience – Seen from the Academic Perspective, Study Report, Institute of Social Sciences, Humboldt University, Berlin.

Frenz, W. (2013): Rechtliche Rahmenbedingungen der Abfallvermeidung, in: Urban, A./ Halm, G. (Hrsg.): Abfallvermeidung, Schriftenreihe des Fachgebietes Abfalltechnik der Universität Kassel, Kassel University Press, Kassel, 29–40.

Fuenfschilling. L./ Truffer, B. (2014): The structuration of socio-technical regimes – Conceptual foundations from institutional theory, in: Research Policy, 43:4, 772–791.

Geels, F. W. (2014): Regime Resistance against Low-Carbon Transitions: Introducing Politics and Power into the Multi-Level Perspective, in: Theory, Culture & Society, 31:5, 21–40.

Geels, F. W. (2013): The role of cities in technological transitions: analytical clarifications and historical examples, in: Bulkeley, H./ Castán Broto, V./ Hodson, M./ Marvin, S. (Hrsg.): Cities and low carbon transitions, Routledge, Abingdon/New York, 13–28.

Geels, F. W. (2011): The multi-level perspective on sustainability transitions: Responses to seven criticisms, in: Environmental Innovation and Societal Transitions, 1:1, 24–40.

Geels, F. W. (2004): From sectoral systems of innovation to socio-technical systems: Insights about dynamics and change from sociology and institutional theory, in: Research Policy, 33:6–7, 897–920.

Geels, F. W. (2002): Technological transitions as evolutionary reconfiguration processes: a multi-level perspective and a case-study, in: Research Policy, 31:8–9, 1257–1274.

Geels, F. W./ Elzen, B./ Green, K. (2004): General introduction: system innovation and transitions to sustainability, in: Elzen, B./ Geels, F.W./ Green, K. (Hrsg.): System Innovation and the Transition to Sustainability: Theory, Evidence and Policy, Edward Elgar, Cheltenham, 1–18.

Geels, F. W./ Kemp, R. (2007): Dynamics in socio-technical systems: Typology of change processes and contrasting case studies, in: Technology in Society, 29:4, 441–455.

Geels, F. W./ Kern, F./ Fuchs, G./ Hinderer, N./ Kungl, G./ Mylan, J./ Neukirch, M./ Wassermann, S. (2016): The enactment of socio-technical transition pathways: A reformulated typology and a comparative multi-level analysis of the German and UK low-carbon electricity transitions (1990–2014), in: Research Policy, 45:4, 896–913.

Geels, F. W./ Schot, J. (2007): Typology of sociotechnical transition pathways, in: Research Policy, 36:3, 399–417.

Geels, F. W./ Sovacool, B. K./ Schwanen, T./ Sorrell, S. (2017): The Socio-Technical Dynamics of Low-Carbon Transitions, in: Joule 1, 463–479.

George, A. L./ Bennett, A. (2005): Case Studies and Theory Development in the Social Sciences, MIT Press, Cambridge/London.

Giddens, A. (1984): The Constitution of Society: Outline of the Theory of Structuration, University of California Press, Berkeley.

Gläser, J./ Laudel, G. (2010): Experteninterviews und qualitative Inhaltsanalyse als Instrumente rekonstruierender Untersuchungen, VS-Verlag, Wiesbaden.

Goetz, K. H. (2006): Europäisierung der öffentlichen Verwaltung – Oder europäische Verwaltung?, in: Bogumil, J./ Jann, W./ Nullmeier, F. (Hrsg.): Politik und Verwaltung, PVS-Sonderheft 37/2006, VS Verlag für Sozialwissenschaften, Wiesbaden, 472–490.

Goldsmith, M. J. F./ Klausen, K. K. (Hrsg.) (1997): European Integration and Local Government, Edward Elgar, Cheltenham.

Graham, S./ Marvin, S. (2001): Splintering urbanism. Networked infrastructures, technological mobilities and the urban condition, Routledge, London/New York.

Gramlich, L./ Manger-Nestler, C. (2011): Europäisierte Regulierungsstrukturen und -netzwerke. Basis einer künftigen Infrastrukturvorsorge, Nomos, Baden-Baden.

6. Literatur- und Quellenverzeichnis

Grin, J. (2012): The politics of transition governance in Dutch agriculture. Conceptual understanding and implications for transition management, in: International Journal of Sustainable Development, 15:1–2, 72–89.

Grin, J./ Rotmans, J./ Schot, J. (Hrsg.) (2010): Transitions to Sustainable Development. New Directions in the Study of Long Term Transformative Change, Routledge, New York/London.

Grüne Köln (2010): Vom Kernbündnis zur Koalition: Rot-Grün für Köln, URL: www.gruenekoeln.de/artikel/vom-kernbuendnis-zur-koalition-rot-gruen-fuer-koeln/?L=0&cHash=c727ff9e22415dc37a47aed2f96a3fa3 (zuletzt abgerufen am 21.04.2021).

Gschwend, T./ Schimmelfennig, F. (2007): Forschungsdesign in der Politikwissenschaft: Ein Dialog zwischen Theorie und Daten, in: Gschwend, T./ Schimmelfennig, F. (Hrsg.): Forschungsdesign in der Politikwissenschaft. Probleme – Strategien – Anwendungen, Campus Verlag, Frankfurt am Main, 13–35.

Guy, S./ Graham, S./ Marvin, S. (1997): Splintering networks: Cities and technical networks in 1990s Britain, in: Urban Studies, 34:2, 191–216.

Hagelskjær Lauridsen, E./ Jørgensen, U. (2010): Sustainable transition of electronic products through waste policy, in: Research Policy, 39:4, 486–494.

Haftendorn, H. (1977): Theorie der internationalen Beziehungen, in: Woyke, W. (Hrsg.): Handwörterbuch Internationale Politik, Leske + Budrich, Opladen, 298–309.

Hall, P. A. (1993): Policy Paradigms, Social Learning, and the State: The Case of Economic Policymaking in Britain, in: Comparative Politics, 25:3, 275–296.

Hamedinger, A./ Wolffhardt, A. (2010a): Understanding the interplay between Europe and the cities: Frameworks and perspectives, in: Hamedinger, A./ Wolffhardt, A. (Hrsg.): The Europeanization of Cities: Policies, Urban Change & Urban Networks, Techne Press, Amsterdam, 9–39.

Hamedinger, A./ Wolffhardt, A. (2010b): The Europeanization of cities: Challenges of an evolving research agenda, in: Hamedinger, A./ Wolffhardt, A. (Hrsg.): The Europeanization of Cities: Policies, Urban Change & Urban Networks, Techne Press, Amsterdam, 227–237.

Hamedinger, A./ Bartik, H./ Wolffhardt, A. (2008): The Impact of EU Area-based Programmes on Local Governance: Towards a 'Europeanisation'?, in: Urban Studies, 45:13, 2669–2687.

Hansen, T./ Coenen, L. (2015): The geography of sustainability transitions: Review, synthesis and reflections on an emergent research field, in: Environmental Innovation and Societal Transitions, 17, 92–109.

Hansen, T. B./ Scholl, B. (2002): Europeanization and Domestic Parliamentary Adaptation. A Comparative Analysis of the Bundestag and the House of Commons, in: European Integration online Papers, 6:15, 1–21.

Hassink, R./ Ibert, O. (2009): Zum Verhältnis von Innovation und Raum in subnationalen Innovationssystemen, in: Blättel-Mink, B./ Ebner, A. (Hrsg.): Innovationssysteme. Technologie, Institutionen und die Dynamik der Wettbewerbsfähigkeit, VS Verlag für Sozialwissenschaften, Wiesbaden, 159–175.

Haug, J./ Standke, K. (2006): Abfallpolitik – Instrument nachhaltigen Wirtschaftens in Europa, Broschüre herausgegeben von den SPD-Abgeordneten im Europäischen Parlament, Berlin.

Haverland, M. (2003): The Impact of the European Union on Environmental Policies, in: Featherstone, K./ Radaelli, C. M. (Hrsg.): The Politics of Europeanization, Oxford University Press, Oxford et al., 203–221.

Haverland, M. (2000): National Adaptation to European Integration: The Importance of Institutional Veto Points, in: Journal of Public Policy, 20:1, 83–103.

Heinelt, H./ Knodt, M. (2008): Zusammenwirken territorialer und funktionaler politischer Einheiten und Veränderungen politischer Steuerung im EU-Mehrebenensystem, in: Heinelt, H./ Knodt, M. (Hrsg.): Politikfelder im EU-Mehrebenensystem. Instrumente und Strategien europäischen Regierens, Nomos, Baden-Baden, 311–332.

Heinelt, H./ Lamping, W. (2015): Wissen und Entscheiden. Lokale Strategien gegen den Klimawandel in Frankfurt am Main, München und Stuttgart, Campus Verlag, Frankfurt/New York.

Heinrich, S. (2006): Innere Sicherheit und neue Informations- und Kommunikationstechnologien. Veränderungen des Politikfeldes zwischen institutionellen Faktoren, Akteursorientierungen und technologischen Entwicklungen, LIT Verlag, Berlin.

Héritier, A./ Kerwer, D./ Knill, C./ Lehmkuhl, D./ Teutsch, M./ Douillet, A. (2001): Differential Europe: The European Union Impact on National Policymaking, Rowman & Littlefield, Lanham et al.

Heynen, N./ Kaika, M./ Swyngedouw, E. (2006): In the Nature of Cities. Urban political ecology and the politics of urban metabolism, Routledge, Abingdon/New York.

Hodson, M./ Marvin, S. (2010): Can cities shape socio-technical transitions and how would we know if they were?, in: Research Policy, 39:4, 477–485.

Hommels, A. (2005): Studying Obduracy in the City: Toward a Productive Fusion between Technology Studies and Urban Studies, in: Science, Technology, & Human Values, 30:3, 323–351.

Hottgenroth, B. (2015): Stilbruch – Vom Sperrmüll zum Bestseller! Zahlen und Fakten bis 2015, Hamburg.

Hughes, T. P. (1987): The Evolution of Large Technological Systems, in: Bijker, W./ Hughes, T. P./ Pinch, T. (Hrsg.): The Social Construction of Technological Systems. New Directions in the Sociology and History of Technology, MIT Press, Cambridge/London, 51–82.

Hutner, P./ Thorenz, A./ Tuma, A. (2017): Waste prevention in communities: A comprehensive survey analyzing status quo, potentials, barriers and measures, in: Journal of Cleaner Production, 141, 837–851.

IHK Köln (2020): Gemeinsam gegen die Müllberge in Köln – die Coffee-to-go Initiative, URL: www.ihk-koeln.de/Gemeinsam_gegen_die_Muellberge_in_Koeln___die_Coffee_to_go_Initiative.AxCMS (zuletzt abgerufen am 21.04.2021).

IHK Köln (2018): Strukturdaten: Bruttoinlandsprodukt je Erwerbstätigem, URL: www.ihk-koeln.de/Statis_Strukturdaten.AxCMS?ActiveID=1708 (zuletzt abgerufen am 19.09.2018).

IW Consult (2019): Müllgebührenranking 2019, Bericht von IW Consult GmbH im Auftrag von Haus & Grund Deutschland, Berlin/Köln.

Janning, F./ Toens, K. (2008): Einleitung, in: Janning, F./ Toens, K. (Hrsg.): Die Zukunft der Policy-Forschung. Theorien, Methoden, Anwendungen, VS-Verlag, Wiesbaden, 7–20.

Jesse, E./ Sturm, R. (2003): Die Herausforderungen des 21. Jahrhunderts, in: Jesse, E./ Sturm, R. (Hrsg.): Demokratien im 21. Jahrhundert im Vergleich. Historische Zwänge, Gegenwartsprobleme, Reformperspektiven, Springer Fachmedien, Wiesbaden, 477–492.

Jessop, B. (1994): Post-Fordism and the state, in: Amin, A. (Hrsg.): Post-Fordism: A Reader, Blackwell Publishers, Oxford, 251–279.

John, P. (2000): The Europeanisation of Sub-national Governance, in: Urban Studies, 37:5–6, 877–894.

Jordan, A. (1999): The Implementation of EU Environmental Policy; A Policy Problem without a Political Solution?, in: Environment and Planning C: Politics and Space, 17:1, 69–90.

Katzenbach, C. (2016): Die Regeln digitaler Kommunikation. Governance zwischen Norm, Diskurs und Technik, Springer VS, Wiesbaden.

Keating, M. (2001): Governing cities and regions: territorial restructuring in a global age, in: Scott, A. (Hrsg.): Global City-Regions: Trends, Theory, Policy, Oxford University Press, Oxford und New York, 371–390.

Keating, M. (1998): The New Regionalism in Western Europe: Territorial Restructuring and Political Change, Edward Elgar, Aldershot.

Keil, R./ Bell, D. V. J./ Penz, P./ Fawcett, L. (1998): Political ecology. Global and local, Routledge, London/New York.

Kern, F. (2012): The discursive politics of governing transitions towards sustainability: The UK Carbon Trust, in: International Journal of Sustainable Development, 15:1–2, 90–106.

Kern, K. (2003): Vereint macht stark – Eurokommunen/Partnerschaften auf EU-Ebene, in: ProPolis 21, 11.

Kern, K./ Bulkeley, H. (2009): Cities, Europeanization and Multi-level Governance: Governing Climate Change through Transnational Municipal Networks, in: Journal of Common Market Studies, 47:2, 309–332.

Kern, K./ Niederhafner, S./ Rechlin, S./ Wagner, J. (2005): Kommunaler Klimaschutz in Deutschland – Handlungsoptionen, Entwicklung und Perspektiven, Discussion Paper SPS IV 2005–101, Wissenschaftszentrum Berlin für Sozialforschung, Berlin.

KIMM (Kölner Interessengemeinschaft Müllvermeidung statt Müllverbrennung) (2008): Weiterentwicklung des Kölner Müllkonzeptes und der Kölner Müllgebührenpolitik – ökologisch nachhaltig, Klima schützend, Rohstoffe sparend, für die Gebührenzahler kostengünstiger!, Beschwerde und Anregung nach § 24 Gemeindeordnung NRW, 14. Januar 2008, Köln.

Kingdon, J. W. (2003): Agenda, Alternatives, and Public Policies, 2. Auflage, Longman, New York et al.

Knill, C./ Tosun, J. (2008): Umweltpolitik, in: Heinelt, H./ Knodt, M. (Hrsg.): Politikfelder im EU-Mehrebenensystem. Instrumente und Strategien europäischen Regierens, Nomos, Baden-Baden, 157–172.

Knill, C. (2005): Die EU und die Mitgliedsstaaten, in: Holzinger, K./ Knill, C./ Peters, D./ Rittberger, B./ Schimmelfennig, F./ Wagner, W. (Hrsg.): Die Europäische Union. Theorien und Analysekonzepte, Schöningh/UTB, Paderborn, 153–180.

Knill, C./ Lehmkuhl, D. (2002): The national impact of European Union regulatory policy: Three Europeanization mechanisms, in: European Journal of Political Research, 41:1, 255–280.

Knill, C./ Lenschow, A. (2000): Implementing EU environmental policy. New directions and old problems, Manchester University Press, Manchester und New York.

Knodt, M. (2011): Strategies of Territorial and Functional Interests: Towards a Model of European Interest Intermediation?, in: Journal of European Integration, 33:4, 419–435.

Knodt, M. (2000): Europäisierung à la Sinatra: Deutsche Länder im europäischen Mehrebenensystem, in: Knodt, M./ Kohler-Koch, B. (Hrsg.): Deutschland zwischen Europäisierung und Selbstbehauptung, Frankfurt und New York, 237–264.

Knodt, M./ Coraci, A. (2012): Europäische Integration. Anleitung zur theoriegeleiteten Analyse, UVK Verlagsgesellschaft, Konstanz und München.

Knodt, M./ Große Hüttmann, M. (2005): Der Multi-Level Governance-Ansatz, in: Bieling, H.-J./ Lerch, M. (Hrsg.): Theorien der Europäischen Integration, VS Verlag für Sozialwissenschaften, Wiesbaden, 223–247.

Koch, F. (2010): Die europäische Stadt in Transformation. Stadtplanung und Stadtentwicklungspolitik im postsozialistischen Warschau, VS Verlag für Sozialwissenschaften, Wiesbaden.

Kohler-Koch, B. (2000): Europäisierung: Plädoyer für eine Horizonterweiterung, in: Knodt, M./ Kohler-Koch, B. (Hrsg.): Deutschland zwischen Europäisierung und Selbstbehauptung, Frankfurt/ New York, 11–31.

Kohler-Koch, B./ Conzelmann, T./ Knodt, M. (2004): Europäische Integration – Europäisches Regieren, VS Verlag für Sozialwissenschaften, Wiesbaden.

Kohler-Koch, B./ Jouve, B./ Negrier, E. (1998): Interaktive Politik in Europa. Regionen im Netzwerk der Integration, Leske + Budrich, Opladen.

Kopytziok, N. (2013): 30 Jahre Engagement zur Abfallvermeidung. Die Vorreiterfunktion engagierter Initiativen, in: Müll und Abfall, Ausgabe 09/2013, 457.

6. Literatur- und Quellenverzeichnis

Kommunalreferat München (2017a): Stadt München gewinnt mit der Halle 2 des AWM den EUROCITIES Award 2017; Sitzungsvorlage Nr. 14–20 / V 10483, 30.11.2017, München.

Kommunalreferat München (2017b): Abfallvermeidungskonzept 2017, Sitzungsvorlage Nr. 14–20 / V 08731, 23.05.2017, Ratsinformationssystem der Stadt München.

Kommunalreferat München (2017c): Stellungnahme zum Antrag 14–20 / A 02712 von ÖDP und DIE LINKE „Kreislaufwirtschaft als Chance begreifen I – Stadtratshearing zum Thema Kreislaufwirtschaft", 17.02.2017, München.

Kommunalreferat München (2017d): Stellungnahme zu den Anträgen „Kreislaufwirtschaft als Chance begreifen III: Aushang der Termine Münchner Repair Cafés in allen Münchner Wertstoffhöfen, Antrag Nr. 14–20 / A 02711 von ÖDP und DIE LINKE vom 08.12.2016" sowie „Kreislaufwirtschaft als Chance begreifen IV: Attraktive, künstlerische Neugestaltung der Münchner Wertstoffcontainer Antrag Nr. 14–20 / A 02714 von ÖDP und DIE LINKE vom 08.12.2016, eingegangen am 08.12.2016", 20.01.2017, München.

Kommunalreferat München (2016): Neueröffnung der Halle 2 in Pasing im 3. Quartal 2016, Sitzungsvorlage Nr. 14–20 / V 05395, 03.03.2016, München.

Kommunalreferat München (2015): Wertstoffgesetz – Münchner Appell zum Wertstoffgesetz, Sitzungsvorlage Nr. 14–20 / V 04220; 15.10.2015, München.

Kommunalreferat München (2014): Stellungnahme zu den Anträgen „Wertstoffwirtschaft in München 1: Umsetzung des Wiederverwendungsgedankens und Konsequenzen aus dem Hehlerei-Skandal; Wiederverwendungsquote steigern, Antrag Nr. 14–20 / A 00039"; „Wertstoffwirtschaft in München 2: Wertstoffkonzepte vergleichbarer Großstädte, Antrag Nr. 14–20 / A 00040"; „Wertstoffwirtschaft in München 3: Leitungsfunktion auf jedem Wertstoffhof vor Ort, Antrag Nr. 14–20 / A 00041"; „Wertstoffwirtschaft in München 4: Direktanlieferung von Gebrauchtwaren in der künftigen ‚Halle 2' des AWM, Antrag Nr. 14–20 / A00042"; „Wertstoffwirtschaft in München 5: Lagerhallen auf den Wertstoffhöfen als provisorische Verkaufsfilialen, Antrag Nr. 14–20 / A 00043", Sitzungsvorlage 14–20 / V 01429, 13.11.2014, München.

Kommunalreferat München (2012a): Abfallvermeidung. Münchner Einwegverbot, Sitzungsvorlage Nr. 08–14 / V 10575, Kommunalausschuss als Werkausschuss für den Abfallwirtschaftsbetrieb München, 22.11.2012, München.

Kommunalreferat München (2012b): Neuordnung des Kreislaufwirtschafts- und Abfallrechts, Sitzungsvorlage Nr. 08–14 / V 09410, 14.06.2012, München.

Kommunalreferat München (2010): Auswirkungen des geplanten Kreislaufwirtschaftsgesetzes, Antrag Nr. 08–14 / A 01526 von Frau StRin Heide Rieke,, Frau StRin Ulrike Boesser, Frau StRin Bettina Messinger, Frau StRin Irene Schmitt, Frau StRin Christiane Hacker, Frau StRin Birgit Volk vom 04.05.2010, Sitzungsvorlage Nr. 08–14 / A 01526, 30.03.2010, München.

Kommunalreferat München (2004): Auslastung der MVA-Kapazitäten im Heizkraftwerk München-Nord Sitzungsvorlage Nr. 02–08 / V 04232; Beschluss des Kommunalausschusses als Werkausschuss für den Abfallwirtschaftsbetrieb München vom 27.05.2004, München.

Kommunalreferat München (2003): Gesamtkonzept Wiederverwendung – Konzeptumsetzung und Realisierung eines städtischen Gebrauchtwarenkaufhauses, Antrag Nr. 2668 von Frau Stadträtin Schmalzl, Fraktion Bündnis 90 / Die Grünen vom 13.02.1996, Gründung einer Wertstoff-Service GmbH, München.

Konrad, K./ Voß, J./ Truffer, B./ Bauknecht. D. (2004): Transformationsprozesse in netzgebundenen Versorgungssystemen. Ein integratives Analysekonzept auf Basis der Theorie technologischer Transitions, Bericht im Rahmen des BMBF-Projektes „Integrierte Mikrosysteme der Versorgung".

Kölner Stadt-Anzeiger (2019): Initiative gegen Plastikmüll. Jeden Tag wirft Köln 180.000 Kaffeebecher weg, Ingo Hinz, Online-Ausgabe vom 08.03.2019.

Kölner Stadt-Anzeiger (2016): Bergeweise Müll gesammelt, Roland Meurer, Ausgabe vom 07.07.2016.

Kölner Stadt-Anzeiger (2014): Wilder Müll kostet 7,2 Millionen Euro, Oliver Görtz, Ausgabe vom 14.01.2014.

Kölner Stadt-Anzeiger (2012): Reparieren als Nachbarschaftshilfe, Gesa Mayr, Ausgabe vom 02.06.2012.

Kölner Stadt-Anzeiger (2008a): Das Problem der gerechten Abgaben, Helmut Frangenberg, Ausgabe vom 01.10.2008.

Kölner Stadt-Anzeiger (2008b): Fehler der Vergangenheit, Helmut Frangenberg, Ausgabe vom 01.10.2008.

Kölner Stadt-Anzeiger (2007a): Gemeinsam gegen Müll und Schmutz, Petra Wischgoll, 25.10.2007.

Kölner Stadt-Anzeiger (2007b): Fahnder sollen Müllsünder aufspüren, Helmut Frangenberg, Ausgabe vom 17.01.2007.

Kölner Stadt-Anzeiger (2007c): Preisverdächtiger Frühjahrsputz, Lilith Becker, 10.05.2007.

Kölner Stadt-Anzeiger (2006): Begrenzte Wirkung, Matthias Pesch, Ausgabe vom 12.12.2006.

Kölnische Rundschau (2016): Der Müll türmt sich an allen Ecken, Susanne Wächter, Ausgabe vom 15.11.2016.

Kölnische Rundschau (2015): Gemeinsame Aktion gegen den Müll, Ausgabe vom 28.05.2015.

Kölnische Rundschau (2013): Müll vermeiden und Wissen vermitteln, René Denzer, Ausgabe vom 28.08.2013.

Kölnische Rundschau (2012): Die Menschen werfen zu viel weg, Christoph Hardt, Ausgabe vom 21.11.2012.

Kölnische Rundschau (2008): Langfristig etwas bewegen, Alexandra Noeth, Ausgabe vom 29.08.2008.

Kölnische Rundschau (2005): Kaum Anreize zur Abfallvermeidung, Helmut Frangenberg, Ausgabe vom 06.06.2005.

Kranert, M./ Cord-Landwehr, K. (2010) (Hrsg.): Einführung in die Abfallwirtschaft, 4. Auflage, Vieweg+Teubner, Wiesbaden.

6. Literatur- und Quellenverzeichnis

Kranert, M./ Hafner, G./ Barabosz, J./ Schneider, F./ Lebersorger, S./ Scherhaufer, S./ Schuller, H./ Leverenz, D. (2012): Ermittlung der weggeworfenen Lebensmittelmengen und Vorschläge zur Verminderung der Wegwerfrate bei Lebensmitteln in Deutschland, Kurzfassung, Studie gefördert durch das Bundesministerium für Ernährung, Landwirtschaft und Verbraucherschutz, Stuttgart.

Kreislaufwirtschaftsgesetz (KrWG) (2012): Gesetz zur Förderung der Kreislaufwirtschaft und Sicherung der umweltverträglichen Bewirtschaftung von Abfällen, Ausfertigungsdatum 24. Februar 2012 (Bundesgesetzblatt Jahrgang 2012 Teil I Nr. 10, Seite 212).

Kreislaufwirtschafts- und Abfallgesetz (KrW-/AbfG) (1996): Gesetz zur Vermeidung, Verwertung und Beseitigung von Abfällen, Ausfertigungsdatum 06.10.1994 (Bundesgesetzblatt Jahrgang 1994 Teil I Nr. 66, Seite 2705).

Krüger, F. U. (2001): Kommunale Abfallwirtschaftskonzepte unter besonderer Berücksichtigung der Ökologie, Dissertation an der Technischen Universität Berlin, Berlin.

Kuhlmann, S. (2010): TA als Tanz: Zur Governance technologischer Innovation. Neue Aufgaben des Technology Assessment, in: Aichholzer, G./ Bora, A./ Bröchler, S./ Decker, M./ Latzer, M. (Hrsg.): Technology Governance. Der Beitrag der Technikfolgenabschätzung, edition sigma, Berlin, 41–60.

Küppers, P. (2012): Editorial, in: Küppers, P. (Hrsg.): Rundbrief der Koordinationsstelle Genehmigungsverfahren, Öko-Institut e.V., Koordinationsstelle Genehmigungsverfahren (KGV), Darmstadt, 1.

Ladrech, R. (1994): Europeanization of domestic politics and institutions: The case of France, in: Journal of Common Market Studies, 32:1, 69–88.

Lampinen, R./ Uusikylä, P. (1998): Implementation Deficit – Why Member States do not Comply with EU directives?, in: Scandinavian Political Studies, 21:3, 231–251.

Lamping, W. (1998): Kommunale Abfallpolitik. Ökologischer Strukturwandel und politisches Lernen, Dissertation an der Universität Hannover, Hannover.

Lamping, W. (1997): Mit Phantasie die Ketten der Hierarchie abstreifen – am Beispiel kommunaler Umsetzung der Technischen Anleitung Siedlungsabfall, in: Heinelt, H./ Mayer, M. (Hrsg.): Modernisierung der Kommunalpolitik, Neue Wege der Ressourcenmobilisierung, Springer, Wiesbaden, 48–67.

Land Oberösterreich (2017): Oberösterreichischer Abfallwirtschaftsplan 2017. Abfall ist wertvoll, Amt der Oö. Landesregierung, Direktion Umwelt und Wasserwirtschaft, Linz.

Landesanstalt für Medien Nordrhein-Westfalen (2013): Struktur und publizistische Qualität im lokalen Medienmarkt NRW – Bericht der LfM zur Medienkonzentration 2012, Düsseldorf.

Landesbetrieb Information und Technik Nordrhein-Westfalen (2018): Pendleratlas NRW, URL: www.pendleratlas.nrw.de (zuletzt abgerufen am 20.09.2018).

Laufs, P. (2010): Politische Ziele, Entwicklungen und rechtliche Aspekte der Abfallwirtschaft, in: Kranert, M./ Cord-Landwehr, K. (Hrsg.): Einführung in die Abfallwirtschaft, 4. Auflage, Vieweg+Teubner, Wiesbaden, 1–29.

Lauth, H./ Pickel, G./ Pickel, S. (2009): Methoden der vergleichenden Politikwissenschaft. Eine vergleichende Einführung, VS Verlag für Sozialwissenschaften, Wiesbaden.

Lawhon, M./ Murphy, J. T. (2011): Socio-technical regimes and sustainability transitions: Insights from political ecology, in: Progress in Human Geography, 36:3, 354–378.

Le Galès, P. (2002): European Cities: Social Conflicts and Governance, Oxford University Press, Oxford.

Lindenberg, S. (2008): Kommunale Abfallwirtschaft heute, Müllwelten. Fakten, Hintergründe, Beispiele. Materialien für Schule und Unterricht, Umwelt- und Verbraucherschutzamt Köln, Köln.

Lottner, U. (2010): Kommunale Konzepte zur Vermeidung von Abfällen. Kampagne des LfU zur Vermeidung von Siedlungsabfällen, Bayerisches Landesamt für Umwelt, Augsburg.

Lottner, U. (2008): Neue Wege zur Vermeidung von Siedlungsabfällen in den Kommunen, DepoTech 2008, Session 1 – Abfallwirtschaft, Vortrag am 12. November 2008, Leoben.

Löw, M./ Noller, P. (2012): Die Eigenlogik der Städte, in: Wissenschaftsmagazin der TU Darmstadt, 01/2012, 40–45.

LSCC Growth Commission (2016): Corridors and Tech Regions. Greater Munich – International Case Study, London.

Lucas, R./ Wilts, H./ Haber, M./ Grimmer, K./ Halfmann, G. (2011): Hier geblieben! Abfall: Wertvoll für uns alle. Der Citizen Value Report, die guerillas GmbH, Wuppertal.

Lucas, R./Preiss, U./ Ring, R. (1991): Zur Praxis der Hausmüllvermeidung ausgewählter Kommunen Nordrhein-Westfalens. Grenzen und Möglichkeiten sozial-ökologischer Innovationen in der Abfallwirtschaft, Gutachten im Auftrag des Instituts für Landes- und Stadtentwicklungsforschung Nordrhein-Westfalen, Schriftenreihe des IÖW 47/91, Berlin.

Lutz, B. (1987): Das Ende des Technikdeterminismus und die Folgen – soziologische Technikforschung vor neuen Aufgaben und neuen Problemen, in: Lutz, B./ Deutsche Gesellschaft für Soziologie (Hrsg.): Technik und sozialer Wandel, Verhandlungen des 23. Deutschen Soziologentages in Hamburg 1986, Campus Verlag, Frankfurt am Main, 34–52.

Maclaine Pont, P./ van Est, Q./ Deuten, J. (2016): Shaping socio-technical innovation through policy, Essay commissioned by the Department of Knowledge, Innovation and Strategy of the Dutch Ministry of Infrastructure and the Environment, Rathenau Instituut, Den Haag.

Mahoney, J. (2000): Path dependence in historical sociology, in: Theory and Society, 29:4, 507–548.

Mahoney, J./ Thelen, K. (Hrsg.) (2010): Explaining Institutional Change: Ambiguity, Agency, and Power, Cambridge University Press, Cambridge et al.

Mai, M. (2011): Technik, Wissenschaft und Politik: Studien zur Techniksoziologie und Technikgovernance, VS Verlag für Sozialwissenschaften, Wiesbaden.

Mair, P. (2000): The Limited Impact of Europe on National Party Systems, in: West European Politics, 23:4, 27–51.

Malek, T. (2000): Entwicklung der europäischen Umweltpolitik, in: Heinelt, H./ Athanassopoulou, E./ Getimis, P./ Haunhorst, K. H./McIntosh, M./ Malek, T./ Smith, R./ Staeck, N./ Taeger, J./ Töller, A. E. (Hrsg.): Prozedurale Umweltpolitik der EU. Umweltverträglichkeitsprüfungen und Öko-Audits im Ländervergleich, Leske + Budrich, Opladen, 51–57.

Markard, J./ Suter, M./ Ingold, K. (2015): Socio-Technical Transitions and Policy Change – Advocacy Coalitions in Swiss Energy Policy, SPRU Working Paper Series (SWPS), 2015-13, University of Sussex, Falmer.

Markard, J./ Raven, R./ Truffer, B. (2012): Sustainability transitions: An emerging field of research and its prospects, in: Research Policy, 41:6, 955–967.

Marks, G./ Hooghe, L./ Blank, K. (1996): European Integration from the 1980s: State-Centric v. Multi-level Governance, in: Journal of Common Market Studies, 34:3, 341–378.

Marshall, A. (2005): Europeanization at the urban level: Local actors, institutions and the dynamics of multi-level interaction, in: Journal of European Public Policy, 12:4, 668–686.

Mastenbroek, E. (2003): Surviving the Deadline. The Transposition of EU Directives in the Netherlands, in: European Union Politics, 4:4, 371–395.

Mastenbroek, E./ Kaeding, M. (2006): Europeanization beyond the goodness of fit: domestic politics in the forefront, in: Comparative European Politics, 4:4, 331–354.

Mayntz, R. (2009): Über Governance. Institutionen und Prozesse politischer Regelung, Schriften aus dem Max-Planck-Institut für Gesellschaftsforschung Bd. 62, Campus Verlag, Frankfurt am Main.

Mayntz, R. (2004): Governance Theory als fortentwickelte Steuerungstheorie?, MPIfG Working Paper 04/1, Max-Planck-Institut für Gesellschaftsforschung, Köln.

Mayntz, R. (1997): Soziale Dynamik und politische Steuerung: theoretische und methodologische Überlegungen, Campus Verlag, Frankfurt am Main und New York.

Mboumoua, I. (2010): Return to the European URBAN experience: From the invention of the URBAN programme to its local appropriation in France and England, in: Hamedinger, A./ Wolffhardt, A. (Hrsg.): The Europeanization of Cities: Policies, Urban Change & Urban Networks, Techne Press, Amsterdam, 59–74.

Meadowcroft, J. (2011): Engaging with the politics of sustainability transitions, in: Environmental Innovation and Societal Transitions, 1:1, 70–75.

Meadowcroft, J. (2009): What about the politics? Sustainable development, transition management, and long term energy transitions, in: Policy Sciences, 42:4, 323–340.

MedienWirtschaft (2011): Die journalistische Qualität deutscher Tageszeitungen – Ein Ranking, URL: www.medienwirtschaft-online.de/praxisforum/detail.php?nr =1875&rubric=Praxisforum& (zuletzt abgerufen am 13.03.2018).

Meedia (2018): Zeitungsmarkt München: Bild größter Verlierer, Süddeutsche bleibt trotz klarer Verluste vorn, URL: www.meedia.de/2018/08/29/zeitungs markt-muenchen-bild-groesster-verlierer-sueddeutsche-bleibt-trotz-klarer-verlust e-vorn/ (zuletzt abgerufen am 24.04.2021).

Merkur tz (2014): Zoff ums Kohlekraftwerk – Koalition k.o.! ÖDP lässt Gespräche mit Reiter platzen, David Costanzo, 12.04.2014, URL: www.tz.de/muenchen/sta dt/koalition-ko-muenchen-oedp-laesst-gespraeche-dieter-reiter-platzen-tz-347771 4.html (zuletzt abgerufen am 21.04.2019).

Metropolregion München (2018): Daten und Fakten der Metropolregion München, URL: www.metropolregion-muenchen.eu/metropolregion-muenche n/daten-und-fakten-der-metropolregion-muenchen/ (zuletzt abgerufen am 17.09.2018).

Ministerium für Klimaschutz, Umwelt, Landwirtschaft, Natur- und Verbraucherschutz des Landes Nordrhein-Westfalen (2016): Abfallwirtschaftsplan Nordrhein-Westfalen, Teilplan Siedlungsabfälle, Düsseldorf.

Ministerium für Ländliche Entwicklung, Umwelt und Landwirtschaft des Landes Brandenburg (2000): Kommunale Abfallvermeidung. Rechtsgrundlagen und Regelungsvorschläge für die gemeindliche Praxis im Land Brandenburg, Potsdam.

Ministerium für Umwelt, Klima und Energiewirtschaft Baden-Württemberg (2019): Abfallvermeidung, URL: www.um.baden-wuerttemberg.de/de/umwel t-natur/abfall-und-kreislaufwirtschaft/kreislaufwirtschaft/abfallvermeidung/ (zuletzt abgerufen am 13.05.2019).

Monstadt, J. (2009): Conceptualizing the political ecology of urban infrastructures: insights from technology and urban studies, in: Environment and Planning A, 41:8, 1924–1942.

Monstadt, J. (2007a): Großtechnische Systeme der Infrastrukturversorgung: Übergreifende Merkmale und räumlicher Wandel, in: Gust, D. (Hrsg.): Wandel der Stromversorgung und räumliche Politik, Verlag der Akademie für Raumforschung und Landesplanung, Hannover, 7–34.

Monstadt, J. (2007b): Energiepolitik und Territorialität: Regionalisierung und Europäisierung der Stromversorgung und die räumliche Redimensionierung der Energiepolitik, in: Gust, D. (Hrsg.): Wandel der Stromversorgung und räumliche Politik, Verlag der Verlag der Akademie für Raumforschung und Landesplanung, Hannover, 186–216.

Monstadt, J./ Coutard, O. (2019): Cities in an era of interfacing infrastructures: Politics and spatialities of the urban nexus, in: Urban Studies, 56:11, 2191–2206.

Monstadt, J./ Naumann, M. (2004): Neue Räume technischer Infrastruktursysteme Forschungsstand und -perspektiven zu räumlichen Aspekten des Wandels der Strom- und Wasserversorgung in Deutschland, Forschungsverbund netWORKS, Heft 10, Berlin.

6. Literatur- und Quellenverzeichnis

Monstadt, J./ Wolff, A. (2017): Infrastrukturregime und inkrementeller Wandel: Das Beispiel der Energie- und Wasserversorgung in Los Angeles, in: Flitner, M./ Lossau, J./ Müller, A. (Hrsg.): Infrastrukturen der Stadt, Springer, Wiesbaden, 205–226.

Monstadt, J./ Wolff, A. (2015): Energy transition or incremental change? Green policy agendas and the adaptability of the urban energy regime in Los Angeles, in: Energy Policy, 78:3, 213–224.

Moss, T. (2014): Socio-technical Change and the Politics of Urban Infrastructure: Managing Energy in Berlin between Dictatorship and Democracy, in: Urban Studies, 51:7, 1432–1448.

Münch, C. (2006a): Emanzipation der lokalen Ebene? Kommunen auf dem Weg nach Europa, VS Verlag für Sozialwissenschaften, Wiesbaden.

Münch, C. (2006b): Optionen der kommunalen Interessenvertretung, in: von Alemann, U./ Münch, C. (Hrsg.): Europafähigkeit der Kommunen. Die lokale Ebene in der Europäischen Union, VS Verlag für Sozialwissenschaften, Wiesbaden, 356–380.

Münchner Abendzeitung (2015): Der beste Abfall entsteht gar nicht erst: Die Halle 2 ist wieder offen, Linda Jessen, Ausgabe vom 21.01.2015, 8.

Münchner Abendzeitung (2014): Halle 2 bleibt für immer zu. Der Wiederverkauf von Gebrauchtwaren wird ganz neu organisiert: Qualität statt Masse, Ausgabe vom 26.04.2014, 11.

Münchner Abendzeitung (2012): Taschentausch im Rathaus, Ausgabe vom 17.11.2012, 11.

Münchner Abendzeitung (2008): Aus alt macht neu: Der Reparaturführer. Beinahe alles lässt sich richten – und das schont Klima und Kasse. Eine Broschüre hilft weiter, Ausgabe vom 16.05.2008, 10.

Münzenmaier, W. (2011): Ökologische Komponenten eines Wohlstandsindikators für deutsche Großstädte: Der German Green City Index, Statistisches Amt der Landeshauptstadt Stuttgart, Statistik und Informationsmanagement, Monatsheft 9/2011, Stuttgart.

NABU (Naturschutzbund Deutschland e.V.) (2021): Damit es endlich rund läuft! NABU-Forderungen zur Bundestagswahl 2021 für eine klima- und umweltfreundliche Kreislaufwirtschaft, Berlin.

NABU (Naturschutzbund Deutschland e.V.) (2020a): Weniger Abfälle, mehr Recycling, Schutz der Ressourcen. Was kann der Aktionsplan Kreislaufwirtschaft der EU?, URL: www.nabu.de/umwelt-und-ressourcen/abfall-und-recycling/kreislauf wirtschaft/27943.html (zuletzt abgerufen am 19.04.2021).

NABU (Naturschutzbund Deutschland e.V.) (2020b): Der Aktionsplan Kreislaufwirtschaft der EU-Kommission, Stellungnahme, Berlin.

NABU (Naturschutzbund Deutschland e.V.) (2013a): Stellungnahme zum Abfallvermeidungsprogramm des Bundes unter Beteiligung der Länder, Berlin.

NABU (Naturschutzbund Deutschland e.V.) (2013b): Wiederverwendung ist Abfallvermeidung. Tipps und Praxisbeispiele für Kommunen, Berlin.

NABU (Naturschutzbund Deutschland e.V.) (2011a): Stellungnahme zum Gesetz zur Neuordnung des Kreislaufwirtschafts- und Abfallrechts (Kreislaufwirtschaftsgesetz), Berlin.

NABU (Naturschutzbund Deutschland e.V.) (2011b): EU lässt deutsches Abfallgesetz durchfallen. Der NABU fordert vom Bundestag ökologische Korrekturen, Berlin.

NABU, DNR, BUND, DUH, bfub (2012): Deutsche Umweltverbände (DNR, NABU, BUND, DUH, bfub) weisen auf nichteuroparechtskonforme Umsetzung der Richtlinie 2008/98/EG (Abfallrahmenrichtlinie) durch die Bundesrepublik Deutschland hin. Folgebrief zum gemeinsamen Schreiben deutscher Umweltverbände vom 30.05.2011, Berlin.

Neitsch, M./ Wagner, M. (2017): RepaNet Markterhebung 2015: Re-Use im Aufwind. Zahlen und Potential von Re-Use-Mengen und Beschäftigung im Re-Use-Sektor in Österreich, im Auftrag des Ministeriums für ein lebenswertes Österreich, Wien.

Niederhafner, S. (2008): Städte als politische Akteure im Mehrebenensystem der EU. Eine vergleichende Untersuchung der pan-europäischen Interessenorganisationen Eurocities und RGRE unter besonderer Berücksichtigung der Länder Deutschland, Frankreich und Großbritannien, Dissertation an der Technischen Universität Darmstadt, Darmstadt.

North, D. C. (1991): Institutions, in: Journal of Economic Perspectives, 5:1, 97–112.

n-tv (2003): Koalitionsvertrag unterzeichnet. Köln schwarz-grün, URL: www.n-tv.de/politik/Koalitionsvertrag-unterzeichnet-article114669.html (zuletzt abgerufen am 24.04.2021).

Oehlmann, C. (2017): Vom Abfall als Problem zum Abfall als Ressource. Das europäische Abfallrecht als Baustein einer europäischen Kreislaufwirtschaft, Nomos, Baden-Baden.

Ormond, T. (2012): Das Kreislaufwirtschaftsgesetz – Anspruch und Wirklichkeit, in: Küppers, P. (Hrsg.): Rundbrief der Koordinationsstelle Genehmigungsverfahren, Öko-Institut e.V., Koordinationsstelle Genehmigungsverfahren (KGV), Darmstadt, 2–7.

OVAM (Openbare Vlaamse Afvalstoffenmaatschappij) (2015): How to start a Re-use Shop? An overview of more than two decades of re-use in Flanders, Mechelen.

Panke, D./ Börzel, T. A. (2008): Policy-Forschung und Europäisierung, in: Janning, F./ Toens, K. (Hrsg.): Die Zukunft der Policy-Forschung. Theorien, Methoden, Anwendungen, VS Verlag für Sozialwissenschaften, Wiesbaden, 138-156.

Park, J. (2004): Von der Müllkippe zur Abfallwirtschaft – Die Entwicklung der Hausmüllentsorgung in Berlin (West) von 1945 bis 1990, Dissertation an der Technischen Universität Berlin, Berlin.

Paul, K. T. (2012): The Europeanization of food safety: a discourse-analytical approach, in: Journal of European Public Policy, 19:4, 549–566.

Pressestelle der Universität Augsburg (2013): Zukunftsfähige Konzepte für kommunale Abfallvermeidung, 181/13 - 10. Oktober 2013, URL: www.presse.uni-augsburg.de/unipressedienst/2013/okt-dez/2013_181/ (zuletzt abgerufen am 17.09.2018).

Princen, S./ Kerremans, B. (2008): Opportunity Structures in the EU Multi-Level System, in: West European Politics, 31: 6, 1129–1146.

Prognos AG (2008): Der Abfallmarkt in Deutschland und Perspektiven bis 2020, Endbericht für die NABU Bundesgeschäftsstelle, Berlin.

Radaelli, C. M. (2003): The Europeanization of Public Policy, in: Featherstone, K./ Radaelli, C. M. (Hrsg.): The Politics of Europeanization, Oxford University Press, Oxford et al., 27–56.

Radaelli, C. M. (2000): Whither Europeanization? Concept stretching and substantive change, in: European Integration online papers Vol. 4, Nr. 8, URL: http://eiop.or.at/eiop/texte/2000-008.htm (zuletzt abgerufen am 11.04.2016).

Radaelli, C. M. (1999): Harmful tax competition in the European Union: Policy narratives and advocacy coalitions, in: Journal of Common Market Studies, 37:4, 661–682.

Radaelli, C. M. (1997): The Politics of Corporate Taxation in the European Union. Knowledge and international policy agendas, Routledge, London/New York.

Rat der Stadt Köln (2005): Niederschrift der 7. Sitzung vom 28. April 2005, Abfallwirtschaftskonzept 2005 Ds.-Nr. 0386/005, Köln.

RecyclingBörse (o.J.): Lokale nachhaltige Kreislaufwirtschaft, URL: www.recyclingboerse.org/images/projekte/LONAK.pdf (zuletzt abgerufen am 20.04.2021)

Recyclingnews (2012): EU-Kommission prüft Welle von Beschwerden gegen das Kreislaufwirtschaftsgesetz, 1. Juni 2012, URL: www.recyclingnews.de/politik_und_recht/eu-kommission_prueft_beschwerden/ (zuletzt abgerufen am 20.04.2021).

Referat für Arbeit und Wirtschaft München (2018): Münchner Jahreswirtschaftsbericht 2018, München.

Referat für Arbeit und Wirtschaft München (2012): Überblick über die städtischen EUROCITIES-Aktivitäten 2011, Sitzungsvorlage Nr. 08–14 / V 08709, München.

Referat für Arbeit und Wirtschaft München (2010): Europaarbeit der Landeshauptstadt München, 1. Sitzung der Europakommission am 05.03.2010, München.

Reflecta.Network (o.J.): Valentin Thurn spricht darüber, wie Film Menschen zum Handeln bewegt, URL: www.reflecta.network/reflecta-interviewt/valentin-thurn-spricht-ueber-seine-herausforderungen-und-aktuellen-projekte (zuletzt abgerufen am 20.04.2021)

RepaNet (2017): Erfolg für NGOs: Umweltausschuss des EU-Parlaments fordert separate Re-Use-Ziele, URL: www.repanet.at/europaeisches-parlament-fordert-separate-re-use-ziele/ (zuletzt abgerufen am 20.04.2021).

RGRE – Rat der Gemeinden und Regionen Europas (2003): Leitbild für die deutsche Sektion des Rates der Gemeinden und Regionen Europas, Köln.

Rip, A./ Kemp, R. (1998): Technological Change, in: Rayner, S./ Malone, E. L. (Hrsg.): Human Choice and Climate Change, Resources and Technologies Volume 2, Battelle Press, Columbus, 327–399.

Risse, T./ Cowles, M. G./ Caporaso, J. (2001): Europeanization and Domestic Change: Introduction, in: Cowles, M. G./ Caporaso, J./ Risse, T. (Hrsg.): Transforming Europe. Europeanization and Domestic Change, Cornell University Press, Ithaca/London, 1–20.

RREUSE (The Re-use and Recycling EU Social Enterprises network) (2016): RREUSE response to the European Commission's Circular Economy Package Proposals, Brüssel.

RREUSE (The Re-use and Recycling EU Social Enterprises network) (2014): Approved Re-use Centres and Networks – Principles, Brüssel.

Rügemer, W. (2003): Colonia Corrupta. Globalisierung, Privatisierung und Korruption im Schatten des Kölner Klüngels, 4. Auflage, Verlag Westfälisches Dampfboot, Münster.

Sabathil, G. (2006): Europa vor Ort – Warum Kommunen für Europa wichtig sind. Vorwort des Leiters der Vertretung der Europäischen Kommission in Deutschland, in: von Alemann, U./ Münch, C. (Hrsg.): Europafähigkeit der Kommunen. Die lokale Ebene in der Europäischen Union, VS Verlag für Sozialwissenschaften, Wiesbaden, 10–22.

Salhofer, S./ Obersteiner, G./ Schneider, F./ Lebersorger, S. (2008): Potentials for the prevention of municipal solid waste, in: Waste Management, 28:2, 245–259.

Scharpf, F.W. (1994): Community and autonomy: Multi-level policy-making in the European Union, in: Journal of European Public Policy, 1:2, 219–242.

Scheele, U. (2007): Privatisierung, Liberalisierung und Deregulierung in netzgebundenen Infrastruktursektoren, in: Gust, D. (Hrsg.): Wandel der Stromversorgung und räumliche Politik, Verlag der Akademie für Raumforschung und Landesplanung, Hannover, 35–67.

Schimmelfennig, F. (2015): Europeanization beyond Europe, in: Living Reviews in European Governance, 10:1, 1–34.

Schink, A./ Frenz, W./ Queitsch, P. (2012): Das neue Kreislaufwirtschaftsgesetz 2012. Textausgabe mit Schnelleinstieg, Rehm, Heidelberg.

Schmidt, L. (2006): Technologie als Prozess. Eine empirische Untersuchung organisatorischer Technologiegestaltung am Beispiel von Unternehmenssoftware, Freie Universität Berlin.

Schmidt, V. A. (2000): Democracy and discourse in an integrating Europe and a globalizing world, in: European Law Journal, 6:3, 277–300.

Schmidt, V. A./ Radaelli, C. M. (2004): Policy change and discourse in Europe: conceptual and methodological issues, in: West European Politics, 27:2, 183–210.

Schneidewind, U./ Scheck, H. (2012): Zur Transformation des Energiesektors – ein Blick aus der Perspektive der Transition-Forschung, in: Servatius, H./ Schneidewind, U./ Rohlfing, D. (Hrsg.): Smart Energy, Springer, Berlin und Heidelberg, 45–61.

Scholl, G./ Gossen, M. (2017): Wie kann die Umweltpolitik soziale Innovationen für nachhaltigen Konsum fördern?, in: Jaeger-Erben, M./ Rückert-John, J./ Schäfer, M. (Hrsg.): Soziale Innovationen für nachhaltigen Konsum. Innovation und Gesellschaft, VS-Verlag, Wiesbaden, 51–69.

Schomerus, T./ Herrmann-Reichold, L./ Stropahl, S. (2011): Abfallvermeidungsprogramme im neuen Kreislaufwirtschaftsgesetz – ein Beitrag zum Ressourcenschutz?, in: Zeitschrift für Umweltrecht (ZUR), 11/2011, 507–514.

Schott, D. (2014): Europäische Urbanisierung (1000–2000) – Eine umwelthistorische Einführung. Böhlau UTB, Köln et al.

Schramm, S. (2014): Stadt im Fluss. Die Abwasserentsorgung Hanois im Lichte sozialer und räumlicher Transformation, Franz Steiner Verlag, Stuttgart.

Schubert, H./Wessels, W. (2013): Die Stadt Köln als kommunaler Akteur im EU-Mehrebenensystem (euconet) nach dem Vertrag von Lissabon. Neue Opportunitätsstrukturen und Netzwerkstrategien zur europäischen Politikgestaltung: am Beispiel der Stadt Köln, Abschlussbericht, 01. August 2013, Köln.

Schulze, H. (1997): Neo-Institutionalismus. Ein analytisches Instrument zur Erklärung gesellschaftlicher Transformationsprozesse, in: Segbers, K. (Hrsg.): Arbeitspapiere des Bereichs Politik und Gesellschaft, Osteuropa-Institut der Freien Universität Berlin, Heft 4/1997, Berlin.

Schulze, K./ Sydow, J. (2017): Steuerpolitische Instrumente zur Förderung der Reparatur – eine umwelt- und sozialpolitische Maßnahme, Germanwatch e.V., Bonn und Berlin.

Schwarze, J. (1996): Deutscher Landesbericht, in: Schwarze, J. (Hrsg.): Administrative Law under European Influence, Nomos, Baden-Baden, 123–227.

Scott, W. R. (2014): Institutions and Organizations: Ideas, Interests, and Identities, 4. Auflage, Sage Publications, Los Angeles.

Scott, W. R. (2006): Reflexionen über ein halbes Jahrhundert Organisationssoziologie, in: Senge, K./ Hellmann, K. (Hrsg.): Einführung in den Neo-Institutionalismus, VS Verlag für Sozialwissenschaften, Wiesbaden, 201–222.

Senge, K. (2006): Zum Begriff der Institution im Neo-Institutionalismus, in: Senge, K./ Hellmann, K. (Hrsg.): Einführung in den Neo-Institutionalismus, VS Verlag für Sozialwissenschaften, Wiesbaden, 35–47.

Sharp, V./ Giorgi, S./ Wilson, D. C. (2010a): Delivery and impact of household waste prevention intervention campaigns (at the local level), in: Waste Management and Research, 28:3, 256–268.

Sharp, V./ Giorgi, S./ Wilson, D. C. (2010b): Methods to monitor and evaluate household waste prevention, in: Waste Management and Research, 28:3, 269–280.

Siefken, S. T. (2007): Expertenkommissionen im politischen Prozess. Eine Bilanz zur rot-grünen Bundesregierung 1998–2005, VS Verlag für Sozialwissenschaften, Wiesbaden.

Siekermann, K. (2014): Kleider machen Leute. Zur Eigenlogik von München und Frankfurt am Main, Campus Verlag, Frankfurt & New York.

Smith, A./ Stirling, A./ Berkhout, F. (2005): The governance of sustainable sociotechnical transitions, in: Research Policy, 34:10, 1491–1510.

Smith, A./ Voß, J./ Grin, J. (2010): Innovation studies and sustainability transitions: The allure of the multi-level perspective and its challenges, in: Research Policy, 39:4, 435–448.

Spangenberg, J./ Verheyen, R. (1998): Von der Abfallwirtschaft zum Stoffstrom-Management: Gutachten, Friedrich-Ebert-Stiftung, Bonn.

Späth, P. (2012): Understanding the social dynamics of energy regions-the importance of discourse analysis, in: Sustainability, 4:6, 1256–1273.

Späth, P./ Rohracher, H. (2012): Local Demonstrations for Global Transitions – Dynamics across Governance Levels Fostering Socio-Technical Regime Change Towards Sustainability, in: European Planning Studies, 20:3, 461–479.

SPD Stadtratsfraktion München (2014): Antrag an Oberbürgermeister Reiter: „Wertstoffwirtschaft in München 1: Wiederverwendungsquote steigern"; „Wertstoffwirtschaft in München 2: Wertstoffkonzepte vergleichbarer Großstädte", „Wertstoffwirtschaft in München 3: Leitungsfunktion auf jedem Wertstoffhof vor Ort"; „Wertstoffwirtschaft in München 4: Direktanlieferung von Gebrauchtwaren in der künftigen ‚Halle 2' des AWM", „Wertstoffwirtschaft in München 5: Lagerhallen auf den Wertstoffhöfen als provisorische Verkaufsfilialen", 06.06.2014, München.

SRU – Sachverständigenrat für Umweltfragen (2008): Umweltgutachten 2008 – Umweltschutz im Zeichen des Klimawandels, Berlin.

Stadt Köln (2020a): Ausschuss für Umwelt und Grün der Stadt Köln, URL: www.stadt-koeln.de/politik-und-verwaltung/ausschuesse-und-gremien/aussc huss-fuer-umwelt-und-gruen (zuletzt abgerufen am 04.01.2020).

Stadt Köln (2019): Kölle putzmunter 2019, URL: www.stadt-koeln.de/politik-un d-verwaltung/presse/mitteilungen/20526/index.html (zuletzt abgerufen am 20.04.2021).

Stadt Köln (2018a): Neue Kölner Statistik. Thema: Bevölkerung, Ausgabe 1/2018, Köln.

Stadt Köln (2018b): Dienstleistungsmetropole Köln, URL: www.stadt-koeln.de/wi rtschaft/entdecken-sie-den-wirtschaftsstandort-koeln/dienstleistungen (zuletzt abgerufen am 19.09.2018).

Stadt Köln (2018c): Rekordjahr: 2017 mit weit mehr als 6 Millionen Übernachtungen, URL: www.koelntourismus.de/planen-informieren/newsroom/news/rekor djahr-2017-mit-weit-mehr-als-6-millionen-uebernachtungen/ (zuletzt abgerufen am 20.09.2018).

Stadt Köln (2018d): Satzung über die Abfallentsorgung in der Stadt Köln (Abfallsatzung – AbfS -) vom 21. Dezember 2016 in der Fassung der 2. Satzung zur Änderung der Abfallsatzung (Abfallsatzung – AbfS -) vom 04. Dezember 2018, Köln.

Stadt Köln (2018e): Abfallwirtschaftskonzept 2018-2027 der Stadt Köln, Köln.

Stadt Köln (2018f): Haushaltplan 2018, Anlagen – Teil 1, Lagebericht der e. E. Abfallwirtschaftsbetrieb der Stadt Köln, Köln.

6. Literatur- und Quellenverzeichnis

Stadt Köln (2018g): Abfallgebühren und Straßenreinigungsgebühren steigen, URL: www.stadt-koeln.de/politik-und-verwaltung/presse/abfallgebuehren-und-strassenreinigungsgebuehren-steigen?kontrast=weiss# (zuletzt abgerufen am 29.04.2021).

Stadt Köln (2017a): Kölner Stadtteilinformationen. Einwohnerzahlen 2017, Köln.

Stadt Köln (2017b): Rat und Verwaltung der Stadt Köln, Amt für Presse- und Öffentlichkeitsarbeit, Stadt Köln.

Stadt Köln (2017c): Ergänzende Informationen zum Kölner Netzwerk der Daseinsvorsorge, URL: www.stadt-koeln.de/politik-und-verwaltung/internationales/ergaenzende-informationen-zum-koelner-netzwerk-der-daseinsvorsorge (zuletzt abgerufen am 30.04.2021).

Stadt Köln (2016a): Entwurf Haushalt 2016/2017, Anlagen – Teil 1 (Seite 1–602), Stellenplan und Wirtschaftspläne mit Lageberichten, Köln.

Stadt Köln (2016b): 3. Sachstandsbericht zum Abfallwirtschaftskonzept der Stadt Köln, Köln.

Stadt Köln (2016c): Interkommunaler Vergleich zu Umweltbildungsaktivitäten ausgewählter Städte, Anlage zum ganzheitlichen Kölner Umweltbildungskonzept (UBK), Köln.

Stadt Köln (2015a): Niederschrift über die 17. Sitzung des Rates in der Wahlperiode 2014/2020, Vertragsverlängerung AWB GmbH 2834/2015, 15.12.2015, Köln.

Stadt Köln (2015b): Beschlussvorlage Vertragsverlängerung AWB GmbH, Vorlagen-Nummer 2834/2015, 16.11.2015, Köln.

Stadt Köln (2014): 2. Sachstandsbericht zum Abfallwirtschaftskonzept der Stadt Köln, Köln.

Stadt Köln (2013a): Beteiligungsbericht 2013, Köln.

Stadt Köln (2013b): 1. Sachstandsbericht zum Abfallwirtschaftskonzept der Stadt Köln, Köln.

Stadt Köln (2012a): Betriebssatzung der Stadt Köln für den Abfallwirtschaftsbetrieb der Stadt Köln vom 12. April 2010, Köln.

Stadt Köln (2012b): Abfallwirtschaftskonzept der Stadt Köln, Köln.

Stadt Köln (2005): Abfallwirtschaftskonzept der Stadt Köln, Köln.

Stadt München (2020a): Münchner Europapolitik, URL: www.muenchen.de/rathaus/Stadtverwaltung/Referat-fuer-Arbeit-und-Wirtschaft/Europa/Europapolitik.html (zuletzt abgerufen am 29.12.2020).

Stadt München (2020b): München in europäischen Netzwerken, URL: www.muenchen.de/rathaus/Stadtverwaltung/Referat-fuer-Arbeit-und-Wirtschaft/Europa/Netzwerke.html (zuletzt abgerufen am 29.12.2020).

Stadt München (2019): 20 Jahre 3-Tonnen-System in München, URL: www.muenchen.de/aktuell/2019-07/20-jahre-3-tonnen-system-muenchen-awm.html (zuletzt abgerufen am 15.09.2019).

Stadt München (2018): Wirtschaft, URL: www.muenchen.de/rathaus/Stadtinfos/Statistik/Wirtschaft.html (zuletzt abgerufen am 03.11.2019).

Stadtwerke Köln (2015): Geschäftsbericht 2015, Stand Juni 2016, Köln.

Statista (2011): Die 25 Städte in Deutschland mit dem geringsten Hausmüllaufkommen pro Kopf im Jahr 2009, URL: www.de.statista.com/statistik/daten/studie/203591/umfrage/staedte-mit-dem-geringsten-hausmuellaufkommen-in-deutschland/#professional (zuletzt abgerufen am 28.04.2021).

Statistisches Amt München (2018): Die Ein- und Auspendler/-innen in den Jahren 2009–2017, München.

Statistisches Bundesamt (2020): Abfallbilanz 2018 (Abfallaufkommen/-verbleib, Abfallintensität, Abfallaufkommen nach Wirtschaftszweigen), Wiesbaden.

Städte- und Gemeindebund Nordrhein-Westfalen (1997): Mitteilungen – Umwelt, Abfall und Abwasser. BVerwG: Einwegverbot und Sondernutzungserlaubnis, URL: www.kommunen-in-nrw.de/mitgliederbereich/mitteilungen/detailansicht/dokument/bverwg-einwegverbot-und-sondernutzungserlaubnis.html?cHash=d2a702068718a674f823bec07994608f (zuletzt abgerufen am 16.11.2016).

Steigenberger, M. (2009): Internationale und Europäische Umweltpolitik, Bundeszentrale für politische Bildung, URL: www.bpb.de/gesellschaft/umwelt/dossier-umwelt/61179/eu-umweltpolitik?p=all (zuletzt abgerufen am 03.04.2021).

Steyaert, P./ Ollivier, G. (2007): The European Water Framework Directive: How Ecological Assumptions Frame Technical and Social Change, in: Ecology and Society, 12:1, URL: www.ecologyandsociety.org/vol12/iss1/art25/ (zuletzt abgerufen am 03.05.2021).

Stilbruch (2021): Stilbruch – Dein Secondhand-Kaufhaus. Finde deinen Schatz, URL: www.stilbruch.de/files/content/Pressematerial/STILBRUCH_Pressemappe 2020.pdf (zuletzt abgerufen am 03.04.2021).

Streeck, W./ Thelen, K. (2005): Introduction: Institutional Change in Advanced Political Economies, in: Streeck, W./ Thelen, K. (Hrsg.): Beyond Continuity. Institutional Change in Advanced Political Economies, Oxford University Press, Oxford et al., 1–39.

Strunz, S. (2014): The German energy transition as a regime shift, in: Ecological Economics, 100, 150–158.

Strunz, S./ Gawel, E./ Lehmann, P. (2016): The political economy of renewable energy policies in Germany and the EU, in: Utilities Policy, 42, 33–41.

Süddeutsche Zeitung (2018): In München wird zu wenig Plastik gesammelt, Michael Kläsgen und Pia Ratzesberger, URL: www.sueddeutsche.de/muenchen/recycling-plastik-muenchen-1.4268539-0 (zuletzt abgerufen am 19.04.2021).

Süddeutsche Zeitung (2017): Halt die Pappen. Der Abfallwirtschaftsbetrieb startet eine große Kampagne, um die Zahl von Einwegbechern deutlich zu reduzieren. Denn noch setzen zu wenige Cafés beim Straßenverkauf auf Recycling-Gefäße, Marco Wedig, Ausgabe vom 07.10.2017, R6.

Süddeutsche Zeitung (2016): Noch gut – und günstig. Was auf dem Müll landet, gehört nicht zwangsläufig auch dahin. An diesem Freitag eröffnet in Pasing das neue Gebrauchtwarenhaus des städtischen Abfallwirtschaftsbetriebs, in dem Weggeworfenes Geld bringen soll. Auch professionelle Entrümpler hoffen bei Haushaltsauflösungen auf noch Verwertbares, Christoph Koopmann, Ausgabe vom 06.10.2016, R2.

Süddeutsche Zeitung (2012): Öfter mal nichts Neues. Das neueste Online-Angebot der Stadt zur Müllvermeidung: Ein Reparaturführer soll helfen, Beschädigtes nicht einfach wegzuwerfen, Patrick Schulz, Ausgabe vom 10.08.2012, R1.

Sühlsen, K./ Hisschemöller, M. (2014): Lobbying the 'Energiewende'. Assessing the effectiveness of strategies to promote the renewable energy business in Germany, in: Energy Policy, 69, 316–325.

Summerton, J. (1994): Introductory Essay: The Systems Approach to Technological Change, in: Summerton, J. (Hrsg.): Changing large technical systems, Westview Press: Colorado, 1–21.

Tekin, A./ Güney, A. (2015) (Hrsg.): The Europeanization of Turkey. Polity and Politics, Routledge, Abingdon/ New York.

Thärichen, H./ Gehring, M. (2014): Abfallvermeidung durch Wiederverwendung. Kooperation zwischen Sozialunternehmen und öffentlich-rechtlichen Entsorgungsunternehmen, in: VKS-NEWS, Ausgabe 190, 11/2014, 12–15.

Thelen, K. (2003): How Institutions Evolve: Insights from Comparative-Historical Analysis, in: Mahoney, J./ Rueschemeyer, D. (Hrsg.): Comparative Historical Analysis in the Social Sciences, Cambridge University Press, Cambridge et al., 208–240.

Tiedt, M. (2007): Umsetzung der Abfallablagerungsverordnung und der Deponieverordnung in Nordrhein-Westfalen. Stand der Genehmigungspraxis, 23. Fachtagung „Die sichere Deponie – Sicherung von Deponien und Altlasten mit Kunststoffen", SKZ Februar 2007, URL: www.akgws.de/sites/default/files/b_tiedt.pdf (zuletzt abgerufen am 03.05.2021).

Timm, J. (2006): Die Reform der europäischen Strukturpolitik aus kommunaler Perspektive, in: von Alemann, U./ Münch, C. (Hrsg.): Europafähigkeit der Kommunen. Die lokale Ebene in der Europäischen Union, VS Verlag für Sozialwissenschaften, Wiesbaden, 119–130.

Töller, A. E. (2014): Europäisierung der deutschen Gesetzgebung, Europäisierung der deutschen Gesetzgebung, Wissenschaftliches Kurzgutachten, Fakultät für Kultur- und Sozialwissenschaften, FernUniversität Hagen, Hagen.

Tömmel, I./ Kambas, C./ Bauer, P. (2002): Die EU: Eine politische Gemeinschaft im Werden?, in: Tömmel, I./ Kambas, C./ Bauer, P. (Hrsg.): Die EU – eine politische Gemeinschaft im Werden, Leske + Budrich, Opladen, 9–20.

Tsebelis, G. (1995): Decision Making in Political Systems: Veto Players in Presidentialism, Parliamentarism, Multicameralism and Multipartyism, in: British Journal of Political Science, 25:3, 289–325.

Tuçaltan, G. (2019): Waste and Metropolitan Governance as Vehicles of Eviscerating Urbanism: A Case from Ankara, in: Capitalism, Nature, Socialism, 31:1, 1–15.

Umweltbundesamt (2020): UBA begrüßt EU-Aktionsplan für die Kreislaufwirtschaft, URL: www.umweltbundesamt.de/themen/uba-begruesst-eu-aktionspl an-fuer-die (zuletzt abgerufen am 21.04.2021).

Umweltbundesamt (2019a): Ressourcenschonung in der Umweltpolitik, URL: www.umweltbundesamt.de/themen/abfall-ressourcen/ressourcenschonung-i n-der-umweltpolitik (zuletzt abgerufen am 13.05.2019).

Umweltbundesamt (2019b): Produktverantwortung in der Abfallwirtschaft, URL: www.umweltbundesamt.de/themen/abfall-ressourcen/produktverantwortung-in -der-abfallwirtschaft (zuletzt abgerufen am 03.12.2019).

Umweltbundesamt (2018a): Abfallaufkommen, URL: www.umweltbundesamt.de/ daten/ressourcen-abfall/abfallaufkommen (zuletzt abgerufen am 01.12.2018).

Umweltbundesamt (2018b): Europäisches Kreislaufwirtschaftspaket – Überarbeitung des Legislativvorschlags, Stand: 18. April 2018, Fachgebiet III 1.5, Dessau-Roßlau.

Umweltbundesamt (2017a): Altlasten und ihre Sanierung, URL: www.umweltbun desamt.de/daten/flaeche-boden-land-oekosysteme/boden/altlasten-ihre-sanierung (zuletzt abgerufen am 29.12.2017).

Umweltbundesamt (2017b): Bundesweite Übersicht zur Altlastenstatistik, Zusammenstellung auf Basis der im Altlastenausschuss des LABO abgestimmten Datenerhebung aus den Ländern vom 09.08.2017, Dessau-Roßlau.

Umweltbundesamt (2016): Deponierung und Lagerung, URL: www.umweltbund esamt.de/themen/abfall-ressourcen/entsorgung/deponierung-lagerung (zuletzt abgerufen am 28.12.2019).

Umweltbundesamt (2010): Stand und Perspektiven des nachsorgenden Bodenschutzes, Dessau-Roßlau.

Urban, A. (2014a): Abfallvermeidung – ein europaweiter Anstoß, in: Müll und Abfall, Ausgabe 08/2014, 409.

Urban, A. (2014b): Abfallvermeidung – grundsätzliche Aspekte, in: Müll und Abfall, Ausgabe 08/2014, 412–418.

Urban, A. (2013): Grundsatzfragen der Abfallvermeidung, in: Urban, A./ Halm, G. (Hrsg.): Abfallvermeidung, Schriftenreihe des Fachgebietes Abfalltechnik der Universität Kassel, Kassel University Press, Kassel, 51–64.

Überall, F. (2018): Kehren Klüngel und Korruption zurück?, URL: www.welt.de/re gionales/nrw/article176151951/Koeln-Kehren-Kluengel-und-Korruption-zurueck .html (zuletzt abgerufen am 25.04.2021).

Überall, F. (2010): Der Klüngel in der politischen Kultur Kölns, 3. Auflage, Bouvier Verlag, Bonn.

Überall, F. (2009): Klüngel und Kommunalpolitik. Die Stadt Köln steht sich selbst im Weg, Deutschlandfunk, 13.03.2009, URL: www.deutschlandfunk.de/klueng el-und-kommunalpolitik.724.de.html?dram:article_id=99410 (zuletzt abgerufen am 03.05.2021).

Vink, M. P./Graziano, P. (2008): Challenges of a New Research Agenda, in: Graziano, P./ Vink, M. P. (Hrsg.): Europeanization. New Research Agendas, Palgrave Macmillan, Basingstoke/ New York, 3–20.

6. Literatur- und Quellenverzeichnis

VKU (Verband kommunaler Unternehmen e.V.) (2018a): Europäische Woche der Abfallvermeidung – Über uns, URL: www.wochederabfallvermeidung.de/ueber-uns/ (zuletzt abgerufen am 10.10.2018).

VKU (Verband kommunaler Unternehmen e.V.) (2018b): Europäische Woche der Abfallvermeidung 2018 erfolgreich beendet, URL: www.vku.de/themen/umwelt/europaeische-woche-der-abfallvermeidung-2018-erfolgreich-beendet/ (zuletzt abgerufen am 02.01.2019).

VKU (Verband kommunaler Unternehmen e.V.) (2017): Beste Aktion zur Abfallvermeidung 2017: Schulgruppen, URL: www.wochederabfallvermeidung.de/naehwettbewerb/altes-layout-beste-aktion-zur-abfallvermeidung-2015-schulen/ (zuletzt abgerufen am 21.04.2021).

VKU (Verband kommunaler Unternehmen e.V.) (2013): Positionspapier Abfallvermeidung, November 2013, Berlin.

Voß, J. P./ Newig, J./ Kastens, B./ Monstadt, J./ Nolting, B. (2007): Steering for Sustainable Development: A Typology of Problems and Strategies with Respect to Ambivalence, Uncertainty and Distributed Power, in: Journal of Environmental Policy & Planning, 9:3–4, 193–212.

Waiz, E./ Alkan, D. (2006): Kommunale Gestaltung der Daseinsvorsorge im Europäischen Binnenmarkt, in: von Alemann, U./ Münch, C. (Hrsg.): Europafähigkeit der Kommunen. Die lokale Ebene in der Europäischen Union, VS Verlag für Sozialwissenschaften, Wiesbaden, 131–152.

Wengenroth, U. (2006): Klassiker der Technikgeschichte: Thomas P. Hughes, Networks of Power, in: TG Technikgeschichte, 73:3–4, 283–288.

Werle, R. (2007): Pfadabhängigkeit, in: Benz, A./ Lütz, S./ Schimank, U./ Simonis, G. (Hrsg.): Handbuch Governance. Theoretische Grundlagen und empirische Anwendungsfelder, VS Verlag für Sozialwissenschaften, Wiesbaden, 119–131.

Weyer, J./ Hoffmann, S./ Longen, J. (2015): Achieving Sustainable Mobility. The Discontinuation of the Socio-technical Regime of Automobility, in: Hirsch-Kreinsen, H./ Weyer, J./ Wilkesmann, M. (Hrsg.): Soziologische Arbeitspapiere, Wirtschafts- und Sozialwissenschaftliche Fakultät, Technische Universität Dortmund, 44/2015, Dortmund.

Wilts, H./ Azak, G./ Feder, L./ Galinski, L./ Nicolas, J./Schinkel, J./ Steger, S./ Jepsen, D./ Rödig, L./ Knappe, F./ Müller, R./ Wagner, J./ Gsell, M./ Beilke, N. (2020): Fortschreibung Abfallvermeidungsprogramm: Erarbeitung der Grundlagen für die Fortschreibung des Abfallvermeidungsprogramms auf Basis einer Analyse und Bewertung des Umsetzungsstandes, Ressortforschungsplan des Bundesministeriums für Umwelt, Naturschutz und nukleare Sicherheit, Texte 203/2020, Dessau-Roßlau.

Wilts, H./ Galinski, L./ von Gries, N. / Saurat, M./ Schinkel, J./ Steger, S./ Spengler, L./ Jepsen, D./ Hirschnitz-Garbers, M. (2019): Geeignete Maßstäbe und Indikatoren zur Erfolgskontrolle von Abfallvermeidungsmaßnahmen, Umweltforschungsplan des Bundesministeriums für Umwelt, Naturschutz und nukleare Sicherheit, Texte 79/2019, Dessau-Roßlau.

Wilts, H./ Bahn-Walkowiak, B./ Fischer, S./ Nicolas, J. (2017): Abfall vermeiden mit einer transformativen Innovationsagenda, Wuppertal Institut, in brief 05/2017, Wuppertaler Impulse zur Nachhaltigkeit, Wuppertal.

Wilts, H./ Lucas, R./ von Gries, N./ Zirngiebl, M. (2014): Recycling in Deutschland – Status quo, Potenziale, Hemmnisse und Lösungsansätze, Studie im Auftrag der KfW Bankengruppe, Wuppertal.

Wilts, H./ Rademacher, B. (2013): Potenziale und Bewertung von Abfallvermeidungsmaßnahmen, in: Urban, A./ Halm, G. (Hrsg.): Abfallvermeidung, Schriftenreihe des Fachgebietes Abfalltechnik der Universität Kassel, Kassel University Press, Kassel, 65–80.

Wilts, H./ von Gries, N. (2013): Reuse – One step beyond, Machbarkeitsstudie, Wuppertal.

Wilts, H. (2016a): Nachhaltige Innovationsprozesse in der kommunalen Abfallwirtschaftspolitik – eine vergleichende Analyse zum Transition Management städtischer Infrastrukturen in deutschen Metropolregionen, Verlag Dr. Kovac, Hamburg.

Wilts, H. (2016b): Abfallvermeidung in Europa und dem Rest der Welt, Abfallvermeidung – Status quo und Potentiale: Zwischenbilanz 3 Jahre Abfallvermeidungsprogramm, Konferenz im Rahmen der Europäischen Woche der Abfallvermeidung 2016, Berlin.

Wilts, H. (2012): National waste prevention programs: indicators on progress and barriers, in: Waste Management & Research, 30:9, 29–35.

Wilts, H./ Gsell, M./ Jepsen, D./ Knappe, F./ Schneider, T./ Kopytziok, N. (2012): Chancen und Grenzen nationaler Abfallvermeidungsprogramme, in: Urban, A./ Halm, G. (Hrsg.): Herausforderungen an eine neue Kreislaufwirtschaft, Universität Kassel, Schriftenreihe des Fachgebietes Abfalltechnik, Kassel University Press, Kassel.

Witte, S./ Overmeyer, C. (2016): Der Fachausschuss Europa der Sparte Abfallwirtschaft und Stadtreinigung in Brüssel, in: VKS-News, 211, 12.2016/ 01.2017, 4–7.

Wolff, A. (2016): Abfallvermeidung und Vorbereitung zur Wiederverwendung als Herausforderung für die kommunale Ebene, in: VKS News, 208, 09.2016, 24–26.

Wolffhardt, A./ Bartik, H./ Meegan, R./ Dangschat, J. S./ Hamedinger, A. (2005): The European engagement of cities – Experiences, motivations and effects on local governance in Liverpool, Manchester, Vienna, Graz, Dortmund & Hamburg, in: Antalovsky, E./ Dangschat, J. S./ Parkinson, M. (Hrsg.): European Metropolitan Governance. Cities in Europe – Europe in Cities, Node Research Austria, Wien.

Wukovitsch, F. (2010): Varieties of Download Europeanization: Post-URBAN Regeneration in Berlin and Vienna, in: Hamedinger, A./ Wolffhardt, A. (Hrsg.): The Europeanization of Cities: Policies, Urban Change & Urban Networks, Techne Press, Amsterdam, 91–106.

6. Literatur- und Quellenverzeichnis

Wuppertal Institut (2020): Update des deutschen Abfallvermeidungsprogramms. UBA-Studie bewertet den Umsetzungsstand und gibt Empfehlungen für die Weiterentwicklung, URL: www.wupperinst.org/a/wi/a/s/ad/5212 (zuletzt abgerufen am 03.05.2021).

Zacho, K. O./ Mosgaard, M. A. (2016): Understanding the role of waste prevention in local waste management: A literature review, in: Waste Management & Research, 34:10, 980–994.

Zaman, A. U. (2015): A comprehensive review of the development of zero waste management: lessons learned and guidelines, in: Journal of Cleaner Production, 91, 12–25.

Zaman, A. U./ Lehmann, S. (2013): The zero waste index: a performance measurement tool for waste management systems in a 'zero waste city', in: Journal of Cleaner Production 50, 123–132.

Zenke, I./ Heymann, T. (2016): Adios Heizwertklausel!?!, BBH-Gruppe, URL: www.bbh-blog.de/alle-themen/energie/adios-heizwertklausel/ (zuletzt abgerufen am 10.08.2020).

Zirra, S. (2010): Die Europäisierung nationaler Beschäftigungspolitik. Europäische Koordinierung und institutionelle Reformen, VS Verlag für Sozialwissenschaften, Wiesbaden.

Zorpas, A./ Lasaridi, K./ Voukkali, I./ Loizia, P./ Chroni, C. (2015): Promoting Sustainable Waste Prevention Strategy Activities and Planning in Relation to the Waste Framework Directive in Insular Communities, in: Environmental Processes, 2:1 (Supplement), 159–173.

6.2 Mündliche Quellen

	Interviewkürzel	Institution/Organisation	Verantwortungsbereich
1	Interview A1	Verband kommunaler Unternehmen	Referentin „Europäische Woche der Abfallvermeidung"
2	Interview A2	Verband kommunaler Unternehmen	Fachgebietsleiter „Abfallwirtschaft und Stadtreinigung"
3	Interview A3	Naturschutzbund Deutschland	Referentin für nachhaltigen Konsum
4	Interview A4	Naturschutzbund Deutschland	Referentin für Umweltpolitik
5	Interview A5	Umweltbundesamt	Mitarbeiterin des Fachbereichs „Nachhaltige Produkte und Produktion, Kreislaufwirtschaft"
6	Interview A6	Wuppertal Institut	Projekt- und Forschungsgruppenleiter für Stoffströme und Ressourcenmanagement
7	Interview A7	Europabüro des Verbands kommunaler Unternehmen	Referentin für Abfallpolitik
8	Interview A8	European Environmental Bureau	Policy Officer Waste
9	Interview A9	EUROCITIES	Chair der Fachgruppe Abfall
10	Interview M1	Abfallwirtschaftsbetrieb München	Europabeauftragter; Büro der Werkleitung
11	Interview M2	Abfallwirtschaftsbetrieb München	Abfallberaterin
12	Interview M3	Abfallwirtschaftsbetrieb München	Zweiter Werkleiter
13	Interview M4	Stadtrat München	Stadtrat CSU
14	Interview M5	Stadtrat München	Stadtrat Bündnis 90/Die Grünen
15	Interview M6	Stadtrat München	Stadtrat SPD

6. Literatur- und Quellenverzeichnis

16	Interview M7	Besseres Müllkonzept e.V.	Landesvorstand Bayern
17	Interview M8	Landesamt für Umwelt (Bayern)	Leiter „Abfallinformationsstelle und Vermeidung von Abfällen"
18	Interview K1	AWB	Führungskraft/ Leitungsebene
19	Interview K2	Koordinationsstelle Abfallwirtschaft der Stadt Köln	Mitarbeiterin in der Verwaltung
20	Interview K3	AWB	Ehemaliger Abfallberater
21	Interview K4	Stadtrat Köln	Stadtrat Bündnis 90/Die Grünen
22	Interview K5	Stadtrat Köln	Stadtrat SPD
23	Interview K6	Verbraucherzentrale NRW	Leitung der Gruppe Umwelt
24	Interview K7	Umweltministerium NRW	Leitung Referat „Kreislaufwirtschaft, Abfallwirtschaftsplanung"
25	Interview K8	Sozialbetriebe Köln	Quartiersmanagerin